新装版

禅林名句辞典

飯田利行 編著

国書刊行会

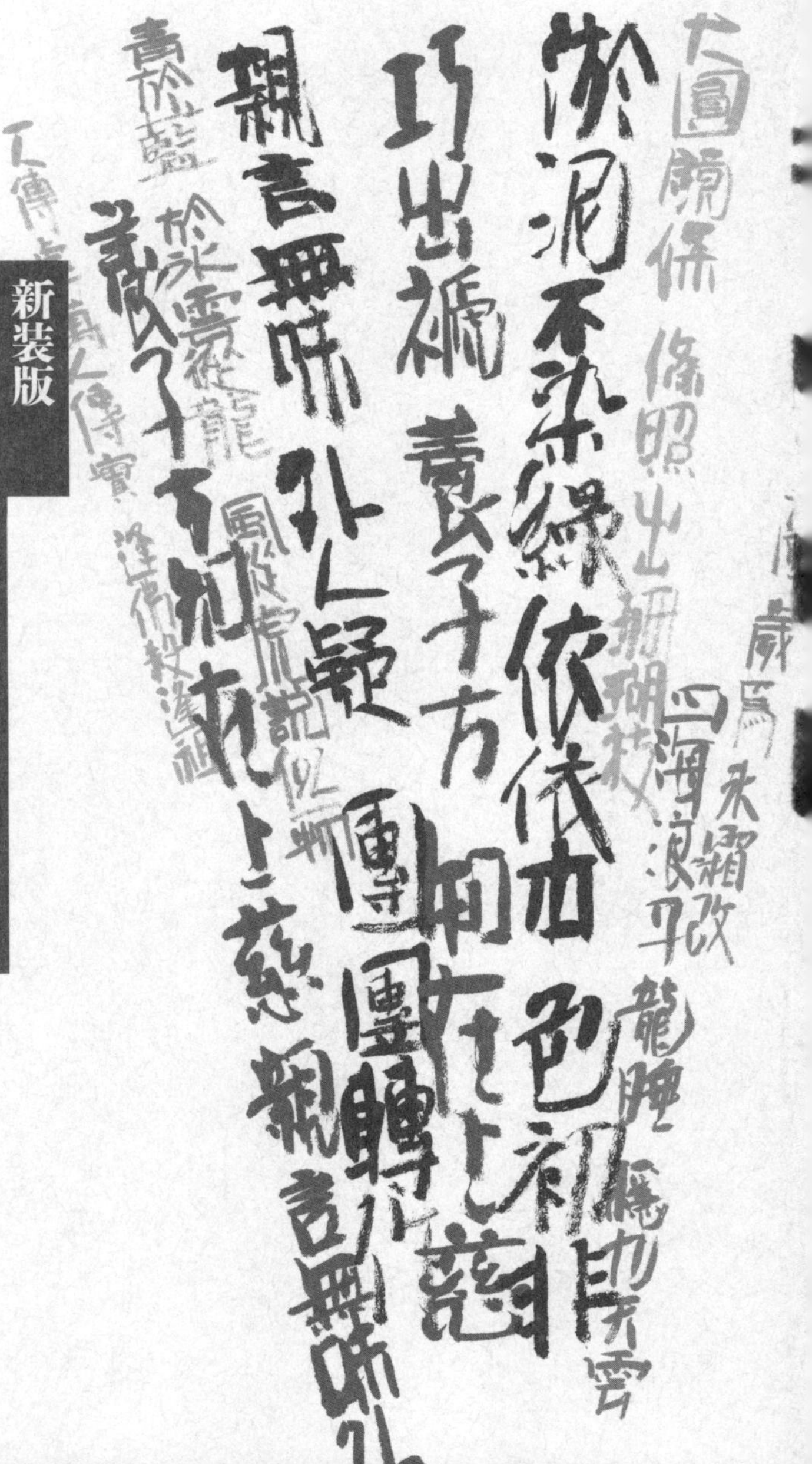

三越九天月一輪

利行 賦并書

三越《さんえつ》の九天《きゅうてん》に月一輪

右は拙賦「良寛和尚」七言・十六行詩の結句。良寛さんの御徳は、越後の空高く昇った一輪の明月が、全世界を普く照らすように広大無辺であるとの意。

新装版 禅林名句辞典

飯田利行 編著

目次

はしがき……1
出典書目……5
本文
言
三言……1
四言……15
五言……33
六言……45
七言……49
八言……59
九言……68
十言……68
十一言……69
十二言……69
句
平聲（上平）韻
一東
四言……70
五言……75
六言……89
七言……91
八言……119
九言……119
二冬
四言……121
五言……123
七言……128
八言……134
三江
五言……135
七言……136
四支
四言……136
五言……140

六言……151
七言……152
八言……175
五微
五言……176
七言……179
六魚
四言……194
五言……196
六言……199
七言……200
七虞
四言……208
五言……209
七言……213
九言……221
八齊
四言……222
五言……224
六言……227
七言……227
九佳
四言……233
七言……233
十灰
四言……234
五言……236
七言……241
十一眞
四言……251
五言……254
六言……266
七言……270
八言……302
九言……302
十一言……303
十二文
四言……304
五言……305
七言……307
十一言……311
十三元
四言……312
五言……313
六言……315
七言……317
十四寒
四言……324
五言……325
六言……330
七言……331
十五删
四言……342
五言……343
六言……345
七言……346
平聲（下平）韻
一先
四言……354
五言……356
六言……362
七言……365
二蕭
四言……379

五言……380
七言……382

三肴

五言……385
七言……386

四豪

五言……387
七言……388

五歌

三言……391
四言……392
五言……392
六言……394
七言……395

六麻

四言……400
五言……401
七言……404

七陽

四言……411
五言……414
六言……420
七言……421
八言……434
九言……435

八庚

四言……436
五言……437
七言……441
八言……456

九青

五言……456
六言……457
七言……458

十蒸

五言……461
七言……462
十言……465

十一尤

四言……466
五言……468
七言……473

十二侵

四言……486
五言……488
七言……491
八言……502

十三覃

四言……503
五言……503
七言……505

十四鹽

七言……506

十五咸

五言……508
七言……509

上聲韻

一董

七言……511

四紙

五言……512
六言……514
七言……516
九言……519

六語

五言……520
七言……521

七　麌
四言……522
五言……523
六言……524
七言……525
十　賄
五言……526
七言……527
十一　軫
五言……528
七言……529
八言……529
十二　吻
七言……530
十三　阮
七言……531
八言……532
十四　旱
四言……533
五言……534
七言……535
十六　銑
四言……536
六言……537
十七　篠
五言……538
七言……539
八言……540
九言……540
十九　皓
四言……542
五言……543
六言……544
七言……545
八言……546
九言……547
二十　哿
四言……548
二十一　馬
五言……549
六言……550
七言……550
二十二　養
四言……552
五言……553
七言……554
二十三　梗
四言……554
二十五　有
四言……555
五言……556
七言……557
九言……558
去聲韻
三　絳
七言……559
四　寘
四言……560
五言……561
六言……563
七言……564
五　未
六言……566
七言……566
六　御
七言……567
九言……568
七　遇
四言……568
五言……571

六言……572
七言……573
九言……574
八　霽
四言……575
八言……575
九　泰
五言……577
十　卦
四言……578
七言……579
十一　隊
五言……579
十二　震
六言……581
十三　問
四言……582
十四　願
七言……582
十七　霰
四言……583
五言……584
七言……584
十八　嘯
五言……585
七言……586
二十一　箇
四言……587
七言……588
二十二　禡
七言……589
二十三　漾
四言……590
七言……590
二十四　敬
四言……591
五言……592
六言……592
七言……593
二十五　徑
六言……594
二十六　宥
五言……595
七言……596
二十九　豔
七言……597
入聲韻
一　屋
四言……598
六言……599
七言……600
二　沃
四言……603
六言……603
七言……604
八言……605
三　覺
四言……605
七言……606
五　物
七言……607
六　月
四言……608
五言……609
六言……609
七言……610
八言……611
九　屑
四言……613
五言……613
七言……614
十　藥
四言……616
六言……617

十一陌　四言……618
五言……618
八言……619
十三職　四言……620
五言……621
六言……622
七言……622
八言……623
十四緝　四言……624
五言……625
六言……625
八言……626
十五合　七言……627
十六葉　五言……628
十七洽　八言……629
索引……631

はしがき

「不立文字」の大旆《はい》をかゝげた禅の仏法が、絢爛たる文字の芸術を現成した。芸術の世界は、待対の美醜に跼蹐《きょくせき》する。しかるに禅の世界は、待対という虚仮《こけ》の二面を裂破しつつ、なおかつその虚仮とみられる綾羅錦繡の文字で真如実際を淡々と語った。それが禅林の詞華と名づけられる句である。

叢林に妍を競うその華は、虚妄を飾る美辞麗句ではなく、人の肺肝をえぐる絶対の世界を、永遠の真理を、なにげない日常茶飯事の坐作を通じ、また四季おりおりの趣を添える月雪花を通じて洒洒落々と詠《うた》いあげた。

ドイツの哲学者フッサールは、事象の本質を直観にとらえ、これが説明に平凡な日常性の些《さ》事をもってし、また現に我らが生かされている歴史的現実の当体を形而下的にとらえている。

現代の知識人は、フッサールやハイデッガー、サルトルの哲学の片鱗を容易に垣間みることができても、良寛や道元、投子、趙州、洞山が記述した詩と真実をうかゞうことは難《かた》しとする。それは、事象の本質に迫ろうとする意欲の有無に由るかもしれない。たゞ哲学者が、思想伝達の道具に資した散文は、説明に意を尽くしているので分りがよいゆえであろう。しかるに禅匠の消息は、韻文で無限の風情を辞林の韻《ひゞき》に、また無絃の素琴を虚堂の調べに、隻手の声を方丈の鉗鎚《けんつい》に聴かせようがために、あくまでも個と個との対話に終始している。もっといえば、暖皮肉《いきみ》と暖皮肉とのぶっつかり合いである。そこには文字言語以前の対話が、紫の火花のごとくに交《か》わされている。この消息が、禅匠たちの天衣無縫性と相俟《ま》って、いやが上にも現代人の知性に抵抗を感ぜしめているかのようにみえる。

今や、目まぐるしく日々の虚像に眩惑されて、自己の在りかを見失っている現代人には、禅の妙旨の会得など白日夢に等しくなった。とはいえ近代の哲学者が、なしうべくもなかった人間の生命体の讃歌と、その本質を衝いた凱歌とを、いたずらに雲上に横たえておくべきでない。今こそ、これらの歌の調べに耳を洗うべき秋ではあるまいか。

私は、漢字音韻学に志して五十年、押韻と平仄に規制されつゝも芸《たくみ》の極みをつくした韻文の美学にとり憑《つ》かれてきた。韻文の散文に優る点は、彩らぬ世界、墨つきのない世界に無限の美を、想いを、馳せてこれを享受することにある。たとえ多年、訓読法に薫習されてきた日本人とても、節奏韻律の美しさは、なおかつこゝろよしとする。

曇りがちな私の審美眼に、珠玉のごとくに映った巨匠の名句を抜粋して、こゝに収録し、これを言別、韻別にし、さらにその出典と読解とをこゝろみた。そして読解は、原義と、その後に転化したいわゆるの転義をも示した。いうまでもなく、不朽の名句は、末永く愛誦される。ためにこれらを自己の真実の表現に借用、転用つまり愛用するにいたる。したがって同一の名句が、種々の語録に散見する。本書においては、これを羅列することなく、たゞ私を楽しませてくれた一書を出典として挙げるにとゞめた。

従来のこの種、名句集には、尾張の逆翁宗順編『点鉄集』二十五巻（承応四年京都刊）や、元の善俊・道泰・智鏡共編『禅林類聚』二十巻（五山版）を始めとして枚挙にいとまがない。特に前者は、経・子・史・集より唐宋詩醇の外典にまで及んでいる。ともに本書の主旨とは異なる。

本書は、前述のごとき編纂主旨に基づき、主として曹洞系の名句を多く採録した。それは、法孫ゆえの親しさに依ったがためである。こゝに本書の公刊をみるにあたり、私が浩湖の清友に、こい希《ねが》う点は、先匠が全身心を挙げて生き抜かれたそのひたむきな芳躅《ほうちょく》を、名句を通して味読していただけたならと念ずるがためにほかならない。

おわりに、本書の編著にあたり、田熊信之学士の援助に俟つこと大、こゝに記して謝意にかえる。なお原文に使用した漢字は、唐宋このかた日中両国はいうまでもなく、国際文字として通用した書体に依った。一つには、原作者の意を尊重したいがためである。それゆえに国書刊行会の配慮も多大であった。その御高配に対し多謝してやまない。

昭和五十年七月十六日

湘南函麓　天王院四遷堂守　一法利行記

出典書目

雲門広録　三巻　唐　雲門文偃
永平広録　永平道元和尚広録　一〇巻　希玄道元　詮慧等編
奕堂遺稿　旃崖奕堂（一八〇五—一八七九）
円覚経　大方広仏円覚修多羅了義経　一巻
圜悟語録　二〇巻　宋　圜悟克勤
槐安国語　七巻　宗峰妙超頌古　白隠慧鶴評唱　著語
鶴林玉露　一六巻　宋　羅大経撰

寒山詩集　唐　呂丘胤編
虚堂録　虚堂和尚語録　並続輯　後録　虚堂智愚妙源等編
義雲語録　義雲和尚語録　義雲　円宗空寂等編
空谷集　林泉老人評唱投子青和尚頌古空谷集　三巻
景徳伝灯録　三〇巻　宋　道原
古詩帰　（点鉄集ニヨル）
五灯会元　二〇巻　宋　大川普済編

五灯会元続畧　四巻　明　遠門浄柱編
劫外録　真歇和尚劫外録　宋　真歇清了
高青邱詩集　明　高啓
黄山谷詩集　（漢詩大観ニヨル）宋　黄庭堅
江湖集　江湖風月集　元　松坡宗憩編
金剛経註疏　三巻　唐　慧浄
三祖行業記　永平寺三祖行業記
三体詩　三体唐詩　六巻　宋　周弼撰
参同契　唐　石頭希遷
詩格　（点鉄集ニヨル）
自得暉録　霊竺浄慈自得禅師語録　宋　自
得慧暉　了広編
首楞厳経　楞厳経　大仏頂首楞厳経　一〇
巻　唐　般刺密帝訳

正宗賛　五家正宗賛　四巻　宋　希叟紹
曇
証道歌　唐　明道玄覚
従容録　六巻　宋　宏智正覚頌古　万松
行秀評唱
蕉堅稿　絶海中津
貞和集　貞和類聚祖苑聯芳集　一〇巻
義堂周信編
趙州録　趙州和尚語録　三巻　唐　従諗
信心銘　隋　鑑智僧璨
信心銘拈古　宋　真歇清了
信心銘拈提　瑩山紹瑾
石門文字禅　三〇巻　宋　覚範徳洪　覚慈編
雪竇頌古称提　雪竇顕禅師頌古百則称提　面山

瑞方　慧観編
全唐詩　九〇〇巻　清　彭定求等奉勅編
禅月集　梁　徳隠貫休　曇城編
禅門拈頌集　三〇巻　韓　慧諶（無衣子）真訓等編
禅林類聚　二〇巻　元　善俊　智鏡　道泰共編
祖英集　二巻　宋　隠之重顕
曹山録　曹山本寂禅師語録　唐　曹山本寂　明　郭凝之編　宜黙玄契挍
漱石詩集　夏目漱石（一八六七―一九一六）
続伝灯録　三六巻　明　円極居頂編
大智偈頌　大智禅師偈頌
丹霞頌古百則　丹霞淳禅師頌古百則　宋　丹霞子淳
中峯広録　天目中峯和尚広録　三〇巻　元　中峯明本
伝光録　二巻　瑩山紹瑾
投子語録　投子義青禅師語録　二巻　宋　投子義青　道楷編
東山外集　雪峯空和尚外集　宋　雪峯慧空
東坡詩集　（漢詩大観ニヨル）宋　蘇軾
洞山録　洞山悟本大師語録　唐　洞山良价　宜黙玄契重編
如浄語録　天童如浄禅師語録　宋　如浄　文素等編
人天眼目　三巻　宋　晦巌智昭編
楳仙遺稿　法雲普蓋禅師大岡楳仙（一八二一

五―一九〇一）

白楽天詩集　（漢詩大観ニヨル）　唐　白居易

半雲遺稿　星見天海（一八三三―一九一三）

半仙遺稿　佐田仙馨（一八六八―一九三三）

普灯録　嘉泰普灯録　三〇巻　宋　虚中
正受

碧巌録　一〇巻　宋　隠之重顕頌古　圜
悟克勤評唱

便蒙類編　（点鉄集ニヨル）

無門関　一巻　宋　無門慧開　宗紹編

臨済録　二巻　唐　臨済義玄

聯頌集　（点鉄集ニヨル）

六祖壇経　法宝壇経　唐　慧能　法界集

良寛詩集　大愚良寛（一七五八―一八三一）

（題九相図詩モ含ム）

宏智偈頌　宏智禅師偈頌断璧　宋　宏智正
覚　斧山玄鉗抄編

宏智広録　宏智禅師広録　九巻　宋　宏智
正覚

言

三言

一橛子〈いっけっし〉

しばられている者。解脱《げだつ》できないで、ものごとに執《と》らわれている者。〔永平広録　巻二〕

一転語〈いってんご〉

追いつめられた時に、ひらりとかわす転身の一語。一語でもって相手の考えを転じさとらせうるような警語。一語でよく修行者の心機を一転せしめうるような言葉を言い、転じて「著語《じゃくご》」（古《こ》則公案《そくこうあん》に対し、自己の見解を示すために下す痛切なる短評）の意味にも使い、さらに転じて、法要、儀式のときの祝語、弔辞の意味にも使う。〔洞山録〕

烏律律　〈うりつりつ〉
　瞳が黒々として目立ち、賢こそうにみえるさま。〔永平広録　巻一〕

王三昧　〈おうざんまい〉
　「三昧王三昧」の略語。多くの三昧（坐禅）中の王たるもの。正伝《しょうでん》の仏法の坐禅をいう。〔正法眼蔵　三昧王三昧〕

解打鼓　〈かいたく＝打鼓を解す〉
　太鼓の音が分かるかということ。転じて、心の耳で太鼓の音を聴けということ。〔碧巌録　第四十四則〕

可惜許　〈かしゃくこ〉
　あったら惜しいことをした。よせばよいのに。助辞「許」を「乎」に作るものもある。〔碧巌録　第二十三則〕

何似生　〈かじせい〉
　「作麼生《そもさん》」とか「恁麼《いんも》」、「甚麼《そも》」、「什麼《そも》」と同じく、何ぞ、いかが、どのようぞ、という意。〔羅故野録　六十七〕

刮骨禅〈かっこつのぜん〉

情識とか分別を削《けず》りとって、本体にすり換《か》えてしまうこと。つまり有無迷悟の二見を断ちきってしまう禅のことをいう。〔洞山録〕

可怜生〈かれんしょう〉

気の毒なやつ。「可憐生《かれんせい》」も同じ。〔趙州録　巻中〕

殻漏子〈かろす〉

「可漏子《かろす》」とも書き、さらに「可漏《かろ》」とも書く。

「可漏」とは、もらすべし。何をもらすかといえば、疏《しょ》文、金円である。洞門では、「三仏会《え》」（涅槃会《ねはんえ》、降誕会《ごうたんえ》、成道会《じょうどうえ》）のとき疏《しょ》をたてまつる書状を挿《さ》し入れるものとして、また慶弔、問候にあたり、金円を挿し入れて謹上するものとして使用する。が、転じて阿屎放尿《あしほうにょう》の主人である人間さまの臭皮袋《しゅうひたい》（くそぶくろ）つまりこの肉体をもいう。さらに転じて煩悩でこりかたまっている臭皮袋の凡夫《ぼんぷ》、凡見《ぼんけん》のことをもいう。〔洞山録〕

乾屎橛〈かんしけつ〉

くそかき棒。人をいためつける言葉。〔無門関　第二十一則〕

關捩子　〈かんれいす〉
からくりの捻《ねじ》のことから転じて、急所の意に使う。〔碧巌録　第一則〕

喫茶去　〈きっさこ〉
むずかしい話は抜きにして、まあお茶でも召し上れ。お平《たいら》に、お楽《らく》にという意味。〔趙州録　巻下〕

窮鬼子　〈きゅうきす〉
貧乏神のこと。〔虚堂録　続輯〕

窮赤骨　〈きゅうせきこつ〉
赤貧《せきひん》洗うがごとく、身に一糸だにまとうことのできないほどの貧乏人のこと。転じて、すっきりとした脱落した人をいう。〔永平広録　巻九〕

繫驢橛　〈けろけつ〉
驢馬《ろば》でもつなぐほか、なんの役にもたたない棒杭《ぼうぐい》。転じて、何かに束縛されて自由のきかない人のこと。〔碧巌録　第一則〕

莫眼華　〈げんかすることなかれ〉
うっかりと見るな。妄想《もうぞう》分別するな。〔碧巌録　第十八則〕

元字脚　〈げんじきゃく〉

一字の意。元の字脚であるノしの乙《いっ》は、古字の一であると。しかも一切の文字は、一の字より元《はじ》まるという。〔従容録　第八則〕

玄中玄　〈げんちゅうげん＝玄中の玄〉

絶対（真空）中の絶対。差別としての現象も、それ自身の中に絶対の主体性をもっていること。これを趙州は「七中の七」「八中の八」という言葉などで説明している。〔趙州録　巻上〕

好堅樹　〈こうけんじゅ〉

長く土中に埋っていて、百年目に芽を出し、一年の中に高さ百丈ほど伸びるという樹。多くの樹は何れもその蔭の中に入る。仏の功徳の広大無辺さを、この樹にたとえた。〔大智度論　第十巻

永平広録　巻七〕

好生観　〈こうさんかん〉

よーく御覧《ごろう》じろ。〔寒山詩集〕

黄面皮　〈こうめんぴ〉

釈迦如来のこと。〔永平広録　巻一〕

黑漫漫〈こくまんまん〉
全くのわからずや。〔臨済録〕

古佛心〈こぶっしん〉
無名無相の非思量《さとり》のこと。〔洞山録〕

三隻襪〈さんせきのべつ〉
三足のちんばの襪子《べっす》（たび）。有無にわたらない絶対の世界をあらわした語。〔虚堂録　巻上〕

三默堂〈さんもくどう〉
浴室と僧堂（食事もとる）と西浄《しいじん》（東司《とうす》、お便所）では、一切の言葉が禁じられている。〔勅修百丈清規鈔〕

唧嚠漢〈しつりゅうのかん〉
よくできた人。〔永平広録　巻六〕これに反して「不唧嚠漢」とは、でくのぼう、鈍漢のこと。〔碧巌録　第一則　著語〕

止啼錢〈していせん〉
『涅《ね》槃《はん》経』「嬰児行品《ようにぎょうほん》」に、嬰児が泣きやまないので両親が黄色い楊《やなぎ》の葉を示して、ほらお金をあげるからおだまり、といって、これを与えたところ、嬰児はほんものかと思って泣きやんだという故事。『宏智禅師偈頌』には「止啼黄葉」とある。この場合は紅葉《もみじ》の葉を示す。〔従容録第七則〕

主中主　〈しゅちゅうのしゅ〉

主客未分の世界。別に宝鏡三昧、只管打坐《しかんたざ》、非思量ともいい、さとりのことをいう。〔洞山録〕

漿水價　〈しょうすいか〉

「漿水銭」ともいう。食い扶持《ぶち》のこと。転じて仏性《ぶっしょう》を指す。「草鞋銭《そうあいせん》」（わらじ銭）も同じ。〔景徳伝灯録　巻八〕

少賣弄　〈しょうまいろう〉

それほどでもないものを、自慢らしくみせびらかすさまをあざける語。この小商人め。〔碧巌録第二則〕

觜盧都　〈しろと〉

口をつぐんで黙っていること。啞漢《おし》のことにもたとえるが、おしとは、坐禅をしている人のこと。坐禅をしているときは、石榴《ざくろ》がまだ熟さないで口を開いていないときの形のように結んでいなけ

ればならないのでいう。転じて、兀々《ごつ》として坐《ざ》定《じょう》し、箇の不思量底を思量する「黙照禅《もくしょう》」を指す。〔大慧書〕

作麼生　〈そもさん〉
なに、いかがの疑問詞。生は助辞。「什麼生」、「甚麼生」とも書く。〔景徳伝灯録　巻一八〕

堆堆地　〈たいだいち〉
土が高く盛りあがった丘のように、どっしりとして、八風吹けども動ぜずといった門風（宗風、家風）を保持しているさまをいう。〔洞山録〕

太遅生　〈たいちせい〉
世の中のテンポに合わない人。転じて、去来を絶し、文字を立てない世界に自適している素晴らしい人物のこと。〔洞山録〕

擔板漢　〈たんぱんかん〉
板を背中に結《ゆわ》いつけられた男。転じて、一方しかみられない男、融通のきかぬ男。〔趙州録　巻下〕

杜禪和　〈づぜんな〉
杜撰《づさん》な和尚。おっちょこちょいの和尚。〔碧巌録　第六十三則〕

塗毒鼓　〈づどっく〉

『涅槃経《ねはんぎょう》』「第九如来性品《にょらいしょうぼん》」にある故事。この太鼓の音を聞くと、貪瞋癡《とんじんち》の三毒が消散するという。大死一番することのたとえ。〔宏智広録　上堂〕

的的意　〈てきてきのい〉

ずばりそのもののこころ。おさとり。言葉や文字では言いあらわせない世界。〔趙州録　巻上の章〕

摘楊花　〈てきようか〉

大事なことを捨てて無益なことに従う、無用の意。ここは、行きたいところへ、勝手に行けの義。また、「さらば、さらば」の意に使う場合もある。「折楊柳」とは、中国で別離の歌の代名詞となっているが、別離に際し楊柳の枝を折って別れゆく人に与える風習があった。〔聯灯録　趙州〕

鐵蒺藜　〈てっしつり〉

敵を防ぐために設けた鉄刺《てっし》の武器。近よりがたい本来の面目をいう。真の指導者は、真赤に燃えた炉から出した鉄製のはまびしのような危い者も、手玉にとって育成できなければならない。〔従容録　第三十六則〕

田庫奴　〈でんしゃぬ〉
田舎《いなか》っぺ。下賤にして無智な者を馬鹿にする言葉。〔趙州録　巻上〕

駭雞犀　〈雞を駭《おどろ》かす犀《さい》〉
犀の形状をそなえ、頭は猪のような僧都《かがし》のこと。坐禅の面目をいう。『傘松道詠』に「坐禅」と題し、「守るとも思はずながら小山田のいたづらならぬ僧都《かがし》なりけり」と道元禅師は祖述している。〔洞山録〕

破草鞋　〈はそうあい〉
役に立たないわらじ。転じて、諸仏諸祖が体得された究竟《くぎょう》の世界、おさとりのこと、坐禅のこと。〔碧巌録　第十二則〕

破木杓　〈はもくしゃく〉
使い古《ふる》した柄杓《ひしゃく》、転じて、なんにもならぬもの。さらに転じて只管打坐《しかんたざ》（ひたすらすわる）のこと。〔従容録　第三十八則〕

返魂香　〈はんごんこう〉
死中に活《かつ》をうる、大活現成《げんじょう》のたとえ。〔宏智広録　上堂〕

百雑砕　〈ひゃくざっすい〉
もろもろの現象のかかわりあいに対し、そんなものが何になるか、ぶちこわしてしまえ。かくして身心ともに滅却した時をいう。脱落《おさとり》のこと。別に、古鏡、明鏡、宝鏡三昧にもたとえる。〔曹山録〕

白拈賊　〈びゃくねんぞく〉
ひるとんび。相手の腹の中まで見透かして、油断すると生命までかすめとってしまうような恐るべき人物。宗風、家風を振作するようなすぐれた人物を作家《さっけ》と呼んでいるが、この作家を褒《ほ》めて白拈賊という。〔従容録　第三十七則〕

風顛漢　〈ふうてんかん〉
おっちょこちょい。きちがい野郎。罵る語。〔臨済録〕

不唧溜　〈ふしつりゅう〉
うすのろ。ろくでなし。なまくら男。なお溜字は、別に嚠とも蹓とも書く。〔趙州録　十二時歌〕

放下著　〈ほうげじゃく〉
手を放してしまえ。こだわりを捨ててしまえ。大死一番してこそ大活が現成《げんじょう》することの意に使う。

「著」は語を強める助辞。〔従容録　第五十七則〕

翻巾斗　〈ぼんきんと〉

「巾」を「斤」とも「筋」とも書く。斤は木を斫《き》る道具で、頭が重くて柯《え》が軽いから、よくとんぼがえりする。そこで、とんぼがえり、もんどりうつことの意に使われた。転じて、自由に立場を転換しうる転身のはたらきをいい現わす。さらに転じて行脚《あんぎゃ》すること。入滅することにも使う。

〔従容録　第四十九則〕

驀直去　〈まくじきこ〉

まっすぐにゆきなされ。〔趙州録　巻下〕

麻三斤　〈まさんぎん〉

一にぎりほどの麻にも仏性《さとり》が現成していること。洞山守初に、或る僧が、「いかなるかこれ仏」と問うたところ、手にしていた麻三斤を示して「これだ」と答えたという。〔碧巌録　第十二則〕

孟八郎　〈まんぱろう〉

道理によらないで事をなすならず者、と罵る言葉。現代語では「忘八《ワンパ》（者）」、つまり孝、悌、忠、信、礼、義、廉、恥の八字を忘れた大馬鹿者にいう。別にならず者のことを「訝《げ》郎当《ろうとう》」ともいう。

〔碧巌録　第六十六則　著語〕

無根樹〈むこんのき〉

枝葉も幹も根も脱落して真実のみある存在。本来の面目。〔永平広録　巻一〕

無字印〈むじのいん〉

「無文字印」、「無障碍《げ》印」ともいい、法印、仏心印、つまりおさとりのこと。〔宏智偈頌〕

没可把〈もっかは〉

把《と》るべきなし。跡かたのないこと。おさとりのこと。別に「没縦迹《もっしょうせき》」ともいう。〔雪竇頌古〕

没蹤迹〈もっしょうせき〉

跡かたをのこさない、とらわれのない大自在の世界。おさとりのこと。〔劫外録〕

野狐精〈やこぜい〉

正しい心を伝ええないもの、人を惑わすことの多いもの。化け狐、と人を罵るときに用いる語。また実参実究の伴わないえせ禅者のことを「野狐禅」ともいう。〔碧巌録　第九十三則〕

野狐禪〈やこぜん〉

実参実究の伴《ともな》わないえせ禅者のこと。はったりや。参禅者を惑わすこと大なるやから。〔永平広

録　巻中〕

也太奇　〈やたいき〉

また大そう結構なこと（奇特のこと）だという賞讃を示す感嘆詞。〔洞山録〕

用不著　〈ようふじゃく〉

役にたたぬこと。不用のもの。〔従容録　第二則〕

驢鞍橋　〈ろあんきょう〉

驢馬の骨の中に鞍《くら》に似た形のものがある。今度は、それが老人の下頷《あご》に似ているとみるむきもあると。つまり人間の分別などというものは、浅はかなもので、妄を真と認めたり、実を錯《あやまり》と認めたりする。このようなあてにならない分別心をとり除かないと、真実相はつかめないということ。

鈴木正三に『驢鞍橋』という著述がある。〔五灯会元　巻十一〕

六不収　〈ろくふしゅう〉

釈尊の説かれた教えは、真理のあらわれとして立てた「六根」（眼《げん》、耳《に》、鼻《び》、舌《ぜつ》、身《しん》、意《い》）や「六合《りく》」（宇宙）にも収めきれないほど無量無辺の功徳をそなえているので、それらを言葉だけで理解しようとしてもできない。そこでしっかりと坐ってみよ、という諭《さと》しの意。〔碧巌録　第四十

七則〕

露廻廻　〈ろけいけい〉

洗い上げたように美しく少しの汚れもないこと。不染汚《おさとり》の境界を示したもの。〔景徳伝灯録　巻九〕

露堂堂　〈ろどうどう〉

何一つかくすことなく堂々と現われているさま。さとりの端的。また威儀の盛んなるさま。〔劫外録〕

四言

一刀一斷　〈いっとういちだん〉

刀で切らないこと。絶対肯定の意。〔正法眼蔵随聞記〕

廓然無聖　〈かくねんむしょう〉

からりとして、差別を絶した絶対空の世界をいう。〔碧巌録　第一則〕

照顧脚下　〈きゃくかをしょうこせよ＝しょうこきゃくか〉
足もとを注意せよ。転じて履物をきちんとそろえよ。〔禅林類聚　巻二十〕

勘破了也　〈かんぱりょうや〉
もう疾《と》っくに合点《がってん》ずみだ。〔碧巌録　第四則〕

去死十分　〈きょしじゅうぶん〉
あますところがないほど完璧に云いえたこと。〔洞山録〕

行持道環　〈ぎょうじどうかん〉
仏と我等との間に何れが主、何れが賓、といったけじめのない、つまりつぎめのない環のような無始無終の仏性《ぶっしょう》をいう。〔正法眼蔵　行持上〕

錦上鋪花　〈きんじょうにはなをしく〉
美しいところにさらに美しいものを添えるように、無用のことをいう。「錦」（ものの真如《しんにょ》実際）というものは、それ自体に価値があるもの、その上にさらに綺麗な言葉をいくら飾っても、真実の表現にはならないことをいう。〔碧巌録　第二十一則〕

入草傳風　〈くさにいってふうをつたう〉

草いきれのむんむんするむさくるしいところ。つまり煩悩の草漫々たるところに入って、古風、つまり真箇の仏法を伝えること。〔永平広録　巻一〕

雲騰鶯飛　〈くものぼりうぐいすとぶ〉

真如《しんにょ》実際。仏の境界をいいあらわしたもの。〔楞厳経　巻一〕

君子可八　〈くんしははちにかなり〉

君子はすべて八分目をもって可《よ》しとする。〔槐安国語　巻四〕

懸河之辯　〈けんがのべん〉

弁舌が流れる河のように、さらさらとよどみなく、「般若《はんにゃ》」（智慧）の妙門を説きあかすこと。〔景徳伝灯録　巻二十八〕

現成公案　〈げんじょうこうあん〉

諸仏諸祖のあらわれ。天地いっぱい一切の分別をさしはさまぬもの。また永遠に変らぬ真理をいう。〔正法眼蔵　現成公案〕

玄中又玄　〈げんちゅうのまたげん〉

『老子』に「玄の又玄、衆妙の門」とあるように、奥深い道は、広大無辺のため、言葉ではいいあらわせない。洞山は、「玄中の又玄」は「死人の舌」で「黙」以外に表現の方法がないという。

〔洞山録〕

眼横鼻直 〈げんのうびちょく〉

眼は横に鼻は直《たて》に。人の顔の在りよう、これぞ直実人体《あたりまえのこと》。おさとりに徹しえたことを示す。「眼《げん》凹鼻《のうび》凸《とつ》」と同じ。さとりの実態をいう。そのままの在処《ありか》が、それ自身、独立し、他に支配されることなく、また他を犯すことなくあるさま。〔金剛経　川老著語〕

黄河點魚 〈こうがのてんぎょ〉

額《ひたい》を岩にうちつけて竜門を登ることのできなかった鯉のこと。転じて落第坊主のこと。〔槐安国語　巻四〕

回首轉腦 〈こうべをめぐらしのうをてんず〉

待対《たいだい》の二見にうろつきまわって、うろたえているさま。〔洞山録〕

裂破古今 〈ここんをれっぱす〉

古今という待対の二見を裂破して、古今を等《ひと》しなみとする。とらわれから解脱《げだつ》すること。〔永平広録　巻二〕

枯木花開　〈こぼくにはなひらく〉

真偽、有無、凡聖、迷悟の二見を絶したとらわれのない世界。只管打坐《しかんたざ》のこと。〔洞山録〕

虚明自照　〈こみょうじしょう〉

とてつもなく明るいと、おのずからに照り輝く。〔趙州録　巻上〕

言語道斷　〈ごんごどうだん〉

言葉では、ものの真実を表現することができない。〔信心銘〕

坐久成勞　〈ざきゅうじょうろう〉

久しく坐っていれば、くたびれるとは表面的な意味。真如実際《さとり》のこと。「花は紅」「柳は緑」、「渓《たに》深うして杓柄《しゃくへい》長し」と、同じくあたりまえのことを自覚すること。〔雪竇頌古〕

自家寶藏　〈じけのほうぞう〉

おさとりのこと。〔五灯会元　巻三〕

自己漆桶　〈じこしっつう〉

漆桶《うるしおけ》の真黒いのと同じように、自分が待対の二見に低迷していると、ものの真実相をつきとめることができないということ。この二見の迷いを突き破った、からりとした絶対境を「打破《たわ》漆桶《しっつう》」

という。〔永平広録　巻一〕

漆桶不會

漆桶《うるしおけ》は黒いので、他の色との判断がつかない。迷妄のたとえに使われる。不会は、わけがわからないこと。合わせて、まるっきりわけが分らないことに使う。〔碧巌録　第五則〕

噇酒糟漢　〈しゅそうをくらうのかん〉

酒粕《かす》やどぶろくをくらっているやから。転じて、下《げ》根劣機《こんれっき》のやからとか、文字言句をよりどころとしている学者先生を軽蔑した語。〔従容録　第五十三則〕

春蘭秋菊　〈しゅんらんしゅうきく〉

両者何れもそれぞれの面目があり、その風趣《おもむき》に優劣がつかないこと。〔従容録　第六十三則〕

將錯就錯　〈しょうしゃくじゅしゃく＝錯《あやま》りを将《も》って錯りに就《つ》く〉

仏をもって仏に伝えること。師匠と弟子とがぴったりと道にかなうこと。「証契即通《しょうかいそくつう》」とも「以心伝心」ともいう。絶対無二の解脱《さとり》をあらわす。将錯《しょうさく》は釈迦が成道《さとり》すること、就錯《じゅしゃく》は仏祖が成道すること。〔碧巌録　第三十八則著語〕

霄壌相去　〈しょうじょうあいさる〉

昔の学者は心を治めたが、今の学者は迹《あと》を調べる。心と迹とでは、相い去ること、天と地との差がある。〔禅門宝訓〕

少神底人　〈しょうしんていのひと〉
うす馬鹿野郎。精神《こころ》の足らない人。〔趙州録　巻上〕

處處全眞　〈しょしょぜんしん〉
山河大地、いずこも仏性のあらわれ。〔碧巌録　第三十六則著語〕

眞化無跡　〈しんけはあとなし〉
真の教化は、こだわり、はからいのないところに現成《げんじょう》する。〔趙州録　巻上〕

眞實人體　〈しんじつにんてい〉
真如《しんにょ》実際、本来の面目、おさとりのこと。〔曹山録〕

塵塵三昧　〈じんじんざんまい〉
日常生活の塵々《こなごな》の中に王三昧《さとり》がある。つまりお鉢《はち》の中に御飯、桶《おけ》の中にお汁が容れてあること。
〔従容録　第九十九則〕

隨處作主　〈ずいしょにしゅとなる〉

主とは、何物からも束縛をうけない当体、それは自由にしてとらわれのない本来の面目。さればこそ、縁に応じ、処に随っても、縁、処との間にへだたりがないから一体となりうる。つまり随処に自己のはからいをとりのけて、全一の世界に悠々自適できること。〔臨済録〕

水中捉月〈すいちゅうにつきをとらう〉

天にかかる実物の月をつかまないで、いたずらに水に映った月をとらえようとしても、それは無駄ごとだ。〔証道歌〕

随波逐浪〈ずいはちくろう＝波に随い　浪を逐《お》う〉

観音様が三十三身に身を現じて、機に臨み、変に応じて衆生《しゅじょう》を済度《さいど》してゆくさまを表現した語。自在の妙用《みょうゆう》。転じて、師匠がすぐれているとともに、弟子もしっかりしていることにも使う。

〔碧巌録　第八則〕

石上栽花〈せきじょうにはなをうゆ〉

思慮を絶した絶対の境地を示した語。〔虚堂録　巻中〕

雪上加霜〈せつじょうにしもをくわう〉

白い上に白い物を加える。向上への厳《きび》しさが、いよいよ加わることをいう。徳山《とくさん》が潙山《いさん》の処へ来

る前に竜潭《りゆうたん》の処に行った時、竜潭《りゆうたん》が徳山をほめたことに由来する。〔碧巌録　第四則〕

千錯萬錯　〈せんしゃくばんしゃく〉

いくらべらべらと説いても何れもあやまり。〔無門関　第二則　頌語〕

千年桃核　〈せんねんのとうかく〉

千年も経《へ》た桃の実は、いくら培養しても芽が出ない。骨を折って面倒をみても、ものにならない。転じて、愚かな漢《おとこ》のことをいう。〔槐安国語　巻六〕

早起不審　〈そうきふしん〉

お障《さわ》りなくお目ざめなされ、お早ようございます。おさとり（出家の本分、本来の面目を体得した人）を身につけた人の具体例を示すならば、なんの変てつもない振舞いができる人。つまり朝起きたらおはよう、夜やすむ時にはおやすみなさい（夜間珍重）が、すなおに口をついて出るような人にほかならない。〔景徳伝灯録　巻十一〕

草賊大敗　〈そうぞくたいはい〉

こそ泥が、へまをやった。〔正宗賛　南泉章〕

不離叢林　〈そうりんをはなれざれ＝ふりそうりん〉

和合僧の雲水が、くさむらのように集まっているところ（修行寺）から離れるな。安住して不動であれ。転じて貪名愛利《とんみょうあいり》の欲望をとりされということ。〔五灯会元　巻四〕

啐啄同時　〈そったくどうじ〉

親鳥が卵を抱くこと二十一日、やがて雛がかえろうとするとき、親鳥は殻《から》をたたく、雛鳥は殻の内からつっつき破るその瞬間がぴたりとして殻が割れて雛が生れる。転じて、師弟間の法縁が熟して嗣法面授すること。「啐啄迅機《じんき》」ともいう。〔碧巌録　第七則〕

大區區生　〈たいくくせい〉

ご精《せい》が出ますこと。御苦労様です。「区々」は勤勉のさま。「生」は助辞。〔従容録　第二十一則〕

大闡提人　〈だいせんだいにん〉

一闡提人ともいう。上に菩提《さとり》を求め、下に衆生を教化する考えを断《た》ち、信《まこと》をもちあわせない人。転じて、始めは悪人だが、後に仏の威力にあって、さとることができた人。また大慈《だいじ》大悲の菩薩が衆生《しゅじょう》済度のために、わざとさとりに入らない事を「大悲闡提の人」という。〔洞山録〕

太尊貴生　〈たいそんきせい〉

大そう尊い人は、堂々として冠《かんむり》もかしげず、長年にわたり外出もせず、姓もなく名もなく、随処に主となりうる底《てい》のおさとりを開いた人のこと。〔洞山録〕

大道無根　〈だいどうむこん〉

大樹というものは、根が地中に張って養分を吸収して繁茂してゆくものであるが、大道《おさとり》というものは、修行に修行を重ねた結果、到達するところのものではない。すべてのいとなみ、はからいを休止した状態を無根という。〔趙州録　巻上〕

體露金風　〈たいろきんぷう〉

何もかも秋景色たっぷりの様をのべたもの。秋のそのままの相《すがた》が、、、さとりそのものにほかならぬこと。〔碧巌録　第二十七則〕

打成一片　〈たじょういっぺん＝打《た》して一片となす〉

待対《たいだい》二片の差別を絶した絶対の世界。なんの継ぎ目もないこと。大円相にすること。つまり正身《しょうしん》端坐《たんざ》の実相、坐禅をいう。〔従容録　第五十一則〕

拖泥帯水　〈たでいたいすい〉

泥や水の中でもいとわず、慈悲心いっぱいに衆生済度につとめはげむこと。また相手の境遇に同

和して、自他一つになること。さらに、師匠がすぐれているとともに、弟子もしっかりしていることにも使う。〔趙州録　序〕

單提獨弄　〈たんだいどくろう＝ひとつひっさげ独《ひと》り弄《もてあそ》ぶ〉

他に方便を使わないで端的に本分の宗旨を提示する。つまり正身端坐《しょうしんたんざ》して坐禅すること。〔碧巌録　第四十二則〕

月白風淸　〈つきしろくかぜきよし〉

いつも清風明月のようなさらりとした境界にあることを示す。そのままが真如《しんにょ》実際の当体であること。〔後赤壁賦〕

嘯月吟風　〈つきにうそぶき　かぜにぎんず〉

月を見てはうたい、風に向っては口ずさむ。ものにこだわらず、悠々たる境地に遊んでいるさま。〔五灯会元　巻六〕

動止萬福　〈どうしばんぷく〉

御機嫌《ごきげん》うるわしう存じます。「起居万福」〔趙州真際禅師行状〕とも同じ。〔趙州録　巻下〕

道人活計　〈どうにんのかっけい〉

大道《さとり》を体得した人の風光《なりわい》のこと。〔洞山録　玄中銘〕

日下孤燈　〈にっかのことう〉

とるにたらないこと。一文一芸は空飛ぶ蚊、一技一能は日中にともす小さな灯のようなもの。

〔景徳伝灯録　巻三十〕

任運騰騰　〈にんぬんにとうとうたり〉

起居動作に無心なさまをいう。〔景徳伝灯録　巻三十〕

破家散宅　〈はかさんたく〉

身代《しんだい》限りのこと。転じて煩悩妄想を家宅にたとえ、これを破散すること、つまり身心脱落し、おさとりをひらくこと。〔空谷集　巻中〕

白日挑燈　〈はくじつにとうをかかぐ〉

昼行灯《ひるあんどん》。おろか者をいう。〔中峰広録　巻十二〕

縛脱兩忘　〈ばくとだつとふたつながらぼうず〉

煩悩とさとりと、両方ともにかかわりとしないこと。さとりに徹底すること。〔五灯会元　巻一〕

道得八成　〈はちじょうをいいえたり＝どうとくはちじょう〉

表向きは十分でない。八分目まで言いえている。しかし裏の意味は、道理を十分云いつくしているということ。〔曹山録〕

撥草瞻風　〈はっそうせんぷう＝草をはらい風をみる〉

苦心惨胆して師を探し求めてその風貌に直々《じき》に参じ、その家風に直々に親しむこと。転じて煩悩の草をはらい、菩提《さとり》を仰ぎみることをいう。〔洞山録〕

板歯生毛　〈ばんしにけをしょうず〉

前歯に毛が生えた。口をむすんだまま坐禅をしているので歯に毛が生えた。「口辺に白醭《かび》を生ず」と同義。つまり坐禅のこと。〔趙州録　巻中〕

披毛戴角　〈ひもうたいかく〉

けだものと角のある動物。こん畜生め。勝手なことをいうやつ。〔曹山録〕

賓主歴然　〈ひんしゅれきねん〉

賓は賓で絶対、主は主で絶対。それこそが絶対の平等であること。悪平等をいましめた言葉。〔臨済録〕

佛向上事　〈ぶっこうじょうじ〉

身心を脱落した世界。おさとりのこと。「仏向上人」とは仏向上事を体得した人のこと。〔洞山録〕

不昧因果　〈ふまいいんが〉
味《くら》からざる因果の義。因果の道理は、歴然として私がないことをいう。〔無門関　第二則〕

不落因果　〈ふらくいんが〉
因果の道理を無視すること。外道《げどう》の見解《かんがえ》。〔無門関　第二則〕

劈腹剜心　〈へきふくわんしん＝腹をさき心をけづる〉
腹のうちをさらけ出し、心を打ちあけて、隠《かく》すところは何もないことを示す。「露堂堂」と同じ。〔虚堂録　巻二〕

蛇入竹筒　〈へび　竹筒に入る〉
蛇が竹《たか》んぼの中に這《は》い入る。ひねくれた心があることに喩《たと》える。〔虚堂録　巻上〕

偏中有正　〈へんちゅうにしょうあり〉
「偏」は差別相、「正」は平等無差別相。「明（偏）中に暗（正）あり」とも同じこと。〔洞山録〕

卞璧燕金　〈べんぺきえんきん〉

「趙氏《ちょうし》連城の璧《たま》」と「燕の国に産する金」とは共に貴重なものであるように、両者の間に優劣がないことを云い現わしたもの。〔従容録　第六十三則〕

忘前失後　〈ぼうぜんしつご＝前を忘れ後を失う〉

「忘前」とは過去の始めがないこと。「失後」とは未来の終りがないこと。父子の本来の面目は絶妙であることを示した。〔洞山録〕

本地風光　〈ほんちのふうこう〉

兀々《こつこつ》として正身端坐しているさま。そのまま、そっくりが仏性《しょう》のあらわれであること。〔雪竇頌古〕。「本来の面目」（六祖壇経）ともいう。

水到渠成　〈水いたれば　みぞなる〉

真如実際の在りようを示す。転じて「桃李もの言わざれど　下おのずから蹊《こみち》をなす」といった意味にも使われる。たとえば、立派な師家《しけ》のもとには自然と雲水が集ってくる。〔槐安国語　巻四〕

無角鐵牛　〈むかくのてつぎゅう〉

言葉ではいいあらわせないい真実体。〔槐安国語　巻三〕

明暗雙雙　〈めいあんそうそう〉

「明」は差別、「暗」は平等を指すが、「明」も「暗」も絶対から派生した相にすぎない。よって「明」といえば「暗」、「暗」といえば「明」が裏うちされている。もっといえば、「明」は「明」で絶対、「暗」は「暗」で絶対なることを「双々」という。〔槐安国語　巻二〕

沒量大人　〈もつりょうのたいじん〉

格に入って格を出た自由無碍《むげ》の大人物、大丈夫のこと。〔趙州録　巻上〕

夜間珍重　〈やかんちんちょう〉

一日つゝがなくて何より、どうぞ安らかにおやすみ下さい。珍重とは、左様なら。また明朝《あす》お会いいたしましょうの意味。朝になったら「早起不審」と挨拶する。これがすなおに口をついて出るようになれば、おさとりが身についたという。〔景徳伝灯録　巻十一〕

柳綠花紅　〈柳はみどり　花はくれない〉

それぞれに備わった本来の姿、転じてさとりの実態をいう。さとりとは本来の姿をそのままに受けとめうるさまをいう。〔金剛経　註〕

山高水深　〈山たかく水ふかし〉

真如実際《あるがまゝのすがた》、仏の境界《がい》をいいあらわしたもの。〔五灯会元　巻十二〕

揚眉瞬目　〈ようびしゅんもく＝眉をあげ目をまたたく〉

「拈華瞬目《ねんげしゅんもく》」「拈華微笑《ねんげみしょう》」と同じ。釈尊が霊鷲山《りょうじゅせん》の説法において、華をもってまばたきをしたところ、迦葉《かしょう》尊者だけが、その意をさとり破顔微笑した。そこで釈尊は「正法眼蔵涅槃妙心《しょうぼうげんぞうねはんみょうしん》」（おさとり）をこれに授けられた。これより「以心伝心」の語が出る。〔虚堂録　巻四〕

弋不射宿　〈弋《よく》すれども宿《やどり》を射《い》ず〉

糸を矢につけて鳥を射る（いぐるみ）ことをしても、鳥の巣を射てそっくり獲《と》ることはしない。ここは、三十棒をくらわせるが、ゆるしてあげるの意。〔虚堂録　巻上〕

羅公照鏡　〈らこう　鏡をてらす〉

老いて羞《はじ》を知らないこと。〔五灯会元　巻十一〕

了事底人　〈りょうじていの人〉

悟った人。大事を了畢《りょうひつ》しえた人のこと。〔趙州録　巻上〕

靈苗無根　〈れいみょうむこん〉

すぐれた苗には根がない。すぐれた人物、さとりを開いた人は、世俗のはからい（名聞利養《みょうもんりよう》を得

るために養分の吸収、根性《じょう》の養成を必要とすること）を絶している。〔趙州録　巻上〕

露地白牛　〈ろじのびゃくごう〉

無垢《むく》清浄《しょうじょう》世界の仏性、つまりおさとりのこと。〔碧巌録　第九十四則〕

驢前馬後　〈ろぜんばご〉

実がともなわないで役に立たないしろもののこと。「驢前馬後《ろぜんばご》、竜頭蛇尾《りゅうとうだび》の漢」などともいう。

〔洞山録〕

五言

石壓笋斜出　〈石圧《おさ》えて笋《たけのこ》斜《はす》に出づ〉

笋《たけのこ》の自由自在に伸びゆくさまをのべた語。〔槐安国語　巻一〕

買石得雲饒　〈石を買《こ》うて雲の饒《おお》きを得〉

石を買ってきて庭にしつらえ、深山に雲が湧き起こるさまを想像する。心中の楽しみをいいあらわしたもの。姚合《ようごう》の「武功県詩」にもとづく。〔中峯広録　巻一〕

擔泉帯月帰　〈泉を担《かつ》ぎ月を帯《お》びて帰る〉

月光の射した泉を汲んで帰る。天地自然と一体となり、気宇広大なさまをあらわした語。〔虚堂録　巻上〕

一老不一老　〈いちろう　ふいちろう〉

『正法眼蔵』〔眼睛巻〕に、秋の月の明るいのは「一老」、秋の風が清《さわや》かなのは「一不老」とあるので、「一切老」、「一切不老」の至極、ともに本来湛然《おさとり》を示したことになる。〔洞山録〕

回互不回互　〈えごふえご〉

生を死とし、死を生とぶっちがいにみるのは「回互《えご》」。死は死とし、これをぶっちがいにみないのは「不回互」。〔景徳伝灯録　巻三十〕

喼喼如律令　〈きゅうきゅうにょりつれい〉

「喼々」は三世《ぜ》諸仏の名。「如」は一切《さい》諸菩薩の名。「律」は一切諸仏の名。「令」は三世諸鬼の名。ともにはかり知ることのできない広大な徳、神通力をもっていること。転じて、世俗でこの語を唱えることによって、悪魔を払い除くときの呪《まじない》にしている。〔槐安国語　巻一　著語〕

行時無説路　〈行《ぎょう》の時　説路なし〉

「行」の時は「行」きり、「説」はその中に含まれている。これを言説によって説明する時は、すでに待対《たいだい》の分別思慮《はからい》にわたることとなる。〔洞山録〕

値勳華政化

〈勲華《くんか》の政化《せいか》に値《あ》う〉

堯帝（名は放勲）と舜帝（名は重華）の無為にして化した政治に浴すようである。〔雪竇頌古称提〕

銀椀裡盛雪

〈銀椀裡《り》に雪を盛《も》る〉

「銀椀」は白い、「雪」も白い。白いもの一色の世界をあらわした句。〔雪竇頌古〕

枯木裏龍吟

〈枯木裏《り》の竜吟《りゅうぎん》〉

枯木に風があたって響きを伝えること。転じて「枯木」に常住不断に「花」が咲いていること。さらに転じて差別を絶した仏道の本義《さとり》をいう。〔曹山録〕〈枯木龍吟〉〔景徳伝灯録　巻十七〕も同じ。

山竹引清風

〈山竹《さんちく》清風を引く〉

世間の俗塵に染まらない山の竹林が、すがすがしい風を呼び起こす。不《ふ》染汚《ぜんな》の（さとり）の世界を示す。〔永平広録　巻九〕

死水不藏龍　〈死水　竜を蔵《かく》さず〉
波の起《た》たないような淵には竜は棲まない。〔虚堂録　後録〕

神光照天地　〈神光　天地を照らす〉
仏性の光は、天地を照らすがごとくあまねく充満している。〔碧巌録　第九十六則　頌〕

水牯牛生兒　〈水牯牛《すいこぎゅう》　児を生む〉
去勢されためすの水牛が児を生んだ。常識を絶し、人間のはからいを絶した祖師西来《おさとり》の意。〔趙州録　巻中〕

清風拂白月　〈清風《せいふう》　白月を払う〉
清《さわや》かな風（賓）が皎《さ》えた月（主）に吹きつけるように、主と賓とが一体となって、さわやかな風光を現成《げんじょう》する状態をのべた句。〔洞山録〕

作賊人心虚　〈作賊《そぞく》の人　心虚《むな》し〉
こそ泥は、いつもびくびくしてむなしい気持でいる。〔碧巌録　第八則〕

疎田不貯水　〈疎田《そでん》　水を貯《たくわ》えず〉
荒田には水が洩《も》ってしまい、植えつけができない。転じて、道を求める心のたらない修行者には、

菩提《さとり》の水はたまらないことのたとえ。〔槐安国語　巻四〕

素粉難沈跡　〈素粉《そふん》　跡を沈めがたし〉

白い素地のところに白い粉をまき散らしても、跡がつかない。待対を絶した一色の世界、同事の世界を示す。〔洞山録〕

大道通長安　〈大道　長安に通ず〉

唐代の都長安は天下の中心地となっていたので、国道はすべて長安に通じていた。道心ある修行者の歩む一歩一歩が仏性《さとり》のあらわれだ。日々の行持《ぎょうじ》が菩提《さとり》そのものに通じている。転じて、理と事とが相応ずる真理というものは、普遍的なものであるということ。〔趙州録　巻中〕

渓深杓柄長　〈渓《たに》深ければ杓柄《しゃくへい》長し〉

一人の僧が「如何なるかこれ祖師西来《おさとり》の意」と、或る草庵の主に尋ねたところ、「渓深ければ杓柄長し」と答えた。渓川が深ければ深いほど柄杓《ひしゃく》の柄《え》も長い。つまりおさとりとは真如実際のことの意。機に臨み、変に応じて適切な行動を展開すること、そこに本来の面目があるがままに現成《げんじょう》する。〔普灯録　巻二十六〕

露濕草鞋重　〈露湿《しめ》りて草鞋《そうあい》重し〉

朝露にぬれた草鞋《わらじ》の重さが気にかゝること。雲水行脚《あんぎゃ》の修行が不充分であること。〔虚堂録　巻二〕

庭前栢樹子　〈ていぜんのはくじゅし〉

時に僧が趙州に「いかなるか是れ祖師西来の意」と尋ねた。すると「庭さきにみえるあの栢の木がそれだ」と答えた。「祖師西来の意」とは、ダルマがインドから東方の中国に伝えた仏法の真理、おさとりのことをいう。そのおさとりの説明に即物的な答えをした。あるがままのすがたを色眼鏡をかけないで、人間のはからいに依らないで、あるがままに受けとめることをおさとりという。このような真実の受けとめ方を可能にするには、只管打坐《しかんたざ》の坐禅だという。坐禅の立場から現象をみれば悉有《しつう》（ことごとくありて）は仏性だという論理が成り立ち、されば「栢」も仏性のあらわれとなる。〔趙州録　巻上〕

鐵丸無縫罅　〈鉄丸に縫罅《ほうこ》なし〉

鉄丸には縫い目がない。差別を絶した円相《さとり》の世界をいう。〔槐安国語　巻四〕

展手不展脚　〈手を展《の》べて脚を展《ひら》かず〉

行うべきことは綿密に行い、道ならぬことは断じて行なわない。「展脚」とは、ぶざまな行儀を

いう。〔趙州録　巻中〕

鮎魚上竹竿　〈鮎魚《てんぎょ》　竹竿に上る〉

あゆが釣竿に上ってくる。鴨が葱《ねぎ》を背負うてくる。いよいよもってお誂《あつら》えむきとなること。〔虚堂録　巻下〕

天高群星近　〈天高うして群星近し〉

天が澄み渡り高くみえればみえるほど、多くの星の在りかがよく見える。〔普灯録　巻十八〕

東山水上行　〈とうざんすいじょうこう＝東山　水上に行く〉

「山」は不動、「水」は流動が常識であるが、この待対差別の相を絶した世界を示したもの。〔雲門広録　巻上〕

待洞水逆流　〈洞水の逆流を待つ〉

洞水の源流と支流とが一体となること。〔洞山録〕

桃李自成蹊　〈桃李おのずから蹊《こみち》をなす〉

桃や李は無説、不言であるが、熟してくれば自然とその下に蹊《こみち》ができて往来がはげしくなる。なにごとも空、無に徹するならば、ものの真価があらわれてくるという。『史記』李将軍伝賛の「桃

李もの言わざれど　下おのずから蹊《こみち》を成す」に基づく。〔虚堂録　巻下〕

獨坐大雄峯　〈どくざだいゆうほう〉

或る僧が百丈禅師に「いかなるかこれ奇特の事」と問うたところ、百丈は「大雄峯（百丈山のこと）で坐禅していることだ」と答えた。あたりまえのことをあたりまえにしていることの意。〔雪竇頌古〕

遭毒通身死　〈毒に遭《あ》うて通身死す〉

夾山善会《かつさんぜんね》が道吾円智《どうごえんち》（薬山惟厳《やくさんいげん》の弟子）という「毒に遭うて」（推薦をうけて）船子徳誠《せんすとくじよう》（道吾の弟弟子）のところに参じ、「通身死した」、つまり悟りをえられたこと。師たる船子《せんす》は、法を嗣いでくれた夾山をみて行方《ゆくへ》をくらまして跡を絶った。〔永平広録　巻九〕

髑髏裏眼睛　〈どくろりのがんぜい〉

しゃれこうべの中の目だま。思慮分別を絶した意識発生以前の識見。転じて、絶対真実道の人をいう。〔曹山録〕

抖擻破活計　〈とそうはかっけい＝抖擻して活計を破る〉

世俗的な暮しを、ようしないこと。「抖擻」とは衣食住に対する貪欲《どんよく》をはらいのけること。「破

活計」とは世間的な暮しをしないこと。〔趙州録　巻中〕

南泉一隻箭　〈南泉の一隻箭《せきせん》〉

南泉の一本の矢、つまり二人とない弟子趙州従諗《じょうしゅうじゅうしん》和尚のこと。〔趙州録　巻上〕

日日是好日　〈日々《にち》これ好日《にち》〉

毎日毎日が一とき限りで、絶対にかけがいのない日となる。だから好い日である。〔碧巌録　第六則〕

白馬入蘆花　〈白馬　蘆花《ろか》に入る〉

黒白未分、白一色の絶対境をいう。〔曹山録〕

橋流水不流　〈橋流れて　水流れず〉

水牛に騎《の》って橋上を過《よ》ぎるとき、身近かな橋は動くがごとく感ぜられ、かかわりのない流れは対象からはずされている。常識的差別の通念を超えたところに絶対の世界がある。〔五灯会元　巻二十〕

道得八九成　〈八九成《じょう》を道《い》い得《え》たり＝どうとく八九じょう〉

表向きは不十分の意、だが裏の意味は、道理を云いつくして残すことのないことを現わしたもの。

「道得八成」も同義。〔宏智広録　巻二〕

萬里一條鐵　〈ばんりいちじょうてつ〉

「万里」は差別の相、「一条鉄」は平等の相。つぎ目なしの世界。絶対平等、天地ただ一枚の世界を示す。〔人天眼目　巻二〕

日出乾坤輝　〈日出でて乾坤《けんこん》輝く〉

宇宙いっぱい太陽の輝きで明るくなっていること。自然法爾《じねんほうに》のさま。〔槐安国語　巻一〕

人無心合道　〈人　無心にして道《どう》に合《かな》う〉

人は、はからいをやめた境地になると、仏法の真理にかなうこととなる。〔曹山録〕

毘盧向上事　〈毘盧《びる》　向上の事〉

「毘盧遮那仏《びるしゃなぶつ》の向上事」とも「法身《ほっしん》向上事」ともいう。仏見、知見を超越した永遠の真理をさす。〔趙州録　巻上〕

無事舊時人　〈無事は旧時の人〉

いっさいのはからいをやめた状態は、本来の面目を覚知した人のさま。「旧時の人」とは、坐禅三昧のこと。〔曹山録〕

蚊子咬鐵牛　〈蚊子《ぶんす》の鉄牛を咬《か》む〉

なんとも歯がたゝないことのたとえ。〔碧巌録　第五十八則〕

平常心是道　〈平常心これ道《どう》〉

趙州が南泉和尚に「仏道とは如何」とお尋ねしたところ、師の南泉が「平常心」だとお答えになったこと。我が瑩山《けいざん》紹瑾《じょうきん》禅師は、この「平常心是道」の公案を授けられておさとりを開かれた。

〔五灯会元　巻四〕

遍界不曾藏　〈へんかいふぞうぞう〉

智慧の光明が、くまなく光り輝いていること。坐禅のすがたを示す。〔金剛経　註〕

本來無一物　〈ほんらいむいちもつ〉

悟りも迷いもない世界のこと。「本来の面目」ともいう。〔六祖壇経〕

水淺舡難泊　〈水　浅ければ舡《ふね》　泊《とま》りがたし〉

水深《すいしん》の浅い岸には、船は碇泊《ていはく》しにくい。人間の器量が小さいと、大きな人物は受け入れにくいということ。〔趙州録　巻下〕

擔水河頭賣　〈水を担《にな》って河頭に売る〉

骨折り損のくたびれ儲《もう》け。「脚下をみよ」というたとえにも使う。〔碧巌録　第五十七則〕

無舌人解語　〈無舌人　語を解す〉

舌の無い人が言葉をしゃべる。絶対境を示した語。〔劫外録〕

猛虎畫蛾眉　〈猛虎　蛾眉《がび》をえがく〉

たけだけしい虎が、美しい眉を引いてお化粧する。自己の本分を忘れたたわけ。〔普灯録　巻二十二〕

山高月上遲　〈山高うして月の上ることおそし〉

山が高ければ高いほど、山間の地では月の出が遅れること。本来の真実相を表現したものであるが、「大器晩成」のたとえにも用いられる。〔五灯会元　巻十五〕

驢胎與馬胎　〈驢胎《ろたい》と馬胎《ばたい》と〉

待対の二見に落ちていること。〔如浄語録〕

吾常于此切　〈吾れ常にここにおいて切なり〉

仏法はいつもこの現実、つまり吐く息、吸う息の一刹那《せつな》を離れては存在しない。この時、その場において、判断、行動がいつもぴったりと密着しておらねばならない。〔従容録　第九十八則〕

六　言

青於藍寒於氷　〈藍《あい》よりも青く氷よりも寒《つめた》し〉

「出藍《しゅつらん》の誉《ほまれ》」「藍氷《らんぴょう》の士」といわれるような人物は、めったに出てこない。たとえば、馬祖《ばそ》の門下八十余人のうち、これはという人物は、わずかに黄檗《おうばく》とか百丈ぐらいにすぎない。〔槐安国語　巻三〕

臥龍不鑒止水　〈臥竜《がりょう》は止水を鑒《かんが》みず〉

臥《よ》している竜は、淀《よど》んでいる水などは見むきもしない。生成発動する波であり、波から起こる風であり、雲である。それに乗って天に昇ることをのみ望んでいる。〔碧巌録　第九十五則〕

急水上打毬子　〈急水上に毬《まり》子をつく〉

「早瀬でせっせと毬《まり》子をつく」とは、あたかも「早くまわる独楽《こま》が静止しているかのごとくに見える」のと同じ。待対を絶した真空の世界をあらわしたもの。〔槐安国語　巻六〕

金烏急玉兎速　〈金烏は急に　玉兎は速《すみや》かなり〉

日月の速くすぎゆくさま、変化の急速なるさまをいいあらわした。〔碧巌録　第十二則　頌〕

雲従龍風従虎　〈雲は竜に従い　風は虎に従う〉

竜に雲、虎に風。牡丹《ぼたん》に獅子、竹に虎は、自然のあるべきようをありのままに表現したもの。この姿こそが、真如実際《おさとり》の姿そのものにほかならぬことを示した。〔如浄語録〕

鴻雁回林鶯出　〈鴻雁回《こうがんかえ》り林鶯《りんおう》出づ〉

寒さが去り暖かさがやってくる。自然の運《めぐ》りの真実なることは、仏法の面目《さとり》と同じである。〔永平広録　巻一〕

養子方知父慈　〈子を養い方《はじ》めて知る父の慈を〉

師雲巌《うんがん》があって洞山という弟子ができたのであるが、洞山が正法を宣揚したがゆえに、雲巌が顕彰されたことを示した言葉。〔洞山録〕

前三三後三三　〈ぜんさんさんごさんさん〉

前も後も何処《どこ》も彼処《かしこ》もおさとりは充満していること。また、常識的な数量の概念にまどわされない絶対的な無量無辺の世界を示したもの。〔碧巌録　第三十五則〕

大海不宿死屍　〈大海は死屍を宿《やど》さず〉

大海は万有を包含するので、特殊の現象の存在意義をことさらに認めない。〔曹山録〕

天際日上月下　〈天際に日上《のぼ》り　月下《お》つ〉

本来の面目は、大自然の運行さながらそのもののように少しも差異性がない。〔碧巌録　第二則〕

天上星地下木　〈天上の星　地下の木〉

天には星がきらきら、地には木がこんもりと。真如実際のすがた。〔槐安国語　巻四〕

折東籬補西壁　〈東籬《り》を折りて西壁を補《おぎな》う〉

本来の面目というものは、差別の世界を絶していることをいいあらわした。〔聯灯録　巻二十八〕

南山松北嶺雪　〈南山の松　北嶺の雪〉

松の緑は南山の寿のように永く永く変らない。北嶺は年中白銀の世界で清浄そのもの。本来の面目をあらわしたもの。〔槐安国語　巻四〕

日面佛月面佛　〈にちめんぶつがちめんぶつ〉

日月をもって面となし、玲瓏《れいろう》として明らかな体を全身として、すべての現象をこの中につつみこむその主人公が、馬祖道一《ばそどういつ》だということ。〔碧巌録　第三則〕

萬里無寸草處　〈ばんりむすんそうのところ〉

春でも秋でもない処、東でも西でもない処。つまり時処を超越した処。仏性をもった人がゆく処。本来の面目を指す。〔洞山録〕

火就燥水就濕　〈火は燥《かわ》けるに就《つ》き　水は湿《うるお》えるに就く〉

真如実際《おさとり》を言いあらわした語。〔虚堂録　巻下〕

法候動止萬福　〈ほうこうどうしばんぷく〉

「尊堂老師法体起居万福」に同じ。御機嫌うるわしく万福多幸ならんことを念じあげます。〔永平広録　巻三〕

山是山水是水　〈山はこれ山　水はこれ水〉

真実の相《すがた》をあらわした語。さとりの境に徹すれば徹するほどに、山は山に、水は水にみとれるだけである。〔碧巌録　第八十四則〕

鸞鳳不栖荊棘　〈鸞鳳《らんぽう》は荊棘《けいきょく》に栖《す》まず〉

めでたい鳥は、いばらの生いまつわるようなところには棲まない。〔普灯録　巻二十九〕

七言

一重山盡又一重　〈一重山《いちじゅう》つき　また一重〉

山の上にまた山あり（出の字）で、一つの山に登りつめただけで小成に安んじていると、又ふり出しにもどってしまうから、絶えず努力をつづけて行きなされ、ということ。〔槐安国語　巻五著語〕

一超直入如來地　〈いっちょうじきにゅうにょらいち〉

修行を次から次へと積んでさとりに入るのではなく、坐禅をしたとたんにさとりに入る。つまり坐禅することがさとりにほかならない。〔証道歌〕

一葉扁舟戴大唐　〈一葉の扁舟に大唐を戴《いただ》く〉

純一の個の中に無限の大を包蔵することを言いあらわしたもの。〔虚堂録　続輯〕

遠山無限碧層層　〈遠山限りなく　碧《へき》層層たり〉

遠くに連る山々は一様に山に違いはないが、碧《あお》さは遠近によって濃淡を示していて、その間に差別が展開されている。

〔雪竇頌古〕

語盡山雲海月情　〈語り尽くす山雲海月の情〉

海山《うみやま》を越え、はるばると過ぎこし方の苦労話を親身《しんみ》になって聞いてあげること。〔碧巌録　第五十三則〕

喚取機關木人問　〈機《き》関《かん》木人《ぼくじん》を喚取《かんしゅ》して問え〉

からくり人形を呼んで問いたまえ。主体性を失った人間のこと。〔証道歌〕

喬林産英翰偉材　〈喬林《きょうりん》は英翰《えいかん》偉材を産《う》む〉

高く生い茂る林のような奥深い静かな環境からは、才能のすぐれた大人物が出現する。〔禅儀外文集抄　巻中〕

金烏沈處玉輪舒　〈金烏《きんう》沈む処　玉輪舒《の》ぶ〉

太陽が沈んで月が出る。真如実際のありのままをいいあらわした語。〔投子語録〕

雲在青天水在瓶　〈雲は青天に在り　水は瓶に在り〉

それぞれの在処に在ってこそ、ものはそれ自体の真面目をあらわしている。「高処は高平、低処

は低平」とか、「眼は横に鼻は直《たて》に」、これが真如実際にほかならない。〔景徳伝灯録　巻十四〕

江南春早鷓鴣啼　〈江南に春早く　鷓鴣《しやこ》啼《な》く〉

揚子《ようす》江南《こうなん》のあたりは、春が早く訪れて鷓鴣《しやこ》の啼き声が聞かれる。大自然と鳥とが調和して一体となっている相《すがた》を示す。〔投子語録〕

枯河無水月無來　〈枯河に水なくんば　月来ることなし〉

かれた河に水がなければ、月が照って水面に映ることはない。すべて事をあけすけにしておけば、疑問の起ることはないことをいい現わした句。〔投子語録〕

葫蘆藤種纏葫蘆　〈葫蘆《ころ》藤種《とうしゆ》　葫蘆をまとう〉

ふくべの蔓《つる》がふくべにまといつく。まとうものもまとわれるものも同性。つまり両者一体となって差別のないことをいう。たとえば、馬祖の心が、南泉の心に伝えられたように相続してやまないこと。〔如浄語録〕

山家錦上添春花　〈山家《さんげ》　錦の上に春の花を添う〉

当山では大衆《だいしゆ》とともに清浄な修行をしているが、それは錦の上にいるようなもの。そのうえ、このたび大蔵経が到来したので、里に春の花を錦の上に添えたようなものである、と。〔永平広録

巻五〕

珊瑚枝枝撑著月　〈珊瑚《さんご》の枝枝《しし》　月を撑著《とうちゃく》す〉

珊瑚の枝々の穴に水がたまっている。その枝々に月光が一つづつ映っている。つまり、仏の慈悲は天地いっぱい、くまなく及ぶことを意味する。〔碧巌録　第百則〕

紫金光聚照山河　〈紫金《しこん》の光聚《こうじゅ》　山河を照らす〉

紫金（赤銅《しゃくどう》色）の光りのかたまりが山河を照らす。転じて、人々の分上に応じて最善の努力をなし、決して悟りに安住してはならないということ。〔虚堂録　巻一〕

宗風千古播嘉聲　〈宗風千古　嘉声を播《は》す〉

宗門の風光は、太古より素晴らしい風韻を人の世に響かせている。〔五灯会元　巻二十〕

雙忘取舍思翛然　〈取舎《しゅしゃ》を双忘して思《おもい》翛然《ゆうぜん》たり〉

是非得失、成敗利鈍という差別相を相手にしないで、ただゆったりと絶対平等の無為の相《すがた》、つまり坐禅に親しんでいる。〔永平広録　巻十〕

醉後郎當愁殺人　〈酔後　郎当《ろうとう》として人を愁殺《しゅうさい》す〉

酔っぱらってくだをまき、人を困らす。転じて、仏祖を手玉にとってやっつけることをいう。

〔槐安国語　巻二〕

水底蝦蟇呑却月　〈水底の蝦蟇《がま》　月を呑却《どんきゃく》す〉

水の中のひきがえるが、月を呑みこんでしまった。清浄法身《おさとり》とは、煩悩具足の身でも清浄の月を呑みこめば、おさとりが現成《げんじょう》することの意。〔五灯会元　巻八〕

清白家風梅雪月　〈清白《せいはく》の家風は梅　雪　月〉

我が永平宗風の端的は、田家のあたりに咲く梅、降る雪、照る月にも似た清浄皎潔《きょうけつ》そのものの一色《しき》の風光である。「清浄潔白の家風」とは求むるところのない仏道修行、坐禅のこと。たとえていえば「梅」も「雪」も「月」も清白そのもののすがたである。〔永平広録　巻三〕

石虎呑却木羊兒　〈石虎呑却《どんきゃく》す木羊児〉

石造の虎が木製の羊を呑みこんでしまうとは、祖師西来の意、つまりおさとりの境界に立てば、世間的な思慮分別を越えた世界に遊化《げ》できることの意。〔祖英集　巻上〕

説似一物即不中　〈せつじいちもつそくふちゅう＝一物を説きしめすもすなわち中《あた》らず〉

一物の実体を言葉で説き示しても、その当体は表現できない。その物はその物のほかには知りようがない。正法眼蔵《おさとり》、本来の面目は、言葉でどのように説明してもぴったりとすることはできな

いということ。〔六祖壇経〕

帝釋鼻孔長三尺　〈帝釈《たいしゃく》の鼻孔《びくう》　長きこと三尺〉

仏法を護持する帝釈天《たいしゃくてん》（もとはインド教の神）の形相《ぎょうそう》は、ただでさえ醜い、そのうえ三尺も長い鼻をつけたらもっと醜い。この形相こそが帝釈天の真如実際である。他と比べて美醜を問うべきでない。〔永平広録　巻三〕

高可射兮深可釣　〈高くとも射《う》つべく深くとも釣りぬべし〉

私のはからいによる願いでなく、天の命にもとづく真実の志をもって事を行うときは、どんなに空高く飛ぶ鳥も射落すことができ、どんなに深いところにすむ魚も釣り上げることができる。

〔景徳伝灯録　巻十一〕

達人大觀本無差　〈達人は大観し　もと差《たが》うことなし〉

さとった人は私見、はからいをなくして本分を観るので、ものの真実相を誤りなく受けとめることができる。〔中峯語録　巻十二〕

釣魚船上謝三郎　〈釣魚《ちょうぎょ》船上の謝《しゃ》三郎〉

玄沙《げんしゃ》和尚（宗一大師）は三十歳まで漁師をしていた。それまでの俗名を謝三郎といった。馬鹿な

漁師め、とののしる言葉。〔碧巌録　第二十二則〕

杜鵑啼處花狼藉

〈杜鵑《とけん》　啼く処　花　狼藉《ろうぜき》たり〉

血を吐いて啼くという杜鵑《ほととぎす》が啼くあたりには、裂帛《れっぱく》（帛《きぬ》を裂《さ》く）の声に驚ろいて花が乱れ散る、といった激しいさまを想像させる。〔虚堂録　巻上〕

曇華再發一枝春

〈曇華《どんげ》再《ふたた》びひらく一枝の春〉

優曇華《うどんげ》がふたたび一枝に咲く。めったにないことの喜びをたとえる。〔景徳伝灯録　巻五〕

梅花新發舊年枝

〈梅花　新たに発《ひら》く旧年の枝〉

梅の花は忽然として咲くのではない。久遠実成《くおんじつじょう》の古い古い、そして厳寒の冬を冒してきた枝があって、その上に新しい花を咲かせる。〔永平広録　巻三〕

白雲無心青山壽

〈白雲は無心にして青山は寿《いのちなが》し〉

白雲は無心に去来してやまないが、青山はどっと坐って長いこと動かない。至道の実体とはこのようなものだ。〔雪竇頌古称提〕

白雲深處金龍躍

〈白雲深き処に　金竜躍る〉

真如実際（金竜）というものは、人間の思慮の及ばない幽玄のところに存在する。〔槐安国語

〔巻三〕

萬古碧潭空界月　〈万古の碧潭に空界の月〉
万古の昔からたたえている碧《みどり》の潭《ふち》に、空渡る新月が影を宿してやまない。〔義雲語録　巻上〕

萬象之中獨露身　〈ばんしょうしちゅうどくろしん〉
ありとあらゆる現象は、それ自体の中に、他に犯されない絶対の真実（仏性）をそなえ、また露呈している。一としてよろづの現象が、仏性ならざるはなしということ。〔五灯会元　巻七〕

丙丁童子來求火　〈びょうじょうどうじらいぐか〉
丙丁《ひのえひのと》童子（火の神）がやってきて火を求める。本来、仏性をもっている人間が仏性《さとり》を求めることにたとえる。転じてさわり、へだてのない絶対の世界を示したもの。〔景徳伝灯録　巻二十四〕

紛紛白髮連頭雪　〈紛々たる白髪　連頭の雪〉
白一色の世界を示した句。修行と証悟とは、純一無雑《むぞう》にして差別を絶している実相であることをいう。〔洞山録〕

得便宜是落便宜　〈便宜《べんぎ》を得るは　これ便宜に落つ〉
損得のことから転じて、「得《とく》」をえても「得」と思わず、「損」（落）をしても「損」と思わぬ

との意。とらわれから解脱《げだつ》する、おさとりの意となる。〔碧巌録　第六十六則〕

鳳離金網鶴脱籠　〈鳳は金網を離れ　鶴は籠《かご》を脱す〉

鳳凰が金網という窮屈の世界を離れ、鶴が籠から脱出して大自在の世界に到達できたこと。大死一番して大活現成《げんじょう》したこと。〔槐安国語　巻五　著語〕

星従北斗日東昇　〈星は北斗に従い日は東に昇る〉

多くの星は北極の天をめぐり、太陽は東に昇る。これは日常底の真如実際を示した句。〔永平広録　巻五〕

無為寂静底人　〈むいじゃくじょうていの人〉

おさとりを開かれた人。〔趙州録　巻中〕

明暗尽時倶不照　〈明暗つくるとき　ともに照らさず〉

昼の行灯《あんどん》と夜の炬火《たいまつ》を絶した太陽と月は、人間にかかわりなく照らしていること。〔劫外録〕

木馬無絛動地嘶　〈木馬絛《たずな》なく　地を動《どよも》して嘶《いな》く〉

木で造った馬には手綱がないが、大地を動かしていなき渡る。人間の思慮を絶した世界をいいあらわした句。〔投子語録〕

夜間背手摸枕子　〈夜間背手して枕子《ちんす》を摸《さぐ》る〉
真っ闇《くらやみ》で手を背にして枕の在り処《か》をさぐる。明暗、前後、差別、はからい、を絶した仏の境界を示した句。〔五灯会元　巻五〕

野梅先發向南枝　〈野梅　先づひらく向南の枝〉
野の梅は、先づ南むきの枝から花が咲く。真如実際を具体的にあらわした言葉。〔虚堂録　後録〕

雪傲孤松韻轉靑　〈雪　孤松に傲《おご》りて　韻《ひびき》うたた青し〉
雪が一本松にどっさり積《つも》っている。その松を渡る風の音が、ずっと松の青さを伝えるかのようである。〔虚堂録　巻上〕

永夜無風月獨清　〈永夜風無くして　月ひとり清し〉
秋の夜永に風もなく、人間の分別妄想も介在させない月は、それなりに清らかなのだ。〔信心銘拈提〕

兩岸蘆華映白鷺　〈両岸の蘆華《ろか》　白鷺に映ず〉
両岸の白い蘆花が、白い鷺に映っている。白一色の世界をいいあらわした句。〔投子語録〕

瑠璃殿上無知識　〈瑠璃《るり》殿上に知識なし〉

迷悟を解脱《げだつ》した境界には、人間のはからいによる知識というものは介在しない。〔雪竇頌古〕

壠頭梅綻不萠枝　〈壠頭《ろうとう》の梅綻《ほころ》ぶ不萠《ふほう》の枝〉

丘の辺に梅花が無心に咲き出した。〔槐安国語　巻一〕

老兎巣寒鶴夢覺　〈老兎　巣寒うして　鶴夢覚《さ》む〉

老兎が棲《す》むという寒月は皎々《きょう》として寒く、ために鶴は安眠して夢を結べない。外境は、きびしいが、そのきびしさの中に真実が存在し、清明そのもの。つまり身心脱落の世界を表現した句。

〔永平広録　巻六〕

八　言

朝打三千暮打八百　〈朝《あした》に三千うち　暮《くれ》に八百うつ〉

朝に三千の祖師を苅りとり（我がものとし）、暮れに八百の祖師を苅りとった（我がものとした）と。数においては差別があるが「打」の内容には変りがない。〔五灯会元　巻十五〕

一人傳虚萬人傳實　〈一人　虚を傳うれば　万人実を傳う〉

一人の人が嘘《うそ》をいい触《ふ》らせば、万人がこれをまことしやかにいいふらす。『朝野僉載《せんざい》』（唐　張鷟《さく》）には、「一犬形に吠ゆれば千犬声に吠え、一人虚を伝うれば、万人実を伝う」と出ている。

ここは、ある僧が興化和尚に問うた言葉に対しての答えである。〔投子語録〕

風行艸偃水到渠成　〈風行《ふ》き艸偃《ふ》し　水到って渠《みぞ》なる〉

真如実際《おさとり》の現実相を示した語。風が吹けば、草がなびきふし、水が通じて流れれば堀りわりとなる。「水到渠成」と同じ。〔投子語録〕

風吹不入水洒不著　〈風吹けども入らず　水そそげども著かず〉

充実しきっているため、一切がっさい、悟りも煩悩も寄せつけない世界。〔槐安国語　巻三〕

寒山睡重拾得起屑　〈寒山　睡《ねむ》り重《ふか》くして　拾得　起《た》つこと遅し〉

意識発生以前の世界、つまりおさとりの絶対境を表現した言葉。〔投子語録〕

寰中天子塞外将軍　〈寰《かん》中は天子　塞《さい》外は将軍〉

畿内は天子の直轄《かつ》であり、塞外は諸侯将軍の領地であり活躍場である。これは「如何なるかこれ学人の自己」と尋ねられた問に対する梁山縁観《りょうざんえんかん》の答えである。つまりそれぞれのもちまえを自覚することにある、と。〔伝光録〕

金屑雖貴落眼成翳　〈金屑　貴《たか》しといえども眼《まなこ》に落つれば翳《かすみ》となる〉

金の屑《くず》は高価なものであるけれど、眼に入ればかすんで見えなくなる。現象界のことどもは、絶対的な価値あるものはない。〔虚堂録　巻上〕

銀山鐵壁風吹卽倒　〈銀山鉄壁　風吹かばすなわち倒る〉

「銀の山」「鉄の絶壁」というように、寄りつきにくい人格のすぐれた人のありていは、ものにこだわらないから、風が吹けば抵抗しないでさっと倒れてしまう。〔雪竇頌古称提〕

皓玉無瑕彫文喪德　〈皓玉《こうぎょく》　瑕《きず》無きに　文を彫《え》れば徳を喪《うしな》う〉

瑕のない真白い玉は、それ自体が美しい。にもかかわらずそれに文《あや》模様をきざみこむと、玉の本来の面目を喪失してしまう。村上鬼城の句に「白扇の真っ白なるがうれしけれ」と。〔永平広録　巻三〕

向上一路千聖不傳　〈向上の一路　千聖《しょう》不伝《でん》〉

ただ一すじの絶対の真実は、何千人の仏祖がたの力をかりても伝えることはできない。坐禅によって冷暖自知するより手がない。〔曹山録〕

敲唱調古神淸古風　〈敲唱《こうしょう》の調べ古《ふ》り　神《しん》清うして古風あり〉

真如実相の間《あい》の手と歌は、調べもの寂《さ》び、神韻すがすがしく、まことに太古の面目をそなえてい

る。〔半仙遺稿〕

頭長三尺頸短二寸　〈頭《こうべ》長きこと三尺　頸《くび》短きこと二寸〉

脱落《おさとり》身心のこと、只管打坐のこと。「上四聖」（声聞《しょうもん》、縁覚《えんがく》、菩薩《ぼさつ》、仏）、「下六凡」（地獄、餓鬼、畜生、修羅、人間、天上）にもない越格《おっかく》、破格の境界を示したもの。仏道の行持《ぎょうじ》を行《ぎょう》ずるということは、このように定形、定尺のない無為、無作《むさ》にもとづいてつとめることである。〔洞山録〕

胡笳曲子不墮五音　〈胡笳《こか》の曲子は五音《いん》に堕《お》ちず〉

胡笳の曲調にもたとえられる達磨門下の風光（絶対相）は、世俗の宮、商、角、徴《ち》、羽《う》の五音の型（差別相）に堕《お》ちているような差別界には堕ちない。〔洞山録　玄中銘〕

識馬易奔心猿難制　〈識馬　はしりやすく　心猿　制しがたし〉

煩悩の奴《やっこ》ともいうべきものは、悪の道には走りやすく、欲望には打ち勝ちがたいこと。「意馬心猿」の句も同じ。〔景徳伝灯録　巻三十〕

簫韶九成鳳凰來儀　〈簫韶《しょうしょう》　九成《じょう》せば　鳳凰来り儀す〉

舜帝の作った音楽を九曲演奏し終えると鳳凰が来る。『尚書』の語であるが、ここは、大晦日《おおみそか》が

過ぎると一陽来復して芽出度しということ。〔虚堂録　巻上〕

紫栗一尋青山萬朶　〈しりついちじん　せいざんばんだ〉

栗の拄杖《しゅじょう》一本で千山万水を踏破すること。自由自在の禅機をいいあらわした言葉。〔祖英集　巻上〕

森羅萬象古佛家風　〈森羅《しんら》万象《ばんしょう》は古仏の家風〉

天地間にありとあらゆるものが、もし身動きのできない待対《たいだい》の世界から解放されて唯一絶対に終始できるならば、そのままで「古仏の家風」つまりおさとりとみなすことができる。〔洞山録　玄中銘〕

千兵易得一將難求　〈千兵は得やすく一将は求めがたし〉

雑兵《ぞうひょう》はいつどこでも募《つの》ることができるが、三軍を指揮できる名将は、一朝一夕には求めることができない。〔禅林類聚　第二〕

大地衆生泥多佛大　〈大地の衆生　泥多ければ　仏　大なり〉

雲水の修行力《りき》が多ければ多いほど大いに安居《あんご》することだ。安居してその間に善根《ぜんごん》功徳《くどく》を積むことだ。〔永平広録　巻一〕

天上天下當處永平　〈てんじょうてんげ　とうじょえいへい〉

天上、天下の中で、今このところこそ永代平和の場であって、いつまでも変らないおめでたい処である。〔永平広録　巻二〕

南山起雲北山下雨　〈南山に雲起《た》ち　北山に雨下《ふ》る〉

大自然のそれぞれの営みによって恩恵をうける。「行持道環《ぎょうじどうかん》」といって、お互いのはたらきが、お互いを生かしあっていること。〔碧巌録　第八十三則〕

雞寒上樹鴨寒下水　〈雞《にわとり》　寒うして樹に上り　鴨《かも》　寒うして水に下《い》る〉

雞は寒くなれば樹の上の方に上って行くし、鴨は寒くなれば水の中へ入って行くように、仏の意《こころ》も祖師の意も区別はあるものの、本来の意には区別はない。これは、ある僧が「祖意と教意とは同じか、別か」と問うたときの巴陵和尚の答である。〔投子語録〕

腦後見腮莫與往來　〈脳後に腮《あぎと》を見《あらわ》さば　ともに往来することなかれ〉

後からみて腮《あぎと》が見える人とは、一緒にゆききするな。油断のならない人相だからと。〔槐安国語　巻六　著語〕

人無遠慮必有近憂　〈人に遠慮なければ　かならず近憂あり〉

人にして遠い先き先きのことを慮《おもんぱか》らなければ、かならず、さしあたっての心配ごとができてくるものである。〔投子語録〕

入佛界易入魔界難　〈仏界に入ることは易く魔界に入ることは難し〉

差別を絶したさとりの世界に入ることはいともやさしい。なぜといえば己れのはからいを断って絶対界に投げ入れて「信」に身をゆだねればよろしいので。これに反して相対差別の世界に身を処することは、さてもむずかしい。なぜといえば対象は千差万別、それに対する己れは揺れに揺れる。だから自と他とにバランスをとって生きぬくことはむずかしい。〔槐安国語　巻四〕

碧落青霄道人活計　〈碧落《へきらく》青霄《しょう》は道人《どうにん》の活計〉

天上の青空が無限というように、仏道を身につけた人も値ぶみができない。〔洞山録　玄中銘〕

逢佛殺佛逢祖殺祖　〈仏に逢うては仏を殺し　祖に逢うては祖を殺す〉

釈迦に逢うては釈迦を殺し、達磨に逢うては達磨を殺す。「仏祖を殺す」といった箸にも棒にもかからないもの。その「仏祖」を意識しない、とらわれのない意識以前の真実の世界に徹しきること。「仏祖」の法縛《ばく》を断ち切って、自由自在《さとり》に遊ぶこと。坐禅の世界を意味する。〔普灯録　巻五〕

松有操則歳寒不凋　〈松に操《みさお》あるときは歳寒にも凋《しぼ》まず〉

松に四季によって移らない常盤《ときわ》の精神があるときは、どんなに寒い冬になっても緑の色は失せることがない。〔虚堂録　巻上〕

無影樹下永劫清涼　〈無影《むよう》の樹下　永劫清涼《えいごう》〉

枝や葉をつけていない樹の下は、永劫《とわ》かけて清涼さがたゆとうている。「無影樹下」とは「菩薩《おさ》清涼《とり》」のこと、「菩薩清涼」とは「畢竟空《おさとり》」ということでもある。〔洞山録　玄中銘〕

木馬嘶時何人道聴　〈木馬いななく時　何人《なんびと》か聴くといわん〉

無心の木馬の嘶《いなな》きは、誰れでもその声をきくことができるというわけではない。無心の境に悠々自適できる人にしてはじめて聴くことができる。〔洞山録　玄中銘〕

木馬嘶風泥牛吼月　〈木馬　風にいななき　泥牛　月に吼《ほ》ゆ〉

木馬が風に吹かれていななき、泥で作った牛が月にむかってほえている。さとりの世界の活作用を表現したもの。〔空谷集　巻中〕

夜明簾外古鏡徒耀　〈夜明簾外　古鏡　徒《いたず》らに耀《かがや》く〉

天子の御座所の玉の簾《すだれ》が夜かがやき、古鏡が昼夜を分けずにかがやくのも、他から力を加えられ

てかがやくのではなく、ともに内なる力、つまり天子の御威光《みいつ》、宝鏡《さとり》の面目がそうさせるのである。〔洞山録　玄中銘〕

驪珠獨耀桂輪孤朗　〈驪珠《りじゅ》ひとり耀《かがや》き　桂輪《けいりん》ひとり朗《あき》らかなり〉

黒い竜のあごの下にある宝珠がたゞ輝やき、一輪の月がかゞやき渡って明らかなことをいう。〔中峰広録　巻十二〕

露地白牛牧人懶放　〈露地の白牛《びゃくごう》　牧人　放つにものうし〉

煩悩の草を食べない露地の白牛は、牧人によって放し飼いされていても、牧人を煩《わずら》わさせることはない。〔洞山録　玄中銘〕

蘆葉風涼江波月寒　〈蘆葉《ろよう》　風涼しく　江波　月寒し〉

達磨が梁の武帝を見限って、ただ一人蘆《あし》の葉のような小舟に乗って、暗夜に揚子江《ようすこう》を渡ってゆくとき、月光が波にうつって寒ざむとしていた。これはその風景を叙したもの。〔槐安国語　巻五著語〕

九言

十二時中不依倚一物　〈十二時中　一物に依倚せず〉

一日中、一ときたりとも坐禅に依りかからない。なぜならば十二時中、行《ぎょう》もまた禅、坐もまた禅で、すべてが坐禅とぴったりとして分けられないから。〔洞山録〕

十言

説得一丈不如行取一尺　〈一丈を説得するよりも一尺を行取するにしかず〉

偉《えら》そうなことを、なおざりに口にするより、日常の些細《ささい》なことでも、きちんと実行する方がましである。〔洞山録〕

十一言

昨夜三更牀頭失却三文錢　〈昨夜　三更　牀頭《しょうとう》に三文銭を失却《しっきゃく》す〉

昨晩、真夜中に坐禅の床のあたりで三文銭をおとしてしまった。「三更」とは、「嗣法」といって師が弟子に法を授ける儀式を行う大事な時刻。「三文銭」とは、「第一、第二、第三関」といって修行の程度をはかる階級。そこで、この「嗣法の大事」の儀式が、無言のうちに行われたことを端的にあらわした句。〔曹山録〕

十二言

說取行不得底行取說不得底　〈行《ぎょう》不得底《てい》を説取し　説不得底《てい》を行取《ぎょうしゅ》す〉

諸仏諸祖は、行いのゆきとどかないところを言葉で説きあかしてあげ、説きあかせない玄妙な点を行いで実践してみせる。〔洞山録〕

句

平聲（上平）韻

一東

四言

一竅虚通〈いっきょうきょつう〉
八面櫺櫳〈はちめんれいろう〉

観音様の慈悲は、あたかも一つの穴が竪《たて》に過去、現在、未来の三世にもぶっ通しで通ずるように、また横には、十方に充満して宇宙一ぱいそのもののようである。〔従容録　第五十四則〕

一心有滞　〈一心滞《とどこお》ることあれば

諸法不通　　諸法通ぜず〉

心にわだかまりがあれば、もろもろの現象を徹見することができない。〔景徳伝灯録　巻三十〕

遣有没有　〈有《う》をやれば有に没し

従空背空　　空に従えば空に背《そむ》く〉

現象の有無をとりあわなければ、現象から乖離《かいり》し、ただ絶対の空に盲従すれば、絶対の空はうべなえない。世間にいう「有」というものを取り除いたならば、「妙有《みょうう》」（有とか無を絶したもの）という大事なものまでなくしてしまう。また、「空」というものに従属してしまえば、「真空《しんくう》」（有とか空まで包有したもの）という大事なものにそむいてしまう。〔信心銘〕

葵花向日　〈葵花《きか》　日に向い

柳絮随風　　柳絮《りゅうじょ》　風に随う〉

葵花《ひまわり》は日の光を追い、柳わたは風のまにまに乱れ飛ぶ。いずれも自然の摂理にさからわず融和している。転じて、ひまわりが太陽に向って咲くように家来（弟子）が主君（師匠）に対して忠誠をつくし、柳の花が風に従って舞うように師匠と弟子との呼吸がぴったりしていることにたとえる。〔雪竇頌古称提〕

巍巍實相　〈巍《ぎ》々たる実相
逼塞虚空　虚空に逼塞《ひっそく》す〉

高く大きなさとりの世界は、虚空にいっぱいつまっている。〔景徳伝灯録　巻二十六〕

九霄絶翳　〈九霄に翳《かげ》を絶つ
何在穿通　何んぞ穿通《せんつう》することあらんや〉

大空は一面に晴れわたっている、どこにも穴をあけられる隙がない。〔五灯会元　巻七〕

蒹葭風靜　〈蒹葭《けんか》　風静かにして
河漢月中　河漢　月中《あきらか》なり〉

風が静かに葭《よし》に吹きわたり、月は天《あま》の川の中に冴《さ》えわたる。〔自得暉録　巻三〕

正覺無覺　〈正覚に覚なく
眞空不空　真空《しんぐう》に空ならず〉

正しくさとったと意識して、それにとらわれると、そこにはさとりはなく、これぞ絶対のさとりだとはからえば、それは「空《さとり》」ではない。〔景徳伝灯録　巻三十〕

石火莫及　〈石火も及ぶなく

電光罔通　電光も通うなし〉

真如実際の世界は、速度なり、物差しでは測《はか》ることができない。〔臨済録〕

絶言絶慮　〈ぜつごんぜつりょ

無處不通　処として通ぜざることなし〉

真実の道は、言葉とか思慮のほか。しかもどこにも通ずるものだ。真実の物は、言葉や思慮などでは言いあらわせないものであり、言いあらわし、しめせばしめすほど実物から遠ざかってしまう。〔信心銘〕

惟眞常在　〈ただ真のみ常にありて

爲妄所蒙　妄のためにくらまさる〉

ただまことだけがいつも在るが、ただいつわりのためにいつもくらまされている。〔景徳伝灯録　巻二十九〕

撥波求火　〈波を撥《はら》いて火を求む
徹底通紅　　徹底して通紅なり〉

火鉢の寒灰をほだてて火を求めて暖をとろうとする。がその必要はない、火鉢自体が火のかたまりだから。修行者が「火」つまりおさとりを求むべく修行する、それは誤りだ。悟りというものは、菩《ぼ》提心《だいしん》をおこしたとたんにおさとりがいっぱいになっているゆえ、その菩提心を冷《さ》めさせないように終生かけて修行する。それだ。〔永平広録　巻三〕

身似浮雲　〈身は浮雲に似たり
心如清風　　心は清風の如し〉

身は浮雲のように出没の跡をとどめず、心は清風のように動静なくさらりとしている。〔義雲語録　巻上〕

夜犬吠月　〈夜犬　月に吠え
秋雁排空　　秋雁　空にならぶ〉

夜月を見て吠える犬、秋空に列をつくる雁《かりがね》。自然の実相をのべたもの。〔便蒙類編〕

五言

一牛纔飲水　〈一牛わずかに水を飲ましむるも
五馬不嘶風　五馬　風に嘶《いなな》かず〉

一頭の牛の御《ぎょ》し方は容易であるが、五頭立ての車を乗りまわす太守（郡長）の御し方はむずかしい。〔宏智広録　巻二〕

一聲鳴歴歴　〈一声鳴いて歴々
十指起清風　十指清風を起こす〉

鳥がすき透るような声で一声鳴くと、体中に清風が吹きわたったようにすがすがしく感ぜられる。〔禅林類聚　巻十五〕

一法諸法宗　〈一法は諸法の宗《そう》
萬法一法通　万法は一法に通ず〉

正しい真理は諸現象の大本となっており、諸現象の筋道は正しい真理に通じている。〔禅林類聚

巻四〕

圍棋消永日　〈棋《うめ》を囲みて永日を消《すご》し

搖扇引清風　　扇を揺《うごか》して清風を引く〉

梅花を愛《め》でつ春の永い一日をすごし、扇子をうごかして、清風《すず》をおこし、夏の夜をしのぐ。ここに説明ぬきの真実がある。〔便蒙類編〕

執有實不有　〈有を執《と》らば　実に有にあらず

依空又落空　　空に依らば　又　空に落つ〉

有無の「有」に執《と》らわれれば、その「有」は実のところ「有」そのものではなくなり、今度は「空」に依存するようなことがあれば、また「空」という執らわれに落ちてしまう。〔少室六門集〕

閑雲抱幽石　〈閑雲　幽石を抱き

玉露滴岩叢　　玉露　岩叢に滴《したた》る〉

ゆらりゆらりとした雲が静かな石を覆《おお》い、すき透る綺麗な露が、ごつごつした岩場からしたたり落ちている。〔五灯会元　巻十八〕

虛堂迎晝永　〈虛堂　昼を迎えて永く
流水出門空　流水　門を出でて空《むな》し〉
坐禅をしているがらんとした部屋は、春の永い陽ざしを受けて永く永く感じられる。門内を流れている遣《や》り水を眺めうるときはほんの一刻《いっとき》で、その水はまたたく間に門の外へと流れ去る。無為の時間の長きに対し、有為の時間の短かさを対比した句。〔漱石詩集〕

草荒人變色　〈草荒れに　人　色を変ず
凡聖兩齊空　凡聖ふたつながら空なり〉
田畑が荒蕪《あれはてる》すると、人は驚ろいて顔色を変えるが、凡も聖も、荒蕪も肥沃も、とどのつまりは「空」に帰するものである。〔五灯会元　巻五十二〕

草綠霜已白　〈草は緑に　霜すでに白く
日西月復東　日は西に　月また東に〉
春から冬への時の移り変り、一日の日月のめぐりのあるがままの相《すがた》をあらわした。蕪村の句に、「菜の花や月は東に日は西に」がある。〔李太白詩集　巻二〕

雲散水流去　〈雲散り水流れ去り

寂然天地空　　寂然《じゃくねん》として天地空ず〉

雲や水がすがたを消し、天地間に目に映る何ものもなくなる天然現象と同じように、心を障《さ》える何ものもなくなった、からりとした境界《がい》が、絶対空のすがたである。〔劫外録〕

將頭臨白刄　〈頭《こうべ》をもって白刃に臨み
猶似斬春風　　なお春風を斬るに似たり〉

頭を白刃のもとにつきつけ、あたかも春風を斬るような具合にばっさりとやられる。無心の境を示す。〔禅林類聚　巻十三〕

胡琴抱明月　〈胡琴　明月を抱き
寶瑟陳歸鴻　　宝瑟《しつ》　帰《き》鴻《こう》を陳《つら》ぬ〉

えびすから渡った琴の音が明月の晩にひびきわたり、大琴の音が鴻雁が南へさして帰る秋空にひびき渡って興《きょう》をそえる。〔黄山谷詩集　巻十〕

苔滑非關雨　〈苔《こけ》の滑《なめ》らかなるは雨に関《かか》わるにあらず
松鳴不假風　　松の鳴るは風を仮《か》らず〉

ここ寒山はいつも苔がしっとりとしている。これは雨が降るためではない。雨が降ると降らぬとには関係がないのだ。また松風の音が響いているのは、ことさらに風が吹くからなのでもない。常住不断に吹く。寒山というところは相対の世界、世俗の現象世界を超越している所なのだ。

〔寒山詩集〕

枯椿花爛熳　〈枯《こ》椿《とう》　花爛熳《らんまん》たり

青艸渡頭空　青艸　渡《と》頭《とう》　空し〉

枯れた杭《くい》に花が爛熳と咲いている。青い草の生い茂る季節であるが、渡し場は淋しさいっぱいである。特定のもの自体に栄枯がそなわっているものではないことを示した。〔劫外録〕

三軍威似虎　〈三軍の威は虎に似たり

百將猛如熊　百将の猛は熊の如し〉

大軍の威勢は虎のそれに似て恐ろしく、多くの武将のたけだけしさは熊のそれに似て強い。文字のあやで強さをあらわした。強さに徹底するところに真実がある。〔便蒙類編〕

罷拈三尺劍　〈三尺の剣を拈《ねん》ずることをやめよ

休弄一張弓　一張の弓を弄《ろう》することをやめよ〉

対立、競争、勝負といった二見にわたることはやめよ。そうしていては、泥沼、苦海から抜け出

ることができない。〔五灯会元　巻十八〕

三千大千事　〈三千大千の事

弾指入圓融　弾指《たんじ》にして円融に入る〉

この大宇宙間の種々相に対し、坐禅に徹すれば、ほんの短い時間に差別を絶した純一無雑《ぞう》の世界に入ることができる。〔宏智広録　巻一〕

重重無盡處　〈重々　無尽《むじん》の処

動靜悉圓通　動静ことごとく円通〉

真実の道は、十重《とえ》はたえと織りなす現象界に尽くることなくそなわり、「動」にも「静」にも、待対《たいだい》二元の世界にことごとくまどかに行きわたっている。〔五灯会元　巻十八〕

淨極光通達　〈浄極まり光り通達し

寂照含虚空　寂照にして虚空を含む〉

浄土《ほとけ》の光明はあまねく世界にゆきとおり、おさとりとして天空にも充満している。〔楞厳経　巻六十二〕

非詩能窮人　〈詩　よく人を窮するにあらず

窮者詩乃工　窮する者にして詩すなわち工《たくみ》なり〉

詩が詩人を困窮におとしいれるわけではない。だが困窮を味わった者にして、はじめて巧みな詩を詠《よ》むことができる。〔東坡詩集　巻十二〕

秦楼歌夜月　〈秦楼《しんろう》　夜月に歌い
魏闕酔春風　魏闕《ぎけつ》　春風に酔う〉

秦の始皇帝の高楼では、月夜にうかれて絃歌さんざめき、魏の曹操の宮居では、春風に吹かれて太平を謳歌《おうか》している。ともに「槿花一朝の夢」を楽しんでいること。〔人天眼目　巻三〕

青松遮皎月　〈青松　皎《きょう》月を遮《さえぎ》り
緑竹引清風　緑竹　清風を引く〉

青松が皎々たる月光をさえぎり、緑竹が清《すず》風を引き起こす。風光の真如実際をのべたもの。〔便蒙類編〕

清風払明月　〈清風　明月を払い
明月払清風　明月　清風を払う〉

主と客とはあくまでも相対的なものである。時、処、位に随って主となり、客となるにすぎない。

〔人天眼目　巻二〕

大空雲不動　〈大空　雲動かず
終日杳相同　終日　杳《はる》かに相い同じ〉

大空はじっと静寂そのものである。私も、ひねもす、雲が動かぬような状態とまったく同じである。「静」一色の世界をうたったもの。〔漱石詩集〕

澤中魚戯月　〈沢中の魚は月に戯《たわむ》れ
塞外馬嘶風　塞《さい》外の馬は風に嘶《いなな》く〉

沢の中の魚は、自分が孵《かえ》ったところに映る月影をみると、うれしがって戯れ、また北のとりでの外で産まれた馬は、北風が吹いてくると、故郷懐かしさにいななく。〔便蒙類編〕

渓長石磊磊　〈渓長うして石磊《らい》々たり
澗濶草濛濛　澗濶《たにひろ》うして草濛《もう》々たり〉

寒山につづく谿谷《けいこく》は、長くつづいて石がごろごろしている。また谷川は、広々として河原には草がぼうぼうと生い茂っている。〔寒山詩集〕

知音才側耳　〈知音《ちいん》わずかに耳をそばだつれば

項羽過江東　項羽《こうう》江を過《よ》ぎりて東《ひがし》せん〉

昔からの親しい友人が、当時の立場をすなおに一寸でも理解してくれたならば、項羽は揚子江を渡って江東つまり楚の故郷に還ったことであろう。項羽が精神的に受けた「四面楚歌」の責め苦に同情した句。〔五灯会元　巻十二〕

竹間騎竹馬　〈竹間に竹馬に騎《の》り
花裏繫花驄　花裏に花驄《かそう》を繫《つな》ぐ〉

竹藪で竹馬に乗り、花園で美しいあお馬をつなぐ。相対を絶した世界を示す。〔便蒙類編〕

蝶拍翻春日　〈蝶拍は春日にひるがえり
蟬琴噪夏風　蟬琴は夏風にさわがし〉

蝶の翅《は》ばたきは、春の日のもとにひるがえり舞い、蟬しぐれは、夏風に吹かれてかまびすしい。〔便蒙類編〕

泥牛吼水月　〈泥牛　水月に吼《ほ》え
木馬嘶春風　木馬　春風にいななく〉

泥でこしらえた牛が水面に映った月に向ってほえ、木で作った馬が春風を面にうけていななく。

人間の思慮を絶した真如実際の風光を示したもの。「木馬嘶風泥牛吼月」も同じ。〔義雲語録巻下〕

桃花漂澗水　〈桃花　澗水に漂《ただよ》い
松子落山風　松子　山風に落つ〉

桃の花が谷川の流れに漂《ただよ》い浮かび、松かさが山の風に吹かれて落ちる。〔便蒙類編〕

唐堯眉八彩　〈唐堯《とうぎょう》　眉《まゆ》八彩
虞舜目重瞳　虞舜《ぐしゅん》　目重瞳《じゅうどう》〉

古代の帝堯の眉は、あざやかな彩《いろどり》があり、帝舜の目は、重瞳の美しい相をもっていた。〔便蒙類編〕

道大心胸濶　〈道大にして心胸ひろく
才高膽氣雄　才高うして胆気雄なり〉

道心大きく心はひろく、才能高く胆力は雄々しい。〔便蒙類編〕

獨坐大雄峯　〈独坐す大雄峰
言談宇寅空　言談す宇宙空〉

「大雄峰」（百丈山）において端坐し、差別のない「絶対空」つまりおさとりを日常《ふだん》の言葉で実践している。〔聯頌集　巻上〕

突兀壓神州　〈突兀《ごつ》として神州を圧し
崢嶸如鬼工　崢嶸《そうこう》として鬼工の如し〉

高くつき出た山は、中国の四百余州を圧するかのごとくみえ、またその高く聳えるさまは、まるで鬼神が巧みの限りをつくして作ったかのごとくにみえる。〔唐詩皈　巻十三〕

人空法亦空　〈人《にん》空にして法もまた空なり
二相本來同　二相　本来同じし〉

人間は「空」に帰する。そして真理もまた「空」につきる。この二つの「実相」は、もともと「空」という点で相同じい。〔金剛経　巻一　注〕

陌上攀花女　〈陌《はく》上に花を攀《ひ》く女
日中拾穂童　日中に穂を拾う童〉

あぜ道のほとりで花を手折る女、ひる日中、落穂を拾うわらんべ。ともに田園風景ののどかさを叙す。〔便蒙類編〕

花開滿樹紅　〈花開かば満樹　紅《くれない》に
花落萬枝空　花落つれば万枝空なり〉
〔雨の降る日は天気がわるい」、「犬が西向きゃ尾が東」の俗謡と同じ。〔五灯会元　巻十五〕
春盡苗葉老　〈春尽きて苗葉老い
耕䎘烟雨叢　耕䎘《ひるがえ》る　烟雨の叢《くさむら》〉
晩春ともなれば、苗がほきすぎ、耕やす鋤《すき》が、霞たなびく野良《のら》のくさむらにひらめく。〔東坡詩集　巻二十二〕
物我元無異　〈物我もと異なることなく
森羅鏡像同　森羅《しんら》　鏡像同じし〉
外なる対象と内なる自我とは違いはない。世にあるありとあらゆる現象は、鏡にうつる像においては同じである。〔五灯会元　巻十八〕
法眼唯觀俗　〈法眼はただ俗を観《み》
慧眼直緣空　慧眼はただ空を縁とす〉
一切の諸法を観る眼は、ただ俗世の現象のみを観察するが、諸法の絶対性を観る眼は、ただ「絶

対空」のみをよりどころとする。〔金剛経　巻三　注〕

水寒深見石　〈水寒《つめた》くして深く石をあらわし

松晩静聞風　松晩《く》れて静かに風を聞く〉

川の流れは、寒い季節になると深い水底の石をも透《す》けてみえるようになり、喬《たか》い松が枝《え》には、夕暮れどきがくると、吹きわたる風の音を静かに聞くことができる。〔杜少陵詩集　巻六〕

密密住其中　〈密々として其の中に住し

靈然空不空　霊然として不空に空たり〉

ぴったりとその中にくっついて一枚の境地に在り、あきらかに「絶対空」に帰してあとかたを示さない。〔宏智偈頌〕

若無个我念　〈もし个《こ》我の念なくんば

方知是主公　はじめて知る　これ主公なることを〉

もし「我《が》」にとらわれる念慮《はからい》がないならば、とりもなおさずそうした境地の人こそ主人公、つまり大自我の人であることがわかる。〔金剛経　巻四　頌〕

夜鶴穿潭底　〈夜鶴　潭底を穿《うが》ち

雲月落銀籠　雲月　銀籠《ろう》に落つ〉
夜の鶴の啼き声が深い淵の底にも通り、雲間の月が白い銀の籠の中に落ちる。〔自得暉録　巻二〕

無欲一切足　〈欲なければ一切足《いっさいた》り
有求萬事窮　求むるあれば　万事窮す〉
欲がなければ、一切が満ち足りる。欲求を顕《あらわ》にすれば、万事が窮屈となる。〔良寛詩集〕

離合既循環　〈離合すでに循環し
憂喜迭相攻　憂喜たがいに相い攻む〉
愛別離苦は、昔からぐるぐると循環している現象、そして愛することの喜びと、別れることの苦しみとは、たがいに対象の受けとめ方で生起する。〔東坡詩集　巻六〕

柳絮鋪堤白　〈柳絮《りゅうじょ》　堤に鋪《し》いて白く
桃花映水紅　桃花　水に映りて紅《くれない》なり〉
柳のわたが堤に飛び散り敷かれて白く、桃の花が川の流れに映って紅にみえる。〔便蒙類編〕

六言

愚人喚南作北　〈愚人は南を喚《よ》んで北となし
智者達無西東　智者はさとりて西東なし〉

愚か者は迷うが故に南北の差別にこだわり、智慧ある者は、さとるが故に、東西の差別を達観する。〔景徳伝灯録　巻九〕

大海龍吟雲起　〈大海に竜吟ずれば雲起こり
高山虎嘯生風　高山に虎嘯《うそぶ》けば風を生ず〉

大海原《うなばら》で竜が吟《うた》えば雲が湧《わ》き起こり、高山で虎が吼《ほ》えれば、風が捲き起こる。「竜と雲」、「虎と風」は相即している。〔人天眼目　巻六〕

花開必結眞實　〈花開けばかならず真実を結ぶ
青葉逢秋即紅　青葉　秋に逢うてすなわち紅《くれない》なり〉

心の花が咲けば、つまり菩提心《ぼだいしん》をおこせば、かならず仏果つまりおさとりが結ばれる。その相互

関係は、青葉が秋になると紅葉するように、時節因縁がそのように運んでくれるのである。〔永平広録　巻七〕

迷時以空爲色　〈迷う時は空《くう》をもって色《しき》となし
悟卽以色爲空　　悟ればすなわち色をもって空となす〉

迷う時は「空《さとり》」の中に「現象」をみ、悟れば、「現象」の中に「空」をみとることができる。
〔景徳伝灯録　巻九〕

迷悟本無差別　〈迷悟　もと差別なし
色空究竟還同　　色空　究竟《くきょう》また同じし〉

「迷い」といい「悟り」というも本来差別なし。「現象」はすべて「空」であるから、つまり「迷い」も「悟り」もまた同じということになる。〔景徳伝灯録　巻二十九〕

七言

可憐只見蘆花色　〈あわれむべし　ただ蘆花の色のみを見て
不見蘆花對蓼紅　蘆花の蓼《りょう》の紅に対するを見ざるを〉

ただ蘆《あし》の花の白いということだけを見て、蘆の花の白さが、たでの花の紅さに対して始めて白さの美しさがいやますことを知らない人を、かわいそうに思う。〔聯頌集　巻下〕

爭如佛是無疑士　〈いかでかしかん　仏はこれ無疑の士
端坐無心只麼通　端坐無心にして只麼《しも》に通ず〉

仏世尊は疑いのないお方、凡人にとっては遠して遠しだが、正身端坐の無心の坐禅に徹すれば、いかで通達できないことがあろうぞ。〔景徳伝灯録　巻二十九〕

爭似老盧無用處　〈いかでかしかん　老盧《ろうろ》無用の処
却傳衣鉢振眞風　かえって衣鉢を伝えられて真風を振わんには〉

六祖慧能は不才無能であったが、かえって五祖弘忍から「袈裟《けさ》と鉢盂《はう》」つまりおさとりを伝授

されて達磨の正法を振い興こしたが、こうしたことにこしたことはない。〔五灯会元　巻十八〕

一大藏經拭糞紙　〈一大蔵経は糞をぬぐう紙
十方諸佛屎中蟲　十方の諸仏は屎《し》中《ちゅう》の虫〉

文字面だけを、つまり知識のために大蔵経を読もうとならば、塵《ちり》紙ぐらいに価値のないもの。多くの諸仏諸祖もこれを活かして仰がなければ、屎《くそ》の中のうじ虫にもなぞらえうる、無用の存在だ。〔貞和集　巻五〕

一根清淨諸根淨　〈一根清浄なれば諸根浄《きよ》く
一法圓融萬法融　一法円融すれば万法融す〉

一つの「根性」たとえば「眼根」が清浄となれば他の「五根」（耳、鼻、舌、身、意）も清浄となり、一つの「真理」たとえば「坐禅」にまどかに通ずれば、よろづの「真理」にとけこむことができる。〔貞和集　巻五〕

一聲長笛人何去　〈一声の長笛に　人何《いづく》にか去る
蒻笠蓑衣宿葦叢　蒻笠蓑《にゃくりゅうさ》衣《い》　葦《い》叢《そう》に宿らん〉

長笛を一声ひびかせ、旅人は何れの地をさして出かけたことであろう。蒲《がま》笠をかぶり蓑《みの》をつけ、

葦《あし》の草むらに入って宿るのではないかしら。〔貞和集　巻十〕

一棹清風明月下　〈一棹《とう》の清風　明月の下《もと》

不知身在水晶宮　知らず　身の水晶宮に在るを〉

月皎々たる夜、一陣の清風が吹きわたると、身は水晶宮に遊んでいるのではないかしらと思われるばかり。〔聯頌集　巻中〕

一等玲瓏談己語　〈一等（等しく）玲瓏として己語を談ず

滴丁東了滴丁東　滴丁東了《チチントンラ》　滴丁東《チチントン》〉

凡聖一様に差別なく、玉をころがすようにこころよく自分の持ち前の言葉を話している。その言葉は間断なしに「チ　チントンラ　チ　チントン」と聞こえてくる。〔永平広録　巻九〕

一等與渠談般若　〈一等（等しく）渠《かれ》のために般若《はんにゃ》を談ず

滴丁東了滴丁東　滴丁東了《チチントンラ》　滴丁東《チチントン》〉

一様に人のために、さとりに到達するための「智慧」を語っている。その語りの言葉は、「チチントン　チチントン」と聞こえる。〔如浄語録〕

一法元無萬法空　〈一法もと無　万法空《むな》し

箇中那許悟圓通　箇の中なんぞ許さん　円通を悟ることを〉

正しい真理は元来「無」、多くの現象も本来「空」となる。その「空」である「万法」の中から、どうして円かに無碍《むげ》なおさとりを悟ることができようぞ。〔人天眼目　巻三〕

鶯囀曉風花笑日　〈鶯は暁風に囀《さえず》り花は日に笑う
低聲萬福賣柴翁　低声に万福と柴を売る翁〉

鶯は明け方の風に催《もよお》されて囀《さえず》り、花は陽を浴《あ》びて咲き出で、低い声で「万福」と口ずさみつつ薪《たきぎ》を売り歩く翁の姿。〔貞和集　巻六〕

慧劍單提日用中　〈慧剣単提《たんだい》す　日用の中に
天然元不犯磨礱　天然もと磨礱《まろう》を犯さず〉

日常生活には、智慧のぬきみをひっさげて是非善悪を決裁しなければならぬが、天然自然の世界には、小ざかしいきりもり、とぎ磨きなどつけ入る余地をもたない。〔中峯広録　巻五〕

花開花落緣何事　〈花開　花落は何事にか縁《よ》る
盡屬無私造化中　ことごとく無私造化の中に属す〉

花が咲いたり散ったりする現象は、何によって起こるのであろうか。それはことごとく私心のな

い宇宙司宰《さい》の造化の神のおぼしめしによるものである。〔聯頌集　巻下〕

渡河用筏尋常事　〈河《か》を渡るに筏《いかだ》を用うるは尋常の事
南山燒炭北山紅　　南山に炭を焼けば北山紅なり〉

黄河を渡るのに筏を利用することは世の常のならわし、南山で炭焼きをすれば、北山が紅く染まることも世の常のこと。おさとりとは異常のことではなく、尋常のことにほかならない。〔祖英集　巻下〕

臥聞百舌呼春風　〈臥しては聞く　百舌　春風を呼ぶを
起尋花柳村村同　　起きては尋ぬ　花柳　村々同じきを〉

横になっては百舌《もず》が春風を呼ぶ声を聞き、身を起こしては桃や柳が村々に一様に咲いているところを訪れる。〔東坡詩集　巻二十〕

縛茨枯坐九江東　〈茨《かや》を縛《ゆわ》えて枯坐す九江の東に
鏡像虚融方寸中　　鏡と像を方寸の中に虚融す〉

九江の東にあたる茨《かや》ぶきの庵で枯木のように兀《ごつ》々と坐禅をしている。映す鏡と映される像とが、心の中で混然一体となって虚空のように融け合うている。〔宏智偈頌〕

寒山撫掌豊干笑　〈寒山　撫掌《ぶしよう》すれば豊干《ぶかん》笑い
萬里鴻講屬沛公　万里　鴻講《こうこう》　沛公《はいこう》に属す〉

国清寺の寒山が手を拍《う》てば、こたえて豊干《ぶかん》が笑い出す。漢の沛公（高祖）と楚の項羽とが天下を二分した時の境界《きようかい》の鴻講も、約束ごとはただちに反故《ほご》となり、鴻講も万里にわたる天下も沛公の手に帰した。〔東山外集〕

君若要見我鞭影　〈君もし我が鞭影《べんえい》を見んとほっせば
大江日夜流天東　大江日夜　天の東に流るるを〉

貴殿がもし見送りに来た私のことを想い出そうとならば、揚子江が日夜、東に向って流るるその流れをみて下されよ。その東の方に私は明け暮れしているから。〔中峯広録　巻二十七〕

九旬禁足魚投網　〈九旬の禁足　魚網《あみ》に投《い》る
三月安居鳥入籠　三月の安居《あんご》　鳥籠《かご》に入る〉

九十日三ヶ月間の禁足安居生活は、ちょうど魚が網に入り、鳥が籠に入ったように修行者の自由行動は許されない。〔如浄語録〕

金印未開沙界靜　〈金印いまだ開かれざるに沙界静かに

玉輪轉處不當風　　玉輪転ずる処　風に当らず〉

すばらしいおさとりが、未だ開かれない前に、「恒河《ごうが》沙《しゃ》の世界」つまり「三千大千世界」が平穏無事におかれてある。月がめぐりゆくところは、みんな風もなく極めて平穏である。〔劫外録〕

谿邊魚躍桃華浪　〈谿辺の魚　桃華の浪に躍り
林下鶯穿柳絮風　　林下の鶯　柳絮《りゅうじょ》の風を穿《き》る〉

谷川のほとりの魚が、桃の花の浮ぶ浪にはね、林のもとの鶯が、柳のわた飛び散る間を通りぬけている。春が天地いっぱいに溢れているさまを述べた。〔投子語録〕

月巣鶴作千年夢　〈月巣《そう》の鶴は千年の夢をなし
雪屋人迷一色功　　雪屋の人は一色《しき》の功に迷う〉

月色の冴えた夜に木に宿っている白い鶴は、いつまでもこの「一色の世界」（さとり）に安住して千年の夢をむさぼり、大虚空に飛び立つことを忘れてしまったならばいけない。また、玉楼に住む人が白一色の雪景色に見とれていたならば、太陽が昇るにつれて雪景色が消えてゆくために安住の座を失ってしまう。「一色の功」（さとり）に安住すればそれも迷いとなることのいましめ。〔従容録　第九十六則〕

虛明自照靡心識　〈虚明《こみょう》自照　心識なし
海月靈犀夜魄通　海月霊犀《れいさい》　夜魄《はく》を通ず〉

徹底した明るさのさとりの世界は、おのずから万物を照らし、心意識などの持ちこみようもない。あたかも海に映る月と霊妙な犀とが、夜の淋しい魂魄《こころ》を通じ合うようなもの。〔貞和集　巻二〕

劫火洞然毫末盡　〈劫火《ごうか》洞然《とうねん》として毫末《ごうまつ》もつくし
青山依舊白雲中　青山旧に依って白雲の中〉

いかなるものも焼きつくさなければやまない恐るべき火が、はっきりと、毛さきほどのほんの小さなものまで焼きつくすかと思えば、青山は依然としてもとと変らずに白雲の中に頭を出している。〔五灯会元　巻十七〕

忽地一聲轟霹靂　〈忽地《こっち》の一声　轟《ごう》たる霹靂《へきれき》
帝郷春色杏花紅　帝郷の春色　杏花　紅《くれない》なり〉

春雷が突然轟《ごう》音をたてて鳴りひびいたように、この衲《わし》に勅請《ちょくしょう》が下って浄慈寺に任せよと、まさに青天の霹靂だ。この勅命を発せられた帝のいます都は、春景色で杏花が紅《くれない》に咲きほこっていとものどやかである。皇帝の恩沢の広大無辺なることを賛《たた》えたもの。〔如浄語録〕

不是幡兮不是風　〈是れ幡《はた》にあらず　是れ風にあらず
毒蛇臥龍酒盃中　毒蛇臥竜　酒盃の中〉

風が吹くから幡が揺れるのでもなく、幡が揺れるから風が吹くのでもない。もしも一方的にそうとみてとるならば、盃の中に毒蛇がいるとみえたり、臥竜がいるとみえたりするようなものだ。〔東山外集〕

今年茘支熟南風　〈今年茘支《れいし》　南風に熟せり
莫愁留滞太史公　愁《うれ》うることなかれ留滞の太史公〉

今年も茘支《れいし》が南風にほだされて熟《う》れました。左遷されて身の束縛をうけている蘇東坡先生よ、茘支はいつになったら熟れることかと御心配なさらないでも宜しうございます。〔黄山谷詩集　巻十三〕

昨夜金烏飛入海　〈昨夜金烏《う》　飛びて海に入り
曉天依舊一輪紅　暁天旧に依りて　一輪紅《くれない》なり〉

昨夜、三本足の烏（太陽）が西の海の中に飛びこんで真っ闇《くらやみ》となったが、今朝、明け方になったら相変らずいつものように、一輪の旭日がきらきらとぽっかり昇ってきた。すべての事象は、源

に帰り、道環してやまぬことを示す。〔十牛図〕

三下板鳴生死斷　〈三下《さんげ》板鳴《はん》って　生死断たる
十聲佛唱古今通　十声仏唱えて　古今通ず〉

「魚板三通《つう》」が鳴りわたるや「生死《まよい》」が断たれ、「十仏名」が唱えられるや、「生死」を断った「現身《このみ》」がそのまま古今にぶっ通しの「仏位《さとり》」に通ずる。〔貞和集　巻十〕

四海浪平龍睡穩　〈四海浪平らかにして　竜の睡《ねむり》　穏《おだや》かなり
九天雲淨鶴摩空　九天雲浄《きよ》うして　鶴　空を摩《ま》す〉

四方海《よものうみ》（天下、世界中）の浪は、平静そのもののために、竜もぐっすりと静かに眠りについている。九重天《ここのえのそら》の雲も清浄《きょらか》なので飛ぶ鶴の姿も天空を研《と》ぎみがくかと思われる。天地の運行が極めて順調に進んでいるさまをあらわしたもの。〔如浄語録〕

謝客睡惺孤月白　〈謝客ねむりしずかにして孤月白く
閑吹一笛渡頭風　しずかに吹く一笛　渡頭の風〉

客に別れた者が、ぐっすりねむれば、一片の月が皎々としてかがやき、しずかに響きわたる笛の音が、わたし場の風に流れてゆく。〔聯頌集　巻下〕

斜陽萬里孤鳥沒　〈斜陽万里　孤鳥没す
但見碧海磨青銅　ただ見る　碧海に青銅を磨けるを〉
夕陽をうけて万里の彼方へと一羽の鳥が姿を没してしまった。そしてただ目にうつるものといえば青海原《うなばら》に青銅鏡をとぎすましたような海原ばかり。うつろいの姿を淋しく詠じたもの。〔東坡詩集　巻二十六〕

終日搬柴運水中　〈終日柴《さい》をはこび水をはこぶうち
分明顯露主人公　分明に顕露す主人公〉
ひねもす薪をこしらえたり、水を汲んだりの作務《さむ》。だがそうした生活の中に修行者の本来の面目が、はっきりと現成《げんじょう》しているのである。〔大智偈頌〕

十二時中莫住工　〈十二時中　工に住することなかれ
窮來窮去到無窮　窮し来り窮し去って無窮にいたる〉
一日十二刻中、仕事のたくみさに安住してはならない。こまりにこまりぬいてこそ「不増不減《さとり》」の世界に到達できるのである。〔五灯会元　巻十八〕

春暖山桃次第紅　〈春暖にして山桃次第に紅《くれない》なり

翩翩蝴蝶闘芳叢　翩翩《へんぺん》たる蝴蝶　芳叢に闘《たたか》う〉

春の暖かさが増すにつれ、山桃は次第に紅《くれない》になってゆく。ひらひらと舞う胡蝶は、花咲き匂う草むらの中で花と美を競《きそ》うている。〔虚堂録　巻五〕

生死路頭君自看　〈生死の路頭を君自ら看よ

活人全在死人中　活人は全《すべ》て死人の中に在り〉

「生死《まよい》」の世界を君は自分の目でよく看て御覧。生きていると思っている人間も、本来の面目を自覚していないならば、すべて死人と同様だ。〔東山外集〕

松竹乍栽山影緑　〈松竹をたちまち栽《う》え　山影緑に

水流穿過院庭中　水流を穿《うが》ち過《とお》す　院庭の中〉

松や竹を即刻に植えて山の景色を緑となし、やり水を掘り通して院庭の風情《ふぜい》をそえる。〔五灯会元　巻八〕

丈夫蓋棺事始定　〈丈夫は棺を蓋《おお》うて事始めて定まる

君今幸未成老翁　君　今　幸いに未だ老翁とならず〉

一人前の男子は死んでから始めて生前の評価が定まる。君は今、幸いにして未だ老翁とならず、

評価未定でござる。存分に働いたがよかろう。〔杜少陵詩集　巻十八〕

少林久坐未帰客　〈少林に久坐する未帰の客

靜依熊耳一叢叢　静かに熊耳《ゆうじ》の一叢々に依る〉

少林寺に久しいこと坐禅している達磨大師が、静かに熊耳《ゆうじ》山（河南省にあり）の叢林に在って坐る。〔碧巌録　第三則〕

心知所見皆幻影　〈心知所見はみな幻影

敢以耳目煩神工　あえて耳目をもって神工を煩わすのみ〉

知ったりみたりできるものは、皆まぼろしの影のようなもの。むりに聴視覚を使って巧みのわざを動員させせたにすぎぬものだから。〔東坡詩集　巻二十六〕

新豊一曲唱家風　〈新豊の一曲　家風を唱う

白雪陽春調不同　白雪陽春と調べ同じからず〉

洞山大師の詠《よ》まれた「新豊の吟」、ここに曹洞宗の宗旨が唱えられている。がこの曲は、古楽府《こがふ》で唱《うた》われる「白雪」とか「陽春」の曲などというものと異なり、坐禅の大切さを説いたものである。〔大智偈頌〕

水底泥牛耕白月
雲中木馬驟清風
〈水底の泥牛　白月を耕し
雲中の木馬　清風に驟《は》す〉

泥で作った牛が、水中で皎々たる月を耕し、木で作った馬が、雲中でさわやかな風に乗って早く走っている。人間のはからいを絶した世界を示す。〔丹霞頌古百則〕

西來祖道我傳東
釣月耕雲慕古風
〈西来の祖道　我れ東に伝う
月に釣り雲に耕して古風を慕う〉

達磨大師が伝えた「祖道《おさとり》」を私は日本に伝えた。こだわりのない待対《だい》を絶した世界に遊化《ゆうげ》して、達磨をはじめ仏祖がたの「宗風」を慕うている。〔永平広録　巻十〕

石窗欹枕疎疎雨
水堆無人浩浩風
〈石窓《せきそう》に枕を欹《そばだ》つ　疎々たる雨
水堆《すいたい》に人無く　浩々たる風〉

山居していると、おんぼろ部屋でも枕をそばだてて、ばらばらと降る雨の音をきくことができ、水辺の丘でただ一人、広々とした水面を渡る風の音をきくことができて楽しい。〔全唐詩　巻三十〕

世俗紅塵飛不到
〈世俗の紅塵　飛んで到らず

深山雪夜草庵中　　深山の雪夜　草庵の中〉
我が山居には、世俗の人があくせくする名聞利養といったことどもの汚《けが》らわしさはおしよせて来ない。越前志比《しび》庄の山深いところの草庵で、俗塵に染まらぬ真っ白い雪に埋もれて清夜をすごしている。〔永平広録　巻一〕

折脚鐺児煎野菜　　〈折脚の鐺児《とうじ》に野菜を煎《に》る
住山自効古人風　　住山おのずから古人の風にならう〉
脚のとれた鍋で野菜を煮て口をしのぎ、古人の山居の仕方にならって明け暮れしている。〔大智偈頌〕

淅淅霜林起晩風　　〈淅《せき》々たる霜林　晩風を起こし
同人撥草訪岩叢　　同人　草をはろうて岩叢を訪う〉
淅《せき》々と鳴り渡る紅葉の林に、夕暮れの風が吹きわたる頃、友だちと草をとりはらいながら、山深い岩場に住む人を訪《とぶら》う。〔貞和集　巻三〕

千年竹也萬年松　　〈千年の竹　万年の松
枝枝葉葉盡皆同　　枝々葉々ことごとく皆同じ〉

千年経《へ》た竹も万年経た松も、その枝葉には違いなく、みな同じようなもの。現象としては同じである。〔五灯会元　巻四〕

千峯秋色染時雨　〈千峰の秋色　時雨《しぐれ》に染まる
頑石住山豈逐風　頑石の住山　あに風を逐《お》わんや〉

多くの峯々の秋色は、時雨《しぐれ》するたびに紅葉に染まってゆく。が、かたくなな石のようななんの変てつもない衲僧の住山ぶり。その衲僧《わし》には、うつろいゆく世間風を追っ払って美しい山にしようなどという気持さえ一向にない。衲僧にできることは、たゞ頑石のように兀《ごつ》々として坐ることだけだ。〔永平広録　巻五〕

没底籃児盛白月　〈底なしの籃児《かご》に白月を盛り
無心盌子貯清風　心なしの盌子《おわん》に清風を貯う〉

底のないかごに明月が射《さ》しこみ、心のないおわんに清風が吹きこむ。白月と清風の無差別平等性の恵みをいゝあらわしたもの。〔禅林類聚　巻第七〕

啐啄之機類不同　〈啐啄《そったく》の機　類して同じからず
飛星撒火髑髏空　飛星　火を撒《ま》いて髑髏《どくろ》空し〉

師匠と弟子とが、ぴったりと以心伝心するはずみというものは、他に類を求め多量製産することはできない。流星が火を撒《ま》いて落ちてゆく、つまり多量製産《マスプロ》がはばをきかせ、公害がつのりゆけば、野ざらしのどくろが空しく残るだけとなる。〔虚堂録　巻二十一〕

大家普請去栽松　〈大家普請《たいかふしん》し去って松を栽《う》う
向钁頭邊自策功　　钁頭辺《かくとうへん》に向ってみずから功を策《た》つ〉

みんな総出で松植えの作務《さむ》をする。しかもせっせとただ大きな鍬《くわ》を下ろして植えこみするだけである。百年先きのことを夢みて作務をするわけではない。坐禅も同じこと。さとりを求めることなく、ただ坐ることに意味をみとめて。〔大智偈頌〕

大湖一夜都乾盡　〈大湖一夜にしてすべて乾き尽くるも
且喜曹源一脉通　　かつ喜ぶ　曹源に一脉の通ずることを〉

大きな湖の水が一夜にして旱《ひ》てしまうようなことがあっても、曹渓山六祖慧能の禅に参じうることの喜びはたとえようがない。〔貞和集　巻十〕

頂上鐵枷重脱下　〈頂上の鉄枷《てつか》重ねて脱下せば
可聞秋雨送梧桐　　聞くべし秋雨の梧桐《ごとう》を送るを〉

頭のてっぺんに置かれた鉄製のかせをもう一度とりはずすならば、あたり前の本来の人間になる。かせをつけない人間になると、ばらばらとしぐれるしぐれに、梧桐《あおぎり》がばらばらと散る当り前の様子がそのままにうけとれる。〔大智偈頌〕

長老不歸予又去　〈長老帰らざるに予また去る
唯留蘿月與松風　　ただ留む蘿月と松風とを〉

寺の住持が帰山しないのに予が帰ってゆく。ただ蘿《つた》にかかっている月と松風とだけを寺にとどめて。〔貞和集　巻七〕

頭上有星皆拱北　〈頭《つ》上に星あり皆《みな》北をとりまく
面前無水不朝東　　面前に水として東に朝せざるなし〉

頭上にいただく星は、みな北斗をとりまき、面前に展開している流れは、みな東に向っている。
〔聯頌集　巻下〕

月巣鶴作千古夢　〈月に巣くう鶴は千古の夢をなし
雪屋人迷一色功　　雪屋の人は一色《しき》の功に迷う〉

月の桂に巣ごもる鶴は、長い長い夢をむさぼり大空を翔《か》けることを忘れ、降りしきる雪の日の人

は、銀世界一色に踏み迷うて方向を見失っている。〔従容録　第九十七則〕

露清緑竹千枝露　〈露清し　緑竹千枝の露

風冷弊衣両袖風　風冷《すず》し　弊衣両袖の風〉

四君子に数えられる緑の竹林のたくさんの枝々の葉に宿る露は、なんと清らかであることよ。つんつるてん、つぎはぎだらけのつっぽ袖をまとう我が身に世の風は、なんとつれなく冷たく吹くことよ。情緒豊かな「露」を無情《つれない》の「風」と受けとめるのは浅はかな人間のはからい。「露」「風」ともに無心にただあるにすぎない。〔半仙遺稿〕

鶴有九皐難翥翼　〈鶴　九皐《こう》に有りて翼をあげがたく

馬無千里漫追風　馬　千里なくしてみだりに風を追う〉

鶴は高い大空に舞い上っているので、これ以上翼を伸ばすことがない。馬には名馬の素質がないため、むやみに追風ばかりを頼りにしている。〔景徳伝灯録　巻十三〕

桃花雨後已零落　〈桃花雨後　すでに零落《れいらく》し

染得一溪流水紅　一渓の流水を染めえて紅《くれない》なり〉

桃花は雨の後にすでに散り落ち、その花びらが、谷川の流れに浮んで紅にうつって見える。〔五

灯会元　巻十八〕

東街柳色和煙翠　〈東街の柳色　煙に和して翠《みどり》に
西巷桃花相映紅　西巷の桃花　相映じて紅《くれない》なり〉

東の街の柳の色が、春霞に調和して翠《みどり》に美しい。西の巷《ちまた》の桃の花が、この柳に映って紅く美しい。

百丈禅師が潙山《いさん》と黄檗《おうばく》の二人の弟子を褒めた言葉。〔槐安国語　巻六〕

洞簫聲斷月明中　〈洞簫《とうしょう》声《ひびき》断ゆ　月明の中
惟憂月落酒杯空　ただ憂う　月落ち酒杯の空しきを〉

洞簫（尺八に似た管楽器）のひびきが月光のもとで絶えた。ただ心配なことは、月が落ち酒が切れると、盃に酒が注《つ》がれなくなることだ。〔東坡詩集　巻十八〕

童子念經深竹裏　〈童子　念経《ねんきん》す　深竹の裏《うち》
獼猴拾蝨夕陽中　獼猴《みこう》　蝨《しらみ》を拾う　夕陽の中〉

山居していると、子僧が深い竹藪の中で声を張り上げてお経を読んでいる声も耳にでき、猿公が夕陽を浴びてのんびりとしらみとりしている状景も眺めることができ、まことにのどかな風情が味わえて楽しい。〔全唐詩　巻三十〕

問來答去無偏黨　〈問ひ来り答え去って偏党なくんば
鐵壁銀山作麼通　鉄壁銀山　作麼《そも》に通ぜん〉

とらわれのない参師問法を行なえば、金城鉄壁といわれる難攻不落の世界、つまりさとりも、攻め落すことができないはずはない。〔聯頌集　巻下〕

杜鵑聲裏春光老　〈杜鵑《とけん》の声裏に春光老い
零落桃花滿地紅　零落たる桃花に満地紅なり〉

ほととぎすの啼声を聞くにつけ、すぎなんとする春に心ひかれ、見れば、こぼれ落ちた桃の花が地面いっぱいを紅く染めている。〔聯頌集　巻下〕

南泉向上路難到　〈南泉の向上の路は到りがたし
到者方知觸處通　到れる者はじめて知る　触処《そくしょ》に通ずることを〉

南泉普願和尚の仏法は究めにくい。だが究めえた者は、はじめて見聞覚知するはからいが、からりとすることがわかる。〔聯頌集　巻上〕

二宗得旨非南北　〈二宗　旨を得れば南北あらず
五派歸根絕異同　五派　根に帰すれば異同を絶つ〉

禅の二宗といっても宗旨の本来を体得すれば南頓北漸などと差別はない。「雲門」「曹洞」「臨済」「法眼《ほうげん》」「潙仰《いぎょう》」の五家《け》といっても達磨に帰すれば異同などない。〔中峰広録　巻十〕

人人盡懷刀斧意　〈人々《にんにん》ことごとく懐《いだ》く刀斧の意
不見山花映水紅　山花　水に映じて紅なるを見ず〉

山を歩く樵夫《きこり》は、何れも目あての大木にばかり気を配《くば》っていて、山の紅《くれない》に咲く花が水に映って美しさを示すそのさまなど見ようとしない。〔五灯会元　巻六〕

看花歎老憶年少　〈花を看ては老いを歎き年少を憶《おも》う
對酒思家愁老翁　酒に対しては家を思い老翁を愁《うれ》えしむ〉

美しい花をみては、若かりし頃を想い出して老いの身をなげき、酒盃を手にしては、なつかしの我が家を想い出し、いたずらに老いの身をいたみ悲しむ。〔東坡詩集　巻二十〕

馬師一喝大雄峯　〈馬師　大雄峰を一喝すれば
深入髑髏三日聾　深く髑髏《どくろ》に入って三日聾せり〉

馬祖《ばそ》道一禅師が百丈懐海《えかい》を一喝したところ、その雷音は髑髏《しゃれこうべ》にもひびき通るほど、さすがの懐海も幾日間も耳がガーンとしていたほどであったと。〔五灯会元　巻三〕

春到洞庭南壁岸　〈春は洞庭南壁の岸に到り
鳥啼西嶺月生東　鳥は西嶺に啼き　月　東に生ず〉
春は洞庭湖の南岸に訪れ、鳥は西の峰で囀り、月は東方に出る。これは、僧が郢《えい》州趙横山の柔和尚に「いかなるか是れ仏」と問うたときの答えに投子が頌《じゅ》したもので、差別即平等の世界をあらわにしたもの。〔投子語録〕

要知萬卷書來處　〈万巻の書の来処を知らんと要《ほっ》せば
跳出當人智鑑中　当人智鑑の中を跳出せよ〉
万巻の書が因って来るところの真実を知ろうと思うならば、書を読もうとする御本人の「智慧の鑑《かがみ》」つまり「知見」というものを脱落させなければならない。〔禅林類聚　巻一〕

萬丈龍門勢倚空　〈万丈の竜門　勢い空に倚《よ》る
懸崖撒手辨魚龍　懸崖に手を撒《はな》てば魚竜を弁ず〉
万丈もあろうかと思われる竜門は、そのさまは天空に倚りかかっているようである。その高くかかっている崖の上から手をはなして身をひるがえした時、つまり天地同根を体得したおさとりの境地になれば、魚と竜の実相を明かに見分けうることになる。〔聯頌集　巻下〕

萬重雪色雖相異　〈万重《ばんちょう》の雪色　相異なりといえども
千里月光本一同　千里の月光　もと一同〉

十重《とえ》、二十重《はたえ》と折り重なった山々に降った雪景色は、それぞれ異ったすがたを呈しているが、あの村、この里へと照らしてくれる月の光りは、もともとまったく同じである。〔信心銘拈提〕

浮雲散盡月當空　〈浮雲散じつきて　月　空に当る
兎子懐胎産太蟲　兎子　懐胎《かいたい》して太虫を産《う》む〉

月をとりまく浮雲が消えてぽっかりと。その月の中の兎がよく見える。〔禅林類聚　巻十四〕

片月影分千澗水　〈片月の影は千澗の水に分れ
孤松聲任四時風　孤松の声《ひびき》は四時の風にまかす〉

三日月の光りは多くの谷川の流れにも影を宿し、一本の喬松に鳴りわたるひびきは春夏秋冬の風のへだてがない。〔景徳伝灯録　巻二十九〕

鳳凰池上玉簫奏　〈鳳凰池上に玉簫《ぎょくしょう》奏す
聲在天涯杳靄中　声は天涯杳靄《ようあい》の中にあり〉

鳳凰池上に美しい簫《しょう》の音《ね》がひびきわたれば、声《ひびき》ははるか天の彼方の靄《もや》の中で聞こえてくる。〔中

峰広録　巻三〕

迷來盡似蛾投焔　〈迷い来れば　ことごとく蛾の焔に投《い》るに似たり
悟去皆如鶴出籠　悟り去れば　みな鶴の籠を出づるがごとし〉

迷ってくると、することなすこと、ことごとく飛んで火に入る蛾に似、悟ってしまえば、みな鶴が籠からぬけ出るがごとく自由自在に天翔《あまか》けることができる。〔景徳伝灯録　巻二十九〕

浪説閑居愛重九　〈みだりに説く　閑居して重《ちょう》九を愛すと
黄花應笑白頭翁　黄花　まさに白頭の翁を笑うべし〉

隠居して「九月九日の重陽の佳節が好きだ」などと口軽く仰入るが、菊の花が、きっとその元気な白頭の翁を笑うでございましょう。〔黄山谷詩集　巻十五〕

欲得不招無間業　〈無間《むげん》の業《ごう》を招かざらんことをえんと欲せば
莫將情解謗宗風　情解《げ》をもって宗風を謗《そし》ることなかれ〉

無間《むげん》地獄におちるような「五逆罪」の悪業を遠ざけようと望《のぞ》むならば、みだりに私の感情やはからいでもって、古今に通ずる真理を包蔵した宗風をそしってはいけない。〔禅林類聚　巻二十八〕

無柄钁頭何處着　〈無柄の钁頭《かくとう》　何処に着けん

一時分付丙丁童　一時　丙丁童《びょうじょうどう》に分付せん〉

柄のないくわをどこにおろしたら故人が大往生できることか。いっとき、この大役を、引導を渡す導師が秉《と》る炬火《たいまつ》に命じてみようぞ。〔虚堂録　後集〕

無影樹頭撐夜月　〈無影《むよう》樹頭に夜月をささえ
不萠枝上吹春風　不萠《ふほう》枝上に春風を吹かしむ〉

はだか木で夜照りわたる月をささえ、枯れ枝の梢《こずえ》に春風をなびかせる。差別を超えた絶対の世界を言いあらわしたもの。〔中峰広録　巻二〕

甕頭酒熟人皆酔　〈甕頭《ようとう》の酒熟して人みな酔い
林下烟濃花正紅　林下の烟《けむり》濃《こま》やかにして花まさに紅《くれない》なり〉

みかで醱酵《はっこう》させた酒が熟《う》れ、それを酌んだ人々はみな酔い、林下にたちこめる春霞につつまれた桃の花が、ちょうど見頃に紅である。〔人天眼目　巻一〕

横看成嶺側成峯　〈横に看れば嶺となり　側《そばだ》つれば峰となる
遠近高低各不同　遠近高低　各々同じからず〉

横ざまにみれば嶺が連《つらな》り、そばだって縦《たて》ざまにみれば峰となる。同じ山も遠近高低の見方によれ

ば、それぞれ同じではない。〔東坡詩集　巻二十三〕

好向枝頭採春色　〈よし枝頭に向って春色を採るに
不知春色在籃中　知らず春色の籃《らん》中に在るを〉

いい気になって枝の先きの花に春の光景を味わっていたのに、春の景色は枝ならぬ手持ちの籃《かご》の中の茶の葉にあるとは気づかなかった。〔貞和集　巻八〕

藍關風雪徑難通　〈藍関《らんかん》の風雪に径《みち》通じがたし
野渡求舟謁釣翁　野渡に舟を求めしに釣翁《ちょうおう》に謁《えっ》しぬ〉

藍田関《らんでんかん》の風雪が、はげしくて径《みち》が不通となったので、里へ出て渡し守りを探して舟を求めたところ、魚釣りの老人にあうことができた。〔投子語録〕

梨李白兮桃杏紅　〈梨李は白く　桃杏は紅《くれない》
花開兩様一春風　花の開きは　両様に一春風〉

梨李《なしすもも》の花は白く、桃杏子《ももあんず》の花はくれないに、両方とも同じ春風に会えば花が咲く。〔聯頌集　巻中〕

龍子生龍湛水月　〈竜子　竜を生む湛水《たんすい》の月

鳳兒孕鳳白雲中　鳳児　鳳をはらむ白雲の中〉

満々とたたえた水にうつる月の中に竜が竜を生み、白雲ただよう中に鳳《おおとり》が鳳をみごもる。〔自得暉録　巻六〕

嶺南萬戸皆春色　〈嶺南の万戸　みな春色

會有幽人客寓公　たまたま幽人の寓公を客とするあり〉

五嶺の南の方の家々には、みな春色がみなぎっている。たまたま隠者があって、居候《いそうろう》を客としてもてなした。〔東坡詩集　巻三十八〕

不識廬山眞面目　〈廬山の真面目を識らず

只緣身在此山中　ただ　身の此の山中に在るによる〉

絶勝の地である廬山の廬山たる真価が分らないというのは、御本人が廬山の中に入りびたっているからだ。もっといえば、御本人こそが廬山の真面目人にほかならないではないか。〔東坡詩集　巻二十三〕

八言

説妙談玄太平姦賊
行棒下喝亂世英雄

〈妙を説き玄を談ず　太平の姦賊《かんぞく》
棒を行《ぎょう》じ喝《かつ》を下す　乱世の英雄〉

微妙な仏法を説き、幽玄な道を談じて得々としている仏者こそ太平をまどわす姦賊にも等しいやからであり、また、三十棒をくらわしたり、一喝をくらわして対機説法をよしとするやからは乱世に立つ英雄もどきの存在である。仏法の真髄は平常心の中にある。奇を立て、異を立てることは正法の道にはずれている。〔普灯録　巻三〕

九言

拂散四七單傳之落葉
掃蕩二三直指之流蓬

〈四七単伝の落葉を払散し
二三直指《じきし》の流蓬を掃蕩す〉

二十八祖達磨大師から直々《じき》に単伝された正法が、うらぶれてきた弊風を払いのけ、また、六祖慧能禅師が直々《じき》に身につけられた正法が、おちぶれ乱れてきたその乱れをはらい流してしまう。

〔祖英集　巻下〕

二冬

四言

一東二冬　〈一東二冬〉

叉手當胸　〈叉手当胸《しゃしゅとうきょう》〉

坐より立ち、歩く場合は、一にも二にも「叉手《しゃしゅ》」（左手は握り、その拳を右手で覆うように包む）して胸の前に当てる。〔虚堂録　冬夜小参〕

動絃別曲　〈絃《いと》を動かせば曲を別つ

千載難逢　千載　逢い難し〉

琴の絃《いと》を奏でれば、その音色《ねいろ》によっていかなる曲をひいているのかすぐ分る。昔、鍾子期《しょうしき》と伯牙《はくが》とが「知音《ちいん》の士」であったように、釈尊と文殊とも同じで、このような人は、千年たってもめったに出てくるわけにはゆかない。〔碧巌録　第九十二則〕

殺人可恕　〈殺人をば恕《ゆる》すべくとも
無禮難容　無礼をば容《ゆる》しがたし〉

義にかなった殺人は、大目《おおめ》にみることができるが、礼を無視する行動は、ゆるすことができない。昔、夷狄《えびす》と中華との差別は、礼の有無によってしたという。〔五灯会元　巻十六〕

四衆雲集　〈四衆雲のごとくに集り
大闡洞宗　大いに洞宗をひらく〉

比丘《びく》（僧）、比丘尼（尼僧）、優婆塞《うばそく》（在家の善男）、優婆夷《うばい》（善女）などが雲のごとくに集まり、大いに曹洞宗の宗義を開明する。〔正宗賛　巻三〕

點鐵爲金　〈鉄を点じて金となし
轉蛇成龍　蛇を転じて竜となす〉

鉄《くろがね》を錬《きた》えて金《こがね》となし、蛇を転じて竜となすことは、次元の変更がないから容易なことである。〔自得暉録　巻二〕

曇花易見　〈曇花《どんげ》は見やすく
知識難逢　　知識は逢いがたし〉
三千年に一度咲くという「優曇花《うどんげ》」にお目にかかることは容易であるが、「善知識」、つまりさとりを開いた高僧にお目にかかることは、むずかしいことである。その逢いがたい「善知識」に法縁が熟してお会いできたら、千載一遇と心得て参師聞法なされよ、とのこと。〔虚堂録　巻中〕

八通九達　〈八通九達して
不露針鋒　　針鋒をあらわさず〉
「円融無凝《えんゆうむげ》」、「八面玲瓏《れいろう》」といった境地。それは、一辺、一角にかたよらず、愚の如く、魯の如しといった人柄をあらわしたものである。〔自得暉録　巻一〕

五　言

風暖鳥聲砕　〈風　暖かにして　鳥声　砕《くだ》け
日高花影重　　日　高うして　花影　重なる〉

暖かい春風が吹いてくると鳥の囀りもにぎやかになる。太陽が中天に上り南中すると、花とその影が重なって一つとなる。和やかな春景を描き自然の摂理の妙をたたえた句である。〔三体詩杜荀鶴〕

五山高鎮地　〈五山　高く地を鎮《しず》め

百谷遠朝宗　百谷　遠くより朝宗《ちょうそう》す〉

五山は高く聳えて天下を鎮護し、多くの谷谷は遠くよりその谷川の水を海に注ぐように、天下はよく治まり諸侯は天子に帰順する。これはそのことの祝詞。〔投子語録〕

四方歡世泰　〈四方　世の泰《やす》きを歓《よろこ》び

萬國度時雍　万国　これやわらぐをはかる〉

四方の国では世の泰平をよろこび、よろづの国では、ただこれ平和であれかしと考えおもんばかる。〔便蒙類編〕

秋風生古韻　〈秋風　古韻を生じ

曉月上寒松　暁月　寒松に上る〉

秋風がゆかしいひびきを奏《かな》で、明け方の月が、さびしく立っている松の上に出ている。〔劫外録〕

十方無影像　〈十方に影像なく
三界絶行蹤　　三界に行蹤《こうしょう》を絶つ〉

「まことのことわり」（おさとり）というものは、十方にわたって影も形もあらわさず、また此の娑婆《しゃば》において、あらわな行跡など残さない。〔五灯会元　巻七〕

雪山香艸秀　〈雪山《せっせん》に香艸秀で
不見白牛蹤　　白牛《びゃくごう》の蹤《あしあと》をあらわさず〉

ヒマラヤ山に香ぐわし草が美しく生え、白牛の足跡をもとどめず、白一色の「法華一乗《おさとり》」の世界を現出している。〔劫外録〕

漱泉流落葉　〈漱泉《そうせん》に落葉を流し
定石集鳴蛩　　定石《じょうせき》に鳴蛩《めいきょう》を集む〉

流れすすぐ泉に落葉を浮べ、どっかとおかれた石のもとに、こおろぎが集っている。〔石門文字禅　巻下〕

泣露千般草　〈露に泣く　千般の草
吟風一様松　　風に吟ず　一様の松〉

秋の千草が淋しそうに泣いているかに見えるのは、しっとりと朝露が宿っているためであろうか。どの松も楽しげに歌を吟《うた》っているかに聞こえるのは、吹きわたる風がそうさせるためであろうか。草といい松といい、何れも無心の真実の姿、それぞれが絶対の世界を謳歌している。〔寒山詩集〕

燈傳三世火　〈灯は伝う　三世《ぜ》の火を
樹老五株松　　樹は老ゆ　五株の松〉

法灯は綿々として過去、現在、未来のあかりを伝え、秦の始皇帝が雨やどりをしたという「五株の松」はすでに老いこんでいる。万物は移ろいゆくが、真理というものは不変に伝えられてゆく。

〔三体詩　僧霊一〕

薄暮空潭曲　〈薄暮　空潭の曲《くま》
安禪制毒龍　　安禅して　毒竜を制せん〉

夕暮れどき、ここひっそりとした深淵の隈《くま》において、正身端坐して、煩悩の親玉である毒竜を追い払ってしまいたい。〔三体詩　王維〕

花發無根樹　〈花は無根の樹にひらき
魚跳萬仭峯　　魚は万仭《ばんじん》の峰に跳る〉

花が枯木に咲き、魚が高峰におどる。思慮を絶したおさとりの世界を表現したもの。〔正宗賛〕

洗耳嵓下水　〈耳を洗う　嵓下《がんか》の水
可意嶺上松　　意《こころ》に可なり　嶺上の松〉

世の汚《けが》れごとを耳にした時は、これを巌の下の湧き水で浄める。心が虚《うつろ》になる時があれば、峰わたる松風の音《ね》に聴き入ってこれを癒《い》やすことにする。〔良寛詩集〕

野雲収半夜　〈野雲半夜に収まり
明月在中峯　　明月　中峰に在り〉

野を蔽《おお》うていた雲は夜中に晴れ、皎々たる満月は峰の中ほどにうつってみえる〔宏智広録巻一〕

可笑寒山道　〈笑うべし寒山の道
而無車馬蹤　　しかも車馬の蹤《あとかた》なし〉

面白いよ寒山の道は、道でありながら車馬の通ったあとかたさえないとは。寒山のおさとりは、姿も形もない絶対の世界だから。〔寒山詩集〕

七言

阿僧祇劫夜窗雨　〈阿《あ》僧《そう》祇《ぎ》劫《ごう》　夜窓の雨
直指單傳曉寺鐘　直《じき》指《し》単《たん》伝《でん》　暁寺の鐘〉

夜、窓うつ雨は、数えきれないほど多くの昔から降りそそいでいるものと同じであり、明け方を知らせる寺の鐘の音は、直々に仏祖がたから受け伝えられたおさとりの声《ひびき》としてききとれる。

〔普灯録　巻七〕

雨笠烟蓑一釣蓬　〈雨《う》笠《りゅう》烟《えん》蓑《さ》　一《いっ》釣《ちょう》の蓬《とま》
蘆花深處得從容　芦《ろ》花《か》深き処に従《しょう》容《よう》をえたり〉

とまを覆《お》うた小舟で蓑笠《みのかさ》をつけての船頭《せんどう》渡《と》世《せい》、芦花が一面に生えるあたりに棹《さお》さしていて、ゆったりと悟りの世界に遊化《ゆげ》していることができる。〔貞和集　巻二〕

風吹不動天邊月　〈風吹けども動ぜず　天辺の月
雪壓難摧磵底松　雪　圧《お》せども摧《くだ》け難し　磵底の松〉

天空の月は、風がどんなにはげしく吹いてもびくともしない。谷間の松は、雪がどんなに降り積っても容易に押しつぶされない。このように風雪に耐えてこそ、はじめてものゝ本領は発揮される。〔普灯録　巻十六〕

雲開五老峯頭月　〈雲は開く五老峰頭の月
霜落東林寺裡鐘　霜は落つ東林寺裡の鐘〉

雲が去って廬山五老峰上の月があらわれ、霜が降りる暁けがたに東林寺の鐘がひびいてくる。

〔貞和集　巻二〕

繫驢橛上生芝草　〈繫驢橛《けろけつ》の上に芝草《しそう》を生ず
不是雲靄香爐峯　これ雲靄《うんあい》香炉峰にあらずや〉

驢馬をつなぐ棒杭《ぼうぐい》の上に芝草《さいわいぐさ》が生えた。これはもやが香炉峰の上にたなびいたようなものだ。

〔五灯会元　巻十四〕

黄鶯啼處金藏柳　〈黄鶯《こうおう》啼く処　金　柳を蔵《かく》し
白鶴皈巣雪點松　白鶴巣に皈り　雪　松に点ず〉

うぐいすの啼く処は、まるで黄金で緑をつつんだ感じがし、白鶴が巣に帰った有様は、まるで雪

が松にくっついたようにみえる。〔便蒙類編〕

紅葉告秋黄閣下　〈紅葉　秋を告ぐ　黄閣のもと
黄泉激水碧樓龍　黄泉　水を激す　碧楼の竜〉

紅葉《もみじ》が秋を黄色い扉のもとに告げ、黄泉《よみじ》で碧《みどり》のたかどのの竜が、水をつきおどらす。〔自得暉録　巻三〕

歳寒只有長松在　〈歳寒にただ長松の在るあり
不爲氷霜改舊客　氷霜のために旧客を改めず〉

寒いさ中にただ高い松だけが目につく。この松は凍《い》てつく寒さに際しても、もともとの緑のすがたをかえるようなことはない。〔貞和集　巻七〕

三賢固未明斯旨　〈三賢まことに未だこの旨を明らめず
十聖那能達此宗　十聖もなんぞよくこの宗にいたらん〉

菩薩の修行の階梯上の三賢もまだこの宗旨を明らめず、同じく菩薩の修行の階梯上の十聖の位に在るものも、なんとしてもこの宗旨を明らめうるまでにいたらない。〔景徳伝灯録　巻二十九〕

千古松聲來有韻　〈千古の松声　来りて韻《ひびき》あり

萬年谿水去無蹤　〈万年の谿水　去りて蹤《あと》なし〉

大昔からひびき渡る松風の音が、鳴りはじめると、こころよい韻律を奏《かな》でる。太古から流れている谿川のせせらぎは、流れさって跡《あと》かたをとどめない。去るも来るも、有るも無きも、それぞれの姿において自然の真実を示してあますところがない。こういうことこそ自然の真如実際《おさとり》の姿、本来の面目である。これは六祖慧能のいわゆる曹谿の宗旨の真面目について、ある僧の問いに答えた仰山《ぎょうさん》和尚の言葉である。〔投子語録〕

踏破草鞋跟子斷　〈草鞋《そうあい》を踏破《とうは》して跟子《こんす》断たれ
巍然獨坐大雄峯　巍然《ぎぜん》として独坐す　大雄峰〉

懐海《えかい》禅師は、わらじを踏み破り、かかとがすり切れるほど猛修行をかさね、巍然として大雄峰百丈山に、どっかと腰をすえて、天下に禅風を挙揚することができた。〔禅林類聚　巻五〕

露滴路邊蘆裡鷺　〈露は路辺の芦裡の鷺に滴《したた》り
風吹峯外葉中蜂　風は峰外葉中の蜂に吹く〉

白露は道ばたの芦の中の鷺にしたたり、風は峰の彼方の葉の中に飛んでいる蜂に吹きあたる。待対《たいだい》の二見を絶しているさまを言いあらわしたもの。〔便蒙類編〕

樂天自得道中術　〈天を楽しみて自得す道中の術
時引清風吹萬松　　時に清風を引き万松を吹かしむ〉

天道を楽しみ、その天道の中の一つの術をおのずから会得している。その術とは、時には清風をもって多くの松の梢《こずえ》を吹かしめることである。〔虚堂録　巻七〕

東籬菊綻黄金色　〈東籬の菊綻《ほころ》びて黄金の色
北嶺梅開白玉容　　北嶺の梅開いて白玉の容《すがた》〉

東のまがきのほとりの菊が、真っ黄色に咲き初め、北の嶺のあたりの梅が、真っ白い姿で咲き出した。〔便蒙類編〕

庭幽寂寂深深處　〈庭は幽なり　寂々深々の処
山好千千萬萬重　　山は好し　千々万々の重《かさな》り〉

庭は静かにしみじみとしたところが奥ゆかしく、山は千重、万重と連《つらな》ったのがよろしい。〔貞和集　巻四〕

白蘋紅蓼粧秋色　〈白蘋《ひん》紅蓼《りょう》　秋色を粧《よそお》い
緑竹青松壯朧容　　緑竹青松　朧容《ろうよう》を壮《さか》んにす〉

白い花の浮草、赤い花のたでは秋の景色をよそおい、緑の竹、青い松は十二月の風光をさかんにする。〔便蒙類編〕

半夜白猿啼落月　〈半夜　白猿　落月に啼き
天明金鳳過西峯　天明　金鳳　西峰を過ぐ〉

真夜中に白い猿が傾く月をみて啼き、夜明け方に金色の鳳《おおとり》が、西方の峰のあたりをかすめて飛んでゆく。〔投子語録〕

漁歌驚起汀州鷺　〈漁歌　汀州の鷺を驚起す
飛出蘆花不見蹤　芦花を飛び出して蹤《あと》を見《あらわ》さず〉

漁歌《ふなうた》がみぎわのそばの白鷺を驚ろかせた。白鷺が芦花の中から飛び出したが、そのあとが見えなくなってしまった。白一色の世界、思慮分別を絶した世界となったことを示す。〔丹霞頌古百則〕

迷悟不到未生地　〈迷悟到らず　未生《みしょう》の地
本來無物那劫逢　本来無物　いづれの劫《ごう》にか逢わん〉

父母未生《みしょう》以前のさとりには迷悟も介入できない。本来無一物の境地へは、分別妄想のはからいでは如何にこれつとめても、永劫にめぐり逢えない。〔良寛詩集〕

明見秋容山洗雨　〈明は秋容に見《あらわ》れ　山も雨に洗われ
清可人意風吟松　　清は人意に可《かな》うて風も松に吟ず〉

はっきりさは秋のすがたに現われ、山も秋雨に洗われていよいよ美しい。さやけさは人の意《こころ》にぴったりとし、空吹く風も松にあたってこころよい韻《ひびき》を奏《かな》でている。〔宏智偈頌〕

八　言

春色依依襲爾原草　〈春色依々として尓《なんじ》が原草に襲《つ》き
春風浩浩拂我窗墉　　春風浩々《こうこう》として我が窓墉《そうよう》を払う〉

春色は時を違えずのどかに、そなたが旅立つ途上の草にもしのび寄り、行《こう》を壮《さか》んにしてくれる。

春風は絶えまなく我が屋の窓べを打って、見送る衲《わし》をさびしがらせる。〔祖英集　巻上〕

三江

五言

東坡遊赤壁　〈東坡《とうば》　赤壁に遊び
呂望釣蒼江　呂望《りょぼう》　蒼江に釣る〉

宋の蘇東坡は赤壁の古戦場に遊び「赤壁の賦」を詠《よ》み、周の太公望呂尚《たいこうぼうりょしょう》は蒼江で釣り糸を垂れて武王を釣った。〔便蒙類編〕

七言

疎雨蕭蕭草庵夜
閒擁衲衣倚虛窗

〈疎雨　蕭々たり草庵の夜
しずかに衲衣《のうえ》を擁《よう》して虚窓《そう》による〉

時雨《しぐれ》に閉《と》じこめられる草庵の夜に、静かに袈裟をかけ、がらんとした部屋で坐禅を組んでいる。

〔良寛詩集〕

四支

四言

謌須搖頭　〈謌《うた》うにはすべからく頭をゆするべし
哭須皺眉　哭するにはすべからく眉をしわすべし〉
自然にかなった身ぶりをいいあらわしたもの。〔禅林類聚　巻四〕
豁落亡依　〈豁落《かつらく》として依るなく
高閑不羈　高閑にしてほだされず〉
からりとほがらかにして何ものをも頼《たよ》りとすることなく、高く世間的なかかづらいから超越して、何ものにも束縛されない。それは待対《たいだい》を絶して、はじめて到達できるすがたである。〔従容録　第七十則〕
雲駛月運　〈雲　はしれば　月めぐり
舟行岸移　舟行かば　岸移る〉
相対観に立つ人間の思慮分別、感覚のあいまいさを示したもの。〔円覚経〕
現成公案　〈現成《げんじょう》公案《こうあん》
不假施爲　施為《せい》を仮らず〉
そのものずばりの世界は、おためごかしとか、言いわけなどを必要としない。〔金剛経註疏　巻二〕

權柄在手　〈權柄《けんぺい》　手に在り
殺活臨時　　殺活《せっかつ》　時に臨む〉

生殺与奪の権力は、我が手中にあるが、これを発動して殺すか活かすかは、時と場に応じてである。〔碧巌録　第一則〕

作家相見　〈作家《さっけ》の相見《しょうけん》
閃電猶遅　　閃電《せんでん》だになお遅し〉

すぐれた人物と人物との出会いによる意気投合のすばやさは、稲づまですら、遅くてまだるっこいほどである。〔禅林類聚　巻五〕

七穿八穴　〈七穿《せん》八穴《けつ》
攙鼓奪旗　　鼓《く》を攙《ひ》き旗を奪《うば》う〉

「七通八達」と自由自在な戦いぶりをなし、敵陣に入っては、太鼓や旗を奪いとって大活躍ぶりを示すこと。〔碧巌録　第四十九則〕

熟果落地　〈熟果　地に落ち
杜鵑啼枝　　杜鵑《とけん》　枝に啼く〉

うれた果物が地に落ち、ほととぎすが枝上で啼いている。真実の相を示したもの。〔自得暉録 巻一〕

城内君子　〈城内の君子
郭外小児　郭《かく》外の小児〉

「立つ鳥　跡を濁さず」で「後は野となれ山となれ」というはしたない行為は避けるべきだ。〔五灯会元　巻十一〕

西瓜止渇　〈西瓜《すいか》は渇《かわ》きを止め
北棗充飢　北棗《そう》は飢えを充《み》たす〉

西瓜は喉の渇きをとどめることができ、なつめは飢えをみたすことができる。〔便蒙類編〕

雪寒北嶺　〈雪は北嶺に寒く
梅香南枝　梅は南枝に香し〉

雪は北の方の嶺に降りつもって寒く、梅は陽《ひ》当りのよい南枝に香っている。ともに本来の面目を示したすがたにほかならない。〔槐安国語　巻二〕

龍生龍子　〈竜は竜子を生み
鳳生鳳兒　鳳は鳳児を生む〉

「茄子《なす》の茎に瓜はならない」と同じ。〔五灯会元　巻五〕

五言

有眼挂空壁　〈有る眼は空壁にかけ
無心合祖師　無心にして祖師に合す〉

五官のはからいは、邪魔だから何もない壁にかけてしまい、心を無にして祖師の無為の世界にぴったりとなる。〔虚堂録　巻下〕

歌長三世引　〈歌は長し　三世《さんぜ》の引《いん》

舞妙三界姿　舞は妙《たえ》なり　三界の姿〉

唄うところは、過去現在未来の「三世《さんぜ》」にわたる曲。舞うところは、この世の絶妙の媚態をつくしたあらゆる姿。〔良寛詩集〕

香清拂檻風　〈香《かおり》は清し　檻《おばしま》を払うの風

韻冷出水姿　韻《しらべ》は冷《すず》し　水を出づるの姿〉

手すりを吹き抜ける風に匂う蓮の花の香りの清《すが》々しさ。水に浮き出ている清らかな、涼しい蓮の姿のおかしがたさ。〔良寛詩集〕

寒雲抱幽石　〈寒雲　幽石を抱《いだ》き

霜月照清池　霜月　清地を照す〉

淋しそうなつめたい雲が、静かな石のあたりをとりまき、寒ざむとした秋の月が、澄んだ池の面を照らしている。〔虚堂録　巻上〕

菊蕋黄金質　〈菊蕋《きくずい》は黄金の質

梅花白玉肌　梅花は白玉の肌〉

菊の花は真《ま》っ黄色のがよかるべく、梅の花は玉のようにしっとりと真っ白いのがよろしい。〔便蒙類編〕

見性不留佛
〈見性《けんしょう》して仏を留めず
大悟不存師
大悟して師を存せず〉
さとってはじめて、仏如来の理想像を意中にとどめないようになる。大いに悟って、指導者である師家《しけ》の存在をも意識しないですむ。仏や師と一如となるからである。〔禅林類聚　巻十五〕

雲籠無縫襖
〈雲は籠《こ》む無縫《むほう》の襖《おう》
花笑不萠枝
花は笑《え》む不《ふ》萠《ほう》の枝〉
雲は縫目《ぬいめ》のない優劣を絶した革衣、つまりすばらしい人物をおおうている。花は未だ芽をきざさない木の枝（尋常一様でない人物）に咲いている。〔雪竇頌古称提〕

紅葉秋霜染
〈紅葉は秋霜を染め
青苗春雨滋
青苗は春雨にそだつ〉
秋の霜が紅葉を紅く染め、春雨が若い苗をそだてるのだ。〔便蒙類編〕

此有一顆珠
〈ここに一顆《か》の珠あり

終古無人委　　終古　人の委するなし〉
ここに一個の仏性《ぶっしょう》という「宝珠」がある、これこそ過去から未来にかけ、永遠に人の身にまとい、
棄てさるわけにはゆかぬものである。〔良寛詩集〕

虚空無面目　〈虚空に面目なし
不用巧粧眉　　巧《たく》に眉を粧《よそ》うことを用いず〉
大空には面も目もない。だから眉目にお化粧を上手に施す必要などない。〔劫外録〕

箇中消息子　〈箇《こ》中の消息子
能有幾人知　　能く幾人有りて知れる〉
この中の真実絶対の世界を、どのくらいの人がよくわかることであろうぞ。〔五灯会元　巻十七〕

従他世人讃　〈さもあらばあれ世人《せじん》の讃《ほめごと》
任儞世人嗤　　さもあらばあれ世人の嗤《わらい》〉
世間の人が、どのように褒《ほ》めようが、またどのように貶《けな》して嗤《わら》おうが、そのようなことは、わたしの知ったことではない。〔良寛詩集〕

參禪非戲論　〈参禅は戯論《けろん》にあらず

直欲契靈知　直《じき》に霊知に契《かな》わんとす〉

禅に参ずることは、たわけたざれごとではない。直々《じき》に霊妙不可思議な知恵をぴったりと身につけることである。〔中峰広録　巻十七〕

衆星朝北斗　〈衆星　北斗《ほくと》に朝《ちょう》し
列宿伴南箕　列宿　南箕《なんき》に伴《ともの》う〉

多くの星は北斗七星に向い、二十八宿は南箕星につづく。〔便蒙類編〕

人生非金石　〈人生は金石にあらず
随物意自移　物に随って　意おのずから移る〉

人生は堅いばかりでは通せない、四囲の物につれ人の意《こころ》もおし移る。〔良寛詩集〕

青山青靄靄　〈青山　青靄《あい》々たり
緑水緑漪漪　緑水　緑漪《い》々たり〉

青山の青さがずっと青くたなびき、緑の川の緑が緑色に波だっている。〔便蒙類編〕

青山白雲父　〈青山は白雲の父
白雲青山兒　白雲は青山の児〉

「青山」は不動の本体、「白雲」は起滅のある作用。「父」は始覚の如来、つまり久遠実成《くおんじつじょう》の真理をさし、「児」は本覚の如来、つまり本来の面目をさす。〔洞山録〕

盛饌供鶢鶋　〈盛饌《せいせん》を鶢鶋《えんきょ》に供す

雖美不充飢　美《うま》しといえども飢《うえ》を充たさず〉

みごとな御馳走をひえ鳥に与えても、それは人間にとっては美味しくあろうが、とうてい鳥の飢を充たすものでない。すべて幸福というものも、その時処位に応じて判断しうるもので、これといった特定のものがあるわけではない。〔良寛詩集〕

刹刹現形儀　〈刹《せつ》々に形儀《ぎょうぎ》を現じ

塵塵具覺知　塵《じん》々に覚知を具《そな》う〉

多くの国土に端然《たんぜん》たる威儀《いいぎ》を現成《げんじょう》し、多くの微塵《みじん》におさとりを具備させる。〔五灯会元　巻八〕

是非交結處　〈是非　交結《きょうけつ》の処

聖亦不能知　聖もまた知る能わず〉

「是」と「非」とが円融し一如となる絶対の世界のことは、待対の至高に立つ儒教の「聖人」には知ることができない。〔碧巌録　第五則〕

溪深水聲遠　〈溪深うして　水声遠く
山高月色遲　山高うして　月色遅し〉
谷が深いと、せせらぎの音が遠くにきこえる。山が高いと、月の出が遅い。ともに真如実際を伝えている。〔良寛詩集〕

端坐諦思惟　〈端坐は　諦《あきら》かに思惟《しゆい》することなり
思惟得便宜　思惟は　得便宜《とくべんぎ》なればなり〉
正身端坐は、あきらかに自心を知ることである。このいとなみごとは、もとよりわがはからいではない。〔良寛詩集〕

知愚之依因　〈知愚の依り因る
迷悟互相爲　迷悟互に相《あい》なす〉
「知者」と「愚者」の本質は共に寄り合うている。「迷悟」も一つのものの中に同時に存在しうるのである。〔良寛詩集〕

何物尤幽奇　〈何物か尤《もっと》も幽奇なる
端坐諦思惟　端坐して諦《あきら》かに思惟《しゆい》することなり〉

「この娑婆《しゃば》で最も奥深く勝《すぐ》れたものは何んでしょうか」と尋ねるならば、「それは正身端坐して、あきらかに自己心を知ることである」とお答えいたしましょう。〔良寛詩集〕

浪開遊象急　〈浪　開いて　遊象急なり
天闊過鴻遅　　天闊《ひろ》うして　過鴻遅し〉

浪のうねりが高くなると、竜象の乗った舟の舟あしが早くなる。ひろびろとした天を高くわたりゆく鴻《おおとり》の羽ばたきは、遅く感じられる。〔祖英集　巻下〕

破鏡不重照　〈破鏡　重ねては照らさず
落花難上枝　　落花　枝に上りがたし〉

こわれた鏡は二度とはものを照らさないし、散った花はもう枝には帰らぬもの。人間万事、その時、その場がすべてである。永遠の今をのがして悔いを残してはならない。「破鏡」「落花」ともに身心脱落の境界をさし、「不重照」「難上枝」は、迷いの世界を示したのであるが、ただここは、その迷いに執らわれぬ境界、つまり「大悟」をダブラせたものである。『虚堂録』は、牛《ご》頭《ず》法融《ほうゆう》が四祖道信に相見《しょうけん》して悟った後の心境を「破鏡も輝き、落花も花ひらく絶対境」と示している。〔景徳伝灯録　巻十七〕

萬法何曾異　〈万法　何んぞ曾て異なれる
勞生自着疑　　生を労して自ら疑を着くるとは〉
万法は結局、「一」に帰するものである。だのに異を立てることに追われて身を疲れさせ、自ら疑いつづけているとは、哀れというほかはない。〔中峰広録　巻十七〕

日移花上石　〈日移りて　花　石に上り
雲破月來池　　雲破れて　月　池に来る〉
陽《ひ》射《ざ》しが西に動くにつれ、花の影が石にうつるようになり、夜、雲が切れて始めて月光が池に射《さ》すようになる。参禅は、ただその場、その時を充実させることがすべてであるということを示す。
〔中峰広録　巻十七〕

佛寺燒香鼎　〈仏寺に香を焼《た》く鼎《かなえ》
人家賣酒旗　　人家に酒を売る旗〉
三本足の香炉も、看板の旗も、それぞれは、それぞれの場に在ってこそ絶対の立場をしめていることとなる。〔便蒙類編〕

佛是自心作　〈仏はこれ　自心の作《しわざ》

道亦非有爲　道もまた　有為《うい》にあらず〉

「仏」とは、自己が真の自己になり切ることである。「菩提《さとり》の道」も、何かをなし加えてゆくのではなく、「有為《まよい》」の衣を脱《ぬ》ぎ「無為《さとり》」となることをいうのである。〔良寛詩集〕

洞深雲出晩　〈洞《ほこら》　深くして雲の出づること晩《おそ》く

澗曲水流遲　澗《たに》　曲りて　水の流るること遅《おそ》し〉

山の洞穴が深ければ深いほど雲が湧き出るのもおそく、谷川が曲りくねっていればいるほど水の流れはおそくなる。自然の在りようの事実を述べ、これが本来の面目であることをあらわした。

〔五灯会元　巻十三〕

迷悟如隱顯　〈迷悟は隠顕《いんけん》のごとく

明暗不相離　明暗は相離れず〉

「迷」と「悟」はものの表裏のようなもの。また「明」と「暗」とは不即不離で差別の相とみたててはならないものだ。〔五灯会元　巻一〕

木鷄啼曉戸　〈木鶏　暁戸に啼き

石女夜生兒　石女　夜　児を生む〉

名人の造った木製の鶏を見ると、その姿をみただけで闘鶏も逃げてしまうと言われる。その「木鶏」が明け方の家で啼き、「うまず女」が夜中に児を産んだ。人間のはからい、思慮分別を絶した絶対の世界を文字で現わしたもの。〔劫外録〕

右軍墨池月　〈右《ゆう》軍　墨池《ぼくち》の月
照我復照誰　我を照し　また誰をか照さん〉

蘭亭のほとりにある池で、王羲之《ぎし》が硯を洗ったというその池に映る月、その月は曽て私（雪竇《せっちょう》）を照らしてくれたが、今度は誰れを照らして下さることであろうか。恐らく蘭亭に帰るそなたを照らして下さることであろう。〔祖英集　巻下〕

雪消寒谷暖　〈雪消えて寒谷　暖かに
花咲不萠枝　花は　不萠枝《ふほうし》に咲《え》む〉

雪が消え、寒い谷間に春風がたつ。が、その時の移ろいとは異なり、永遠の春を、今この一瞬に持つことができれば、枯れ木の枝に綻《ほころ》びる花を眺めることができるのだ。〔劫外録〕

來時無一物　〈来時も無《む》一物《いちもつ》
去亦任從伊　去るもまた伊《かれ》に従うに任かす〉

無一物《むいちもつ》で生れてきた。死ぬときもまた、生れてきた時のように、無一物になりきればよろしいのだ。〔禅林類聚　巻十三〕

六　言

寒時寒殺闍梨
熱時熱殺闍梨　〈寒時には闍梨《じゃり》を寒殺《かんさい》し　熱時には闍梨を熱殺す〉

寒い時には、そなたぐるみ寒さになりきり、熱い時には、そなたぐるみ熱さになりきる。寒さ熱さを避けてはならない。が、もっというなら、天然自然に、寒かったら火にあたり、暑かったら涼をとることだ。それが本来の真実を顕現させる営なみごとなのだ。〔洞山録〕

従他謗任他非　〈他の謗するにまかせ　他の非するにまかす

把火焼天徒自疲　火をとって天を焼く　ただに自から疲るるのみ〉

他人が謗《そし》ろうが、非難しようが、なすがままにまかせておく。これにむきになってあらがってみたところで、炬火《たいまつ》をもって天を焼こうとするようなもので、ただ自分だけが疲れてくるばかりだ。

七言

〔証道歌〕

肯把幻縁滋幻影　〈あえて幻縁《げんえん》をとって幻影を滋《しげ》くす
誰將眞智起眞規　誰れか真智をもって真規を起こさん〉

御苦労様にも幻の縁をたよりにして、幻の影を追っかけまわして、忙しくたちまわっている。いったい誰れが真実の智慧をもって、真実のきまりを制定してくれようぞ。〔中峰広録　巻十四〕

家寒故是無偷鼠　〈家寒《まず》し　故にこれ偷鼠《ちゅうそ》なし
要見飜身上樹時　身を飜《ひるがえ》して樹に上る時を見んとほっす〉

家が貧しいが故にぬすみをする鼠さえいない。猫が鼠をみても、すばしこく身をかえして、樹に飛び上れるような、豊かな時がくるのを見たいと思う。〔貞和集　巻九〕

一撃聲中忘所知　〈一撃の声中に所知《しょち》を忘ず
分明更不假修持　分明なり　更に修持を仮らず〉

箒の先きの瓦礫《がれき》が、竹にカチンと当ったそのひびきの中に、一切合財《いっさいがっさい》のはからいが消え去った。本来の面目、自己の真実の発見には、見聞覚知といったすべてのはからいを仮りる必要はない。この身でぶち当ることだ。〔大智偈頌〕

一脈曹溪濫觴水　〈一脈の曹渓は　濫觴《らんしょう》の水
永平半杓得便宜　永平の半杓は　得便宜《とくべんぎ》〉

一すじの六祖慧能の谷川は、禅の源泉である。道元禅師が半杓の水をも大事にする慈悲心は、曹渓の水に直結して、そのおさとりを滴々相承してぴったりである。〔半仙遺稿〕

一顆如來藏裡珠　〈一顆《いっか》如来蔵裡の珠
靈光爍破衆人疑　霊光　衆人の疑を爍破《しゃくは》す〉

一つぶの仏性の珠、この「宝珠」の霊妙な光りは、多くの人の疑いをやき破ってくれる。〔貞和集　巻五〕

雲犀玩月璨含輝　〈雲犀《うんさい》　月を玩《もてあそ》んで璨《さん》として輝《ひかり》を含む
木馬游春駿不羈　木馬　春に游んで駿《しゅん》にしてほだされず〉

雲犀は、水に映る月にじゃれている。すると角が水に濡れ、それにまた月影がやどって美しい輝きを増す。また無心の木馬は、春の百花の野路を行くに、あたりのつまらぬ草には目もくれず悠悠と歩いてゆく。現実の世相にあたふたせず、天地自然と一枚になって、悠々自適するさまをあらわした句。〔従容録　第三則〕

於泥不染緑依依　〈於泥《おでい》に染まらず　緑　依々たり

本色初非巧出褫　本色初めより巧みに出褫《ち》するにあらず〉

蓮はどろ沼に生えても、どろに染まらず緑をなびかせている。もともとの色を初めのうちに、たくみにうばいとったわけではない。ただ染まらないだけのことである。〔江湖風月集〕

曾向滄溟下浮木　〈曾て滄溟《そうめい》に向って浮木を下し

夜濤相共接盲龜　夜濤と相共に盲亀《もうき》をつなぐ〉

以前に大海に向って浮木をうかべ、夜の波とともに盲目の亀を載せて助けてあげた。〔禅門拈頌集　巻十四〕

脚尖築着石頭時　〈脚尖　石頭に築着《ちくじゃく》する時

大地山河血一池　大地山河　血一池〉

爪先《つまさ》きを石ころに蹴《け》つまづかせた時、世界全体が血の池となった。つまり足指から血が出た時に、

小さな「私」を脱却して、本来の面目をさとることができたのだ。〔聯頌集　巻下〕

教外別傳事最奇　〈教外《きょうげ》別伝《べつでん》　事最も奇なり
兜羅綿手擧花時　兜羅綿《とろめん》の手に花を挙げし時〉

仏法を伝えるのに言語文字によらないで、心から心に伝える実体は、最も奇妙なことである。が「それは」と言えば、軟かい手で釈尊が、花をもったとたんに、その弟子摩訶迦葉《まかかしょう》が、にこりと笑《え》みをたたえたようなさまなのだ。〔禅門拈頌集　巻一〕

金烏玉兎兩交輝　〈金烏玉兎　両《ふたつ》ながら輝きを交《まじ》え
照破威音未兆時　威音未兆《みちょう》の時を照破す〉

太陽も月も、ともども昼夜にわたって光りをあたえ、しかも、時間が未だきざさない大昔、つまり本来の面目の世界をすら照らしつけている。〔禅林類聚　巻十五〕

瞿曇眼睛打失時　〈瞿曇《ぐどん》の眼睛《がんぜい》打失《たしつ》の時
雪裡梅花只一枝　雪裡の梅花ただ一枝〉

釈尊の眼睛《めだま》がつぶれた時、つまりおさとりが開かれた時、清浄なしかも美しい情景の展開をまつとうに眺めることができる。〔如浄語録〕

雲暗獼猴來近嶺　〈雲暗ければ獼猴《みこう》　近嶺に来たり
人閑翡翠下清池　　人閑《しず》かなれば翡翠《ひすい》　清池に下る〉

山居していて、雲が暗くたちこめると、猿んぼが近い峰にのこのこと出てき、人っけがなくひっそりすると、かわせみが澄んだ池に舞いおりてくるのが、手にとるようにみえてゆかしい。〔蕉堅稿〕

荊棘林中栴檀樹　〈荊棘《けいきょく》林中の栴檀樹《せんだんじゅ》
麋鹿群中麝香兒　　麋鹿《びろく》群中の麝香児《じゃこうじ》〉

いばらの林の中に香る栴檀の木、となかいの群れの中に目立つ麝香児。このように、菩提《さとり》というものは煩悩から逃げ出すのではなく、煩悩のただ中に見出さるべきものだ。〔禅林類聚　巻三〕

江月照兮松風吹　〈江月照らし　松風吹く
永夜清宵何所爲　　永夜の清宵　なんの所為ぞ〉

よくさえた月の晩に、涼しい風が吹いてきて松籟《しょうらい》の音が妙《たえ》なる音色《ねいろ》を奏でているが、このすがすがしい情景は、いったい誰れが演出したのであろうか。〔証道歌〕

江國春風吹不起　〈江国に春風吹いて起こらず

鷓鴣啼在深花裡　　鷓鴣《しやこ》啼いて　深花裡に在り〉

江南の国々には、春風がひきもきらず吹き通し、鷓鴣は我が世の春を百花爛漫の中で啼いている。

〔碧巌録　第七則〕

光元存不境亦然　〈光もと存せず　境もまた然り

光境共忘復是誰　光境ともに忘ず　またこれ誰《た》ぞ〉

今、照らす月光も、照らされる下界も、もともと実在せず、本来は「空《くう》」なのだ。しかも、現実にある月の輝きと、照らされる下界。ともにとらわれのない相《すがた》は、そも誰れの境涯か。〔良寛詩集〕

孤山呑却西湖水　〈孤山呑却《どんきやく》す　西湖の水

月照珊瑚一兩枝　月は照す　珊瑚《さんご》の一両枝〉

孤山（浙江省杭県の山）は西湖の水を呑みほし、月は珊瑚樹の一両枝を照らしている。無相《さとり》の世界には大小、多少の差別がないことを示す。〔貞和集　巻六〕

養子方知在上慈　〈子を養うてはじめて知る　上は慈に在ることを

親言無味外人疑　親言は無味にして　外人は疑う〉

我が子を育てて、はじめて知る親の慈慮。親切な言葉ほど味気《あじけ》なく、第三者は、かえってわから

なく疑うようなものだ。〔禅林類聚　巻二〕

崑岡含玉山先潤　〈崑岡　玉を含めば　山先づ潤《うるお》う

涼兎懐胎月未知　涼兎　懐胎《かいたい》すれど　月いまだ知らず〉

崑崙《こんろん》山で玉を蔵しているところは、先ずその山膚に潤《うるお》いがにじみ出ている。つめたい兎がみごもっても、月はまだそんなことは御存知ない。「山」と「玉」、「兎」と「月」は一体。〔丹霞頌古百則〕

坐臥經行非我事　〈坐臥経行《きんひん》　我が事にあらず

清風明月自相宜　清風　明月　おのずから相宜し〉

坐禅したり横になったり、坐禅の間の足ならしも、みんな仏性《さとり》に催おされての所行で我が意志、命令によるものではない。清風の吹くのもよろしく、明月の照らすのも、それぞれ相宜しいようなもので、何れも大いなる力にもよおされている。〔義雲語録　巻上〕

三脚靈龜荒逕走　〈三脚の霊亀　荒逕《こうけい》に走り

一枝瑞草亂峯垂　一枝の瑞草　乱峰に垂《た》る〉

本来心とか、本来の面目というのは、たとえていえば三本足の霊亀が荒れた小みちを走っていたり、一枝の瑞草が、重なりそびえている峰々の上に、垂れ生えているようなもの。「走る」とか「垂れ生えている」という普遍的な事実を指したもので、三本足の亀であろうが、一枝の草であろうが、現象はそれぞれ違っていても問うところではないことだ。〔丹霞頌古百則〕

三十山藤且輕恕　〈三十山藤　しばらく軽恕《きょうじょ》す
得便宜是落便宜　得便宜《とくべんぎ》はこれ落便宜《らくべんぎ》〉

「三十棒」は、まあ軽くゆるすことにする。なぜならば、初心の弁道は、本証《さとり》の全体に通ずることとなるから。学人が無碍《むげ》自在に修行してうる脱落《さとり》身心は、修証の跡の絶えたる身心脱落に通ずるものだから。〔碧巌録　第六十六則〕

豁開自己光明藏　〈自己の光明蔵を豁開《かっかい》し
爍破瞿曇鐵面皮　瞿曇《くどん》の鉄面皮を爍破《しゃくは》す〉

自分の光明赫《かく》々たる仏性《おさとり》を開いて、釈尊のあつかましさをとかしてしまう。釈尊と自分と、一枚の境地になりえたことをあらわす。〔貞和集　巻八〕

爺將活計沈湘水　〈爺《じじ》は活計を湘水《しょうすい》に沈め
累汝街頭賣笊籬　汝を街頭にわずらわして笊籬《そうり》を売らしむ〉

父親の龐居《ほうこ》士《じ》は全財産を湘水に呑ましてしまい、ために娘の霊照女は街へ出てざるを売って生計を立てることとなる。無一物が、父子をして仏道をさとらしめたのである。〔貞和集　巻二〕

室中仰毒眞人死　〈室中に毒を仰いで真人死し
門外追仇賊子飢　　門外に仇を追いて賊子飢う〉

本堂の「室中の間《ま》」で、弟子が本師から嗣法の大事を受けて、本来の面目を自覚した人として証明される。俗世間で、名誉利欲といった煩悩をおっかけまわしている凡夫が、本来の面目を見失ってしまう。〔漱石詩集〕

十洲春色是東蹊　〈十洲の春色　これ東蹊
天上人間唯我知　　天上　人間《じんかん》　ただ我れ知る〉

「十洲の仙境の春色」つまり不変の春色、本地の風光、本来の面目は、他に求むべきではない。なぜなら「東《はる》の蹊《こみち》」は花の咲き乱れるところ、この我が踏まえている「東蹊」が求むるに値するところだから。この「東蹊」という仙境は、天上界、人間界、どこを探してもみあたらない。その在りかたは、ただ、私が知っているだけである。〔永平広録　巻一〕

春風一夜生頭角　〈春風一夜　頭角を生ず

玉立莫非龍鳳兒　　玉立して竜鳳児にあらざることなし〉

春風という時節因縁に催おされ、一夜のうちに筍がニュッと角をもたげる。ニョキニョキと出た玉は「仏性《さとり》」を備えた竜鳳児そのもののようである。〔大智偈頌〕

靜者襟懷久曠夷　〈静者《じょうじゃ》の襟懐　久しく曠夷《こうい》たり

白頭嬾剃雪垂垂　　白頭　剃《す》るに嬾《ものう》く　雪　垂《すい》々たり〉

山居して坐禅をする者の心は、ずっと平らかにゆったりとしている。白髪《しらが》頭を剃《す》るのもものうく、ために垂れた毛が雪のようにみえる。〔蕉堅稿〕

諸人被十二時使　〈諸人は十二時に使われ

老僧使得十二時　　老僧は十二時を使得す〉

多くの人は一日十二刻に追いまわされるが、老僧は十二刻をこき使う。坐禅をしていること。

〔禅林類聚　巻十四〕

事理將來沒交渉　〈事理　将《も》ち来るも交渉なく

玄妙證去更差池　　玄妙　証し去れば更に差池《しち》たり〉

真実のものは、「事」だ「理」だという概念では限定できない。幽玄微妙なこのことわりをさと

ってみれば、しかもなお「道」の真実は、さらに流転《るてん》の差別待対《たいだい》の中にあることがわかる。〔良寛詩集〕

須知此道非傳授　〈すべからく知るべし　此の道は伝授にあらず
立雪神光已强爲　雪に立てる神光　すでに強為《ごうい》す〉

かならず心得よ。この仏道は観念的に真理を伝受するようなものではないということを。「道」を伝えて貰うためには、雪の中に立ちつくし、なおかつ我が臂《ひじ》を断っての生命をかけての、体を張っての酷しいぶっつかりによったのだ。「道」すなわち真理は、そうしてはじめて得られたのだ。〔禅門拈頌集　巻二十八〕

清磬一聲齊側耳　〈清磬一声　斉《ひと》しく耳を側《そばだ》つれば
子規啼血染華枝　子規　血に啼いて華枝を染む〉

読経《どきょう》の時に、大衆《だいしゅ》は磬子《けいす》の清らかな一声を待つべく、斉《ひと》しく耳をそばだてているところへ、折から子規《ほととぎす》が、花の樹間で血を吐かんばかりの声をたてて、啼きわたるのが聞こえてきた。〔中峰広録　巻三十〕

石火光中分勝負　〈石火光中に勝負を分ち

倒騎鐵馬上須彌　さかしまに鉄馬にのりて須弥《しゅみ》に上る〉

一瞬のうちに勝負をきめ、さかさに鉄馬にうちのって、海中にあるという須弥山《しゅみせん》に上る。ともに「思慮《はからい》」を絶し「さとり」を表現した句。〔禅林類聚　巻一〕

千歳老兒顏似玉　〈千歳の老児　顔《かんばせ》　玉に似たり

萬年童子髮如絲　万年の童子　髪　糸のごとし〉

千歳の老人の顔は、玉に似て美しくすべすべとしている。万歳の童《わらべ》の髪は、年寄りのように抜けてまばらになっている。たとえ年はとっても心は若々しく、また、たとえ幼くあっても、心が老けていれば老人のごとくにもみられる。概念とか数字に欺まされてはならない。人間の思慮、常識をもっては通じない絶対世界は、このような所を通り越した所にある。〔投子語録〕

選佛若無如是眼　〈選仏にもしかくのごとき眼なくんば

假饒千載又奚爲　たとい千載も　又なにをかせん〉

「大自覚《おおさとり》」を得た人物を選びつくり出すのに、もしもこのような正しい「眼」を具《そな》えていなかったならば、たとえ千年待ったとて、また徒労に終わるであろう。〔碧巌録　第一則〕

大道元來沒程途　〈大道元来　程途《ていと》なし

不知何處是本期　知らず　何れの処か　これ本期《ほんご》〉

「大道《おさとり》」には、もともと段階というものがない。また何処が拠《よ》りどころか、それすらもわからない。

〔良寛詩集〕

但見青山常運歩　〈ただ見る　青山の常に運歩するのみを

誰知白石夜生兒　誰れか知らんや　白石の　夜　児を生ずることを〉

どっしりとした青山が、いつも動いているということばかりは、容易に納得するとはいえ、白石に「男石」と「女石」とがあって、夜　子供を生むということは、誰れもごぞんじあるまい。が、山も刻々に変化し、石も念々に相続している「道理」というものは、「仏法」に徹すれば、おのずから会得《えとく》できるものである。〔永平広録　巻一〕

任是通身鋒刄者　〈たとい通身　鋒刃《ほうじん》の者なるも

到來無不豎降旗　到来すれば降旗《こうき》をたてざることなし〉

よしんば体じゅうが、武器だらけになっているような者でも、如実に自心を知ることができるならば、勝敗を離れて、降参した旗を立てることとなろう。〔聯頌集　巻上〕

團團轉作大圓鏡　〈団々として転じて大円鏡となす

條條照出珊瑚枝　条々として照らし出す　珊瑚《さんご》の枝〉
まんまるい月は、ころころと「大きな円い鏡」。つまり「さとりの世界」をあらわし、その月の光りは、乱れて珊瑚の枝枝を美しく照らし出す。〔中峰広録　巻七〕

竹外桃花三兩枝　〈竹外の桃花　三両枝
春江水暖鴨先知　春江　水暖かにして　鴨先づ知る〉
青い竹の向うに紅い桃の花が二枝、三枝。春の川辺の水のぬるみは、先づ鴨の群れが知る。〔東坡詩集　巻二十六〕

竹筧引泉聲滴滴　〈竹筧《けん》　泉を引いて　声　滴《てき》々
松窓來月影遲遲　松窓　月を来して　影遅《ち》々〉
竹のかけひに泉水を引いてきたその音が、さらさらと聞えている。窓ごしにみる松、そこへは月光が輝きわたり、影がゆらゆらと映っている。こういう天然自然の相《すがた》は、千金にも値する状景である。〔中峰広録　巻二十九〕

月沈碧海龍非隱　〈月　碧海に沈めども　竜　かくるるにあらず
霧鎖蒼梧鳳不知　霧　蒼梧を鎖《とざ》せども　鳳　知らず〉

月は紺碧の海に沈んでいっても、竜までかくれてしまうというわけにはゆかない。霧は青ぎりをとざしてたちこめても、鳳はあずかり知らないかのようである。「月」は「月」、「竜」は「竜」。「霧」は「霧」、「鳳」は「鳳」で、お互い他のものにはあずからないで、その主体性を保っていることだ。〔丹霞頌古百則〕

浥露秋蘭香滿室　〈露にうるおう秋蘭　香　室に満つ
欺霜晩菊吐盈籬　霜を欺《あざむ》く晩菊　吐いて籬《かき》に盈《み》つ〉

露にうるおうた秋の蘭の香りが部屋に満ち、霜かとまごうおそ咲きの白菊が、香りをまがきのほとりにただよわしている。〔便蒙類編〕

覿面來時作者知　〈覿面《てきめん》に来る時　作者知る
可中石火電光遲　この中　石火電光遅《おそ》し〉

作家《さっけ》（師家）は、人と相い対して、その人をまともにみれば、相手の心の中を見透してしまう。そのすばやさは、石火電光ですら遅きに失するほどである。〔従容録　第十四則〕

鐵牛鎖斷天河水　〈鉄牛　鎖断す　天河の水
頂上毘盧脚下隨　頂上の毘盧《びる》　脚下に随う〉

鉄牛が天の河を堰《せき》とめて、ずたずたとしてしまう。おでこの上の毘《び》盧《る》遮那《しゃな》仏を足もとに踏みつけてしまう。本来の面目をさとった道人《どうにん》の自由自在の境界《がい》を詠《うた》ったもの。〔永平広録　巻十〕

二月桃花爛熳時　〈二月の桃花爛熳の時
靈雲一見更無疑　霊雲一見し　さらに疑なし〉

仲春二月ともなれば、桃の花はあちこちで今年の花を爛熳と咲かせている。そのさまを霊雲和尚が一寸見たが、一向に平然としている。ということは、すでに霊雲と桃花とが一つになっているからである。〔禅門拈頌集　巻十五〕

人情濃厚道情微　〈人情濃厚にして　道情微なり
道情人情世豈知　道情人情　世　あに知らんや〉

「人情」はこまやかだが、仏道を求める「道心」はかすかだ。出家の道心、在家的な人情という区別など、世間の人は知ろうはずがない。〔景徳伝灯録　巻二十九〕

鼠無大小皆稱老　〈鼠は大小となく　みな老と称す
猫有雌雄總呼兒　猫は雌雄あれど　すべて児と呼ぶ〉

一枚《めえ》でもせんべいというがごとし。老鼠の「老」は接頭語、猫児の「児」は接尾語。ともに名辞に

つける符牒。〔便蒙類編〕

當軒栽竹別無意　〈軒に当りて竹を栽《う》う　別に意なし

祇待鳳凰來宿時　ただ　鳳凰の来宿の時を待つ〉

軒ばに竹をうえるのは、別に他意がない。ただ私の真実を知ってくれる人、つまり「鳳凰」が来てとまってくれる時をまつがためである。〔大智偈頌〕

荷盡已無擎雨蓋　〈荷《はす》は尽き　すでに雨を擎《ささ》ぐる蓋《かさ》なくとも

菊殘猶有傲霜枝　菊　残りて　なお霜に傲《おご》るの枝あり〉

はすがうらがれて、すでに雨を受け入れる葉はなくなっても、残菊の一枝が霜にもめげず毅然として、その風韻を維持しようとする気概にも似たものを持ち合わせている。〔東坡詩集　巻三十二〕

花開不假栽培力　〈花の開くことは栽培の力を仮《か》らず

自有春風管對伊　おのずから　春風の伊《かれ》を管対するあり〉

花が咲くのには、人の栽培の力をからない。春風が吹けば、自然と花を差配することになる。

〔槐安国語　巻六　著語〕

萬古碧潭空海月　〈万古碧潭　空海の月
再三撈漉始可知　再三　撈漉《ろうろく》して始めて知るべし〉

大空を渡る月は、大昔からの碧《みどり》の潭《ふち》に映っている。だがその真の月は、何回も何回も、曇りをとったり濁りを漉《こ》したりして拭い上げなければ、美しさが分らない。〔槐安国語　巻六　著語〕

百年功過有吾知　〈百年の功過　吾れの知るあり
百殺百愁亡了期　百殺百愁　了期なし〉

人間、生涯中の成敗利鈍などというものは、自分自身でもわかる。だが、なんだかんだといっては湧いてくる煩悩から解脱《げだつ》することは際限なくむずかしい。たとえば一度さとればよろしいというものではない。さとったと思うこと自体が煩悩のあらわれであるから。〔漱石詩集〕

百年三萬六千日　〈百年は三万六千日
一日朝昏十二時　一日は朝昏《ちょうこん》十二時〉

真実のすがた、本来の面目をいいあらわしたもの。〔聯頌集　巻中〕

風月一庭爲益友　〈風月一庭　益友《えきゆう》となり
詩書半搨是嚴師　詩書半搨《とう》　これ厳師〉

庭に訪れる風月のうつりかわりは、我がよき友となり、書棚にならぶ幾巻かの石刷りの詩書本は、我が厳しい師匠の役目をなしてくれる。〔便蒙類編〕

物物本來無處所　〈物々に本来　処《お》る所なし
一輪明月卽心池　一輪の明月　心池に即《つ》く〉

よろずの物には、もともとこうあらねばならないといった固定した面目というものはない。たとえてみれば、一輪の明月は万物に宿るのだが、月を意識するところにだけ影が映るようなものである。〔五灯会元　巻十〕

也知春色無高下　〈また知る　春色に高下無きことを
花自不分長短枝　花　おのずから長短の枝を分かたず〉

やはり春景色には高下の別がないことが分かる。花は自然と長短の枝を差別なしに咲きほこる。〔貞和集　巻九〕

萬本蒼松千丈雪　〈万本の蒼松　千丈の雪
洗開碧落看眞碑　碧落を洗開して真碑を看る〉

多くの青い松に、雪がふか深と降り積っている。その松を間接に覆う青空を洗い浄めて、埋もれ

ていた本来の面目を見出す。〔貞和集　巻七〕

路逢劍客須呈劍　〈路に剣客に逢わば　すべからく剣を呈すべし
不遇詩人莫獻詩　詩人に遇わずんば　詩を献ずることなかれ〉

ものの道理の分かった人に逢ったら、ものを献呈しても悔いることはない。〔禅林類聚　巻四〕

密密潜行世莫知　〈密々たる潜行《せんこう》　世　知るなし
箇中已是渉多岐　箇の中すでにこれ　多岐にわたる〉

坐禅の真義を世間の人は知らない。この「坐禅」の中にこそ、多岐にわたる諸現象に応ずる法が、具現されているのである。〔人天眼目巻四〕

明星正現佛成道　〈明星《みょうじょう》　まさに現じ　仏　成道《じょうどう》す
雪裡梅花只一枝　雪裡《せつり》の梅花　ただ一枝〉

十二月八日、明けの明星が現われるのをみて釈尊は「成道《さと》」られた。そのいさぎよくさっぱりとしたさまは、あたかも白雪の中にぱっと咲いた一枝の梅花のようなものである。〔永平広録　巻五〕

無心道者何多事　〈無心の道者　何んぞ多事なる

也要消閑十二時　なお閑をすごすに十二時を要せばなり〉
道をさとった修行者は、なんとおいそがしいことか。なぜならば暇《ひま》をつぶす（坐禅をすること）のに十二刻もかかるから。〔中峰広録　巻二十九〕

木馬聲聲嘶北風　〈木馬声々　北風にいななき
金鵝口口啼南枝　金鵝口々　南枝に啼く〉
木製の馬が胡《えびす》から吹いてくる北風をなつかしんでいなきつづけ、金製の鵝鳥が越の方に近い南の枝にとまって啼いている。「胡馬北風に嘶《いなな》き、越鳥南枝に巣くう」を踏まえ、ともに絶対性を矛盾的表現で示したもの。〔自得暉録　巻一〕

若將耳聽終難會　〈もし耳をもって聴かば　ついに会《え》しがたし
眼處聞時方可知　眼処に聞く時　はじめて知るべし〉
大自然が示している説法を、もしも分別心の耳で聴こうとするならば、それでは、いつまでたっても真実のところ真意はわかりにくいのだ。はからいを絶った曇りのない「眼」で聞きとってこそ、はじめて、真意は会得《え》されるものなのだ。〔洞山録〕

桃紅李白薔薇紫　〈桃は紅《くれない》　李《すもも》は白く　薔薇《ばら》は紫

問着春風總不知　春風に問着すれどもすべて知らずと〉

桃は紅に、李は白に、薔薇《ばら》は紫にと色とりどり。「そのようになぜ美しく彩《いろど》るのか」と春風に尋ねてみたけれども、「みんな分らない」と天上むいての知らんぷり。それもそのはず、紅、白、紫と各々それはそれぞれに異なっているが、異なっていること自体が、本来の面目の絶対のすがたなのだから。「花は紅、柳は緑」を絶対平等の本来の面目と禅は説く。〔碧巌録　第十則〕

閉門雨後掃秋葉　〈門を閉じ　雨後　秋葉を掃《はら》う

繞樹風前收墮枝　樹を繞《めぐ》る風前　堕《お》ちたる枝を収む〉

山居は楽しいものである。門を閉じたまま、雨後　秋の落葉を掃き清めたり、風が樹のぐるりに吹きつける前に、落ちている枝を拾い集めたりすることができて。〔蕉堅稿〕

六國自清紛擾事　〈六国《りっこく》　おのずから清しとす　紛擾《ふんじょう》の事

一人獨擅太平基　一人　ひとり擅《ほしいまま》にす太平の基《もと》〉

春秋戦国時代の六国は、それぞれ我が国こそ清いのだと、我見を固執したところに騒乱の原因があったのだ。だからこそ秦の始皇帝だけが強権を発動して、太平の基盤を独占することができたのだ。〔永平広録　巻四〕

林下老僧頭雪白　〈林下の老僧　頭　雪のごとく白し
遶籬閑看菊離離　籬《かき》をめぐり　しずかに菊の離々たるを看る〉

林下の雪のように白い頭の老僧が、まがきをめぐり、しずかに、よく茂っている菊をみている。
〔貞和集　巻三〕

嶺松老帯歳寒色　〈嶺松　老いて歳寒の色を帯び
天月零洋流水漪　天月　零《こぼ》れて流水の漪《さざなみ》に洋《ただよ》う〉

嶺の古松は寒さが加わるにつれ、いよいよ青さを増し、空渡る月は、せせらぎのさざなみにこぼれ映ってただようている。〔義雲語録　巻下〕

老倒文殊遭擯出　〈老倒せる文殊《もんじゅ》　擯出《ひんしゅつ》に遭い
放行把住合清規　放行把《ほうぎょうは》住《じゅう》　清規《しんぎ》に合う〉

老いさらばえると、文殊のような賢い士でも大衆からしりぞけられる。叢林における綿密な修行では、出息入息、すべて「清規」（叢林の規律）に合《かな》わなければならない。〔貞和集　巻八〕

八言

老鶴夢月兮無影樹
花蜂採春兮不萠枝

〈老鶴　月に夢む　無影《むよう》の樹に
花蜂　春を採る　不萠《ふほう》の枝に〉

老鶴が「無影の樹」（永遠に生きている不老樹）の上で平和の夢をむさぼっているけだかい姿。
花の香に集《つど》う蜂が「不萠の枝」（しぼむことのない永生の枝）で春を満喫しているめでたい風情《ふぜい》。

〔永平広録　巻三〕

五微

五言

不雨花猶落　〈雨ふらざるに　花　なお落ち
無風絮自飛　風無くして　絮《じょ》　おのずから飛ぶ〉
「絮」とは柳の花《わた》。ここは、あるがままの自然のすがたを示した。そこには作意を加えないでも、おのずから変化というものが行われている。〔槐安国語　巻五　著語〕
鶴林空變色　〈鶴林　空しく色を変じ
眞歸無所歸　真帰　帰る所なし〉
沙羅双樹の林が、釈尊のお亡くなりになるとき白くなり、鶴が群居するかのごとくにみえたが、真の「寂滅涅槃《おさとり》」ということは、別に帰り去る所もなく、「絶対の空」、つまり真実の根元に立ちかえることである。〔景徳伝灯録　巻二十一〕

鵲來頭上話　〈鵲《かささぎ》　頭上に来って話《かた》り
雲向眼前飛　雲　眼前に向って飛ぶ〉

鵲《かささぎ》は頭の上の方に飛んできて啼き、雲は眼の前をかすめて飛んでゆく。〔禅林類聚　巻十〕

草深多野鹿　〈草　深くして野鹿多く
巖高獬豸希　巌　高くして獬豸《かいち》希《ま》れなり〉

草深いと野鹿が多く来るが、巌が高いと一角の神獣はめったに来ない。〔禅林類聚　巻十〕

層層山水秀　〈層々たる山水秀で
烟霞鎖翠微　烟霞　翠微を鎖《とざ》す〉

重なり合っている山、その谷間を流れる川。たちこめるもやが、山の中腹を蔽《おお》うている。〔寒山詩集〕

月落潭無影　〈月落ちて潭《ふち》に影なし
雲生山有衣　雲生じて山に衣あり〉

月が沈むと淵には影が映らず、雲が出ると山は衣を着たようである。〔人天眼目　巻四〕

看月終夜嘯　〈月を看て　終夜うそぶき

迷花言不歸　　花に迷うて　ここに帰らず〉

月の晩は、夜もすがら月を賞《め》でながら口ずさみ、爛漫の花を尋ねては、心うつろに彷徨《さまよ》うて庵に帰るのも忘れてしまうこともある。自由無碍《むげ》の明け暮れをうたう。〔良寛詩集〕

掬水月在手　〈水を掬《すく》えば　月　手に在り

弄花香滿衣　　花を弄《もてあ》そべば　香　衣に満つ〉

水を両手ですくい上げると、月が掌《たなごころ》の中に映っている。花をいじくりまわしていると、花の香が衣にいっぱい移っている。あたかも「月」と「手」と、「香」と「衣」とは、藤蔓が樹にまきつくような間柄にありと。〔虚堂録　巻中〕

龍得雲則靈　〈竜　雲を得るときは　霊あり

虎得風則威　　虎　風を得るときは　威あり〉

竜は、雲に乗ることができると霊妙なはたらきをなす。虎は、風を背にうけることができると、威光がでてくる。すべてものごとは、その所を得て、はじめてそのものの主体性を発揮すること

ができる。〔虚堂録　巻中〕

七　言

相逢眉揖眼如眉　〈相逢い相揖《いっ》すること　眼と眉のごとし
百鳥銜花尚未歸　百鳥　花を銜《ふく》んで　なおいまだ帰らず〉

毎日、毎朝、お互い相逢い相挨拶していること、あたかも「眼」と「眉」のようなものである。ところが、師と弟子との証契《しょうかい》を祝福するために多くの鳥が花を銜《くわ》えて来たものの帰るに帰れず困っているが、お気の毒なことだ。〔劫外録〕

有時定起下雙澗　〈ある時　定《じょう》より起《た》って双澗に下り
瓶汲五更殘月歸　瓶に五更の残月を汲んで帰る〉

時に坐禅をすませ、落合いになっている谷川に下り、持って行った瓶に明け方の残月を宿《やど》して帰る。〔大智偈頌〕

一條古路長荒草　〈一条の古路　荒草を長ず

家破人亡何處歸　家破れ人亡じて何れの処にか帰せん〉

本来の面目というものは、一条の古道に雑草が生え放題になって茫々《ぼう》としているようなもの。また、家は朽ち壊《くず》れ、人は亡くなり、しょせん人間の所業のとどのつまりは「無」に帰するものである。〔大智偈頌〕

一陣賊軍倶粉碎　〈一陣の賊軍　ともに粉砕《ふんさい》さる
凱歌齊和太平歸　凱歌《がいか》　ひとしく太平に和して帰る〉

一陣の賊軍がいっしょに粉砕され、勝ちどきが太平の歌と調和してひびいてくる。〔禅門拈頌集巻二十七〕

入海算沙徒自勞　〈海に入りて沙《いさご》を算《かぞ》え　いたずらに自ら労す
纔投祖室便知非　わずかに祖室に投《い》りて　すなわち非を知る〉

海に入って砂《いさご》を算《かぞ》えるように徒労な学問に時を費してきた。が、やっとのこと達磨門下に帰依して、これまでの知識を駆使して、教えを究めていたことの非を知ることができた。〔大智偈頌〕

荷葉滿地無線補　〈荷葉満池　線の補うなし
白雲爲我坐禪衣　白雲　わが坐禅の衣となる〉

蓮の葉が池にいっぱいあるので、これをつくろって着物に仕立てようと思うが肝腎の縫い糸がない。仕方がないから、山中を去来するあの白雲をまとうて坐禅衣になぞらえるとしよう。〔大智偈頌〕

風高月白乾坤濶　〈風高く月白く　乾坤《けんこん》ひろし
南北東西信脚歸　南北東西　脚にまかせて帰る〉

清風が吹き、ために月光も美しく、世界が広々としてみえる。東西南北と脚の向くままに歩きまわる。〔貞和集　巻五〕

寒山忘却來時路　〈寒山　来時の路を忘却すれば
拾得相將携手歸　拾得　相将《ひき》いて手を携《たずさ》えて帰る〉

寒山は、十年も国清寺にいて、ここへ来た時の路順を忘れてしまった。すると拾得が、手をとり連れてもときたところへ帰って行った。寒山は死人と同じような在り方、拾得こそが本来の面目人といえよう。〔従容録　第三則〕

澗松千載鶴來聚　〈澗松千載に　鶴　来たり聚《あつ》まり
月中香桂鳳凰歸　月中の香桂に　鳳凰帰る〉

千年も経った谷川のほとりの松に、めでたい鶴が来てあつまり、月中の香りよい桂《かつら》に鳳凰が舞ってくる。〔景徳伝灯録　巻十六〕

澗水隔時人失便　〈澗水　隔つる時　人　便を失い
嶺松高處鶴忘機　嶺松　高き処　鶴　機を忘る〉

谷川が人を通さないようにしていると、人は不便する。峰の松が高い処にあると、鶴は飛びたつ機時《しおどき》を忘れてしまう。〔投子語録〕

菡萏花開紅一朶　〈菡萏《かんたん》花開く　紅一朶《だ》
香風萬里襲人衣　香風万里　人衣につく〉

蓮の花の蕾《つぼみ》が、ぱっと紅く一輪開く。とたんによい香りが遠くまで匂い、人の心をすがすがしくしてくれる。泥水の中に生い出た蓮が、泥沼にあえぐ人間に浄《きよ》らかさを味わわせてくれるので、まさに泥中の君子である。〔大智偈頌〕

認境趁境境愈遠　〈境を認めて境を趁《お》えば　境いよいよ遠く
迷心覓心心却非　心に迷うて心を覓《もと》むれば　心　かえって非なり〉

世俗の現象さながらの対象を追い求めれば、その対象は、いよいよ遠ざかってゆく。心にしきり

に妄念がわいたからといって、それを除《のぞ》こうと努《つと》めれば努めるほど、心のあやまちを犯すことになる。〔良寛詩集〕

玉女喚回三界夢　〈玉女　喚び回《かえ》す　三界の夢
木人坐斷六門機　木《ぼく》人　坐断す　六門の機〉

玉で作った女が「娑婆の欲望の夢をもう一度」と再現を期し、木で作った人が、人間の六つの煩悩の根源となる「はずみ」を断ちきってしまうべく期する。この両者、つまり何なにをしたいと期する世界から解脱した人を「不去不来の人」という。〔宏智偈頌〕

金果朝來猨摘去　〈金果を朝来《あさまだき》　猨《さる》　摘《と》り去り
玉花晩後鳳銜歸　玉花を晩後《よさり》　鳳《おおとり》　銜《くわ》えて帰る〉

黄金色の美味しい果《こ》の実を猿が早朝にやってきてもいでゆき、玉のような綺麗な花を暗くなってから鳳凰がくわえていってしまった。美味しいものは誰れが食べても美味しく、美しいものは誰れがみても美しい。これこそが同安道丕《どうひ》和尚の家風というものであると。師匠と弟子との心が真実の世界に貫通して、一枚の境地になったさまをいう。〔景徳伝灯録　巻二十〕

金雞抱子歸霄漢　〈金雞　子を抱いて霄漢に帰り

玉兎懐兒向紫微　　玉兎　児を懐《いだ》いて紫微に向う〉

「金雞」（太陽）が子を抱いて大空に帰り、「玉兎」（月）が児を懐いて天帝の御座所である紫微星のもとに向う。師匠と弟子とが面授面稟《ぼん》して証契《しょうかい》したこと、つまり師と弟子とが相続して一枚の境地に入ったことをいう。〔景徳伝灯録　巻二十〕

月裏姮娥不畫眉　〈月裏の姮娥《こうが》は眉をえがかず
只將雲霧作羅衣　　ただ雲霧をもって羅衣となす〉

月の精となった美人の姮娥《こうが》は、お化粧などしない。ただ雲や霧でもって、うすぎぬに仕立てて着るだけである。〔禅林類聚　巻十二〕

焚香獨坐長松下　〈香を焚《た》いて独坐す　長松のもと
風吹寒露濕禪衣　　風　寒露を吹いて禅衣をうるおす〉

香をたいて高い松の下で坐禅をしていると、風がつめたい露を払った。その露でお袈裟をしとどにぬらした。〔大智偈頌〕

春日融和鶯北轉　〈春日融和　鶯　北に転じ
秋風蕭瑟鴈南飛　　秋風蕭瑟《しょうしつ》　鴈　南に飛ぶ〉

春日はゆったりとしてくれれば、はや鴬は北へ転身して飛んでゆきはじめる。秋風が音をたてて淋しく吹く頃になれば、鴈は南をさして飛んでゆく。大自然の摂理を示したもの。〔便蒙類編〕

春服已成去浴沂　〈春服すでに成り　去《ゆ》いて沂《ぎ》に浴し
長堤十里咏而帰　長堤十里　咏じて　帰る〉

春の晴着が縫い上り、これを着て川のほとりに春を尋ねた。昔、魯の孔子が、多くの弟子たちを連れて沂《ぎ》水に出かけて一日楽しく遊び、ともどもに詩をうたいながら帰ってきたといわれている。が、私も孔子にあやかり、川に沿うた長い長い堤を詩を吟じながら楽しくもどってきた。〔平仙遺稿〕

瞬目揚眉第二機　〈瞬目揚眉　第二機
拈槌竪拂渉多岐　拈槌竪払《ねんついじゅほっ》　多岐にわたる〉

釈尊が華をつまみ、眉毛を動かすと迦葉《かしょう》がにこりとした故事は第二義門のこと。また釈尊が坐禅している時に、文殊が槌砧《ついちん》したこと、『華厳経』の講義中に払子《ほっす》を振ったことなど、色々なしぐさで境地を示しているが、要は主人公の坐禅が大切ということなのだ。〔大智偈頌〕

情量盡時總無跡　〈情量尽くる時　すべて跡なく

是非遺處却是非　長非遺《や》る処　かえって是れ非なり〉

心のはからいが無くなって始めて無碍《むげ》自在の境地となりうる。是非善悪の判断をなくそうとすると、その努力自体がかえって当らないこととなる。〔良寛詩集〕

猧狗吠時天地合　〈猧狗《すうく》　吠ゆる時　天地合し
木鶏啼後祖燈輝　木鶏《もくけい》　啼きたる後　祖灯輝く〉

草を結んで作った犬が吠える時に、天と地が一つとなる。また、木で作った鶏が啼くとなると、仏祖の伝灯つまりおさとりが輝く。是非、待対を絶した絶対の世界を「猧狗」、「木鶏」の語でいい現わした。〔禅林類聚　巻十四〕

寸草不生千萬里　〈寸草　生ぜず　千万里
出門春色共依依　門を出づれば　春色ともに依々たり〉

洞山良价は「夏解《げげ》」(夏《げ》安居《あんご》九十日が終る)の行脚《あんぎゃ》僧に対して、「万里無寸草の処」、つまり「本来の面目に向って行かれい」と諭《さと》し、また石霜慶諸は、「門を出づればこれ草」、つまり「煩悩だらけの処」といったが、ともに春色ののどかな好風景を詠《うた》いえて妙、だというのである。〔祖英集　巻上〕

清潭似鏡魚無去　〈清潭　鏡に似て　魚無くして去る
彼此如空鳥獨飛　彼此　空のごとく　鳥　ひとり飛ぶ〉
澄んだ淵は鏡のように美しいので魚もすみつこうとしない。だが清潭のように澄んだ船子《せんす》和尚のもとで夾山《かっさん》が法を嗣いだ。船子と夾山との間柄は、師と資（弟子）とが一枚になって大空のようにしきりがない。そして夾山をしてひとり大空を飛翔せしめて跡をなくした。〔永平広録　巻九〕

千峰萬壑只夕照　〈千峰万壑《がく》　ただ夕照
老僧收鉢傍溪歸　老僧　鉢を収めて渓に傍《そ》うて帰る〉
あたりの峰という峰、谷という谷は、どこもかしこも今、夕映《ば》えに彩《いろど》れ目もあやに美しい。その中を托鉢を終えた老僧が、谷に沿うて帰ってゆく。〔良寛詩集〕

霜葦岸頭雙屬玉　〈霜葦　岸頭の双属玉《そうしょくぎょく》
一聲清響忽驚飛　一声の清響に忽《たちま》ち驚飛す〉
白い葦のあたりの岸辺に、つがいの鷺がいたが、雁の一声によって、突然驚いて飛び去った。
〔虚堂録　巻中〕

即心即佛大家知　〈即心即仏は大家知る

渉境難教絶順違　境に渉《わた》り順違を絶たしめがたし〉

ものそれ自体に「仏性《さとり》」がそなわっていることは、みんなだれでも知っている。が、そのものが現象となってはたらいているときに、それぞれのうちに差別を絶してそれぞれを「即心即仏」とみなすことはむずかしい。〔中峰広録　巻十九〕

大梅生涯喪一句　〈大梅の生涯は一句に喪《そう》す
狤猲不會別傳衣　狤猲《きつかつ》は不会《ふえ》にして別に伝衣さる〉

大梅山の法常禅師の生涯は、「即心是仏」の一句に徹底し脱落《おさとり》を得たではないか。六祖慧能は、文盲で畜生のように卑しい身分であったが、ちゃんと衣鉢《おさとり》を伝えられたではないか。〔良寛詩集〕

竹密不妨流水過　〈竹　密にして流水の過ぐるを妨《さまた》げず
山高那阻野雲飛　山高うして　なんぞ野雲の飛ぶを阻《はば》まんや〉

竹の根はぴったりと生えているが、流水をさまたげるようなことはない。山の峰は高くとも、野原を蔽う雲の飛ぶのをさまたげるようなことはない。「竹」は「水」に、「山」は「雲」に対して融通無礙《むげ》である。〔景徳伝灯録　巻二十〕

朝霧薄時尙濕衣　〈朝霧　薄き時　なお衣を湿《うるお》す

夕陽落處遠山飛　夕陽　落つる処　遠山に飛ぶ〉

牧童（牛かい）は、朝霧がまだ淡くかすんでいる時に衣をぬらしつつ出かけ、また、夕陽が西山に没する頃まで遠い山々をかけずりまわっている。〔永平広録　巻九〕

信手拈起一莖草　〈手にまかせて一莖草《いっきょうそう》を拈起《ねんき》すれば
總是金毛獅子威　すべてこれ金毛の獅子の威〉

手にまかせて一茎《ひとくき》の草をつまめば、すべてが金毛の獅子のような威光となってあらわれる。〔中峰広録　巻下〕

南泉一去無消息　〈南泉一たび去りて消息なし
空使閑人説是非　空しく閑人をして是非を説かしむ〉

猫を斬った南泉和尚も遷化《なく》なってしまって跡はさっぱり。だが、むなしく閑人《ひまじん》に猫を斬ったことの是非について論を賑わさせている。〔禅林類聚　巻十三〕

截斷人間是與非　〈人間の是と非とを截断して
白雲深處掩柴扉　白雲深きところに　柴扉を掩《おお》う〉

人間の是非といったはからいを断ち切り、白雲の深いところで山居生活に親しむ。真実の自己を

しっかりと持っていることを詠《うた》ったもの。〔大智偈頌〕

白雲斷處見明月　〈白雲　断《き》れる処に明月を見
黄葉落時聞擣衣　　黄葉　落つる時に擣《とう》衣を聞く〉

去来する白雲が切れると十五夜の満月がみられ、黄葉《もみじ》が落つる頃に、きぬをうつきぬたの声がひびく。自然のめぐりと、人間のはからいとがぴったりしている。〔唐詩皈　巻二十九〕

穿花蛺蝶深深見　〈花を穿《うが》つ蛺蝶　深々として見え
點水蜻蜓款款飛　　水に点ずる蜻蜓　款《かん》々として飛ぶ〉

花の蜜を吸う蝶は、欲深げに深々として萼《がく》の中で吸っている。水に尾をつけるとんぼは、何か心ありげに飛んでいるが、何れもただ無心でそうしているだけのこと。〔槐安国語　巻四〕

半夜烏兒頭戴雪　〈半夜の烏児に頭に雪を戴かしめ
天明啞子抱頭歸　　天明の啞子《おし》　頭を抱いて帰る〉

真夜中に烏の頭に雪を載せて飛ばせた。夜明け頃、おしが白い烏の頭を抱いて帰ってきた。ここは「能」「所」「彼」「此」とか「黒」「白」といった待対《たいだい》を絶した世界をのべたもの。〔虚堂録　巻四〕

萬里長空雨霽時　〈万里の長空に　雨　霽《は》るるの時
一輪明月映清暉　一輪の明月　清暉《き》に映る〉

見渡す限りの大空に雨があがるとみるや、一輪の明月が、清らかな光りにうつっている。〔聯頌集　巻中〕

萬指生涯一鉢歸　〈万指《ばんし》の生涯は　一鉢に帰す
叢林宗尚默無機　叢林の宗尚は　黙して機なし〉

叢林で修行する多くの雲水たちの生涯のよりどころは、ただ一つの鉢盂《ほう》の尊さに帰する。この鉢盂の功徳によって万人を済度する人間がつくられてゆくからだ。叢林の修行場で最も肝要なことは、黙々として端坐して、人間のからくりとかはからいを絶することにある。〔宏智偈頌〕

佛性戒珠心地印　〈仏性の戒珠　心地の印
霧露雲霞體上衣　霧露雲霞《むろうんか》　体上の衣〉

八面玲瓏《れいろう》の珠のような「仏性戒《ぶっしょうかい》」が自分のものとなる。つまりさとることができたこと。仏法の内容を具体的にあらわした霧露雲霞のような「お袈裟」を身にまとうた。つまり仏法が身についたこと。〔証道歌〕

木人夜半穿靴去　〈木人《ぼくじん》　夜半に靴を穿《は》いて去《ゆ》き
石女天明戴帽歸　　石女　天明に帽を戴《かぶ》りて帰る
　相対差別を絶した絶対平等のさとりの世界を文字に現わしたもの。〔景徳伝灯録　巻二十九〕
不因洗耳池邊過　〈耳を池辺に洗って過ぎるによらずんば
肯信人間有是非　　あえて人間に是非あることを信《まか》せんや〉
　煩悩を転じて悟りを開いた人でなければ、人間の是非の決着をまかすわけにはゆかない。〔中峰広録　巻三〕
無絃琴韻流沙界　〈無絃の琴韻を沙界《しゃかい》に流し
清和普應大千機　　清和普く応ず　大千の機〉
　さとりの韻《ひびき》を多くの世界にひびかせると、清らかなハーモニィが、あまねく大千世界の人に応じてきこえる。〔景徳伝灯録　巻二十〕
無限月光隨水去　〈無限の月光　水に随って去り
片雲偏向故山歸　　片雲　ひとえに故山に向って帰る〉
　無限の月光は流れについて映ってゆき、ちぎれ雲がいちづに故郷さして戻ってゆく。平等と差別

をあらわしたもの。〔禅林類聚　巻十二〕

目有重瞳光燦燦　〈目に重瞳ありて　光り　燦々《さんさん》

手垂過膝坐巍巍　手垂れ膝《ひざ》をすぎ　坐して巍々《ぎぎ》たり〉

目は二重ひとみで、眼光はきらきらとしている。手は膝の先きまで垂れ、坐相は巍々として高く雄大にみえる。〔貞和集　巻二〕

夜静水清魚不食　〈夜静かに水清《す》まば　魚食《くら》わず

満船空載月明歸　満船に空しく月明を載せて帰る〉

夜が静まり水も綺麗になっていると、魚は餌にとびつかない。そこで漁船いっぱいに月明の光りを載せて帰るだけ。なんとも風流の至りである。〔景徳伝灯録　巻二十三〕

兩岸蘆華映白鷺　〈両岸の芦華　白鷺に映じ

漁翁擧棹撥烟歸　漁翁　棹《かい》を挙げ　烟を撥《ひら》いて帰る〉

両岸の芦花が白鷺に映っていよいよ白く、眉雪の漁父が棹をとり白い水煙を立てて帰ってゆく。白一色の世界を描いたもの。〔投子語録〕

六月長天降大雪　〈六月の長天　大雪を降らせ

三冬嶺上火雲飛　三冬の嶺上　火雲《かうん》を飛ばす〉
六月の日盛りに大雪を降らせ、真冬の嶺の上に火雲が飛び交う。思慮《はからい》を絶した絶対の境を逆説的に表現したもの。〔五灯会元　巻十八〕

六魚

四言

心若不異　〈心もし異《こと》ならざれば
萬法一如　万法一如なり〉
この娑婆《しゃば》で、みなの心がもし「一心」ならば、よろづの現象は「一如」である。なぜならば、差別は「一」ならざる「心」によって起こるからだ。〔信心銘〕

欲行千里　〈千里を行かんと欲するものは
一歩爲初　一歩を初めとなす〉
千里の大道を行こうとするならば、一歩一歩を初歩と心得てゆかなければならない。〔禅林類聚巻五〕
圓同太虚　〈円《まどか》なること太虚に同じし
無缺無餘　欠くることなく余ることもなし〉
坐禅によって体得した「至道」というものは、円満なること大空のごとく限りなく量《はか》りえないもので、欠かさず、あまさず、一切のものを含んでいる。〔信心銘〕
眼若不睡　〈眼《まなこ》もしねむらざれば
諸夢自除　諸夢　おのずから除《のぞ》かれん〉
人がもし迷いにおちいってなければ、つまり迷わなければ、もろもろの「夢」のごとき煩悩は自然とのぞかれるであろう。除くべき「夢」「幻」のごとき迷いは、一つもあるはずがないではないか。〔信心銘〕
水深魚穩　〈水　深うして　魚　穏《おだや》かに

葉落巣疎　　葉 落ちて 巣 疎《とお》る〉

水が深いと、魚は安心して棲《す》める。木の葉が散ってしまうと、巣がすけてみえる。〔投子語録〕

五言

渠今正是我　〈渠《かれ》 いま正にこれ我れ

我今不是渠　　我れ 今これ渠《かれ》にあらず〉

川を渡っているとき、いま水に映っている影は、まぎれもなく私の影である。だからといって私じたいが、そのまま影であるというわけではない。〔洞山録〕

黄花爲般若　〈黄花《こうか》を般若《はんにゃ》となし

翠竹爲眞如　　翠竹《すいちく》を真如《しんにょ》となす〉

菊の花を円《まど》かなる智慧とみなし、翠の竹を本来の面目である実相《おさとり》とみなす。〔自得暉録　巻二〕

拋絶紅塵境　〈紅塵の境を拋絶《ほうぜつ》して

常遊好閑書　　常に遊んで　好んで書を閲《よ》む〉

欲の皮のつっぱっている俗世間を放り出し、いつも「野《や》」に下っていて、好んで読書を楽しんでいる。〔寒山詩集〕

古今玄達者　〈古今玄達の者
誰不歎猗歟　誰れか歎猗《たんい》せざらんや〉

昔から今に至るまで名人玄人《くろうと》といわれる者に対しては、誰れでも賛歎しないものはおるまい。

〔中峰広録　巻二十八〕

古松談般若　〈古松　般若を談じ
幽鳥弄眞如　幽鳥　真如を弄《もてあそ》ぶ〉

老松の松籟の韻《ひびき》が、智慧の理《ことわり》を語るかのようにひびきわたり、静かな鳥の囀《さえず》りが、実相《おさとり》をささやくかのように聞きとれる。〔人天眼目　巻四〕

般柴憶龐公　〈柴を般《はこ》んでは　龐公《ほうこう》を憶《おも》い
踏碓思老盧　碓《うす》を踏んでは　老盧《ろうろ》を思う〉

薪《たきぎ》を運《はこ》んでは、馬祖門下の龐蘊居士《ほうおんこじ》のことを想い出し、米を臼つきしては、六祖慧能《えのう》のことを想い出し、円通寺僧堂生活に従っていた。〔良寛詩集〕

衆罪如霜露　〈衆罪《しゅざい》は霜露の如く
慧日能消除　　慧日《えにち》よく消除す〉
　犯した多くの罪とがは、霜や露のように消えてゆくものである。ただし、それは智慧の明かりでもって悔い改め、善行を積むことによってのみ可能となるのだ。〔禅林類聚　巻十二〕

青山無適莫　〈青山　適莫《てきばく》なく
白雲任巻舒　　白雲　巻舒《けんじょ》にまかす〉
　どっしりとした青山は、選《え》り好みなく、どんな小さな土くれでも受け入れる。去来する白雲は、これぞといった定型はなく、時にはちぢみ、時には伸びたりして、さまざま自在である。〔禅門拈頌集　巻十四〕

切忌従他覓　〈切《せつ》に忌む　他に従ってもとむるを
迢迢与我疎　　迢《ちょう》々として我と疎なり〉
　修行者は、師匠のお言葉を手がかりとする安易な方法は、切に避けなければならない。真実を、遠く他に求めるのは、真実の「私」にそむくことだ。〔洞山録〕

林幽偏聚鳥　〈林　幽《しず》かにして　偏《ひと》えに鳥を聚《あつ》め

谿濶本藏魚　谿濶《ひろ》うして　本《もと》より魚を藏《おさ》む〉

林がしずかであれば、一段と鳥が集まって栖みつき、谿川が広くあると、いうまでもなく、魚がすみつくようになる。〔寒山詩集〕

六言

杏苑金鶯候蝶　〈杏苑《きょうえん》の金鶯　蝶をうかがい

蓮池玉鷺窺魚　蓮池の玉鷺　魚をうかがう〉

杏子《あんず》の苑《その》で美声の鶯が蝶の姿にみとれ、蓮の池では真っ白の鷺が、魚をうかがっている。〔便蒙類編〕

逗到年窮歳盡　〈年窮歳尽を逗到《とうとう》し

翻成緣木求魚　翻《ひるが》えって木によって魚を求むることをなす〉

年がつまりきってしまうような困窮さを経過してこそ、「木によって魚を求める」というような不可能な事を成しとげることもできる。〔中峰広録　巻十二〕

七言

錯來行脚渠因我　〈錯《あやま》り来って行脚《あんぎゃ》し　渠《かれ》　我れに因る
悟後還家我累渠　悟って後　家に還って　我れ　渠《かれ》を累《わずら》わす〉

悟りというものを彼方に求めて行脚《あんぎゃ》修行してきた。が、越し方は間違っていたことに気づいた。たとえば川を渡るとき水に映った影に、主体である自分が驚いた。が、「影」と「我れ」とは一体である。「修行」と「菩提《さとり》」は不二であることに気がついて、我れにかえった現在においては、主体である「自分」がすべての基本であることをさとることができた。〔江湖風月集〕

一如如外更何如　〈一如《にょ》　如の外　さらに何をか如とせん
重疊溪山隱故廬　重畳《ちょうじょう》たる渓山　故廬をかくす〉

待対を絶した「一如《さとり》」は、さとりのほかにさらにさとりを必要としない。それは重畳たる渓や山が、古い草庵をつつみかくしてしまうようなものだ。〔中峰広録　巻十二〕

一舸春風殊快爾　〈一舸《いっか》の春風　殊に尓《なんじ》を快にす

千峯寒色正愁余　千峰の寒色　まさに余《われ》を愁えしむ〉

大船に吹いてくる春風は、ことさらそなたをこころよくする。多くの峰々にみる寒そうな冬景色は、まさしく私の心を曇らせる。〔貞和集　巻六〕

一句曲寒千古調　〈一句　曲寒し　千古の調《しらべ》

萬重青碧月來初　万重《ばんちょう》の青碧　月の来る初め〉

一句の曲のさびしさは、大昔からの調べを奏《かな》でている。いりくんで重なり合っている青山の峰々には、月光が先づさしはじめる。〔空谷集　巻上〕

磨塼作鏡是功夫　〈塼《かわら》を磨いて鏡となす　これ功夫

兀兀思量道豈竦　兀々《ごつごつ》の思量　あに竦なりといわんや〉

坐禅というものは、瓦を磨いて鏡としようとするようなもので、人間のはからいからは何んの役にも立たない。兀々として身を正して端坐する坐禅は、なんと仏道にうといものではなく、ぴったりしている。〔永平広録　巻十〕

九皐鶴舞威音外　〈九皐《こう》の鶴　威音の外に舞い

三嶋花敷大塊初　三島の花　大塊の初めに敷《ひら》く〉

大空高く舞うている鶴は「威音王仏」つまり三世の諸仏の最初の仏、もっといえば天地開闢《かいびゃく》以前から舞うている。仙人の住むという三つの島の花は、宇宙創造の太初から咲いている。無為《さとり》の世界には古今、大小の別がないことを示す。〔虚堂録　巻上〕

玉狗吠時天未曉　〈玉狗吠《く》える時　天　いまだ暁《あ》けず
金鶏啼後五更初　金鶏啼いて後に五更初まる〉

白い犬が吠える時は、空がまだ明かるくならず。黄色い雄雞が啼き出してから寅の刻（午前四時）が初まる。〔景徳伝灯録　巻二十二〕

今晨欲別奈鞋重　〈今晨《こんしん》　別れんと欲するも　鞋《わらじ》の重きをいかんせん
莫是溪雲縛客裾　これ渓雲　客の裾《すそ》を縛《しば》ることなかれ〉

今朝、お別れをしようと思うが、留別の情にたえない。渓《たに》に湧き出る雲よ、どうぞこの別れがたい情にかられている衲《わし》を、そのように（裾《すそ》を雲でしばりつけて）していじめないでほしい。〔平雲遺稿〕

山居何似我鄽居　〈山居　何んぞ我が鄽居《てんきょ》に似んや
對鏡無心體自如　境に対して無心なれば　体　おのずから如《にょ》なり〉

山住居《やまずまい》は、どうして我が屋敷住いに似ていましょうぞ。現象に対して無心であれば、体も自然と現象と一つになる。〔中峰広録　巻二十九〕

蟋蟀畏寒吟夜壁　〈蟋蟀《しっしゅつ》　寒を畏《おそ》れて夜壁に吟じ
鴛鴦愛暖浴春渠　　鴛鴦《えんのう》　暖を愛《め》でて春渠《きょ》に浴す〉

こおろぎが寒さをおそれて、夜壁にたかって鳴き、おしどりが暖かさをめでて春の堀で水をあびている。大自然のめぐりの有様をそのままにのべたもの。〔便蒙類編〕

紫羅帳裡撒眞珠　〈紫羅《しら》帳裡《ちょうり》に真珠をちらす
今日分明驗過渠　　今日分明に渠《か》れを験過す〉

清涼なとばりの中に美しい真珠をばらまいたように。今日になって、彼れが清明一枚なることを、はっきり見分けることができた。〔貞和集　巻二〕

人生倏忽暫須臾　〈人生倏忽《しゅくこつ》として暫らく須臾《しゅゆ》たり
浮世何能得久居　　浮《ふ》世《せい》なんぞよく　久居することをえんや〉

人の生涯というものは、あっという間のしばらくのもの。たえず流れている水に浮んでいるようなこの世に、どうしていつまでも住んでおられましょうか。〔碧巌録　第二十二則〕

青松百尺依巖秀　〈青松百尺　巖に依って秀で
綠竹千竿夾路疎　緑竹千竿　路を夾《さしはさ》んで疎《まばら》に〉

百尺もある青い松が、巨巌によって天空に聳え、千本もある緑の竹林が、路の両側に透《す》けて生えている。ともに風雪に耐え、四季変らずに常盤《ときわ》なしているすがたの美しさをたたえた。〔平仙遺稿〕

丹穴不歸金鸑鷟　〈丹穴に帰らざる金鸑鷟《がくぞく》
碧潭空侵玉蟾蜍　碧潭に空しく侵す　玉蟾蜍《せんしょ》を〉

鳳凰のたぐいであるという神鳥が、赤い巣に帰らないで、深い淵瀬に映っている月影をいたずらに揺さぶっている。〔禅林類聚　巻八〕

竹籬茅舍安無盡　〈竹籬の茅舎《ぼうしゃ》　安きこと尽くるなし
摶飯栽田樂有餘　飯《はん》をまろめ田を栽《う》え　楽しみ余りあり〉

竹のまがきをめぐらしたあばらやに在っても、おだやかなること無尽。そこで御飯を手でまるめて口の中へ放りこみ、また田に苗を植えたりしていれば、楽しみこれにすぎたるものはない。〔中峰広録　巻十〕

洞家黄石曾投履　〈洞家《とうか》の黄石《こうせき》　曾って履《くつ》を投ぜり
傳與子孫讀活書　　子孫に伝与して活書を読ましむ〉

漢の黄石公は、土橋の上で張良に自分の穿《は》いていた履《くつ》を投げて拾わせた。張良を見こんだ黄石公は、兵書を授けた。張良は漢の高祖に仕えて漢室を盤石たらしめたように、洞門における尊公は、兵書ならぬ生活の指針書を法孫に授けて法運を長久ならしめた。〔半仙遺稿〕

莫向洞庭歌楚曲　〈洞庭《どうてい》に向って楚曲を歌うことなかれ
烟波渺渺正愁余　　烟波渺《びょう》々として　正に余《われ》を愁えしむ〉

洞庭湖の方に向って悲しい曲を歌ってくれるな。そうでなくとも、あのかすみがかった水面に、波がはるかに漂うているのをみると、まさしく私は悲しくなってしまうから。〔東坡詩集　巻八〕

睡到三竿紅日上　〈睡《ねむ》りて三竿紅日の上るに到る
笑看潘閬倒騎驢　　笑うて看る　潘閬《はんろう》倒《さかしま》に驢に騎《の》ることを〉

朝、太陽が高だかと昇るまで睡りほうけている。そのさまは華山の潘処士《はんしょし》が、驢馬にうしろ向きに乗っているのを見て、面白がるのと同じようなものだ。〔中峰広録　巻十二〕

白日無營貧道者　〈白日につとむることなき貧道者

草深門外懶耨鋤　草深くして門外　耨鋤《どうしょ》するにものうし〉

日中にぼさっとしている修行者、門外も草ぼうぼうで、くわですきとろうとする気配《けはい》もない。無為の人は、勤怠、美醜を絶していることを詠《うた》った。〔中峰広録　巻二十〕

冬來縦撒珍珠雪　〈冬来らば　ほしいままに珍珠の雪を撒《ま》く
猶勝楊岐索莫居　なお楊岐《ようぎ》索莫の居にまさるがごとし〉

殺風景な場所だが、冬になったら珍宝をばらまいてくれるように、たっぷりと雪景色が眺められる。それでも唐の楊岐《ようぎ》方会《ほうえ》の僧堂のように、雪が降れば、堂内の単《たん》の上にはみんな雪が吹きこむような荒涼たるものよりはましな所である。これは相州早川、海蔵寺僧堂の開単式の際に雲水を激励してよんだ偈である。〔半雲遺稿〕

滿目黄花幷翠竹　〈満目の黄花と翠竹と
更於何處覓眞如　さらに何処においてか真如をもとめん〉

見わたす限りの菊の花と青い竹。これらの状景をおいてどこに実相をさがし求めることができましょうか。「黄花」「翠竹」が真如実際の相《すがた》にほかならない。〔貞和集　巻七〕

水入火時君不會　〈水　火に入る時を君会《え》せずや

金烏沈處玉輪舒　金烏沈む処に　玉輪舒《の》ぶるを〉

水が火に入る時、どんな風《ふう》になるのか、君は分らないのか。たとえていえば、太陽が沈むと月が昇るようなものじゃ。〔投子語録〕

明月蘆華未得如　〈明月　芦華　いまだ如《し》くことをえず
清光自照本來虚　清光自照　本来虚なり〉

「月」は「月」で明かるく、「芦」は「芦」で白く、それぞれの自己の本性をまる出しにしているだけ。本性というものは、もともと実体のない無相の世界。そこには「同」も「異」もない「空」のみである。〔宏智偈頌〕

愛向江邊弄釣絲　〈愛《め》でて江辺に向って釣糸を弄《もてあそ》ぶ
碧潭深處有嘉魚　碧潭深き処に嘉魚有り〉

揚子江岸の景を愛《め》でながら釣り糸を垂れると、碧《あお》い潭《ふち》の奥底にめずらしい魚が棲《す》んでいることが分る。〔投子語録〕

七眞

四言

九包之雛　〈九包の雛《ひな》
千里之駒　千里の駒《こま》〉

臨済の神童ぶりは、九包（霊利の相）をそなえた鳳雛のようでもあり、日々千里も走りうる駒のようでもあると。〔従容録　第八十六則〕

眞光不耀　〈真光は耀《かがや》かず
大智若愚　大智は愚のごとし〉

真実の光明は、きらきらと輝やかない。なぜならば現象としての光りを発しないから。広大無辺

の智慧は、あたかも愚かしいようである。なぜならば分別を絶しているから。〔従容録　第六十九則〕

頂上無骨〈頂上に骨なく
頷下有鬚　頷《がん》下に鬚《ひげ》あり〉

蝸牛《かたつむり》の額《ひたい》には骨がなく、蛟竜《みずち》の頷《おとがい》の下には鬚《ひげ》がある。それが本来の面目である。〔虚堂録　巻下〕

東生明月〈東に明月を生じ
西落金烏　西に金烏を落す〉

東に月が出で、西に太陽が没す。〔禅林類聚　巻十四〕

五言

存機猶滯迹〈機を存すればなお迹《あと》に滞《とどこお》るがごとく
去凡却通途　凡に去れば却《かえ》って途に通ず〉

「機根」（さとりを開きうるような心）があると、昔からのあとかたに、とどこおりがちになる

ようなものである。が平凡に徹することができれば、かえってさとりの道に直通できる。〔禅林類聚　巻五〕

當機如電拂　〈機に当りて電《いなづま》の如く払はば
方免病棲蘆　はじめて病みて芦《あし》に棲むことを免る〉

はずみに臨んだならば、電光のように素速《すばや》く振舞えば、はじめて病鳥が芦のあたりに棲むという、そのあわれさを味わなくともよい。〔禅林類聚　巻一〕

祥雲籠紫閣　〈祥雲　紫閣に籠《こ》め
瑞雪點紅爐　瑞雪　紅炉に点ず〉

めでたい雲が立派な御殿にたちこめ、めでたい雪が、真っ赤な炉の中に入る。目に美しい風光が溢れているさまの形容。〔劫外録〕

盡十方世界　〈尽十方世界
是一顆明珠　これ一顆の明珠《みょうじゅ》〉

全宇宙というものは、いわば一つぶの美しい珠のようなものだ。「全」は「個」に内包される。全き「個」の中に「全」は現成《げんじょう》する。〔劫外録〕

西川鳴杜宇　〈西川に杜宇《ほととぎす》鳴き

江南啼鷓鴣　江南に鷓鴣《しゃこ》啼く〉

西川にほととぎすが鳴き、江南で鷓鴣《しゃこ》が啼く。なんの作為もない自然の実相を示したもの。〔聯頌集　巻中〕

石牛攔古路　〈石牛　古路をさえぎり

一馬生雙駒　一馬　双駒を生む〉

石で造った牛が古路で邪魔をし、一頭の馬が二頭の駒を生んだ。差別を絶した絶対の世界を文字であらわしたもの。〔五灯会元　巻七〕

石羊水上行　〈石羊　水上に行き

木馬夜翻駒　木馬　夜　駒を翻《もど》す〉

石で造った羊が、水の上を歩いてゆき　木で造った馬が、夜　小馬を引き返えさせた。ともに絶対の世界を示したもの。〔景徳伝灯録　巻十二〕

雪羽九皐鶴　〈雪羽　九皐《こう》の鶴

霜蹄千里駒　霜蹄　千里の駒〉

真っ白い羽の鶴が大空に舞い、白い蹄《ひづめ》の駒が千里も走る。〔便蒙類編〕

團團離海嶠　〈団々として海嶠を離れ
漸漸出海衢　漸《ぜん》々として海衢《く》を出づ〉

月はまるまると海面を離れ、次第しだいに海路から出てくる。〔五灯会元　巻十六〕

丹頂西施頰　〈丹頂は西施《せいし》が頰《ほほ》
霜毛四皓鬢　霜毛は四皓《こう》が鬢《ひげ》〉

あかい頂《ひたい》は春秋時代の越国の美人西施の頰にも似。白い鬢《ひげ》は、前漢の高祖に仕えることを潔《いさぎよ》しとしないで、商山にかくれた四人の白鬢《ひげ》の老人にも似ている。〔虚堂録　巻下〕

雄峯常獨坐　〈雄峰は常に独坐す
寥寥鎭八隅　寥《りょう》々として八隅を鎮《しず》む〉

百丈山はいつもどっかと端坐している。その無心のすがたが、天地四方を鎮め守っているのである。〔聯頌集　巻上〕

七言

磨磚作鏡藉功夫　〈磚《かわら》を磨いて鏡となす功夫《くよう》を藉《か》るも
脚下須知滞半途　脚下すべからく知るべし　半途に滞《とどこお》ることを〉

なんにもならないといわれている坐禅をどれほどしても、ただ自分の迷いを転ずるために修することであったら、すぐさまこういうことを知る必要がある。つまりそれだけならまだ「道」の半分の所に、もたついているのだ、ということを。〔永平広録　巻十〕

機絲不掛梭頭事　〈機糸かけず　梭《さ》頭《とう》の事
文彩縦横意自殊　文彩《もんさい》縦横　意おのずから殊なり〉

大自然の妙趣というものは、機具《はたぐ》を建《た》て梭《ひ》をかけて五色の糸をやり繰りして織り出したものではない。にもかかわらず春が来れば百花爛漫、秋至れば千山紅葉、文彩縦横にして、春風秋月を意のままに観照することができることよ。〔従容録　第五十二則〕

愛君脩竹爲尊者　〈君が脩竹を尊者となすことを愛す

却笑寒松作大夫　〈却って寒松を大夫となすことを笑う〉

君がま竹を尊者（羅漢）とみなすことを賞しながら、君が冬の松を大夫《おとこ》となすことを笑う。〔貞和集　巻九〕

曉風摩洗昏煙淨　〈暁風摩洗して昏煙浄《きよ》く

隱隱靑山展畫圖　隠《おん》々たる青山　画図をのぶ〉

明け方の風が夜来の雲を洗い浄め、かすかにぼんやりとみえる青山は、まるで画面を展開したように美しく見える。このさまが「向上」、つまり上求菩提《じょうぐぼだい》の世界であり、真如実際の世界でもある。〔永平広録　巻四〕

玄黃莫染我明珠　〈玄黄　染むることなし　我が明珠を

淨鏡何夢好與嫫　浄鏡　なんぞくらまさん　好と嫫《ぼ》とを〉

どんなに美しい色をもってしても、我が明珠を染めることはできない。なぜならばこの一顆《か》の明珠は形も色もないものだから。しかしこの明珠を清らかな鏡にしたてでみるならば、綺麗な女だとか、醜い女だとかという、そんな私のはからいにはくらまされないで、真実の姿を映し出してくれる。〔永平広録　巻一〕

孤山孤絶誰肯廬　〈孤山　孤絶なり　誰れか　肯えて廬《いおり》せん
道人有道山不孤　道人《どうにん》　道あり　山　孤ならず〉
孤山は、まったく四囲を隔絶した島であるので、誰れだってわざわざ出かけてゆき庵を結ぼうとする者はおるまい。道を求める人に、真に道心がそなわっていれば、山が孤独となるわけはない。
〔東坡詩集　巻七〕

捋虎鬚見也無也　〈虎鬚《こしゅ》をなづ　見るやまたいなや
箇是雄雄大丈夫　箇はこれ雄々たる大丈夫〉
臨済が大愚和尚のもとで悟るや、師匠の黄檗《おうばく》のもとへ帰って、黄檗に一発くらわした話頭は余人はみることができまい。これこそまことの大丈夫に値する人だ。〔従容録　第八十六則〕

座中亦有江南客　〈座中また江南の客あり
莫向人前唱鷓鴣　人前に向って鷓鴣を唱《とな》うることなかれ〉
会中《えちゅう》に雪峰のような怜悧な和尚がいるから、仏法を挙揚するために唱うという「鷓鴣の曲」など唱《うた》わないでほしい。というのは、もしこの曲を雪峰が聞いたならば、江南の故郷に帰りたくなるやもしれないから。せっかく仏法に親しんでいる雪峰に里心《さとごころ》を起こさせることは宜しくない。

〔従容録　第五十五則〕

聖諦不爲階級無　〈聖諦《しょうたい》は不為にして階級なし
龍離潭水鳳蒼梧　竜は潭水を離れ　鳳は蒼梧〉

仏法の真理は、作為を加えず階級《ランク》もない。たゞそれぞれの場に在って、それぞれが主となる。たとえば竜が雲を得て淵瀬から昇るがごとく、また鳳凰が青梧に棲むがように。〔大智偈頌〕

打殺神人亡影處　〈神人を打殺して影亡《な》きところ
虚空歴歴現賢愚　虚空《こくう》　歴々として賢愚を現ず〉

仏祖を殺すことは、自分が仏祖になること。自分が仏祖になれば、凡夫としての影は消える。仏祖に裏づけられ、凡聖の差別を絶した虚空は、現に在る賢愚の差別の中に、それぞれの真実をはっきりと見分けることができる。〔漱石詩集〕

石牛頻吐三春霧　〈石牛　しきりに三春の霧を吐き
木馬嘶聲滿道途　木馬《もくば》いななく声　道途に満つ〉

石で造った牛が春立つ霧を吐き、木で造った馬のいななく声が、どこの道にもいっぱい聞こえる。

大道には人為とか、自然とかの差別がなく、坦々としている。〔禅林類聚　巻五〕

相好巍巍大丈夫　〈相好《そうごう》　巍《ぎ》々たる大丈夫

一生無智恰如愚　一生　無智　あたかも愚の如し〉

容貌《すがたかたち》が堂々とした大丈夫《ますらおぶり》、つまりおさとりを得た人は、生涯、無才無智のようなふりをして、あたかも愚者かしら、と思われるような生き方をしている。〔丹霞頌古百則〕

當臺明鏡絶精粗　〈台に当る明鏡は　精粗を絶《た》つ

誰道胡來便現胡　誰れかいう　胡来ればすなわち胡を現ずと〉

鏡台の鏡というものは、こまやかさとか荒っぽさとかなど問わない。「ほらみんないうことではないか、胡《えびす》がくれば胡をうつし出すでしょう」と。〔聯頌集　巻下〕

可貴天然無價寶　〈貴ぶべし　天然無価《げ》の宝を

埋在五陰溺身軀　五陰《おん》に埋在《まい》し　身駆に溺《おぼ》る〉

天然自然に在る値《ね》ぶみのできない「仏性」というものは、大事にしなければならない。がその「仏性」は人間の「身」と「心」の中に埋れている。特に「体」のうちに埋没しているので厄介なものだ。〔寒山詩集〕

衲子晚歸雲外路　〈衲子《のっす》　晩に帰る　雲外の路を

詩人夜泛月中湖　〈詩人　夜うかぶ　月中の湖に〉

拙僧は夕暮れ時に雲に聳ゆる高いところからの路を帰り、詩人は夜中に月の映る湖に浮んでいる。〔便蒙類編〕

巴山夜雨青燈下　〈巴山の夜雨　青灯のもと
佛法南方一點無　仏法　南方に一点もなし〉

貴僧は江南の諸山で修行して立派に仕上げられた。そして蜀の巴山へお帰りになり、夜雨のそそぐ窓辺にあって灯の青い光りのもとで読書にはげむことになろう。貴僧がお帰りになってしまうと、ここ南方には、仏法らしいものは一点もなくなってしまいます。淋しい限りです。〔江湖風月集〕

不用刻舟徒記劒　〈舟に刻し　いたずらに剣を記すことを用いざれ
片帆已過洞庭湖　片帆　すでに洞庭湖を過《よ》ぎれり〉

剣を落したのはこのあたりだといって、乗っている舟にしるしをつけておくという愚かさを示してくれるな。小舟はもう洞庭湖を通りすぎてしまったではないか、愚か者よ。〔貞和集　巻一〕

劈面來時飛電急　〈劈面《へきめん》に来る時　飛電急なり

迷雲破處太陽孤　迷雲　破るる処　太陽　孤なり〉

だしぬけに三十棒をくらわせられたその棒をうちおろす速さは、電光のひらめきよりも早い。が、このようにして迷いの雲が払われると、智慧の光りが一天に輝くこと太陽のごとくである。〔従容録　第八十六則〕

不因斫倒菩提樹　〈菩《ぼ》提樹《だいじゅ》を斫倒《しゃくとう》するに因らずんば
火種那能到老盧　火種　なんぞよく老盧に到らんや〉

目ざしている「さとりの樹」を切り倒さなければ、火《ひ》種《だね》のつけ木をもってしても、とうてい「もとのいおり」（本来の面目）に「火」をともすことはできない。〔貞和集　巻八〕

凡聖從來無二路　〈凡聖　従来二路なし
莫將狂見逐多途　狂見をもって多途を逐《お》うことなかれ〉

人間の本質としては「凡人」だ「聖人」だといって、二つのちがいがあるわけはない。常軌を逸した考え（待対《たいだい》の二見）で、あれやこれやの道を追い求めてはいけない。そうすると、本来の面目をつかむことができないからだ。〔人天眼目　巻一〕

要見本來眞面目　〈本来の真面目を見んとほっさば

長連床上粥盧都　長連床上の粥盧都《しろと》〉

人間の真実風体《ふうてい》を見たいと思うならば、僧堂の長連牀で柘榴《ざくろ》の蕾《つぼみ》のような口恰好《かっこう》して、只管打坐《しかんたざ》している禅人の姿を御覧《ごろう》じろ。〔大智偈頌〕

水清出石魚可數　〈水清《す》んで石を出だし　魚を数うべし
林深無人鳥相呼　林深く人なく　鳥相呼ぶ〉

流れが澄んでいると川底の石も透《す》けて見えるし、魚も数えることができる。林が深いと人っけがないので、鳥の囀りも楽しそうに見うけられる。〔東坡詩集　巻七〕

木馬寒嘶青草塢　〈木馬　寒に青草の塢《お》に嘶《いなな》き
泥牛春種白雲區　泥牛　春に白雲の区に種《う》ゆ〉

木で作った馬が寒天のさ中、青草の茂る土堤でいななき、泥で作った牛が春先きに、白雲のまちまちに苗を種《う》える。待対、差別を絶した世界をいいあらわしたもの。〔宏智偈頌〕

幽時恰是夢中事　〈幽時はあたかもこれ夢中の事
悟後還同睡起夫　悟後もまた同じ　睡より起きたる夫《ひと》のごと〉

迷っている時は、あたかも夢の中のことのようであった。が悟った後とても、睡《ねむり》からさめた人の

ようにうつろだ。〔景徳伝灯録　巻二十九〕

靈光洞徹河沙界　〈霊光洞徹す　河沙の界
是則名爲大丈夫　　これすなわち名づけて大丈夫となす〉

仏性の光りが娑婆《しゃば》世界のすみずみにまで通達する。そのような力をもつことのできる人を「大丈夫」と名づける。〔聯頌集　巻中〕

九言

胡亂鹽醬兮圖箇料理　〈塩醬を胡乱《うろん》して箇の料理をはかる
喫飽粥飯兮洗箇鉢盂　　粥飯を喫飽して　箇の鉢盂《ほう》を洗う〉

典座《てんぞ》職は塩や醬油の加減を塩梅《あんばい》して、多くの雲水のために料理を仕立てる。雲水は粥や飯を充分に頂き、その後で応量器を洗う。仏道を習うということは、ただこれだけで、他に何ものもない。転じて、ここは只管打坐《しかんたざ》することの意味である。〔永平広録　巻十〕

八齊

四言

風生古嶺　〈風　古嶺に生じ

月照前谿　月　前谿を照らす〉

風が昔からある山の峰から吹き出し、月が前のあたりにある谿川を照らしている。自然の真如実際を示したもの。〔投子語録〕

玉階蘭種　〈玉階の蘭種

瑤樹鳳雛　瑤樹の鳳雛〉

玉のように美しいきざはしに蘭の種がこぼれ、玉のように美しい樹に鳳凰が巣くうている。美一

枚の世界をのべたもの。〔半仙遺稿〕

牛頭戴角　〈牛頭《ぎゅうとう》に角を戴き
馬脚踏蹄　馬脚に蹄《ひづめ》を踏む〉

牛の頭には角、馬の脚には蹄《ひづめ》。真如《さとり》実際の姿をいい現わしたもの。〔如浄語録〕

單提獨弄　〈単提独弄《たんだいどくろう》
帶水拖泥　帯水拖泥《たいすいたでい》〉

一本の鎗を提《ひっさ》げて自由自在に使ったり、水にひたり泥まみれになったりして、我れを忘れて人のためにつくす。あたかも観音様の慈悲心のように。「四言」の項の「単提独弄」と「拖泥帯水」を見よ。こことは意味が違う。〔碧巌録　第四十二則〕

日沒虞淵　〈日は虞淵《ぐえん》に没するも
葵藿之心尙傾西　葵藿《きかく》の心なお西に傾く〉

太陽が西方に沈むように大帝が崩御された。忠義の士の心は、ために崩御された大帝を悼み悲しんでいる。〔半仙遺稿〕

五言

猿鳥未相棄　〈猿鳥いまだ相い棄《す》てず
伴人煙樹棲　人を伴《ともの》うて煙樹に棲む〉

幽棲な庵居では、猿や鳥が見捨てるようなことはこれまでになかった。人と一緒に霞のたちこめる樹の中に棲んで平和そのものである。〔宏智偈頌〕

雲收山骨露　〈雲収まりて山骨あらわれ
雨過四山低　雨過ぎて四山低《くだ》る〉

雲が消えさると、山の地膚が露出され、雨が通りすぎると、四方の山の姿が宇治川に映ってみえる。自然のありのままの在りようを真如実際《おさとり》とひとしなみに示したもの。〔永平広録　巻一〕

紫鳳堦前舞　〈紫鳳　堦前に舞い
金雞對日啼　金雞　日に対して啼く〉

めでたい鳳《おおとり》は、きざはしの前に舞い。めでたい雞は、朝日にむかって啼く。〔投子語録〕

春色百花紅　〈春色　百花くれないに
鷓鴣柳上啼　鷓鴣《しゃこ》　柳上に啼く〉
春がくれば百花は無心に咲く。また鷓鴣《しゃこ》も無心に柳の木で啼く。この状景そのままが本来のすがたで絶対である。これに対して人間が、さかしらなはからいを投入すると、春色は失せてゆく。
〔信心銘拈提〕

朝朝日東出　〈朝々　日は東より出で
夜夜月沈西　夜々　月は西に沈む〉
仏法の真髄というものは、あたかも毎朝　日が東から昇り、毎夜、月が西に沈むようなもので、「私」のない大自然のめぐりとなんら変らない。〔永平広録　巻一〕

月高松影細　〈月　高くして　松影　細く
風急鴈行低　風　急にして　鴈行　低《ひく》し〉
月が高く天心に在れば、松影も細く映る。風がはげしく吹けば、雁の列も低く飛ぶ。真如実際《おさとり》の在り様を示したもの。〔虚堂録　巻下〕

泥牛吼水面　〈泥《でい》牛　水面に吼《ほ》え

木馬逐風断　木馬《もく》　風を逐《お》うて断《いな》く〉
泥で作った牛が水面にむかって吼《ほ》え、木で作った馬が風を追うていなく。絶対の境は人間の思慮を絶している。〔曹山録〕

半夜雲横嶺　〈半夜　雲　嶺に横たわり
天明霜満谿　天明　霜　谿《たに》に満つ〉
真夜中に雲は嶺にたなびき、夜明け方に、霜は谿谷にいっぱい降りる。山の清浄なすがたを現わした。〔投子語録〕

山深無過客　〈山深うして過客なく
終日聴猿啼　終日《ひねもす》　猿の啼くを聴く〉
山が深いので旅人も通らず、ただ、ひねもす、猿の啼き声ばかりが聞こえてくる。「祖師西来の意（おさとり）とはなんぞや」の問いに答えて、顕孝寺開山虚堂《きどう》和尚がのべた言葉。〔虚堂録巻上〕

蘿門窺窈窕　〈蘿門《らもん》　窈窕《ようちょう》を窺《うかが》い
雲磴履高低　雲磴　高低を履《ふ》む〉

蘿《つた》の生えまつわった門は、奥深い谷を窺《うかが》うかのごとく。雲井にそびえる石段は、あるいは高くあるいは低く、こうしたところに住庵を結んでいる。〔宏智偈頌〕

六言

印空印水印泥　〈空に印し水に印し泥に印す

無言桃李成蹊　　無言の桃李　蹊《こみち》を成す〉

仏法の真理は、あたかも空に、水に、泥に、しるしをつけてみても跡かたがつかないように「無相」であり、「無我」であり「空」である。だからこそ衆生《しゅじょう》は、この真理を仰いで生活の糧《かて》とする。たとえていうならば、桃や李は、なんにも語らないが、美味しい実を結ぶと、自然にその下にこみちができてくるようなものである。〔宏智偈頌〕

七言

道莫求悟本無迷　〈道《い》う　悟を求むることなかれ　本　迷い無ければなり
日出東方夜沈西　　日は東方より出でて　夜　西に沈むを〉
　言ってきかせるが、「悟り」を別に求めて修行してはいけない。なぜならば、もともと人間には「迷い」というものはないのだから。あたかも太陽は、毎朝東から昇り、夜ともなれば西に沈んでゆくように。〔劫外録〕

兎老冰盤秋露泣　〈兎《うさぎ》老い　冰盤に秋露泣き
鳥寒玉樹暁風凄　　鳥《とり》寒うして　玉樹に暁風凄《せい》たり〉
　満月の晩に草木に露が宿り、秋気に涙を流しているが如くにみられ、鳥は霜雪を帯びた樹に巣くい、暁風に凄寒《みよるい》しているような風情である。大そう立派な境界のようにみられるが、そこに満足してしまうと、それが「迷い」のもととなる。〔従容録　第六十二則〕

越山日暮少林客　〈越山の日暮　少林の客
應聽子規深夜啼　　まさに聴くべし　子規　深夜に啼くを〉
　寺の夕暮れは、坐禅をしている人ばかりで静粛そのものだ。さらに深夜ともなれば、子規の啼く声が耳にこたえてくる。〔祖英集　巻下〕

且道威音已前事　〈かつ道《い》え　威音已前《いおんいぜん》の事を
萬山竹裂杜鵑啼　万山　竹　裂《やぶ》れて　杜鵑　啼く　と〉

まあ空劫《くうごう》以前のこと、つまり真如実際《おさとり》のことを言ってごらんなされ。どの山々でも竹の皮が剝《は》がれ落ちる頃となれば、自然と杜鵑《ほととぎす》が啼き出すまでのことではございませんか、と。〔永平広録巻九〕

玉華啣處天容曉　〈玉華啣《ふく》む処に　天容　暁《あ》け
珠樹棲時月影低　珠樹に棲む時に　月影　低し〉

玉華は、鳳凰が天の明け方近くにくわえてはこんでくるという。また鳳凰の子は、そのくわえて来た花のある樹に棲む時刻が、月光の沈む明け方なのである。満首座《しゅそ》が丹霞子淳《たんかしじゅん》にお目にかかるまでは、鳳凰も「華」をくわえてくるが、珠樹に棲《す》みついて、指導を受けるに至っては、そのこともなくなった。〔宏智偈頌〕

引喙醴泉期後會　〈喙《くちばし》を醴泉《れいせん》に引いて後会を期せん
殆將新語濯塵泥　やがて　新語をもって塵泥を濯《あら》わん〉

叢林を去って天空に高く飛び去ったならば、どうぞ醴泉（うまい水の出る泉）の水を飲んで立派に成長してほしい。そして再会を期したいものである。やがて再会の時が到来したならば、貴殿は新しい知見でもって衲《わし》が塵界に低迷しているのを洗い浄めてほしい。〔宏智偈頌〕

行雨斜吹雲一抹
野花露脆枝頭低
〈行雨《こうう》　斜《はす》に吹く　雲　一抹
野花　露に脆《もろ》うして枝頭低《た》る〉

さっと雲居《くもい》を一《ひと》なでするると、横なぐりの雨がはげしく降る。野にある花も露にはもろく、露が宿るとおのずと枝がたれてくる。この状景には、何一つ執らわれがない。〔信心銘拈提〕

苔封古殿無人侍
月鎖蒼梧鳳不栖
〈苔《こけ》　古殿を封じて人の侍するなく
月　蒼梧を鎖《とざ》して　鳳　栖《す》まず〉

古殿のぐるりに青苔がびっしりと生え、また人が侍《さぶら》うこともなくひっそりとしている。月光が青ぎりのぐるりをとじこめてしまったので、鳳凰もすむことができない。「人」も「鳳」もすべてのいとなみをやめた「聖諦《おさとり》不為の世界」をあらわしている。〔丹霞頌古百則〕

唯見山家桃李發
千門萬戸對春蹊
〈ただ見る　山家　桃李の発《ひら》くことを
千門　万戸　春蹊に対す〉

山辺の部落に一面に桃や李《すもも》が咲き出したのがみられる。どの家々の人々も、おのずからに花の咲きほこる蹊《こみち》に出て賞《め》でぬものはない。賞《め》でる「人」と、賞《め》でられる「花」との間のしきりがとれて、一枚になっているすがたを示したもの。〔永平広録　巻二〕

丹山鳳窟冷相依　〈丹山の鳳窟　冷やかにして相依る
慚愧如今羽翼齊　如今　羽翼　斉《ひと》しうするを慚愧《ざんき》す〉

『山海《せんがい》経』に出ている赤い穴のある山には、五彩と三つの文《あや》ある鳳凰が、それぞれ冷厳として互いに棲んでいる。だが、この叢林でもただ今、鳳窟のように素晴しい翼をもった人物をそろえることができた。それに比べて衲《わし》の凡鳥さがお恥ずかしい。〔宏智偈頌〕

衝開碧落松千尺　〈碧落を衝《つ》き開く　松　千尺
截斷紅塵水一溪　紅塵を截《せっ》断す　水　一渓〉

千尺の松が天空に高く聳え、一条の谷川が世俗をよそに清らかに流れている。「松」も「谷川」も、それぞれのもち味を生かしていること充分であることをうたう。〔五灯会元　巻十七〕

夜深皎月臨窓照　〈夜深うして　皎月《きょう》　窓に臨んで照らす
山近寒雲入戸低　山近うして　寒雲　戸に入りて低し〉

夜半には皎々たる明月が、我が独り居の窓を訪れて賑わしてくれる。また山が近いので、日中に

は、寒い雲が我が庵に低く垂れこめるように訪れてくれる。そんなわけで私はすこしも淋しさを覚えない。〔半仙遺稿〕

落日寒林暮烏啼　〈落日の寒林に　暮烏《ぼう》啼く
來尋惠遠舊幽棲　来り尋ぬ　恵遠《ゑをん》の旧幽棲〉

夕陽をうけた寒ざむとした林で、塒《ねぐら》を求めている鳥が啼いている。その時刻に、廬山は恵遠法師の白蓮社《びやくれんしや》にたとえられている長州萩の無隠禅師の旧跡を私は尋ねた。〔半仙遺稿〕

廬山無可同三笑　〈廬山は三笑と同じきをいかんせん
孤杖吟詩渡虎溪　孤《ひとり》杖《つえ》つき　詩を吟じて虎渓を渡る〉

この寺（長州泰寧寺）を廬山にたとえるならば、恵遠と陸修静と陶淵明が大笑いをしたという故事を挙げなければなるまい。だが私は、たったひとりで無粋《ぶすい》にも詩を吟じながら虎渓に擬せられた谷を渡った。〔半仙遺稿〕

九佳

四言

行則不無　〈行《ぎょう》は　すなわち無きにあらず
有覺卽乖　覚あれば　すなわち乖《そむ》く〉
沙門《しゃもん》が行う行仏威儀《ぎょうぶついいぎ》の「仏道行《ぎょう》」というものは、一切《さい》、不染汚《おさとり》でなければならない。だが、「覚《さとり》」というものを意識すれば、沙門の行《ぎょう》にそむくこととなる。〔洞山録〕

七言

脫盡塵機眞出家　〈塵機を脱尽せば真の出家
平持心地是生涯　　心地を平持す　これ生涯〉

「六塵」つまり眼耳鼻舌身意《げんにびぜっしんい》の「六根《こん》」より起こる多くの煩悩の対象となる「名聞利養《みょうもんりよう》」などを、徹底的にはらいのけるのが真の出家者という。もっというなら、出家の生涯かけての心の持ちようは「平常心」の持続にあるということだ。〔宏智偈頌〕

十灰

四言

黄梅東皐　〈黄梅《おうばい》　東皐《ふ》に
五葉花開　　五葉　花　開く〉

五祖弘忍禅師の黄梅山の東の岡に、達磨単伝の五弁の花の一弁が花咲いた。〔中峰広録　巻八〕

風吹樹動　〈風吹かば　樹　動き
春來花開　　春来らば　花　開く〉

大自然の真実の在りていを示す。人間のはからいのおし及ぶところではないさまをいう。〔信心銘拈提〕

直説難會　〈直説《じきせつ》は会《え》し難し
十字打開　　十字に打開す〉

そのものずばりに「法」を説くと理解しにくいが、縦横十方に説きあかされると、あたかも両手で物を貰うように充分に受取ることができる。〔従容録　第六十一則〕

驢事未去　〈驢《ろ》事いまだ去らざるに
馬事到來　　馬《ば》事到来せり〉

どれもこれも似たり寄ったりのことどもが、あとからあとからできてくる、ということをいう。仏法の真意は、つぎ目なしだということ。「つぎめ」「差別」「待対」のない「円融無《えんゆうむ》碍《げ》の世界」を示す。〔普灯録　巻二十六〕

五言

開池不待月　〈池を開いて月を待たざれ
池成月自來　　池成れば　月おのずから来る〉

池を開発してから月をみようとなさるな。池ができれば、求めずして月は池に映ってくる。「悟り」を求める修行をしてはいけない。「悟り」というものは、おのずと修行者についているものだ。〔永平広録　巻三〕

溪花含玉露　〈渓花　玉露を含み
庭果落金臺　　庭果　金台に落つ〉

谷の花は、玉のように美しい露を宿してうるおいがあり。庭先きの果物は、黄金をちりばめたような台《うてな》に落ちている。〔五灯会元　巻十四〕

江心波浩蕩　〈江心　波浩蕩《こうとう》たり
山嶺石崔嵬　　山嶺　石崔嵬《さいかい》たり〉

江《かわ》の中ほどに波が広々と寄せている。山の峰に通ずる路に、石ころがごろごろところがっている。

〔便蒙類編〕

請見因縁到　〈請う見よ　因縁いたらば
山川雪一枚　山川　雪一枚となる〉

どうかよく見てほしい。時節因縁が到来すれば、異質とみられるもろもろのものが、銀一色の世界に浄化されてしまうことを。「煩悩」とみられるものも、「煩悩」のゆえに解脱できない「向上心」も、何もかも、「悟り」に直結している。〔楪仙遺稿〕

時時勤拂拭　〈時々に勤《つと》めて払拭《ふっしょく》して
莫教惹塵埃　塵埃をひかしむることなかれ〉

いつもいつも明鏡の面を綺麗に拭《ぬぐ》いさって、塵埃を鏡面にとどめさせるようなことがあってはならない。つまり、心をいつも明るくもって、「煩悩《まよい》」に染まってはならない、と。「身」と「心」、「明」と「塵」とを対立させている。〔六祖壇経〕

已無銜華鳥　〈すでに華を銜《ふく》むの鳥なし
何有當鏡臺　何んぞ鏡に当るの台あらん〉

もう坐禅をしつづけるほかには、別にこれから就くべき師匠とてなくなった。それに「塵埃《まよい》」だらけの我が身であることがわかると、さらにこれを払いのけようとする必要もない。〔良寛詩集〕

青山元不動　〈青山　もと不動

浮雲任去來　浮雲　去来に任《まか》す〉

青い山なみは、もともと動かない存在だ。だが浮雲は、自由自在に不動の山のあたりを去来する。このような情景のうちに、人間の「生死《まよい》」を解脱した姿をみとることができる。つまり、ありのままにとらわれることのない世界を示したもの。〔五灯会元　巻四〕

堤邊烟罩柳　〈堤辺の烟は柳をこめ

嶺上雪封梅　嶺上の雪は梅を封ず〉

堤のあたりの春がすみが、柳の緑を立ちこめ、峰のあたりの雪に、せっかくの梅の花が封じこめられた。ままならぬ春の景色であることよ。〔便蒙類編〕

白鷺沙汀立　〈白鷺　沙汀に立ち

蘆花相對開　芦花　相対して開く〉

白鷺が砂浜に立ち、芦花《ろか》が白鷺に対して咲いている。差別のない白一色の世界を呈していること。

〔禅林類聚　巻十七〕

始隨芳草去　〈始めは芳草に随って去《ゆ》き

又逐落花囘　　また落花を逐《お》うて回《かえ》る〉

始めは芳草《かおりぐさ》について出かけ、また落花をくぐりぬけて帰り来った。草といい花といい、気の向くままに自適してきた。春の中にあっても、「春」（世間的な迷い）にほだされずに悠々としているさまを詠《うた》ったもの。〔碧巌録　第三十六則〕

花開時蝶來　〈花開くとき　蝶きたり

蝶來時花開　　蝶きたるとき　花ひらく〉

花がひらくと蝶が自然と飛んでくる、蝶のくるときが花の咲く時節となる。「花」と「蝶」、「来」と「開」、それは二にして一。一なるそれを「永遠の春」という。〔良寛詩集〕

菩提本無樹　〈菩提もと樹なし

明鏡亦非臺　　明鏡もまた台にあらず〉

本來無一物　〈本来　無一物

さとりの世界からみれば、もともと「樹」もなければ「明鏡」もない。〔六祖壇経〕

何處有塵埃　何れの処にか塵埃あらん〉

さとりというものは、もともと「空」なるものである。だから「塵埃《まよい》」じたい何処にもないはずである。もともと何んにもないところ、何処をさがしたとて掃除のしようもないものなのだ。「菩提《さとり》」と「塵埃」とを対立させぬところ、絶対の世界には人間のはからいを入れるべき余地とてないのである。〔六祖壇経〕

身是菩提樹　〈身はこれ菩提樹

心如明鏡臺　心は明鏡台のごとし〉

我が「身」というものは、さとりを開くもととなる「樹」のようなものである。「心」というものは、くもりなき「鏡台」のように、綺麗にたもっておくべきものである。〔六祖壇経〕

綠岩雲抱處　〈緑岩　雲に抱かるる処

幽蘚翠成堆　幽蘚　翠　堆《たい》をなす〉

苔むした岩が雲に覆われるあたり。奥深い苔の翠《みどり》が、重なりあってうずたかくなっている。〔劫外録〕

羸鶴翹寒木　〈羸鶴《るいかく》　寒木に翹《つまだ》つ

狂猿嘯古臺　狂猿　古台に嘯《うそぶ》く〉

痩せた鶴が、冬の立枯れの木につまだっている。たわむれた猿が、山上のくずれかけた古い台上で啼いている。冬のまのあたりのきびしい状景を示し、煩悩のない清浄な世界を表現する。

〔碧巌録　第三十六則〕

七　言

一莖草立十方刹　〈一茎《いっきょう》草に十方刹《せつ》を立つれば
雲水不期得得來　雲水　期せざるに　得々として来る〉

一本の草を千切ってしるしとして、それに十方の国土にみられるお寺を建立《こんりゅう》すれば、雲水は期せずして、心おきなく雲集してくること必定《ひつじょう》。〔永平広録　巻一〕

一枝秀出老梅樹　〈一枝秀出す老梅樹
荊棘與時築著來　荊棘《けいきょく》　時とともに築著し来る〉

多くの木々の蕾が、固く結ばれている厳冬のさ中に、老梅樹の一枝に馥郁《ふくいく》たる香りをただよわせて咲く一輪の花。それは、多年の苦行の結果さとりを開かれた釈尊にたとえられる。釈尊の説法のお陰で「煩悩」にたとえられる「荆棘《いばら》」にも春が恵まれて、花開くようなものである。〔伝光録〕

鶯逢春暖歌聲滑　〈鶯は　春暖に逢うて歌声滑《なめ》らかに
人遇時平笑臉開　人は　時の平なるに遇うて笑瞼《しょうれん》開く〉

鶯は暖かい春になれば、囀りも一段ととおり、人は太平の時世にあえば、笑顔もほころびるというもの。公平無私、広大無辺な真如実際《おさとり》の恵みというものはすばらしい。〔槐安国語　巻四　著語〕

衣傳南嶺人將去　〈衣《え》は南嶺に伝えられて　人もち去る
松老西山我再來　松は西山に老いて　我れ再び来る〉

五祖弘忍は、うけつがれてきた大事な衣鉢《えはつ》を嶺南人の六祖慧能に伝え、慧能はこれを南方へ持ちさった。これよりさき弘忍の前世は、西山での栽松道者、つまり樵夫《きこり》であった。時に道者は四祖道信に会い出家したいと申し出た。だが四祖は、「貴殿は年をとりすぎていて、我が仏法を弘むるには力がない。再び生れてくるまで待つであろう」と言った。それより、道者は、周氏に入胎して再来し、師弟の法縁を結んで衣鉢を伝えてもらうことができた。〔宏智偈頌〕

胡來胡現漢來漢　〈胡《えびす》来れば胡を現じ　漢来れば漢を

無限清光十五枚　　無限の清光　十五枚〉

一切の万象を照らしてやまない「大円鏡」は、「胡」が来れば「胡《えびす》」をうつし出し、「漢」が来れば「漢」をうつし出してやまない。この無限の清光は、諸法の中秋ともいうべき八月十五夜が圧巻である。〔永平広録　巻一〕

鑊湯爐炭吹教滅　〈鑊湯炉炭《かくとうろたん》　吹いて滅《け》さしむ

劒樹刀山喝使摧　　剣樹刀山　喝して摧《くだ》かしむ〉

禅の機略が充実すれば、つまり「熱さ、冷たさ」、「固《かた》さ、もろさ」の二見から解脱《げだつ》すれば、熱いというとらわれ、堅固というとらわれ心も消え失せてくることになる。たとえていえば、鑊《かなえ》にたぎる湯、炉に燃える炭も吹き消すことができるし、剣《つるぎ》の木の生えている刀の山でも、どやしつけて、ぽきりぽきりと折りくだくこともできるのだ。〔五灯会元　巻十六〕

架上有書樽有酒　〈架上に書あり　樽に酒あり

未容俗客叩門來　　未だ俗客の門を叩き来たることを容れず〉

我が閑居には、棚の上に書物があり、樽には酒がある。これまでに、心いやしい俗人が、訪問し

てくるのを通したことはない。〔五灯会元　巻十九〕

風送斷雲歸嶺去　〈風　断雲を送りて嶺に帰り去り
月和流水過橋來　月　流水に和して橋を過《よ》ぎり来る〉

風がちぎれ雲を山の彼方に送りさり、月が流水に影を宿して橋を通りすぎてゆく。風月が無心に在るさまを、雲水の心の在りようにたとえた語。〔槐安国語　巻五　著語〕

寒雲伴來閑不徹　〈寒雲伴い来って　閑　不徹
飛瀑從他起忽雷　飛瀑さもあらばあれ　忽雷を起こすことを〉

寒雲が出て大地が凍《い》てつこうとする時の静けさは、また一きわである。そうした折りしも、滝づせの音が突然ときこえてくると、何はともあれ、そのすさまじさは万雷が一時に落ちるようである。〔槐安国語　巻六〕

玉鳳啣華春不老　〈玉鳳　華を啣《くわ》えて　春　老いず
金鶏喚月夢初回　金鶏　月を喚《よ》んで　夢　初めて回《かえ》る〉

美しい鳳凰が、華をくわえて永劫不変の春に遊び、金鶏星が、月を呼んで多年の夢が達成できたように、貴殿はこれから行脚《あんぎゃ》に出かけ、立派な師にめぐり会えて、年来の希望が達成できるよう

に、と祈る。〔宏智偈頌〕

牛頭没兮馬頭回　〈牛《ぎゅう》頭没し馬頭回《かえ》る
曹溪鏡裡絶塵埃　曹渓鏡裡に塵埃を絶つ〉

牛の頭が没したかと思ったら、馬の頭が出た。このように、仏法の修行には隙間《すきま》があってはならない。継ぎ目なしだ。それは六祖慧能が五祖にささげた偈にもあるように、鏡の中には、払うべき「塵」が一つもない。「煩悩」と「さとり」は一体であることをさす。〔碧巌録　第五則〕

現成公案絶安排　〈現成公案《げんじょうこうあん》　安排を絶す
無位眞人笑滿腮　無位の真人　笑い腮《あぎと》に満つ〉

もの自体の本分、本来の面目が、そのまま現われている仏性のおさとりというものは、物の順序排列などを超越している。「現成公案」の当体である「無位の真人」、つまりおさとりを開いた人は、笑えば顔中いっぱいが笑《え》みをあらわす。〔中峰広録　巻七〕

須彌頂上無根艸　〈須弥頂上の無根艸
不受春風華自開　春風を受けずして　華　おのずから開く〉

須弥山《しゅみせん》の頂上の「根なし草」（おさとり）は、春風に吹かれなくとも花を自然と咲かせる。おさ

とりというものは、俗界の諸現象に煩《わず》らわされることがない。〔投子語録〕

湘潭雲盡暮山出　〈湘潭　雲尽きて　暮山出で
巴蜀雪消春水來　巴蜀　雪消えて　春水来る〉

湖南の湘潭の雲が消えて夕暮れどきの山容があらわれ、四川の巴蜀の雪が融けて春水の量《かさ》が増してきた。「煩悩」の暗雲がからりと晴れ、「菩提《さとり》」の氷雪もとけて流れてあとかたもない、といったさらりとした境を詠《よ》んだもの。〔槐安国語　巻五　著語〕

水底木人吹鐵笛　〈水底の木人　鉄笛を吹き
雲中石女舞三臺　雲中の石女　三台に舞う〉

水の底で木人が鉄の笛を吹き、雲の中の天柱星で石女が舞いを舞うている。人間のはからいを脱落した風流を示したもの。〔槐安国語　巻六　著語〕

帝網重重華藏界　〈帝網《たいもう》重々　華蔵界《けぞうかい》
一花一國一如來　一花一国一如来〉

帝釈天《たいしゃくてん》の網の目のような蓮の花の蓮弁が、重なり合って華蔵《けぞう》のお浄土を建立している。その花の中に極楽浄土、如来様が具現していなさる。〔大智偈頌〕

唯有嶺梅先漏泄　〈ただ嶺梅のみ先づ漏泄《ろうせつ》するあり
一枝獨向雪中開　一枝　ただ雪中に向いて開く〉

ただ峰の梅だけが、他の草木に先きがけて先づほころび初める。とある陽だまりの一枝が、雪の中に向いて咲いている。〔聯頌集　巻上〕

啼鳥如碎花狼藉　〈啼鳥　碎《くだ》くがごとく　花狼藉《ろうぜき》たり
草門今始爲君開　草門　いま始めて　君がために開く〉

チチと啼いては、餌《えさ》をついばむ小鳥らの喰べ散らかしのように、散りしいた花びらがあたり一面に美しい。柴の戸を今日は始めて開き、うれしい東君《はる》を迎えることにした。庵居して春を待ち望んでいた実感を詠《うた》う。〔良寛詩集〕

東西南北無門入　〈東西南北　無門に入る
曠劫無明當下灰　曠劫《こうごう》の無明《むみょう》　当下《とうあ》に灰す〉

東西南北の空間は、すべて無門《おさとり》に入ってしまう。はかりしることのできない長い間に生起しているまよいというものは、おさとりの「信」がきざした瞬間に消滅するものである。「信」は無限の空間を包摂《ほうせつ》し、また無限の時間の悪業も断絶しうる。〔禅林類聚　巻五〕

薄霧依依籠古徑　〈薄霧　依々として古径を籠《こ》む
孤峯終不露崔嵬　孤峰　ついに崔嵬《さいかい》を露《あらわ》さず〉

淡い霧があたり一帯にたちこめて、古くからの小径を覆《おお》うている。ために切り立ったぽつんとした峰も、とうとう山腹にごろごろとしている大きな石をあらわさずじまいである。このような潜行密用が、我が宗風としてうけ嗣がれているわけである、と。〔丹霞頌古百則〕

看花聞鳥風情少　〈花を看　鳥を聞いて　風情《ふぜい》少し
一任時人笑不才　時人の不才を笑うに一任す〉

眼前に展開する風景、花を看たり鳥の囀りを聞いても、詩文を作ってみようという風流などあまり起こらない。時に人は、私の無粋《ぶすい》さを笑うかもしれないが、どうぞ御勝手に願います。〔永平広録　巻十〕

久在人間無愛惜　〈久しく人間《じんかん》に在りて　愛惜なし
文章筆硯既抛來　文筆筆硯　すでに抛《なげう》ち来る〉

年久しくこの世に生きているが、世俗的なかかわりには、愛惜の念は露ほどももち合わせない。中でも僧の生活にも重要な文筆詩歌などというものさえ、詮《せん》なきものとしてすでになげうち捨て

去っている。〔永平広録　巻十〕

佛祖翻身五萬回　〈仏祖翻身《ほんしん》す　五万回
見成公案百千枚　見成公案《げんじょうこうあん》　百千枚〉

仏祖がたは、五万回はおろか何万回でも、身をひるがえして濁世《じょくせ》に現われて、説法し、済度《さいど》してくださる。衆生《しゅじょう》済度のための問題例は、百千則と多きに及んでいる。〔永平広録　巻一〕

無影樹頭懸日月　〈無影樹《むようじゅ》頭に日月を懸け
幾人於此便心灰　幾人ここにおいて　すなわち心灰す〉

本来の面目を自覚したおさとりの無影樹の先きに「日月」という現象界をぶらさげて料理する。いったい幾人が、このさとりの世界を基盤として解脱《げだつ》したことか。〔禅林類聚　巻十九〕

雪滿山中高士臥　〈雪は山中に満ち　高士臥し
月明林下美人來　月明林下に美人来る〉

白雪が山中いっぱいに積っておるそのさなかに、高潔の人を想わせる梅が横たわっている。月の明かるい晩、樹《こ》の下みちに梅が香が漂《ただよ》うてくる。〔高青邱詩集〕

楊梅桃李無根樹　〈楊梅桃李　無根の樹

不帯烟霞花自開　〈烟霞を帯びず　花おのずから開く〉

自己の光明が天地を蓋《おお》えば、たとえ根なしとなった楊梅《やまもも》や桃李ですらも、春がすみという季節の到来をうながさなくとも、花は自然と咲くものである。〔信心銘拈提〕

林間煖酒焼紅葉　〈林間に酒を煖《あたた》めて紅葉をたき
石上題詩掃緑苔　石上に詩を題して緑苔をはらう〉

晩秋の林の中で紅葉を焼いて酒のお燗《かん》をつける。石の上の緑苔を掃《はら》いのけてその上に詩をかきつける。「紅」と「緑」の色彩を文《あや》に手組《たく》んで、秋の山寺のおのずからなる真如実際の景を叙したもの。〔白楽天詩集　巻十四〕

老樹優曇花自開　〈老樹の優曇花《うどんげ》　おのずから開く
早梅建刹夜光臺　早梅　刹《せつ》を建つ　夜光の台《うてな》に〉

老梅樹に花が自然と咲き出した。春に先きがけたこの早梅は、清浄な雪の中に咲き出したが、そのさまは、まるで真っ白な不夜城の大伽藍が建てられたかのように思われる。〔永平広録　巻十〕

十一 眞

四言

雲門老子　〈雲門老子

手親眼親　　手に親《した》しく　眼に親しし〉

　雲門文偃《えん》老和尚は、仏法を口頭でなく膚身《はだみ》で説いて下さった。〔禅林類聚　巻十三〕

灰頭土面　〈灰頭《かいとう》　土面《どめん》

弄假像眞　　仮《け》を弄《もてあそ》んで真に像《かたど》る〉

　灰かぐらの立った頭、土のついた顔をして坐禅をしている。「虚仮《とけ》」とか「煩悩《ぼんのう》」をもてあそびながら、つまり迷いに身を置きながら、絶対の真実にあやかろうとしている。〔虚堂録　巻下〕

元正啓祚　〈元正《がんしょう》　祚《そ》を啓《ひら》き
萬物咸新　万物　みな新たなり〉
　正月元日はさいわいをひらき、よろづの物事はみんな新たに感じられる。さとれば、何もかも光明のあらわれとみてとれる。〔投子語録〕

烟迷柳眼　〈烟　柳眼を迷わし
露濕花唇　露　花唇を湿《うる》おす〉
　花がすみが、柳の新芽をぼかし、明け方の露が、花房にうるおいをみたしている。〔禅林類聚巻十九〕

見聞不昧　〈見聞《けんもん》　昧《くら》からざれば
聲色純眞　声色　純真なり〉
　無心に見たり聞いたりすれば、声も色もありとあらゆる現象を純乎としてあるがままに受けとめることができる。〔却外録〕

住山頑石　〈住山の頑石
叢林陳人　叢林の陳人〉

山に住んでいる我が身は、あたかも頑固の石が、どかんと置かれたようなもので厄介ものにすぎない。また、雲水たちの修行場である叢林における無用の人物にすぎない。〔永平広録　巻十〕

千峰瀉翠　〈千峰　翠《みどり》を瀉《そそ》ぎ
萬谷流春　万谷　春を流《つた》う〉

多くの峰々が、翠を添えてくると多くの谷々が春をつたえる。〔劫外録〕

拂塵見佛　〈塵を払うて仏をみれば
佛亦是塵　仏もまたこれ塵なるを〉

「煩悩」を払うて「仏性《さとり》」をえたと意識すると、「仏性」もやはり「煩悩」にすぎないということが分る。〔五灯会元　巻二十〕

洞然明白　〈洞然《とうねん》として明白なるも
猶落法塵　なおし法塵に落つ〉

さとりというものは、からりとすっきりしているものの、なおさとりにとらわれると、仏道修行のまよいに落ちこむ。〔虚堂録　後録〕

時遷物換　〈時遷り物換《かわ》り

革故鼎新　故《ふるき》を革《あらた》め新を鼎《と》る〉

時世がうつり、物の価値が変換するのは世のならい。ために時の推移に応じて旧習をあらため、新知をとり入れることは、世のならいとなっている。〔虚堂録　巻中〕

身如冷水　〈身は冷水のごとく

心似松椿　心は松椿に似たり〉

体は冷水のように冷厳に、心は松や椿のように、いつも変らない節操をそなえておるべきだ。〔自得暉録　巻六〕

五言

何經不度生　〈何れの経か　生を度《ど》せざらん

何枝不帶春　何れの枝か　春を帯びざらん〉

どの経文も衆生済度《しゅじょうさいど》を念じている。あたかも、どの枝々も春ともなれば萌え出づるように。〔良寛詩集〕

拈起一莖草　〈一茎草《いっきょうそう》を拈《ねん》起して

作丈六金身　丈六の金身《こんじん》となす〉

「一茎《ひとくき》の草」（真如・仏性）をとって、一丈六尺の釈迦如来像とみなす（見仏）こと。これが無為の発菩提心《おさとり》である。〔五灯会元続略　巻二〕

家貧未是貧　〈家《いえ》　貧なるは　いまだこれ貧ならず

道貧愁殺人　道《どう》　貧なるは　人を愁殺《しゅうさい》す〉

家が貧しいということは、まだ貧しい部類には入らない。道心に欠けていることが、貧しいことなので、こうした人たちこそ人を大そう悲しませる。〔五灯会元続略　巻四　下〕

宇宙無雙日　〈宇宙に双日なく

乾坤祇一人　乾坤　ただ一人のみ〉

宇宙に太陽は二つとないように、天子たるものは天地間、ただ一人の貴い存在である。転じて、目覚めたる人間は、天地間に比べもののない貴重な存在であること。相対差別を絶した本来の面目人を詠《うた》う。〔五灯会元　巻十四〕

雲門透法身　〈雲門　透法身

分明語露親　分明に　語に露《あらわ》れて親しし〉

雲門文偃《えん》和尚の膚身《はだみ》についた仏法。それははっきりと、言葉のはしはしにもぴったりとにじみ出ている。〔聯頌集　巻下〕

煙村三月雨　〈煙村　三月の雨

元是一家春　元これ一家の春〉

人の住む村に春雨がしとしとと降っている。雨の景色も、もともと春の一家の風情にほかならない。〔永平広録　巻三〕

風静日月正　〈風　静かにして　日月正しく

雪晴天地春　雪　晴れて　天地春なり〉

風がおだやかに吹けば日月の運行も正しく、雪が晴れると明かるく天地いっぱいの春を感じる。このように、堯、舜の聖天子の仁政に恵まれると、天地の運行も正しくなる。〔虚堂録　巻中〕

風高松千丈　〈風は高し　松千丈

霜冷菊幾輪　霜は冷かなり　菊いく輪〉

吹く風は、松が枝《え》高く蕭《しょう》々と鳴りわたり、おく霜は、薫る幾輪かの菊のもとに冷やかに、世の中

の現実は、極めてきびしいものである、と。〔良寛詩集〕

風搖松竹韻　〈風揺れて松竹の韻《ひびき》あり

月現海潮頻　月現われて　海潮の頻《しき》りなるあり〉

風が吹くと、松や竹をゆるがして天籟の音楽が響いてくる。月が出ると、潮騒《しおざい》のうごきを手にとるようにみることができる。〔寒山詩集〕

來說是非者　〈来りて是非を説く者は

便是是非人　すなわちこれ　是非の人〉

出しゃばって是非の理を説く人がいるが、そうした人たちこそ、つまりは是非とか善悪といった待対《たいだい》の世界に低迷している者である。〔聯頌集　巻下〕

牛胎生象子　〈牛胎《ぎゅうたい》に象子を生み

碧海起紅塵　碧海に紅塵を起こす〉

人間のはからいとか、差別の相《すがた》を絶したさまを言いあらわした言葉。〔禅林類聚　巻七〕

奪境不奪人　〈境を奪えど　人を奪えず

尋言何處眞　言を尋ぬれど　何処か真ならん〉

対象を奪いとって認識することはできるけれど、認識の主体をなす人を奪いとることはできない。また、言葉という現象を尋ね求めることはできるが、現象を尋ねるだけでは、ものの真実をつかむことはできない。〔禅林類聚　巻十〕

不入洪波裏　〈洪波の裏《うち》に入らずんば

爭見弄潮人　いかでか潮を弄《もてあそ》ぶ人を見んや〉

荒波のただ中に入っても、波にもまれなければ、どうして潮を手玉にとって、自由に波遊びができるような大自在人になれましょうか。「弄潮」とは、「煩悩」におしまくられている人の心情を覚知し、自在にそれを手玉にとるさまを示す。〔禅林類聚　巻二〕

枯枝頭上雪　〈枯枝頭上の雪

不待太陽春　太陽の春を待たず〉

枯枝上に積った雪を見ていると、さながら花が美しく咲いたようだ。ために暖かい太陽の光りのそそぐ春を待たずして、冬の最中に春がいっぱいに感じられる。〔劫外録〕

孤桐秘虚鳴　〈孤桐　虚を秘して鳴る

朴素傳幽眞　朴素　幽真を伝う〉

一本の桐の木は、胴をうつろにえぐりとってこそ音《ね》が出る。素朴な素材に彫琢を加えないからこそ、おくゆかしい飾らない音色《ねいろ》を響かすことができるのである。〔古詩皈　巻十一〕

展軸光千界　〈軸を展《の》べれば千界を光《かがや》かし
開函萬國春　函《はこ》を開けば万国の春〉

経巻をひらいて読めば、三千大千世界を明かるくし、そのような功徳のある経巻を収めてある函《はこ》を開けば、万国に平和の春がたちこめる。〔禅林類聚　巻八〕

秋天月色正　〈秋天　月色正しく
清夜道心眞　清夜　道心真なり〉

秋の夜空に月光は冴え、清きこの夜に、仏道を仰ぐ心は真実を現わす。〔唐詩皈　巻三十二〕

從來斷思量　〈従来　思量を断《た》ちたれども
不覺淚沾巾　覚えず　涙　巾《きん》をうるおす〉

ずっと、これまで「非思量《さとり》」の世界に安住しえたと思っていたのに、深みゆく秋の、もののあわれに、不覚にも涙をもよおして、手巾をばしとどに濡《ぬ》らしてしまったことよ。〔良寛詩集〕

升子裏跳踍　〈升子裏《しょうしり》に踍跳《ぼっちょう》し

斗子內轉身　斗子《と》《し》内《ない》に転身す〉

小さなますの中で、はねおどり、また、ますの中で体をぐるりとする。真の自由の身となれば円《えん》融《ゆう》無《む》礙《げ》となりうることを示す。〔五灯会元　巻十四〕

清淨深探得　〈清浄《しょうじょう》も　深く探《さぐ》り得ば
花還世上塵　花もまた　世上の塵〉

清浄なことについても、一途《いちず》にこれに執らわれて追求するようなことになれば、美しかるべき花も、世俗の塵と同じような次元におちるのである。〔良寛詩集〕

少林面壁坐　〈少林　面壁して坐しぬ
誰是立雪人　誰れかこれ　雪に立つ人〉

達磨さんが壁に面して坐りつづけておられた。その達磨さんの門に入るべく、降りしきる雪の中に立ちつくしている修行者は、いったいなんというお方であろうか。二祖となった慧可である。〔禅林類聚　巻十四〕

心隨前緣移　〈心は前縁に随って移り
緣與物共新　縁は物とともに新たなり〉

「心」は現前する「縁」(環境)につれて刻々に移り、「縁」は「現象」とともに、たえず新しくなり続ける。〔良寛詩集〕

譚眞則逆俗　〈真を譚《かた》れば　すなわち俗に逆《さか》らい

順俗則違眞　　俗に順えば　すなわち真に違《たが》う〉

真実を語れば俗にさからい、俗にしたがえば、真実にたがうこととなる。「真諦」と「俗諦」とは次元が異なる。世俗のはからいを絶した世界が「真諦《さとり》」である。〔景徳伝灯録　巻二十八〕

褰脛閒渉水　〈脛《すね》をかかげて閒《しずか》に水を渉《わた》り

携嚢行歩春　　嚢《ふくろ》を携《たずさ》えて　行くゆく春に歩む〉

洞山禅師は、股《もも》立ちを取って静かに川をかち渡っていた時、ふと川面《かわも》に映った自分の姿をみて、さとりを開いたというが、衲《わし》はそのようなおさとりの機縁にも恵まれない。ただ、頭陀《づだ》袋をさげ、春の陽を浴びて、ずんずんと歩いてゆくばかりである。〔良寛詩集〕

清風與明月　〈清風と明月と

野老笑相親　　野老　笑うて相親しむ〉

清風と明月とを、いなか爺さんが笑ってともどもを賞《め》でている。〔五灯会元　巻十二〕

世尊黄金相　〈世尊は黄金《おうごん》の相
老僧紫磨身　　老僧は紫磨の身〉
釈尊のおすがたは、黄金色であらわし、老僧のすがたも黄金色であらわす。「正法眼蔵涅槃妙心《しょうぼうげんぞうねはんみょうしん》」（おさとり）を身につければ、釈尊も老僧も同色同身である。〔禅林類聚　巻十五〕

石上栽花後　〈石上に花を栽えし後
生涯自是春　　生涯おのずからこれ春〉
待対の世界に絶縁して絶対自由の世界つまりおさとりを身につけることができてからは、自分の生涯は、ずっと不断の春ばかりである。〔貞和集　巻十〕

山河及大地　〈山《せん》河および大地
全露法王身　　すべて法王身を露《あら》わす〉
山河と大地、すべて「仏身」（仏法の真理）のあらわれにほかならない。〔禅林類聚　巻十七〕

千江同一月　〈千江　同一の月
萬戸盡逢春　　万古　ことごとく春に逢う〉
どんなに多くの江にでも差別なしに同じ月が映る。また多くの家々にも平等に春はめぐってくる。

大自然の恵みの無差別平等で広大無辺なることをいいあらわした句。〔禅林類聚　巻十八〕

閃爍鳥飛急　〈閃爍《せんしゃく》たる鳥の飛ぶこと急なり
奔騰兎走頻　奔騰《ほんとう》たる兎の走ることしきりなり〉

光り輝く鳥が急いで飛んでいる。おどり上った兎が、しきりに走っている。日月がよどみなく運行しているさま。〔五灯会元　巻八〕

罕逢穿耳客　〈穿耳《せんに》の客《ひと》に逢うことまれに
多遇刻舟人　舟を刻む人に遇うこと多し〉

めったに偉い人に逢うことなく、遇う人は多く愚物ばかりだ。道心のある聡明な人にはめったに逢わないが、無道心の愚かしい人に遇うことは多い。賢い人の頭骨は、耳が深く両方へ貫通するかのよう（穿耳）であり、愚かしい人とは、昔、大馬鹿者が、河中に剣を落したところ、舷側に印をつけて目じるしとした（刻舟人）ようなものを示す。共に故事をふまえている。〔五灯会元　巻十一〕

相識満天下　〈相識《そうしき》　天下に満つるも
知心能幾人　知心《ちしん》　よく幾人ぞ〉

お互い、顔見知りの人は世間にいっぱいいるが、心底から知り合った人、たとえば琴の名手伯牙《はくが》と、聞き上手な鍾子期《しょうしき》のような人物は、めったやたらにいるものではない。〔続伝灯録　巻一〕

竹密能通水　〈竹密にして　能く水を通じ
花高不隠春　花高くして　春を隠《かく》さず〉

竹は密生していても、流水を碍《さ》えずに通すものである。花の香りは高いので、時は春であることを内密にしようとしてもかくしおわせない。自然の真実のすがたをうたったもの。〔漱石詩集〕

縦有百花紅　〈たとい百花のくれないあるも
自是一色春　おのずからこれ一色《いっしき》の春〉

よしんば春になり百花が妍《けん》を競《きそ》うて咲くにせよ、いってみれば、自然と、それらは、単一明瞭な春のすがたの表現にほかならない。〔信心銘拈提〕

燈籠上作舞　〈灯籠上に舞をなし
露柱裏蔵身　露《ろ》柱裏《ちゅうり》に身を蔵《かく》す〉

灯籠の上で舞踊を演じ、大黒柱の中に体をかくす。固定した概念、つまり俗的なはからいを絶したところに「自由」（円融無礙《えんゆうむげ》）の世界があることを示した。〔五灯会元　巻十八〕

聽鳥充絃歌　〈鳥を聴いては絃歌に充《あ》て
瞻雲作比隣　雲を瞻《み》ては比隣となす〉
山野の小鳥の囀りに耳をすましては、これを典雅な琴の音色《ねいろ》にあてる。去来する雲を仰ぎみては、隣人とみなして睦《むつ》み合う。〔良寛詩集〕
長伸兩脚睡　〈長く両脚を伸ばして睡《ねむ》る
無僞亦無眞　偽《いつわり》もなく　また真《まこと》もなし〉
のうのうとして、ぐっすりとねむっている。その間は「真」だとか「偽」だとかという待対の二見にかかわりがない。〔景徳伝灯録　巻十五〕
飄然來又去　〈飄然として来りまた去る
一箇自由身　一箇の自由身〉
ふらりとやってきて、又ふらりといってしまう。そのような人こそ、おのずから「大道」に由《よ》りえた身といえよう。〔五灯会元　巻十九〕
拂拭本無塵　〈払拭すれば　本塵《もと》なし
青天月一輪　青天に　月一輪〉

よごれを払いのけてみれば、もともとは綺麗なものである。あたかも雲が流れ去ってみれば、青天に月が一輪かがやき渡っているようなものである。〔普灯録　巻二十二〕

莫將凡界眼　〈凡界の眼《まなこ》をもち
來翫覺園春　来って覚園《がくおん》の春をもてあそぶことなかれ〉

俗世の煩悩にみちたはからいでもって、さとりという「永遠の春」をなぐさみものにしてはいけない。〔禅林類聚　巻十九〕

莫怪今顦顇　〈莫怪《もつけ》に　いま顦顇《しょうすい》す
多愁定損人　愁《うれ》い多ければ　定《さだ》んで人を損《そこな》わん〉

意外に、今、このようにやつれきっている。そのやつれから愁いを多く面《おもて》に出すならば、かならずや、人にいやな気持を起こさせるであろう。〔寒山詩集〕

六　言

豁開胸襟寶藏　〈胸襟の宝蔵を豁開《かっかい》して

運出自己家珍　　自己の家珍を運出す〉

胸の中にしまってある「仏性」をからりと開いて、自己の「宝」、つまり本来の面目をあらわにする。もって生れた自己をさらけ出し、本来の面目たる真の自己を覚《さと》ることを示す。〔五灯会元巻二十〕

蔵身處沒蹤跡　〈蔵身の処は沒蹤跡《もっしょうせき》

沒蹤跡處莫藏身　　沒蹤跡の処は身を蔵するなし〉

師と弟子とがぴったりと一枚になるところはさとりである。さとりのあるところは、弟子が師匠に一枚になるというそうした意図もあってはならない。さらりとならねばならない。〔禅林類聚巻十五〕

太平治業無象　〈太平の治業　象《かたち》なし

野老家風至淳　　野老の家風　至淳〉

善政による太平の治生産業というものには、これといった現象《すがた》はとりあげられない。田夫野人の飾らない淳朴のすがたが、それをあかすだけ。正しく、「帝力我れにおいて何んぞあらんや」である。〔従容録　第五則〕

谷含應聲之響　〈谷は声に応ずるの響きを含む
山屬愛寂之人　山は寂を愛するの人に属す〉
谷はせせらぎにこたえる響《ひびき》をも、つつみ入れられるものであり、山は寂寥を愛する人のもちものである。〔義雲語録　巻上〕

唯雀噪勿人親　〈ただ雀噪《じゃくそう》のみにして人の親しみなし
獨坐時聞落葉頻　独り坐して時に聞く　落葉の頻《しき》りなるを〉
荒れ寺は、ただ雀の囀りが賑やかなだけで、人と人との接触はない。一人で坐禅していると、時どき落葉がひらひらと散るのが聞こえてくる。良寛和尚の詩に「坐して聞く　落葉の頻りなるを」あり。〔趙州録　十二時歌〕

學道先須學貧　〈道《どう》を学ぶには先づすべからく貧を学ぶべし
學貧後道方親　貧を学んで後　道はじめて親しし〉
仏道を学ぶには、先づ貧乏を学ぶことを必須条件とせねばならない。貧乏を学んで後に、仏道ははじめて身にぴったりとつくのである。仏道を体得した仏者を「貧道《ひんどう》」という。〔自得暉録　巻一〕

百尺竿頭弄険　〈百尺竿頭に険を弄《もてあそ》び
是非海裏横身　　是非海裏に身を横たう〉

高い竿の先きで険難《けんのん》さを面白がり、「是非《まよい》の世界」の中で平然として身を横たえている。「生死《まよい》」を超脱すれば、凡情の及ばない悠々たる境地に、いることができることを示す。〔禅林類聚　巻六〕

百尺竿頭進歩　〈百尺竿頭に歩を進め
十方世界全身　　十方世界に身を全《まっと》うす〉

百尺もある高い竿のてっぺんにのぼり、さらにもう一歩を進めるならば、それは「死」に通ずるわけでなく、時間空間に身を全うして、大きく「生《い》」きうることとなる。〔従容録　第七十四則〕

老梅樹老梅樹　〈老梅樹　老梅樹
長養枝枝葉葉春　　長養す　枝々葉々の春〉

我が境界《きょうがい》は、老梅樹のごときもの。あたかも、霜雪の艱苦を経て永遠の春に逢い、枝葉をすくすくと伸ばすことができたようなものである。〔永平広録　巻十〕

七言

枕石嗽流自在身　〈石に枕し流れに嗽《すす》ぐ自在の身
不要白眼接世人　　白眼もて世人に接するを要せず〉
　石を枕とし、水の流れに口をすすぐといった極く自然な自由無碍《むげ》な明け暮れをしている。竹林の七賢人のように、白眼《しろめ》で世間の人に接するという窮屈な生き方をするには及ばない。〔半仙遺稿〕

一葦江頭楊柳春　〈一葦江頭楊柳の春
波心不見昔時人　　波心に昔時の人を見ず〉
　一艘の小舟が、楊柳の緑いやます春の揚子江のほとりにある。が、川の中ほどに舟を浮べて遊んだ昔の人を、今やみることができない。〔五灯会元　巻二十〕

一曲離騒帰去後　〈一曲の離騒《りそう》　帰り去りし後
汨羅江上獨醒人　　汨羅《べきら》江上　独り醒めたる人あり〉
　「離騒」の一曲を著わした屈原が亡くなってしまった後、屈原が投身自殺をした汨羅《べきら》の江《かわ》のほと

りに、ひとり目ざめた屈原のような人がいる。〔禅林類聚　巻十三〕

一聲黃鳥青山外　〈一声の黄鳥　青山の外
占斷風光作主人　風光を占断して主人となる〉

青山のほとりで黄鳥《うぐいす》が、一声囀《さえず》り出すと、春の風光をひとり占めして春の主人公となる。〔槐安国語　巻四〕

延平劒已成龍去　〈延平が剣すでに竜と成り去るも
猶有刻舟求劒人　なお舟に刻して剣を求むるの人あり〉

晋の雷煥《らいかん》の子が、父の剣を腰にさして延平津を通った時、剣が自然と抜けて水に入り竜となってしまったというが、愚か者がおって水に落した剣の在り処をおぼえておくべく　乗っていた舟の舷側にしるしをつけて剣を探す手段としたともいう。これでは、「人間は万物の霊長なり」と偉がっているわけにもゆくまいて。〔五灯会元　巻八〕

覺性圓明無相身　〈覚性《かくしょう》は円明《えんみょう》にして無《む》相身《そうしん》
莫將知見强疎親　知見をもってあながちに疎親することなかれ〉

さとりは円《まど》かで透明であって、実体のすがたがないもの。だから小さな「私の知見《はからい》」でもって、

無理に疎親という差別立てをしてはならない。〔禅林類聚　巻十三〕

鶴林月落暁何暁　〈鶴林　月落ちて　暁《あかつき》　何ぞ暁《あ》けん
鳩尸花枯春不春　鳩尸《くし》　花枯れて　春　春ならず〉

釈尊がお亡くなりになろうとする時、娑羅《しゃら》双樹《そうじゅ》が白く変って白鶴がとまっているように見え、月が落ちて明け方近くなったが、早くも白々と明け初めたように白くなっていた。釈尊の入滅を惜しむかのように、クシナガラ城のほとりの花は枯れて、春でありながら春のようでなくなり、悲しみに沈んでいた。〔永平広録　巻七〕

歌鼓驚山草木動　〈歌鼓　山を驚かし　草木も動き
簞瓢散野烏鳶馴　簞瓢《たんぴょう》　野に散じて　烏鳶《うえん》馴る〉

歌や太鼓の音が山にとどろき、ために草木も驚くがごとくなびき、わりごから食べ散らかされた食べものが、野山に散らばり、烏やとんびが、人なつっこくあたりをあさっている。平和な風景を叙したもの。〔東坡詩集　巻四〕

河濱無洗耳之叟　〈河浜《かひん》に耳を洗うの叟《おきな》なく
磻谿絶垂釣之人　磻谿《ばんけい》に釣を垂るるの人を絶つ〉

河のほとりに堯帝から天下を譲ってあげようといわれた許由が、汚れたことを聞いたといって耳を洗ったといわれているが、そのように高尚な人はおらなくなった。また太公望が久しく釣糸を垂れて周の文王の出現を待ったという渭水のほとりには、すでに釣する人もいなくなった。高尚な人とはどんな人ですかという僧の問いに唐の安国弘瑫が答えた言葉。〔景徳伝灯録　巻十九〕

巖下白雲常作伴　〈巌下の白雲を常に伴《とも》となし

峰前碧嶂以爲鄰　　峰前の碧嶂《へきしょう》を　もって隣となす〉

大きな岩の下に湧き出る白雲をお伴《とも》となし、峰の前のみどりの屏風《びょうぶ》を立てかけたような山を隣人とみなし、清浄な明け暮れをすごしている。〔洞山録〕

寒松一色千年別　〈寒松一色　千年別なり

野老拈花萬萬春　　野老　花を拈《ねん》ず　万々の春〉

さびしそうな一本松の色は、千年も経てば色が変る。名もない田舎おやじ（釈尊をさす）が一たび花をつまめば、万々年も変らぬ春の色（仏法の真理をさす）がいっぱいに漂う。〔禅林類聚　巻三〕

君看鶴樹泥洹月　〈君看よや　鶴樹泥洹《ないおん》の月

曾擧雙趺示衆人　曾《かつ》て　双趺を挙げて衆人に示せり〉

ほら御覧、クシナガラ城外の娑羅《しゃら》双樹《そうじゅ》林でおなくなりになった釈尊。その釈尊が、以前に、結跏《けっか》趺坐《ふざ》（両足を組んで坐ること）して大衆に説示されたことを。〔人天眼目　巻二〕

虛室夜寒何所有　〈虚室　夜寒く　何んの有する所ぞ
碧天明月頗爲隣　碧天の明月　すこぶる隣となる〉

がらんどうの部屋は、夜ともなればいっそう寒い。なんにもないからだ。だが青空の明月が光を射しこんでくれて、隣りづき合いをしてくれるので、風流なものだ。人間というものは、ひとりぼっちということはない。「本来の父母」とか、「父母未生以前」という禅語は、このことわり、つまり「月」も「人」も現象としてのそれには差別がない。そのことをはっきり自覚することが、おさとりというのだ、ということを述べたもの。〔丹霞頌古百則〕

脫巾掛樹風吹髮　〈巾《きん》を脱《ぬ》ぎ樹に掛《か》くれば　風　髪を吹く
策杖探梅雪點身　杖をつき梅を探ぐれば　雪　身に点ず〉

かぶりものを脱いで樹にかけると、風が髪をくしけずってくれ、杖をついて梅見《み》をすれば、雪がわが身に降りかかって風情《ふぜい》を添えてくれる。〔便蒙類編〕

耕雲種月自由人　〈雲に耕し月に種《う》うれば自由人
田地分明契券眞　田地分明にして　契券《けいけん》真なり〉
流動する雲に耕作し、月世界に種をおろすことができれば、自由無碍《むげ》の人といえる。自由人の田地の区分は、はっきりとして、割符に照らし合わせるまでもなく、ちゃんとしている。〔宏智偈頌〕

溪聲便是廣長舌　〈渓声　すなわちこれ広長舌《こうちょうぜつ》
山色豈非清淨身　山色　あに清浄身《しょうじょうしん》にあらざらんや〉
渓川のせせらぎの音は、つまりは仏祖の大説法のごとく我が心にくい入ってくる。あたりにたちこめる山のたたずまいをみれば、なんと清浄《おさとり》な仏身のすがたそっくりに受けとめられるではないか。蘇東坡が、悟った境地をこの詩にうたいあげ師の照覚常総禅師に呈したもの。〔東坡詩集巻二十三〕

紅霞碧靄籠高低　〈紅霞　碧靄《へきあい》　高低を籠《こ》め
芳草野華一様春　芳草　野華　一様の春〉
桃や柳の色、霞《かすみ》や靄《もや》の立ちこめかたに、高低、紅緑の差別はある。だが、香り草も野の草も、一

様に春色のあらわれにほかならない。〔槐安国語　巻六〕

高祖殿前樊噲怒　〈高祖の殿前に樊噲《はんかい》怒る
須知萬里絶烟塵　すべからく知るべし　万里に烟塵を絶つことを〉

鴻門《こうもん》の会のとき、漢の高祖の御前で樊噲《はんかい》が怒ったのは、万里にわたって戦いの根絶を期したためであったことを知るべきである。〔五灯会元　巻十二〕

回首獨倚枯藤立　〈首《こうべ》を回《めぐ》らして独り枯藤に倚《よ》って立てば
人見山兮山見人　人　山を見　山　人を見る〉

ふり向いて枯藤にもたれて立てば、人が山を見、山が人を見るといったあんばいに、主客を絶した三昧の境が、つまり山居のすがたである。〔大智偈頌〕

盟心蘆笋白鷗社　〈心に盟う　蘆笋《ろしゅん》と白鷗の社を
夢眼華枝蝴蝶春　眼に夢む　華枝と蝴蝶の春を〉

芦笋《あしかび》と白鷗とは、心に盟い合ってめいめいの生活を護るための「保社」（組合）を結び合っている。春に咲く花樹と蝴蝶とが、荘周の夢に入るのか、荘周が花と蝶に入るのか、物と物、春と人とが一枚の世界に入っている。〔宏智偈頌〕

牛頭峯頂鎖重雲　〈牛頭《ごず》峰頂《ほうちょう》　重雲を鎖《とざ》し
獨坐寥寥寄此身　独坐寥々《りょう》として此の身を寄す〉

牛頭《ごず》山の頂上には、一ぱい雲がたちこめている。そのあたりで、法融《ほうゆう》禅師が独り坐禅を組んでその身を寄せている。〔禅林類聚　巻十九〕

痕垢盡除光始現　〈痕垢《こんく》尽き除いて　光り　始めて現じ
心法雙亡性則眞　心法ならべ亡じて　性《しょう》　すなわち真なり〉

鏡の上の汚れをみんなとり払って、始めて真の光りが現われる。鏡に映る主観も客観も、夢も幻も、除き去ってこそ始めて鏡自体の真面目が現われる。「心」の能縁（主観）の幻影も、「法」の所縁（客観）の幻影も、ともに「妄縁」つまり「塵《まよい》」であり「賊」である。これらを坐禅によってとり払えば、真実相が現われる。これが「性」すなわち「無性」であり、その「無性」がつまり「真如《さとり》」である。これを総じていえば、「本来無一物」となる。〔証道歌〕

金翅鳥王當宇宙　〈金翅《こんじ》鳥王《ちょうおう》　宇宙に当る
箇中誰是出頭人　箇の中　誰れかこれ出頭の人〉

大地を震動させるはたらきをするという「金翅鳥王」（仏をさす）が、宇宙を司宰している。が、

この宇宙の中で誰れが最もすぐれているか。ほかでもない、それは「仏性」をもっている人のことだ。〔五灯会元　巻十四〕

蒿草栴檀多少要　〈蒿草《こうそう》　栴檀《せんだん》　多少の要ぞ
一龍八馬各逢春　一竜　八馬　おのおの春に逢う〉

よもぎであろうと、栴檀であろうと、どれほどの差別を必要とするのか。貴賤の差などあるべきでない。また名馬であろうが、駄馬であろうが、みんな春がくれば春に逢いうるようなものである。たゞ何れも、めいめい力いっぱいに生きることが大事なだけである。〔永平広録　巻七〕

幸作福田衣下身　〈幸に福田衣下の身となって
乾坤贏得一閑人　乾坤《けんこん》かち得たり　一閑人〉

幸いにしてお袈裟《けさ》をかけられる僧侶となった。お袈裟をかけて坐禅している自分は、宇宙間で最も倖《しあわ》せな絶対者と申せましょう。〔大智偈頌〕

昨夜星河轉南斗　〈昨夜　星河　南斗を転じ
金烏隨鳳過天輪　金烏　鳳に随って　天輪を過ぐ〉

昨晩、天の河が南斗星を方向転換し、太陽が鳳凰をつれて大空を飛びさった。風穴《ふけつ》和尚が、「古

曲、音韻なき時はいかん」との問いに答えた言葉を投子《とうす》和尚が偈に示した句。〔投子語録〕

昨夜東君潜布令 〈昨夜 東君 ひそかに令を布《し》き

黄鶯啼處綠楊春 黄鶯啼く処 緑楊の春〉

昨晩、春の女神がそっとお布令《ふれ》を出した。ためにうぐいすの啼くところにも、緑楊の影にも、春がいっぱいとなった。〔丹霞頌古百則〕

坐亡立脱知多少 〈坐亡 立脱《りゅうだつ》 多少を知りぬ

鐵樹花開別是春 鉄樹 花開く 別にこれ春〉

修行中に坐禅したままで死んでいったり、立ったまま死んでいった人は、どれほどいたことかしら。さぞ多かったろうに。そうしてこそ鉄で作られた樹に花が咲くという、俗の世界では思いもよらぬ永遠の春が展開されるのである。〔禅林類聚 巻三〕

三尺雪深曾立處 〈三尺の雪深きに 曾て立ちし処

不知誰是雪中人 知らず誰れかこれ 雪中の人なりしを〉

三尺も降り積った雪の深いところに曾て立たれて、入門の決意を示された二祖慧可大師。このように雪中に立った人を、達磨門下の者は誰れ一人として知らない人はいない。〔聯頌集 巻上〕

三千世界出彈指　〈三千世界　弾指《たんじ》に出で
百億莊嚴集化身　　百億の荘厳《しょうごん》　化身を集む〉

大宇宙という空間も、心の動きによってつまはじきするほどの瞬間に現出されるものである。人間のたくらみによって、現出される多くのおかざりなどというものも、いわば、まぼろしを集めてつくり出したようなものである。〔景徳伝灯録　巻九〕

山中人可愛山人　〈山中の人は山を愛する人なるべし
去去來來山是身　　去々来々　山はこれ身〉

本来の面目を体得した人は、真に山を愛する人といえる。なぜならば超古超今、無始無終にわたり、山のほかに個たる現象の身がないからだ。〔永平広録　巻九〕

色空明暗遮雙眼　〈色空明暗　双眼をさえぎり
地水火風周一身　　地水火風　一身にめぐる〉

「色《しき》」と「空《くう》」、「明《めい》」と「暗《あん》」とのまよいの世界が、両の眼にちらつき、「地水火風」といった現象界のまよいが、一身にまといついている。三界（娑婆《しゃば》世界）は火宅《まよい》にほかならないことをいう。〔中峰広録　巻二十九〕

紫金蓮捧千輪足　〈紫金《しこん》の蓮は　千輪の足を捧《ささ》げ
白玉毫輝萬徳身　白玉の毫《ごう》は　万徳の身を輝かす〉

紫磨《しま》金身《こんじん》の相《そう》をそなえた仏世尊は、多くの足でお立ちになり、有徳を象徴した白毫《びゃくごう》の相《そう》は、多くの徳のある人柄を輝かしている。〔五灯会元　巻十六〕

錯時直須徹底錯　〈錯《しゃく》なる時は直《じき》にすべからく徹底錯《しゃく》なるべし
親時更要徹底親　親《しん》なる時は更に徹底親《しん》なるを要す〉

合わない時は、すなおに徹底して合わぬでよろしいし、ぴったりする時はその上、徹底してぴったりするがよろしい。「徹底」は「相対」を絶するからである。〔大智偈頌〕

終始覓心不可得　〈終始して覓《もと》むれども心不可得
寥寥不見少林人　寥《りょう》々として見ず　少林の人を〉

ずっとさとりを求めても、さとりは求められるものではない。寥々として坐禅することがさとり、つまり達磨大師なのであって、達磨大師が、別に達磨大師をみることはできない。〔禅林類聚　巻十四〕

愁人莫向愁人説　〈愁人　愁人に向って説くことなかれ

説向愁人愁殺人　　愁人に説向すれば　人を愁殺《しゅうさい》す〉

悩める人は悩める人に向ってものを説いてはいけない。同病相憐れむで、お互い語り合わなくともお互いの気持は十分に分かるはず。もしも悩める人に向って話しかけ、説法などしようというなら、人をいよいよ悩ましつくす。元来、言葉というものは、意をつくせぬ性質のもの。その言葉を使えば、かえって意志の疏通をも欠き、人々を悲しませる結果をきたす。真実というものも人に向って示すことも説くこともできぬ性質のもの。だから語れば語るほど真実からかけはなれる結果となる。例えば、迷いについても、物語れば物語るほど、問う人の迷いを増させてしまうという事がそれである。真実の伝受の歴史的事実にかかわっていえば、釈尊が霊鷲山《りょうじゅせん》上で説法しようとした時、華を拈じたところ摩訶迦葉《まかかしょう》が破顔微笑《はがんみしょう》し、釈尊のおさとりをそのままに身につけられたことなどは真実のあり体《てい》と、行取体得の相《すがた》を示したものである。〔禅門拈頌集　巻十五〕

〔碧巌録　第四十則頌の著語〕〔五灯会元　巻十七〕

終年不遇穿耳客　〈終年遇わず　穿耳《せんに》の客に
只見空林拾葉人　　ただ見る空林に　葉を拾うの人を〉

生涯かけて賢い人には縁がないので、お目にかかったことがない。縁ある人といえば、わずかに

閑《しず》かな林に落葉を拾いにくる山賤《やまがつ》か、薪《たきぎ》こる童《わらべ》ぐらいのもの。〔良寛詩集〕

出本無心歸亦好　〈出もと無心　帰もまた好し
白雲還似望雲人　白雲なお雲を望むの人に似たり〉

白雲は、来るも去るも無心であるのがよろしい。その白雲は、なお無心に雲を望みようとする人にも似ている。〔東坡詩集　巻十四〕

聖王如天萬物春　〈聖王は天の如くにして万物の春
小臣愚暗自亡身　小臣は愚暗にしてみずから身を亡《ほろ》ぼす〉

聖明な君主は、天のようにおおらかで、万物をはぐくむ春のような力をもっている。が、こせこせしている臣下は、目さきのことにしか気がつかず、愚かなために自分で自分の身をほろぼしてしまうはめになる。〔東坡詩集　巻十九〕

趙州道箇喫茶去　〈趙州《じょうしゅう》　箇の喫茶去《きっさこ》というも
一滴何曾濕口唇　一滴　何んぞ曾て　口唇を湿《うるお》さん〉

趙州従諗《じょうしゅうじゅうしん》和尚が「貴僧まあお茶を一服」といいながらも、一滴すら、これまで茶椀に点《た》ててくれたためしがないではないか。〔貞和集　巻五〕

思量何用覓安心　〈思量　何をもって安心《あんじん》をもとむるを
求得心安却苦身　心安を求め得れば　却《かえ》って身を苦しめん〉
　はからいをめぐらし、どうして安心をもとめようとするのか。たとえ心の安らぎを求めえたにしても、そのため、かえって身を苦しめることになりかねるではないか。〔聯頌集　巻上〕

塵世難逢開口笑　〈塵世　逢い難し　口を開いて笑うを
虎渓千古祇三人　虎渓　千古　ただ三人のみ〉
　この俗世では、めったにお互いに呵々大笑できる人に逢えない。だが廬山の慧遠《えおん》法師は、参道にかかっている虎渓橋まで話に夢中になって歩を運んだので、送られてきた友人の陶淵明と陸修静とが、思わず大笑した、という物語は、遠い昔から語りつがれている。〔貞和集　巻九〕

西祖不傳唐土信　〈西祖は唐土に信を伝えず
少林謾自立疎親　少林はみだりにみずから疎親を立つ〉
　達磨は中国に信心を伝えなかった。だから達磨は、「差別を立てるな」と説きながら、自ら「疎親」という差別を立てたことになる。それは表面上のことで、真実の意味は表面的な「疎親」を立てないことが真実の「慈悲」であることを示したのである。〔禅林類聚　巻十四〕

雪裡梅花春信息　〈雪裡の梅花は春の信息
池中月色夜精神　池中の月色は夜の精神〉
雪の中に咲く梅花は春を告げる音づれであり、池の中に影を宿す月は、夜の静けさを示すこころである。〔五灯会元　巻十八〕

千江有水千江月　〈千江　水有り　千江の月
萬里孤舟萬里身　万里　孤舟あり　万里の身〉
多くの江《かわ》に水が流れ、それらのどの流れにも月は映っている。広々とした大海に、たった一艘の小舟が浮んでおり、その中に万里を行く勇ましい人がいる。〔禅林類聚　巻二〕

泉州白家酒三盞　〈泉州の白家　酒三盞《せん》
喫後猶道未沾脣　喫後なおいう　未だ脣を沾《うるお》さずと〉
酒泉郡の白い茅《ちがや》ぶきの家で酒を小さな盃で三杯ぐいのみをした。飲んでしまった後で、「まだ盃を手にしなかった」という。赤貧を脱却するには、物や財に執られる心をなくすことである。そして物や財の多寡は相対的なものであるから、そうしたものに人間が振りまわされることは哀れである、と。〔曹山録〕

千里路行千里馬　〈千里の路は千里の馬を行かしめ
一重山隱一重人　一重の山は一重の人を隠す〉
千里もある遠い路なればこそ、名馬に「よし行ってみよう」という決意をさせる。ひと重ねほどの余り奥深くない山は、それほどの大人物を住みつかせないものである。〔中峰広録　巻二十九〕

蒼梧不棲於丹鳳　〈蒼梧《そうご》　丹鳳を棲《す》ましめず
澂潭豈墜於紅輪　澂潭《ちょうたん》　あに紅輪を墜《お》とさんや〉
蒼梧《あおぎり》には、美しい鳳凰を棲ましめようなどという心はない。澄潭には、どうして月影を宿させようという心がありましょうか。「蒼梧」も「澄潭」もともに美醜にかかわらず、来るものは阻《はば》まず、去るものは追わず、自然法爾《じねんほうに》のすがたにほかならない。〔洞山録　玄中銘〕

雙林孰謂歸圓寂　〈双林たれか謂《い》わん　円寂に帰すと
坐斷乾坤日見眞　乾坤《けんこん》を坐断して日に真を見る〉
クシナガラの郊外、娑羅《しゃら》双樹の下で、釈尊がお亡くなりなさったと、いったい誰れがおっしゃるのか。釈尊は、決してお亡くなりにはなっていない。その証拠には、天地、日月、陰陽といった相対的な思慮分別を解脱《げだつ》させて、日に日に絶対真実の相をあらわにさせているではないか。〔祖

英集　巻下〕

大義由來不可陳　〈大義は由来陳《の》ぶべからず
休於言下覓疎親　言下において疎親をもとむることを休せよ〉

真実の意味というものは、もともと言葉で表現できないもの。それを口先だけで「疎」と「親」といった差別立てを求めるようなことをしてはならない。〔聯頌集　巻中〕

大地撮來如粟米　〈大地を撮《つま》み来るに粟米の如く
一毛頭上現全身　一毛頭上に全身を現ず〉

ものの大小などということは、相対的なことで、この相対を絶した絶対無差別界に立てば、大地をつまみとることあたかも粟や米粒をとるごとく簡単だし、また、毛のさきに全身を現ずることさえできる。〔聯頌集　巻上〕

直饒玄路無消息　〈たとい玄路に消息なくとも
未免家中喪二親　未だ家中に二親をうしなうを免れず〉

たとえ歩いても足跡のつかない、いわゆるさとりの路をたどった者から、なんの消息がなくとも、そのような修行者は、我が家の両親をなくすことは必定である。つまり、出家して両親の恩愛を

断絶しなければ、さとりはうることができないことをいう。〔禅林類聚　巻十九〕

爲報四方禪客道　〈為に四方の禅客に報じていう
等閑莫作守株人　　等閑《なおざり》に株《くいぜ》を守る人となることなかれ〉

広く天下の禅人に報らせていうが、なおざりに旧套《とう》を墨守するような愚かな人となってはいけない。〔禅林類聚　巻十九〕

誰道出家憎愛斷　〈誰れか道《い》う　出家は憎愛を断《た》ちたりと
思量不覺淚沾巾　　思い量《はか》れば覚えず　涙巾《きん》を沾《うる》おす〉

誰れが、いったい全体、出家というものは、憎愛を断ち切ったものだと、きめつけたのであろう。悲しいことに、今わたしは、落葉する音に耳をかたむけ、思わず涙が、とめどもなく流れ出て、手拭を濡らしてしまったことよ。良寛和尚の詩「坐して時に落葉を聞く、静《じょう》に住するは是れ出家、従来思量を断ちたれども、覚えず涙巾を沾おす」は、これによる。〔趙州録　十二時歌〕

誰言在俗妨修道　〈誰れか言う　俗に在れば修道を妨ぐと
金粟曾爲居士身　　金粟《きんぞく》　曾《かつ》て居士の身となれり〉

俗人では、仏道を修行するのにさまたげがあるなどと、いったい誰れが言うのか。金粟《きんぞく》如来は、

曾つて維摩《ゆいま》居士《こじ》といった在俗の士ではなかったか。〔景徳伝灯録　巻九〕

着衣喫飯随豊倹　〈着衣　喫飯　豊倹に随う
物物頭頭用最親　　物々　頭々　用　最も親しし〉

衣類、食物はお勝手もと次第でやりくりする。使われる「物」と、使う「人」との用途とが、一番ぴったりすることになるわけ。これが阿育禅師の貧寒生の家風である。〔丹霞頌古百則〕

長竿放去随波浪　〈長竿　放去して波浪に随う
絲線収來獲錦鱗　　糸線　収め来って錦鱗を獲《え》たり〉

会昌の排仏棄釈の難に遭い、船頭渡世《せんどうとせい》をしていた船子《せんす》徳誠《とくじょう》和尚は、長い釣竿を放り出して波間にあっぷあっぷしてしまった。が、その釣竿の釣糸で夾山善会《かっさんぜんね》というすばらしい弟子を釣り上げて法を嗣がせることができた。〔聯頌集　巻下〕

鐵牛帶子蹈滄海　〈鉄牛　子を帯びて滄海を蹈み
撞月石龜長羽鱗　　月を撞《つ》く石亀　羽鱗《うりん》を長ず〉

鉄牛が子をつれて青海原《あおうなばら》を歩きまわり、石亀に長い羽と鱗《うろこ》を生やして月をたたかせた。絶対の世界を文字で現わしたもの。〔禅林類聚　巻十〕

鐵牛不喫三春草　〈鉄牛　喫せず　三春の草
吼破寒潭月一輪　　吼え破る　寒潭の月一輪〉

坐禅をして本当の自己に徹した人間は、現象に自分をかきまわされない。鉄牛人の生き方は、透き通る水をたたえた深淵にうつる月のように清涼そのものだ。〔大智偈頌〕

銕牛捽翅快於鶻　〈銕牛《てつぎゅう》翅《はね》を捽《つか》むこと鶻《しまたか》よりも快《はや》く
石虎撞頭驚倒人　　石虎《せきこ》頭をもたげ　人を驚倒す〉

世間的なはからいを絶した絶対境をのべたもの。〔東山外集〕

天地尚空秦日月　〈天地　なお秦の日月を空とす
山河不見漢君臣　　山河　漢の君臣を見ず〉

天地の長久さに比べれば、秦の天下など一場の夢物語であり、山河の不動さからみれば、漢の君臣など泡のようにはかない存在であったことがわかる。〔禅林類聚　巻十〕

天飄碎玉千峯雪　〈天は碎玉をひるがえす　千峰の雪
雨滴巖花萬國春　　雨は巌花にしたたる　万国の春〉

天は砕いた玉をひるがえすかのように、多くの峰々に雪を降らせた。雨は巌頭の花にしたたり落

ちて、世界中に春の来ることを告げるかのようである。〔禅林類聚　巻十四〕

問處分明答處親
半同含笑半同嗔
〈問う処　分明なれば答処親しし　半ば笑を含むに同じく　半ば嗔《いか》るに同じ〉

問う処が、はっきりとしていれば、答える処も親しみをおぼえる。半ば笑いを含むようでもあり、半ばいかるようでもあると、どうしようもない。〔禅林類聚　巻二〕

東坡居士太饒舌
聲色關中欲透身
〈東坡居士　はなはだ饒舌《じょうぜつ》　声色《せいしょく》　関中に透身せんとほっす〉

蘇東坡先生は、大そうなおしゃべり屋である。なぜならば渓《たに》川のせせらぎのからくりの中で、さとろうとしたからである。〔普灯録　巻二十四〕

有時獨坐孤峯頂
寂寂猶聞落葉頻
〈時有りて孤峰の頂に独坐すれば　寂々としてなお聞く　落葉のしきりなるを〉

時に孤峰の頂上で坐禅すれば、三昧に入りながら、なお落葉がしきりに舞い落ちるかすかな音さえも聞きとることができる。〔禅林類聚　巻十六〕

如今奪得連城壁
〈如今《にょこん》奪い得たり　連城の璧《たま》を

秦王相如盡喪身　秦王　相如《しょうじょ》　ことごとく身をほろぼせり〉
ただ今、趙《ちょう》王が秦の十五城と交換しようとした大事な璧《たま》を奪いとることができた。が、さて趙を欺《だま》そうとした秦王も、秦王から璧を奪いかえした藺相如《りんしょうじょ》も、みんななくなってしまい、あるものは不滅の真実の自己だけだ。〔聯頌集　巻中〕

波旬拊掌呵呵笑　〈波《は》旬《じゅん》　掌《たなごころ》を拊《う》ちて　呵呵として笑う
迦葉擡頭不識人　迦《か》葉《しょう》頭をもたぐ　不識の人〉
悪魔どもが拍手して呵々としてうち笑っていても、仏弟子の迦葉《かしょう》尊者は平気で、さながら生死を超越した人であるかのようである。〔五灯会元　巻十二〕

白菊乍開重日暖　〈白菊たちまち開き　重日暖かなり
百年公子不逢春　百年の公子　春に逢わず〉
人目につかない垣根のもとの白菊も、九月九日の小春日和にぱっと開《き》いた。華やかなるべき公達《きんだち》でありながら、心が貧しいと、長い年月を通しても、永遠の春にはめぐりあえない。〔五灯会元　巻十二〕

破衲襤衫斲斷雲　〈破《は》衲襤衫《のうらんさん》　断雲をきる

踏氷岩下拾枯薪　氷を岩下に踏み　枯薪《こしん》を拾う〉
破れた袈裟《けさ》と、つづれ衣をまとうたみすぼらしい姿は、ちぎれ雲をたち切ったかのようだ。そして、岩下の氷を踏みしめながら、枯れそだを拾い集める暮しぶりをしている。〔貞和集　巻六〕

萬象之中獨露身　〈万象の中《ばんしょう》　独露身《どくろしん》

唯人自肯乃方親　ただ人みずから肯《うべな》えば　すなわちはじめて親しし〉
森羅万象の中で、その人だけにそなわっているかけがえのない「本来の面目」。それは、ただ人が我見個我を放下《ほうげ》して、はじめて我がものとすることができる。〔景徳伝灯録　巻十八〕

白牛耕盡寒岩雪　〈白牛《びゃくごう》　耕し尽くす　寒岩の雪

禽鳥不鳴天地春　禽鳥　鳴かず　天地の春〉
法華一乗の法を象徴した白牛が、雪をかぶった寒岩の上を耕し尽くし、小鳥が囀《さえず》らないのに天地いっぱいの春になっている。時処の差別を超えたところに、永遠の春は存在していることを示した。〔劫外録〕

百尺竿頭須進歩　〈百尺竿頭にすべからく歩を進むべし

十方世界現全身　十方世界に全身を現ず〉

高い高い竿のさきで、思いきって、さらに一歩を進むべきである。己れを無にして前進してみれば、往くところに、かならず私を絶した自己が現成《げんじょう》して、縦横無碍《むげ》の活動ができる。ぎりぎりの限界をつき破って、あらゆる処に、限界を超越したさとりの世界を現成せしめなければならないことを示したもの。〔景徳伝灯録　巻十〕

百草頭上無邊春　〈百草頭上　無辺の春

信手拈來用得親　手にまかせ拈《ねん》じ来り　用い得て親しし〉

千草八千草の上に、無辺の春光が輝いている。が、春草ばかりでなく、どんな荒れ田であろうが、春は差別なしにたたえられてあるべきだ。多くの草木が萌え出て、それぞれの生命を謳歌《おうか》している姿が永遠の春。その春の百草を手あたり次第にとって眺めあかせば、草木の生命は、それで充足したことになることを示したもの。〔従容録　第四則〕

百鳥不來春已過　〈百鳥来らずして春すでに過ぐ

不知誰是住庵人　知らず誰れかこれ　住庵の人〉

多くの鳥が花をくわえて来ることもなく、春は通りすぎてしまった。自分について仏法を尋ねてくる修行者はいなくなった。そのようにすごしている庵主とは、いったいどんな人かしら。〔禅

林類聚　巻十九〕

斬蛇須是斬蛇手　〈蛇を斬ることはすべからくこれ蛇を斬るの手
燒畬須是燒畬人　畬《やきた》を焼くことはすべからくこれ畬《やきた》を焼くの人〉

「餅《もち》は餅屋」との諺にあるように、人はそれぞれ持ち前の職によって、自分の主体性が発揮されることのたとえを示したもの。〔五灯会元　巻十五〕

茫茫是盡覓佛漢　〈茫々としてこれことごとく仏を覓《もとむ》るの漢《ひと》
擧世難尋閑道人　世を挙げて尋ねがたし　閑道の人〉

あたふたと、ただみんなさとりを求めようとしている欲ふかの者ばかり。世の中じゅうに、のんびりとした人（さとれる無為の人）などみつけ出すことはできない。〔普灯録　巻十二〕

水出崑崙山起雲　〈水は崑崙《こんろん》より出で　山に雲を起こす
釣人樵父昧來因　釣人樵父《ちょうじんしょうふ》　来因を昧《くら》しとす〉

水の源は崑崙山であるが、その水で山には雲を湧かせる。が漁夫《りょうし》や樵人《きこり》は、その因って来たるところをわからずじまいにしておく。おさとりというものは、人間の思慮では分からないことであり、分るはずがないことを言いあらわした句。〔投子語録〕

掬水客擎雙手月　〈水を掬《きく》す客《ひと》　双手に月をささげ
賣花人負一肩春　花を売る人　一肩の春を負う〉
水をすくいとる客《ひと》は、両手に月をささげもつことができ、花売りの人は、かつぐ片方の肩に春いっぱいをおんぶしていることになる。〔便蒙類編〕

運水搬柴不見塵　〈水を運び柴を搬《はこ》んで塵を見ず
頭頭全現法王身　頭々すべて法王身を現ず〉
せっせと仏道生活に精を出して、俗世間のわづらわしさなどに目をくれない。日常の明け暮れのうちに、一切がっさい「仏身」（仏法の真理）を現わしている。〔人天眼目　巻六〕

欲得不招無間業　〈無間《むげん》の業《ごう》を招かざることをえんと欲せば
莫謗如來正法輪　如来の正法輪を謗《そし》ることなかれ〉
時間、空間、どちらへいっても、すき間なくうける「無間地獄《むげんじごく》の苦」を、もちきたさないようにと思うならば、自分には「仏性」がないとか、「本来の面目」が見出されないのだといって、自己を冒瀆するようなことがあってはならない。〔証道歌〕

無明實性卽佛性　〈無明の実性《じっしょう》即仏性《ぶっしょう》

幻化空身即法身　〈幻化《げんけ》の空身即法身《ほっしん》〉

現に在る「迷い」の実相が、とりもなおさず「さとり」に通ずるものであり、夢まぼろしのごとき「うつそみの体」が、とりもなおさず永遠に変らぬ「仏の真理」に通ずることをあらわした。

〔証道歌〕

若將耳聽應難會　〈もし耳をもって聴かば　まさに会《え》しがたかるべし

眼處聞聲方始親　眼処に声を聞き　まさに始めて親しし〉

待対《たいだい》二見のはからいでもって、ものごとを理解しようとしても、真相というものはさとりにくい。その待対を絶したはからいのない世界に立ってこそ、はじめてものの真相がぴったりと分ってくるものである。〔無門関　鐘声七条　判語〕

夜來八萬四千偈　〈夜来　八万四千の偈《げ》

他日如何擧似人　他日　いかんが人に挙似《こじ》せん〉

谷川のせせらぎの声は、夜来、八万四千ほどの説法の偈《うた》をうたいつづけている。この渓声を、説法の偈を、他日どのようにして人に示したものか。師の照覚常総禅師に呈した悟境の詩。〔東坡詩集　巻二十三〕

野老不知堯舜力　〈野老は知らず　堯舜の力を
鼕鼕打鼓祭江神　鼕《とう》々として鼓をうち　江神を祭る〉

名もない田舎おやじ(趙州《じょうしゅう》従諗《じゅうしん》をさす)は、堯帝舜帝の徳化の力のなんたるかなどとんとあずかり知らない。ただどんどんと太鼓をうって江《かわ》の神のお祭りをしているように太平無事そのもの。それ自体が堯舜の恩沢にも比すべき仏の功徳に充分にひたっていることを示した。〔禅林類聚　巻九〕

幽窓聴雨草菴夜　〈幽窓に雨を聴く　草菴の夜
大路打毬百花春　大路に毬《まり》を打《つ》く　百花の春〉

静かな窓べで、じっと雨音を聴く草庵の夜は捨てがたい趣きがある。また大通りで、子供らと毬《まり》つきをして興《きょう》ずる花咲く春の一日は、いつまでも暮れないでほしいと思うほどに楽しい。〔良寛詩集〕

雪擁巖扉凍不春　〈雪は巌扉《がんぴ》を擁《よう》し　凍りて春ならず
一尊木佛劈爲薪　一尊の木仏を劈《さ》いて薪となせり〉

雪が、がっしりとした扉を抱きうずめる凍《い》てつく冬の真最中。丹霞天然禅師は法友のために一体の木仏像をさき、薪がわりに燃やして暖をとらせた。〔禅林類聚　巻二〕

揚子江頭楊柳春　〈揚子江頭　楊柳の春
楊花愁殺渡頭人　楊花愁殺《しゅうさい》す　渡頭の人を〉

揚子江のほとりに楊柳の緑が春をたたえている。楊《やなぎ》のわたの美しさが、船頭の心をひきつけてやまない。〔禅林類聚　巻一〕

夜傳衣鉢曹溪去　〈夜　衣鉢を伝えられて　曹渓に去り
鐵樹花開二月春　鉄樹　花開く　二月の春〉

五祖弘忍禅師から六祖慧能は、夜に入ってお袈裟《けさ》と鉢盂《ほう》を伝法のしるしとして授けられて曹渓山へおちのびた。そしてそこで宝林寺を開き、いわゆる曹渓山六祖の仏法が花開いた。たとえていうなら、仲春二月に鉄製の木に花が満開となったようなものだった。〔禅林類聚　巻八〕

落華寂寂啼山鳥　〈落華寂《せき》々たり　山に啼く鳥
楊柳青青渡水人　楊柳青々たり　水を渡るの人〉

落花がひらひらと散るのをみれば、山に啼く鳥の声を聞いても、しみじみとしてしまう。楊柳が青々と生い茂ってゆくさまをみると、川を渡って別れてゆく人との別れの切なさが胸にうづく。人間というものは、勝手なものである。なぜかというに、自然は無心に在るものを、人間だけが

勝手なはからいをめぐらすから。〔三体詩　王維〕

落花只爲隨流去　〈落花　ただ流れに随って去るがために
更有尋芳拾翠人　更に芳を尋ね翠を拾うの人あり〉

咲いていた花が散り、流れに浮んで流れさるさびしさにたえかねて、さらに上流に行って花を尋ね翡翠《ひすい》を拾う人がいる。花は散るから美しいのであり、それゆえにこそ愛《め》でる価値が充分にある。

〔虚堂録　巻下〕

了卽毛端呑巨海　〈了《りょう》すればすなわち毛端も巨海を呑む
始知沙界一微塵　始めて知る　沙界も一微塵なることを〉

さとってしまえば、毛のさきほどのものが、巨きな海を呑むことができるという道理がわかる。かくして、塵や沙《すな》のごとく数ある惑《まど》いも、一つの微塵の中に含まれるということが始めてわかる。

〔五灯会元　巻十八〕

靈山住致依然在　〈霊山《りょうぜん》の住致《じゅうち》　依然として在り
誰是當年微笑人　誰れかこれ当年　微笑《みしょう》の人ぞ〉

釈尊が説法された霊鷲山《りょうじゅせん》の風致は、今に依然と存在している。が、その説法の場で、釈尊が花を

つまんだところ、すぐさま微笑でもって答えた尊者（摩訶迦葉《まかかしょう》）とはいったい誰れであったかしら。〔貞和集　巻十四〕

瑠璃鉢盛無米飯

雲堂大會不來人

〈瑠璃《るり》の鉢に　無米の飯を盛り

雲堂に　大いに不来の人と会す〉

美しい瑠璃《るり》の鉢にさとりの御飯を盛り、雲水が坐禅する僧堂で、さとった人たちと大いに修行する。〔禅林類聚　巻七〕

笑擎一鉢和羅飯

十字街頭等箇人

〈笑うて一鉢の和羅飯《わらはん》をささげ

十字街頭に箇《こ》の人をまつ〉

托鉢僧《たくはつ》がにこにことして、一つの鉢盂《ほう》の中に盛られた御飯を有難くおしいただいている。こうして托鉢をして下さる人を、賑やかな街の人が待っている。〔中峰広録　巻二十七〕

我是西天老僧伽

晦跡國上不記春

〈我れは是れ　西天の老僧伽《そうぎゃ》

跡を国上《くがみ》に晦《くらま》して　春を記《おぼ》えず〉

わたしは、インド釈尊の数えを信じたてまつる老僧でございます。足跡を国上山《くがみやま》にくらましてから、幾たびの春を迎えましたことやら。〔良寛詩集〕

八言

古帆不掛洞水逆流　〈古帆　掛けざるに　洞水に逆流し
黄蘆渡口奏陽春　黄芦の渡口に　陽春を奏《かな》づ〉

古い帆をかけないでも、舟は洞水をさかのぼり、黄色い芦《あし》のなびく渡し場のあたりに、はやくも春はいっぱいである。ものの順逆、時の推移にかかわりなく、絶対のすがたは現前していることを示したもの。〔劫外録〕

九言

八紘極目兮春山若黛　〈八紘《こう》に目《まなこ》を極むれば　春山　黛《まゆずみ》のごとし
九野縦歩兮汀草如茵　九野に歩を縦《ほしいまま》にすれば　汀草　茵《しとね》のごとし〉

あなたが、ここを立ち出でて広く世界に目を見やれば、春の山々はまゆずみのように青々と美しく映るでございましょう。また、遠くつづく九州に歩みを縦横自在にすすめれば、汀《なぎさ》に生えている草むらも、しとねのようにこころよく、足にこたえるでありましょう。〔祖英集　巻上〕

夜明簾外兮風月如晝　〈夜明簾外　風月昼のごとく
枯木巖前兮花卉常春　　枯木巌前　花卉《かき》常に春なり〉

「夜明簾外」（さとり）は、日月星の三光を借らないでも、真昼のように明かるい。「枯木巌前」（さとり）は、栄枯、四季の移ろいを借らないでも、草花が常春のように咲き誇っている。〔従容録　第三十五則〕

十一言

玉峯路嶮巖肩曾看栽松客　〈玉峰　路けわしく　巌肩に曾て松を栽《う》えし客《ひと》を看たり
長泉源邃溪頭豈有尋菜人　　長泉　源ふかく　渓頭に　あに菜《さい》を尋ぬるの人あらんや〉

玉峰山（相州長泉院）に登るのに路はけわしいが、大きな岩かどに、昔、松を栽《う》えた人、つまり立派な御師匠とお弟子がおられた。長泉院の源流は奥深い、がこの渓流のほとりで、つましく修

行していた道人を尋ねて、はるばるとやってくるような人はいなくなった。〔半雲遺稿〕

十二文

四言

天垂玉露　〈天は玉露を垂れ
地涌祥雲　　地は祥雲を涌《わ》かす〉

天は玉露のような恩恵を垂れ給い、地はめでたい雲を涌《わ》かせて恩沢を与えて下さる。自然の恵みは平等である。〔投子語録〕

五言

魚躍千江水　〈魚は躍《おど》る　千江の水
龍騰萬里雲　竜は騰《のぼ》る　万里の雲〉

魚はどの川の水の中でも喜んで泳ぎまわり、竜は、はてしなくつづく雲を得るととび上る。すべて、ものは処を得て、はじめてそのものの生命を発揮しうることとなる。〔五灯会元　巻十五〕

吉峰松奏曲　〈吉峰　松は曲を奏《かな》で
諸嶽月成紋　諸嶽　月は紋を成す〉

越山（越前永平寺）の吉峰《よしみね》の上に聳える松は、和やかな曲をかなで、能山（能登総持寺）の諸嶽の上に出た月は、円い紋《あや》を描いてあざやか。「曲」と「紋」とが両山の協和を象徴し、これを賛えたものである。〔楳仙遺稿〕

秋風臨古渡　〈秋風　古渡に臨み
落日不堪聞　落日　聞くに堪えず〉

秋風が、昔からの渡し場のあたりに吹きわたり、落日の光景を見るにつけ、淋しさは目を蔽い、耳をふさぎたくなるほどである。〔五灯会元　巻十九〕

十二

青山自青山　〈青山はおのずから青山

白雲自白雲　白雲はおのずから白雲〉

青山は青山ですべて、白雲は白雲ですべてであって、他のなにものでもない。「仏」は「仏」、「祖」は「祖」。だから「個」は「個」で全《まった》ければ、それが真如、実際である。〔景徳伝灯録　巻

石上無根樹　〈石上の無根樹

山含不動雲　山は含む　不動の雲を〉

思慮《はからい》を絶した絶対の境地をのべたもの。〔景徳伝灯録　巻十五〕

世尊不説説　〈世尊　説かずして説き

迦葉不聞聞　迦葉《かしょう》　聞かずして聞く〉

釈尊は、霊鷲山《りょうじゅせん》の上で説法されたが、口ではお話なされなかった。ただ花をつまんでみせただけであった。すると大迦葉は、その説法のお言葉を聞くことはできなかったが、ただにっこりとさ

れた。真の説法というものは、言葉を使わなくも意志を通ずることができるのである。〔五灯会元　巻二十〕

鼻孔長三尺　〈鼻孔《びくう》　長きこと三尺

面目重半斤　面目　重きこと半斤〉

鼻の長さが三尺で、面の重さが半斤だと説き明かしても一向にさしつかえない。衆生《しゅじょう》を済度《さいど》するためには、いろいろな方便があって然るべきで、それがまた親切なのだ。〔永平広録　巻一〕

入夜歌明月　〈夜に入っては　明月に歌い

侵晨舞白雲　晨《あした》に侵っては　白雲に舞う〉

明月の晩がくると月をみて歌い、雲の白む明け方ともなれば、雲とともに舞い踊る。任運自在な明け暮れを楽しんでいること。〔寒山詩集〕

七言

莫道草庵無一物　〈道うことなけん　草庵無一物と

満窓涼氣分與君
　満窓の涼気　君に分与せん〉
草庵には、なに一つございませんなどと、繰りごとは申しません。ごらんなされ、窓いっぱいのさわやかな涼風を。これこそあなたに、ぜひともお分けしたいものでございます。〔良寛詩集〕

歸來試把梅梢看
　〈帰り来り　試みに梅梢をとって看れば
春在枝頭已十分
　春は枝頭に在りて　すでに十分〉
春を訪ねて諸方を歩いてきたが、春は何処にも見当らず。やむなく我が家に帰って、ためしに梅の木のうらっぽをたぐり寄せ、しげしげとみたところ、春はもうこの枝の先きに十分に訪れていた。「帰家《きけ》穏坐《おんざ》」とはこのこと。『鶴林玉露』人集巻六には「帰り来り笑うて梅花を撚《ねん》じて嗅《か》げば、春は枝頭に在りてすでに十分」とある。〔詩格　巻八〕

三月桃花紅似錦
　〈三月の桃花　紅にして錦に似たり
癡人猶自憶靈雲
　癡人《ちじん》なおみずから　霊雲を憶う〉
春になると、桃の花は錦のように美しく咲く。世の中には愚か者がいて、あの桃の花を見れば、霊雲和尚のようにおさとりが開かれるかと思って眺めあかしていると聞く。これでは、むかし株《くいぜ》を見守っていて、もう一度兎がころげてくるかと待ち明かし、ついに身上をつぶしたという農夫

さながらではないか。〔禅林類聚　巻十九〕

終日尋春不得春　〈終日　春を尋ぬるも　春を得ず
杖藜穿破幾重雲　　杖藜《じょうれい》　穿《うが》ち破る　幾重の雲を〉

ひねもす春を探しまわったが、春を探しあてることができなかった。あかざの杖をつきながら、幾重にも重なる雲をつき破りながら、処々方々を歩きまわってみたのだったが。〔詩格　巻八〕

盡日尋春不見春　〈尽日春を尋ねて　春を見ず
芒鞵踏遍隴頭雲　　芒鞵《ぼうあい》もて踏遍《とうへん》す　隴《ろう》頭の雲を〉

ひねもす春を探しに、わらじをはいて、丘のべの雲の去来するあたりまで、あまねく歩きまわってみたがついに春を見つけ出すことができなかった。〔鶴林玉露　人集　巻六〕

井底蝦蟆吞却月　〈井底《せいてい》の蝦蟆《がま》　月を吞却《どんきゃく》し
天邊玉兎自眠雲　　天辺の玉兎　おのずから雲に眠る〉

井の中の蝦蟆《がま》と天の玉兎は、月の精気を食うて生きていると伝えられているが、その蝦蟆が月を吞みつくし、玉兎が雲の上でのんびりと眠っている。この姿こそは、ともに清浄の世界そのままをあらわしたものだ。〔永平広録　巻一〕

石牛喫盡三春艸　〈石牛　喫し尽くす　三春の艸を
木馬蹈開萬古墳　　木馬　踏み開く　万古の墳《つか》を〉

石で造った牛が、春三ヵ月に茂った草を食べつくし、木で作った馬が、大昔からの墳《つか》を踏みあばいてしまった。人間の思慮を絶した絶対境をいいあらわしたもの。〔投子語録〕

鐵狗吠開岩上月　〈鉄狗《てっく》　吠開《ばいかい》す　岩上の月に
泥牛觸破嶺頭雲　　泥牛《でいぎゅう》　触破す　嶺頭の雲を〉

鉄で作った犬が、岩の上の月にむかって吠えたてている。泥で作った牛が、嶺の上の雲を突き破ってみせた。ともに待対《たいだい》を絶し、人間のはからいを絶した無我の世界の行動の在りようを示した句。〔槐安国語　巻四　著語〕

天荒地老無青眼　〈天荒れ地老いて　青眼なく
萬仭龍門鎖黑雲　　万仭の竜門　黒雲を鎖《とざ》す〉

天地が荒れすさんで、まともに眼を据《す》えることもできない。高い高い竜門の段丘には、黒い雲がとざして、鯉が竜にも化しようがない、と。世の末法をなげいた句。〔槐安国語　巻四　著語〕

松生嵓畔鶴停穩　〈松は嵓畔《がんぱん》に生じて　鶴　停《とど》まること穏《おだや》かなり

鳳出丹山鸞幷群　鳳《おおとり》　丹山に出で　鸞　ならびに群《むらが》る〉

松は巌《いわお》のほとりに生え、鶴が枝にとまって平穏そのもの。鳳は仙人の住むいつも明かるい山から舞い上り、鸞も一緒になって群がり舞うというおめでたい光景。これぞ仏法の宝をいいあらわしたものであるという。〔投子語録〕

十一言

機底聯綿兮自有金針玉線　〈機底　聯綿として　おのずから金針玉線あり

印前恢廓兮元無鳥篆蟲文　印前　恢廓《かいかく》として　もと鳥篆《てん》虫文なし〉

機《はた》を織るには、経《たていと》と緯《よこいと》とがつづいて切れまもなく、絹が織り出されると、よい針で美しい糸を通して衣類ができあがる。現象が生起する以前の絶対の世界は、広々として十方からりとし、そこには鳥の飛ぶ迹《あと》、虫の這《は》う跟《あと》に象《かたど》って創《つく》った文字などはいうまでもなく無い。〔従容録　第四十四則〕

十三元

四言

快馬一鞭　〈快馬の一鞭《いちべん》〉
快人一言　快人の一言〉

よく走る馬は、たった一つの鞭をあてられただけで千里も走る。極めて心のゆったりとした人は、たった一言いうことによって、人の心の中をえぐるような効果を発揮する。〔景徳伝灯録　巻三〕

樹搖鳥散　〈樹　揺《ゆ》れて　鳥散じ
魚驚水渾　魚　驚いて　水　渾《にご》る〉

学人の心がけるべき大事な点は、ありのままの真実をよく見とることだ、というたとえに使った言葉。樹が揺れれば、鳥は自然と飛びたつし、魚がものに驚いて躍れば、水が濁《にご》るようなことわりをよくよく観察せよ、ということ。〔趙州録　巻上〕

雲生洞口　〈雲は洞口に生じ

水出高源　水は高源に出づ〉

雲は山合いの狭間《はざま》から湧き出で、水は奥深い源《みなもと》から湧き出る。自然の摂理こそ真実の世界であることを示す。〔五灯会元　巻十二〕

五言

鶯囀垂楊岸　〈鶯は囀《さえず》る　垂楊の岸

犬吠夜月村　犬は吠《ほ》ゆ　夜月の村〉

坐禅で徹しえた世界は、たとえていえば、岸辺の枝垂《しだ》れ柳に囀っている鶯。村外《はず》れの蒼《あお》い月にむかって遠吠えする犬のように、日常見かけられることどもと、なんら変らない在りていである。

〔良寛詩集〕

江村風月夕　〈江村　風月の夕べ
孤錫静叩門　孤錫　静かに門を叩く〉

川辺の里に夕風騒ぐ灯《ひ》ともしごろ、まん円い明月もさし昇ってきた。そこで、一人錫杖をついて、さる人の門を、そっと訪れてみた。〔良寛詩集〕

十方薄伽梵　〈十方《じっぽう》薄伽梵《ばぎゃぼん》
一路涅槃門　一路《いちろ》涅槃門《ねはんもん》〉

十方世界の諸仏諸尊が、涅槃《おさとり》に入る一すじの路。〔首楞厳経〕

袖中藏日月　〈袖中に日月を蔵し
掌内握乾坤　掌内に乾坤を握る〉

我が衣手《ころもで》の中に日月をかくし、掌《たなごころ》の内に天地をにぎりしめてしまう。大小の常識的概念を打破った絶対境をのべたもの。〔禅林類聚　巻六〕

扶過斷橋水　〈扶《たす》けては　断橋の水を過ぎ
伴歸無月村　伴《ともな》っては　無月の村に帰る〉

この拄杖《しゅじょう》のお伴《とも》で、こわれた橋（俗界を離れた寺）の川を渡り、月の出ない闇夜の村に帰ったり

することができる。行脚《あんぎゃ》の時に使う「拄杖《しゅじょう》」の功徳をたたえた語。〔無門関　第四十四則　頌〕

鳥宿池中樹
僧敲月下門　〈鳥は宿る　池中の樹　僧は敲《たた》く　月下の門〉

鳥は、日中のいとなみをすまして夕べには池中の樹に安眠をとり、僧もつとめを終え月影を踏んで、我が山門にたどりついて門を叩く。いとも平和な、しかも平常底《てい》のあり方をのべている。

〔三体詩　賈島〕

六言

諸天捧花無路
外道潜窺無門　〈諸天　花をささぐるに　路なく　外道《げどう》　ひそかに窺うに　門なし〉

本当の悟りの世界では、仏法守護の諸天善神が、花をささげ散らす路さえない。また、外道のやからが議論にやって来ようとする隙《すき》まさえない。諸天や外道に窺われるようではまだまだだ。

〔碧巌録　第十六則〕

心是根法是塵　〈心《しん》はこれ根　法はこれ塵

兩種猶如鏡上痕　両種は　なお鏡上の痕のごとし〉

主観の幻はとりもなおさず「夢」であり、客観の幻影は、とりもなおさず「塵」である。この二つは、ともに鏡の中に映った「影」のようなものだ。本当のものは「鏡」そのものだ。〔証道歌〕

智者無心可得　〈智者は　心の得べきことなく

自然無爭無喧　自然は　争いなく喧《かまびす》しきなし〉

智識、智慧を依りどころとしている者は、安心はえられない。ことわり、はからいを振りまわさない「自然」というものは、相手を意識をしないため、争いごともなく、騒《そう》ぞうしさも起こらない。〔景徳伝灯録　巻二十六〕

燈籠跳入露柱　〈灯籠《とうろう》　跳《おど》って露柱に入り

佛殿走出山門　仏殿　走って山門を出づ〉

無心の行動は、あとかたも、はからいも、常識も絶していること。〔槐安国語　巻四〕

七言

慇懃爲説西來意　〈慇懃《いんぎん》に　ために説く　西来の意

暮樓鐘鼓月黄昏　暮楼の鐘鼓　月黄昏《こうこん》〉

達磨さんが伝えたおさとりの意味をていねいに説いてあげる。そのおさとりとは、夕暮れどきに寺でつく鐘、うつ太鼓の音に耳をかたむけ、また、たそがれ月を仰いで見とれているさまにほかならない。見聴きする人と、みられ、聴かれるものとが一枚になった世界を「西来の意」という。

〔半仙遺稿〕

鶯待晴光來柳栢　〈鶯は晴光を待ちて柳栢に来たり

蝶隨春色到花園　蝶は春色に随いて花園に到る〉

鶯は晴ればれとした陽光が射すころともなれば、柳や栢の巷《ちまた》に来て啼き、蝶は春景色にうかれて花園に飛んでくる。このように自然の摂理は、人間界の小ざかしいはからいとは別に、なんのはからいもなく展開されている。〔便蒙類編〕

寒梅籬落春能早　〈寒梅　籬《いけがき》に落ち　春早きにおよび
野雪櫺窓夜不昏　野雪　櫺窓《れんそう》に　夜　くらからず〉

寒梅がいけがきのほとりに散り、早くも春の訪れがきざし、野の雪が坐禅堂のれんじ窓に映って、夜とはいえ、くらくならない。臘月の末に、早くもきざす春の明かるい兆《きざし》のあらわれをうたう。

〔宏智偈頌〕

金雞啄破瑠璃卵　〈金雞啄破す　瑠璃の卵
玉兎挨開碧落門　玉兎挨《あい》開す　碧落の門〉

金鶏が瑠璃色の卵の殻《から》をつっつき破って赫《かく》々たる太陽を輝かし、玉兎が高い天の門をおし開いて皎《こう》々たる月を輝かす。すべてものごとは、両者のタイミングが合うことによって達成されるものである。〔禅林類聚　巻十三〕

堪笑江南三月裏　〈笑《さく》に堪えたり　江南三月のうち
鷓鴣啼在百花村　鷓鴣《しゃこ》　啼いて在り　百花の村〉

江南地方の三月は、花咲き匂うていっぱいである。鷓鴣が、花の咲き乱れる村で楽しそうに啼いている。〔禅林類聚　巻十〕

四序循環暖復寒　〈四序循環し　暖また寒
獼猴深戀六花村　獼猴《みこう》深く恋う　六花の村〉

四季の順序というものは、春から冬へとめぐりめぐっている。だが人のはからいというものは、極めて勝手なもので、好き嫌いというものを立ててしまう。あたかもさるんぼが、雪景色をねてもさめても恋い慕うように。〔中峰広録　巻三十〕

夕陽影裏風濤急　〈夕陽影裏　風濤急なり
不覺移舟古渡昏　覚《おぼ》えず舟を移す　古渡の昏《くれ》〉

夕陽が影を長くひく夕なぎ時に、浪風が急に起こった。そのため難をさけるべく、思わず舟を他の場所に移している古い渡し場の夕暮れ時の情景。山河自然のたたずまいも、一大事到来によって、その形相に変化が生じることをいい現わしたもの。〔投子語録〕

刹刹塵塵成淨土　〈刹《せつ》々塵《じん》々　浄土を成す
華華葉葉發靈根　華々葉々　霊根を発す〉

一刹那、一刹那の中に一塵一塵が、浄土を建立している。一華一葉の中にも「根」と同じような霊妙性を発揮している。〔宏智偈頌〕

曹源一滴是曹源　〈曹源の一滴　これ曹源
萬派滔滔向海門　万派滔々として海門に向う〉

曹渓山の六祖慧能の仏法が、曹洞宗の源流である。このように、一滴の水が流れ流れて万派となり、また釈尊の仏道に回帰してゆく。〔聯頌集　巻下〕

大地撮來粟米粒　〈大地を粟米粒に撮り来り
一毫頭上現乾坤　一毫の頭上に乾坤を現ず〉

大地を粟《あわ》や米粒の中につまみとったり、一本の毛の先きに天地の広大さを現わしてみる。絶対の世界には俗世で通用している大小の差別はないことを示す。〔普灯録　巻二十五〕

大鵬展翅取龍呑　〈大鵬　翅《はね》を展《の》ばせば　竜を取って呑み
一攪滄溟徹底渾　一たび滄溟を攪《かきま》わせば　底に徹してにごる〉

人間のはからいによる想像の鳥「大鵬」が翼《つばさ》をのばせば、竜をひっとらえて呑みくだすことができ、また青海原《うなばら》を一たびかきまわすと、海底まで徹してにごすことができる。これは、大小の力の差異を示した観念の遊戯にすぎない。が、人間は、すべてのはからいを絶すると大小を絶した仕《し》業《わざ》を現実に展開することが可能となるとの意。〔中峰広録　巻七〕

竹影掃階塵不動　〈竹影　階を掃《はら》うも　塵　動かず
月穿潭底水無痕　月　潭底《たんてい》を穿《うが》つも　水に痕《あと》なし〉
竹の影が、きざはしのあたりを掃い拭ったが、塵一つさえ動こうとしない。月の光りが、深い淵《ふち》瀬《せ》の底まで射しこんでも、水面には波さえ立たずにいる。「竹影」も「月光」も無為《むい》、無造作《むぞうさ》なるが故に、他を煩わすことがないのだ。無心の行動は、自他を傷つけないで、それぞれの面目を保って充分である。〔普灯録　巻七〕

飲茶作別出蘿門　〈茶を飲み　別れをなして　蘿門を出づ
相送猶懐握手温　相送りて　なお懐《おも》う　握手《あくしゅ》の温かりしを〉
お茶を飲んでから、別れて蘿《かつら》の門を出る。貴下にお別れしてから今に至るまで、お別れのとき手を握りあった、その手の温《ぬく》もりをいつまでも心の中に温めている。〔宏智偈頌〕

虎嘯蕭蕭巌吹作　〈虎嘯《うそぶ》けば　蕭《しょう》々として巌吹《がんすい》おこり
龍吟冉冉洞雲昏　竜吟ずれば　冉《ぜん》々として洞雲昏《くら》し〉
虎がうそぶけば、蕭《しょう》々として風が、巌根に当って妙音をおこし、竜が吟ずれば、冉《ぜん》々（行きゆくさま）として洞《ほこら》の雲が、天を覆《おお》うてくらくなる。〔従容録　第九十一則〕

日裏華山仙掌露　〈日裏　華山の仙掌露《あらわ》る

夜深猿叫月當軒　夜深く　猿叫んで月軒に当る〉

日中に華山の両峰が対《むか》い合っているところが露《あらわ》れ、真夜中に猿が啼き、月が軒端《のきば》に射しこんできた。これは雲門和尚に僧が、「いかなるかこれ祖師西来の意」と問うたのに答えた語で、「日裏に山を看る」の語を偈にしたものである。つまり、おさとりとは、ほかならぬこんな情景にすぎない、というのである。〔投子語録〕

人人自有光明在　〈人人《にんにん》おのずから光明の在るあり

看時不見暗昏昏　看る時に見ざれば　暗　昏々たり〉

人々誰れでも、光明赫《かく》々たる「仏性」をもっている。だが、「仏性」をみることのできるのは、ただ一ときあるのみ。つまり、師の指導を得て修行が熟した瞬間をのがしたならば、終生かけてその光明を見出すことはできない。〔禅林類聚　巻六〕

光非照境境非存　〈光り境を照らすにあらず　境も存するにあらず

光境倶忘復是痕　光境ともに忘ずるも　またこれ痕〉

月光が現象を照らすわけではない。現象じたいというものは、本質的には存在していないのだか

ら。また「光り」と「現象」とをともに意識の対象から外してしまったと、決《き》めつけることも、
とらわれの一つにすぎないのだ。〔禅林類聚　巻十四〕

百鳥不來春已老　〈百鳥来《きた》らずして春すでに老《くれ》
落花流水遶江村　落花流水　江村をめぐる〉

百鳥が花を求めてしばしば訪れなくなったことは、牛頭《ごず》法融《ほうゆう》が四祖に相見《しょうけん》が了《おわ》ってしまったようなものだ。又、そのさまは、春も暮れなんとする中に、落花が流れに浮んで、江《かわ》べの村をめぐって流れゆくようなものだ。〔禅林類聚　巻十四〕

木人昨夜離魂去　〈木人《ぼくじん》　昨夜　離魂し去り
露柱燈籠戀舊恩　露柱灯籠《とうろう》　旧恩を恋う〉

無心の木人が昨夜死んでしまった。木人と知己の間柄であった露柱や灯籠が、木人の無心さに徹底して親密の度を加えたという。〔永平広録　巻十〕

明明只在鼻孔下　〈明々としてただ鼻孔の下に在り
動著無非是禍門　動著《ややもすれば》　これ禍門に非ざるはなし〉

口は、はっきりと鼻の穴の下に一文字におかれてある。が、ややもすると、禍《わざわい》の入口になること

がある。〔江湖風月集〕

柳暗花明二月春　〈柳暗く花明かなり　二月の春

雙林示寂趣泥洹　双林に寂を示し　泥洹《ないおん》に趣《おもむ》く〉

春二月の実相は、柳は色づき桃は紅《くれない》。たまたまこの二月十五日に、沙羅双樹のもとで釈尊はおなくなりになり、不生不滅の「涅槃《さとり》」を示された。〔大智偈頌〕

十四寒

四言

收功較易　〈功を収むることは　やや易《やす》く

補過較難　過《とが》を補うことは　やや難《かた》し〉

修行を積むことは、比較的やさしい。が、己れの犯した過《とが》を悔い改めることはむずかしい。〔虚堂録　巻中〕

大道體寛　〈大道《だいどう》　体寛《ひろ》く
無易無難　易《い》なく難《なん》なし〉
「大道《おさとり》」というものは、ゆったりとして、はてしがない。またこれを身につける方法は、むずかしいとか、やさしいとかと「尺度」で計れるものでもない。〔信心銘〕

五言

有諍則生死　〈諍《あらそい》あれば生死《まよい》
無諍則涅槃　諍なければ涅槃《さとり》〉
「自」と「他」との対立があれば「迷い」の状態にあり、対立がなくなれば「さとり」の状態となる。〔禅林類聚　巻八〕

一句亦天賜　〈一句もまた天の賜《たまもの》

曲肱有餘歡　肱《ひじ》を曲ぐるも　余歓あり〉

一つの柄杓《ひしゃく》の水も、やはり天から授かった貴いもの。たとえ顔回のように身のまわりの品を何ももたずに、肱《ひじ》を曲げて枕とするようなくらしをしていても、一杯の水だにえられるならば、その歓《よろこ》びはあふれるばかりである。〔東坡詩集　巻四十〕

不覩雲中鴈　〈雲中の鴈をみずんば
焉知沙塞寒　いずくんぞ沙《さ》塞《さい》の寒きを知らんや〉

雲の中に南さして飛んでゆく鴈の姿を見なければ、どうして、沙漠の塞《とりで》のあたりの寒さを想像できましょうか。〔趙州録　巻下〕

月色和雲白　〈月色　雲に和して白く
松聲帶露寒　松声　露を帯びて寒し〉

月光は雲に調和して冴《さ》え、松籟《しょうらい》のひびきは、白露がしたたりさびしさを加える。〔五灯会元　巻十七〕

秋風吹渭水　〈秋風　渭水に吹けば
落葉滿長安　落葉　長安に満つ〉

秋風が渭水のほとりにたてば、はや長安のどこもかしこにも、落葉が散りしくようになる。〔虚堂録　巻上〕

心水何澄澄
望之不見端

〈心水　何ぞ澄々たる
これを望めども　端を見ず〉

心の本源はなんと澄み切って深いことか。その本源を、いかに望みみようとしても、そのほんの緒口《いとぐち》すら見出せないほどである。〔良寛詩集〕

大地雪漫漫
春風依舊寒

〈大地　雪漫々
春風　旧に依って寒し〉

大地には、まだ雪が深ぶかと積もってある。暦《こよみ》の上では春になっても、依然として寒さはつよい。

〔五灯会元　巻十五〕

治生不求富
讀書不求官

〈治生《ち》は富を求めず
読書は官を求めず〉

くらしの道をうち立てることは「富《とみ》」を求めるためではない。書を読み学問することも「仕官」を目的とするためではない。自分の生き甲斐を政治に生かし、自己研鑽に向けるだけにすぎない。

〔東坡詩集　巻三十〕

鳥棲林麓易　〈鳥　林麓に棲むことは易く

人出是非難　人　是非を出すことは難し〉

鳥は、里に近い山の麓にすむことは容易である。人は、事に処してその是非善悪の判断を下して行動にうつすことはむずかしい。〔五灯会元　巻六〕

臂長衫袖短　〈臂《ひじ》長うして　衫袖《さんしゅう》短かく

脚瘦草鞋寛　脚《あし》瘦せて　草鞋《そうあい》ゆるし〉

臂《ひじ》が長いと、つっぽ袖が短かく、脚が瘦せていると、わらじがゆるい。そのように、体に合わない粗衣をまとうての簡素な明け暮れに甘んじて、仏道修行するのが沙門のありていである。〔禅林類聚　巻七〕

思人山河遠　〈人を思えば　山河　遠し

含翰思萬端　翰《ふで》を含《ふく》んで　思い万端《ばんたん》〉

親しい人のことを思い出しているが、この人と納《わし》との間には、険阻な山河が遠く横たわっていて容易に逢うことができない。そこで便りを、と、硯を寄せ筆を手にしたが、万感去来、さて何ん

と認《したた》めたものか。〔良寛詩集〕

日照孤峯翠　〈日は孤峰を照らして翠《みどり》に

月臨溪水寒　月は渓水に臨んで寒し〉

太陽は人が登れぬような孤峰を照らして、山の翠色をいやまさせ、月は谷川の流れに臨んで、その影を宿し、うす寒さを感じさせる。〔劫外録〕

碧潭清似鏡　〈碧潭　清《す》みて鏡に似たり

盤龍何處安　盤竜　何れの処にか安からん〉

紺碧の深い淵瀬は、鏡のように澄みきっている。淵の中で、わだかまって棲《す》んでいるという蛟竜《みずち》も、あまり澄み透っていては安住しにくいであろう。〔景徳伝灯録　巻二十〕

兩頭俱截斷　〈両頭ともに截断《せつだん》すれば

一劒倚天寒　一剣　天に倚って寒《すさま》じ〉

「迷い」と「悟り」（有無、凡聖）とを、二つながら断ち切ってこそ、ふり上げた一つの剣が、長蛇のごとく、天にもとどくかのように、みるからに凄く、絶対の威力を発揮する。待対差別の世界を断ちきれば、唯一絶対の本来の面目が現成《げんじょう》することを示す。〔五灯会元続略　巻三　下〕

臘雪連天白　〈臘雪《ろうせつ》　天に連《つらな》って白く
春風逼戸寒　　春風　戸に逼《せま》って寒し〉
十二月の旧雪が天につづいて白く見えるとき、春風は吹けども、どの家でも未だ寒さを感じる。
〔虚堂録　巻上〕

六言

天際日上月下　〈天際に日は上り　月は下《しず》む
檻前山深水寒　　檻前《かんぜん》に山は深く　水は寒し〉
朝になれば日は東天に上り、月は西天に沈む。おばしまの前の山は、奥深ければ奥深いほど、水はつめたく感じられる。これこそ、本来の姿、真如実際のありてい、至道の姿である。〔碧巌録第二則〕

七言

依依半月沈寒水　〈依々たる半月　寒水に沈み
耿耿三星碧落攢　耿々たる三星　碧落にあつまる〉

にぶい輝きの片われ月が、さびしそうな水面に落ちると、きらきらと輝く多くの星が、高い天にむらがり集まる。天体の現象も、師と弟子との相続と似て普遍であることだ。〔丹霞頌古百則〕

一樹春風有兩般　〈一樹の春風に両般あり
南枝向暖北枝寒　南枝は暖に向い　北枝は寒なり〉

同じ樹の春色にも二つある。南の枝は暖かい方にむかい、北の枝は寒い方に向う。平等の中にも差別があることをいう。〔槐安国語　巻四　著語〕

一抹輕煙遠近山　〈一抹の軽煙　遠近の山
展成淡墨畫圖看　展べて淡墨の画図と成して看る〉

筆でさっと一なでしたように、霞がたなびき渡り、わずかに遠近の山々の頂上が見えるだけ。こ

の自然の模様を墨画を看る想いで見るものの、人工の及ぶところでない。〔大智偈頌〕

烏兎任従更互照　〈烏兎《うと》　さもあらばあれ　更に互に照すことを

碧霄雲外不相干　碧霄《へきしょう》　雲外　相あずからず〉

そういうものの、日月はお互いに照らしている。青空の雲の外にあって、お互いに干渉しない。「太陽」は「太陽」で、「月」は「月」で、自主独立していながらも密々に親近していること。

〔劫外録〕

影揺千尺龍蛇動　〈影は千尺の竜蛇を揺《うご》かして動じ

聲撼半天風雨寒　声は半天の風雨を撼《うご》かして寒し〉

松の影は、千尺もあろうかと思われる古木の幹をうごかして揺れ、松籟のひびきは、中空《なかぞら》の風雨にまでとどいて、さびしく聞こえる。〔信心銘拈提〕

風吹碧落浮雲盡　〈風は碧落を吹いて　浮雲尽き

月上青山玉一團　月は青山に上って　玉一団〉

風は青空の浮雲を吹きさりつくし、月は青山にまんまるとした姿をあらわした。〔聯頌集　巻上〕

虛堂寂寂夜深寒　〈虚堂　寂《せき》々として夜深まりて寒し

携得瑤琴月下弾　瑤琴を携えて　月下に弾ず〉

がらんどうの部屋はひっそりと、夜が深まるにつれ寒さが身にしみる。そうしたとき、一張の美しい琴をもってきて、月光のもとで奏でてみる。清寂を一そう高める世界こそ、「祖師西来的々の意」というべきだ、ということ。〔丹霞頌古百則〕

雲断青天鶴意閑　〈雲　青天に断《た》えて　鶴意　閑《しずか》なり

浪連古岸魚行漫　浪　古岸に連りて　魚行　漫《そぞろ》なり〉

雲の消えた青天には、鶴が悠々として無辺の彼方をさして静かに飛んでゆく。古岸一帯につらなる静かな浪には、魚群の列がぞろぞろとゆるやかにつづいている。生動の中に寂静《じゃくじょう》をたたえ、動静一如の世界を示している。〔永平広録　巻十〕

荊棘林中下脚易　〈荊棘《けいきょく》林中に脚を下すことは易く

夜明簾外轉身難　夜明簾外《やめいれんがい》に身を転ずることは難し〉

人は、「いばらの林」、つまり「迷い」「煩悩」のただ中に脚を下《お》ろして歩くことはやさしい。なぜなら、是非善悪のはからいにとり組めばよろしいからだ。が、これに反して、ま夜中でも明かるく光るという水晶のすだれ、つまり「菩提《さとり》」の世界に身をまかせ転身するということはむずかしいことだ。なぜならば、このさとりの世界にとらわれると、かえってそれがまた「迷い」となるからである。〔従容録　第八十九則〕

紅葉落時山寂寂　〈紅葉　落つる時　山　寂《せき》寂
蘆花深處月團團　　芦花　深き処　月団々〉

紅葉が落ちる頃は、山も静まりかえっている。芦花が密生しているあたりに、まんまるい明月が皎々と照り、清浄静寂《しょうじょうせいじゃく》の世界を展開している。〔楳仙遺稿〕

黒漆崑崙把釣竿　〈黒漆《こくしつ》の崑崙《こんろん》に釣竿をとり
古帆高挂下驚湍　　古帆　高く挂《か》けて　驚湍《きょうたん》を下る〉

まっくらやみの世界で釣り竿を垂れ、ぼろぼろの帆を高くかかげて早瀬を下る。人間の思慮《はからい》を絶した境地を文字にしたもの。〔五灯会元　巻二十〕

昨夜長鯨吸海盡　〈昨夜　長鯨《げい》　海を吸いつくす
珊瑚枝上月團團　　珊瑚枝上　月団々〉

昨夜、大きな鯨《くじら》が、海を吸いつくして蒼々となり、珊瑚の枝の上に水月が、団々と映っている。

〔大智偈頌〕

山川磨破草鞋底　〈山川に磨破せらる　草鞋《そうあい》の底

到了方知被眼瞞　到り了《おわ》ってはじめて知る　眼に瞞《だま》されしを〉

山川を踏破して、草鞋《わらじ》の底がすりきれた。歩き終って始めて、五官によっての感覚は限界があることが分った。限界をつきつめても安心《あんじん》は得られない。安心は、山川、一塵、一歩の中の真実性を見とどける以外にはえられないものである。〔永平広録　巻三〕

四海五湖皇化裏　〈四海五湖　皇化のうち

太平無象有來端　太平に象《すがた》なく　来端あり〉

天《あめ》が下は、何れも皇風の恩恵に浴している。太平の政治というものには、これぞ、といった具体的な現象はない。が、その政治を盛り上げる基盤となるおもいやりの心が、きざしとならなければならない。〔如浄語録〕

四海烟塵已晏然　〈四海の烟塵すでに晏《あん》然

當軒皎月照人寒　軒に当る皎月　人を照らして寒し〉

世界は春がすみにつつまれて、もうゆったりとしている。が、軒端《のきば》にさしこむ皎々たる明月は、人のゆるむ心を醒《さ》まさせるかのようにきびしい。〔禅林類聚　巻七〕

執事逐影影彌遠　〈事《じ》に執《しゅう》して影を逐《お》えば　影いよいよ遠し
拂妄求眞眞爲瘢　妄を払わんとして真を求むれば　真　瘢《はん》となる〉

現前する事物の外相だけに心とらわれ、その表面的な仮相の中に真実を追うても、それらは真実を遠ざけてゆくばかりである。又、それでは、と、仮相の「影」への執着の「迷い」を払いのけ、別のところに真実が存在するのかと思ってそれを求めたりする。（人はよくこんなことをしがちだが）よしそこでなんらかの真実をつかんだとしても、そのつかんだ真実の実体なるものが、かえって人の心を傷痕《きずあと》させる結果となるわけである。〔良寛詩集〕

從來大道透長安　〈従来大道　長安に透る
歩歩應須著眼看　歩々まさにすべからく眼を著《つ》けて看るべし〉

もともと大道は、都の長安に通じている。だから歩く一歩一歩が大道に通じているものと心得て、小生に安んぜず、高いところに眼をつけて進むべきである。〔聯頌集　巻下〕

大道本來無程途　〈大道本来　程途《ていと》なし
不知何處問心安　知らず何れの処にか　心安を問わん〉

悟りの仏道には、もともと段階がないのでつかまえどころがない。それゆえ「安心立命《あんじんりゅうみょう》への拠《よ》

りどころは」と尋ねてだけみたところで、分かるものではない。〔良寛詩集〕

長劒倚天光照膽　〈長剣　天に倚って　光り胆《きも》を照らし
威風凛凛逼人寒　　威風凛《りん》々として　人に逼《せま》って寒し〉

長剣を天空にかざせば、陽光をうけてきらりと人の胆《きも》を冷やし、凛《りん》々たるいかめしい容姿は、人を圧してぞっとさせる。〔奕堂語録〕

鶴飛千尺冲天去　〈鶴　飛んで千尺　天にのぼり去る
月滿舊巢風露寒　　月　旧巣に満《さしこ》みて　風露寒し〉

鶴は、空高く千尺にまで舞い上って飛んで行く。その飛び立った鶴の巣に、月がさしこんで、淋しく寒《さむ》ざむとしている。〔大智偈頌〕

點鐵化成金玉易　〈鉄を点じて金玉に化成することは易く
勸人除却是非難　　人を勧めて是非を除却することは難し〉

鉄を鍛錬して金玉のごとく大事な物体に化学変化させることは容易であるが、人を是非善悪の判断を脱却した絶対の境地に入らしめることは、むずかしいことである。〔虚堂録　後録〕

轉入梅花爛熳看　〈転じて梅花爛熳の看《かん》に入り

春風撼動玉欄干　　春風撼動す　玉欄干〉

目を転ずれば、梅花が爛熳と咲き匂う光景が現われ、春風が綺麗な欄干のあたりに吹きわたっているかのようである。〔如浄語録〕

入唐學歩失邯鄲　〈唐に入って歩を学び　邯鄲《かんたん》を失す

鼻直眼横無兩般　　鼻直眼横《げんのう》　両般なし〉

昔、燕《えん》の少年が趙《ちょう》の都邯鄲《かんたん》に行き、都の歩きぶりを学んだが、中途で帰国したところ、両国の歩きぶりを忘れてしまったという。が、私は唐に渡って仏道を学んだところ、日本で学んだことをみんな忘れて、本師天童和尚と一枚となってしまった。鼻は縦《たて》に、眼は横なる相《すがた》には、上下の別がないように、日本だとか唐だとか、おさとりの階級だとか、もともとそのような差別は全くないのである。〔永平広録　巻二〕

髑髏識盡喜何立　〈髑髏《どくろ》　識《しき》つきて　喜びなんぞ立《りつ》せん

枯木龍吟銷未乾　　枯木　竜吟　銷《しょう》して未だ乾かず〉

しゃれこうべのように意識妄想がつきてしまえば、喜び、怒りもなくなる。これがそのまま実相なのである。老梅樹の幹は、寒風にあえば、木と木とすれ合うてギイギイと声を出すし、春風にあえば、芽を吹き花を咲かせる。「枯木龍吟」つまり無心の世界は、活力の根源をあらわす。

〔碧巌録　第二則〕

茫茫急水打毬子　〈茫々たる急水に毬子《まり》をつく

落處不停誰解看　　落処停まらず　誰れか看ることを解《げ》せん〉

はてしない大海原の速い潮の上でまりをつく。がまりのつきおちる処は同じではない。こういうことは、思慮分別のはからいごとに左右されている人には分らない。〔碧巌録　第八十則〕

水出崑崙浪接連　〈水は崑崙《こんろん》に出で　浪　接連し

天高地厔秀林巒　　天高く地厔《あつ》うして　秀でたる林巒あり〉

水は崑崙山に源を発するが、流れて海に入れば浪は天に接する。天は高く、地は厚くして、目立つ山の峰がくっきりとするように、「凡」と「聖」との差別はないのだ、と。投子《とうす》和尚が僧の質問に答えた言葉である。〔投子語録〕

道合平常絶異端　〈道　平常に合うて　異端を絶す

行人何必歴艱難　　行人《こうじん》　何んぞ必ずしも艱難を歴《へ》ん〉

道は平常にして奇異をとり立てなければ、邪道というものを寄せつけないですむ。だから道行く人は、ことさら険阻なところを通る必要はない。我が仏道もこの通りで、修行は箸の上げおろし、下駄のぬぎ方のようなところにあるので、ことさらに難行苦行しなければ、さとれないなどということはない。これが我が宗風である。と青原下、投子青禅師の法嗣芙蓉道楷禅師はいう。〔丹霞頌古百則〕

無爲眞人赤肉團　〈無為の真人は赤肉団《しゃくにくだん》

大千沙界著毛端　大千沙界を毛端に著く〉

本来の面目をえた真実人とは、この我が五体にほかならない。この五体が解脱《げだつ》したまでである。三千大千世界も毛すじのはしに著けてしまう。大小というものは、人間のはからいの結果にすぎない。そのはからいを解脱してみれば、大小の差別はなくなる。〔宏智偈頌〕

野水痩時秋潦退　〈野水痩《や》せる時　秋潦退《しゅうろうしりぞ》き

白雲斷處舊山寒　白雲断《た》ゆる処　旧山寒し〉

野辺の川の水が澄みきる頃には、秋のたまり水も浅くなってくる。白雲も消え晴れ渡ってみれば、もとからある山が、くっきりと、さむざむと浮び出てくる。山河に去来する現象は、四季それぞれに彩《いろどり》を添えるが、山河の地《じ》の姿は変らない。〔従容録　第九十四則〕

利劒拂開天地靜　〈利剣　払い開けば　天地静かなり

霜刀纔動斗牛寒　霜刀　わずかに動けば　斗牛寒し〉

名剣が鞘《さや》ばしれば、天下は平穏になる。研ぎすました刀が、ひらめくやいなや、北斗牽《けん》牛星も、これにこたえるかのようにうそ寒く感じられる。〔禅林類聚　巻十一〕

綠竹叢中栖彩鳳　〈緑竹叢中に彩鳳すみ

碧梧枝上集彩鸞　碧梧枝上に彩鸞集まる〉

緑の竹やぶの中に、美しい鳳が棲み、碧《みどり》の青ぎりの枝に、美しい鸞がいる。めでたい情景を文字にあらわしたもの。〔便蒙類編〕

老鶴夢醒排月枕　〈老鶴　夢に醒めて　月枕を排せば

松聲空拂夜巣寒　松声　空しく払い　夜《や》巣《そう》寒し〉

老鶴が夢と現実のけじめを違え、月夜に羽ばたけば、松わたる風も、空しく空巣《からす》を吹いてさびしいかぎりだ。〔半雲遺稿〕

堪笑少林胡達磨　〈笑うにたえたり　少林の胡達磨

九年面壁太無端　九年の面壁　はなはだ端なし〉

少林寺のインドから来たダルマさんが、九年間も壁にむかって坐禅なさったこと。想えば大そうやるせないことだ。なぜなら、坐禅にだけしがみついているならば、ほんにお笑いごとだから。

〔大智偈頌〕

十五删

四言

如龍得水　〈龍の水を得るが如く
似虎靠山　虎の山によるに似たり〉
人物が、時を得て堂々たる振舞いを演じているさまを言い現わしたもの。〔碧巌録　第三十一則〕

五言

朝看雲片片　〈朝《あした》には雲の片々たるをみ
暮聴水潺潺　暮には水の潺《せん》々たるを聴く〉

朝には、雲が去来するのをみ、夕べには、せせらぎが、せんせんと流れているのに耳傾け、大自然と呼吸を一《いっ》にしている楽しみを味わっている。〔五灯会元　巻十九〕

海分千派浪　〈海は千派の浪を分ち
地抜萬里山　地は万里の山を抜く〉

一つの海が、千波の浪を浪立たせ、一つの大地が、万里とつづく山に貫通しているように、本体は一つでも現象は雑多である。〔禅林類聚　巻二〕

風吹綠竹韻　〈風　緑竹に吹いてひびきあり
雨滴蘚紋斑　雨　蘚紋に滴《したた》りてまだらなり〉

風は、緑の竹やぶに吹きわたって風韻をかもし出す。雨は、こけむすあたりにぽたりぽたりと降

って、斑紋の美しさを呈している。相因り相縁《よ》って、調和した真のすがたを呈する姿をうたったもの。〔禅林類聚　巻四〕

雲吐波中月　〈雲は吐く　波中の月を
天横雨外山　天は横たう　雨外の山に〉

雲が月を覆うと、波中の月を消してしまう。雨が下界に降っていても、山の上には青空が横たわっているように、本来の面目は、形而下の現象に超然としている。これを「絶学無為」という。

〔曹山録〕

囘首爲千古　〈首《こうべ》を回らせば　千古たり
流水去潺湲　流水　去って潺湲《せんかん》たり〉

考えてみれば、世の移りかわりの速さは、この「今」をたちまち「千古の昔」にしてしまう。ただ河の流れだけが、やむことなく昔通りさらさらと、無心に流れ去っている。〔良寛詩集〕

白雲覆萬里　〈白雲　万里を覆《おお》い
玉樹鎖千山　玉樹　千山を鎖《とざ》す〉

白雲が、見渡すかぎりのところを覆い、美しい樹が、どの山々にもいっぱい生えている。大自然

が調和をえている。人間もこうありたい。〔投子語録〕

冬瓜直儱侗　〈冬瓜《へちま》は　直にして儱侗《ろんとん》
瓠子曲彎彎　瓠子《ふくべ》は　曲にして彎《わん》々〉

へちまは、真っ直ぐであって円《まど》か。ふくべは、曲っていて弓なり。ともにそれぞれのすがたが、真実の相を示している。〔五灯会元　巻十五〕

有路不通世　〈路有りて　世と通ぜず
無心孰可攀　無心　孰《たれ》か攀《よ》づべき〉

寒山には路が通じているが、俗世間とは通じていない。寒山は無心の世界、だから俗人では誰れだってよじ登ることはできない。〔寒山詩集〕

六　言

攫金者不見人　〈金を攫《つか》む者は人を見ず
逐鹿者不見山　鹿を逐《お》う者は山を見ず〉

金を貯《た》める者は、人情義理を欠き、恥を欠き、鹿を逐いまわす者は、鹿の居る山を意識しない。欲に目がくらむ者、大局の見通しがきかない人は、しょせん永遠の喜びを味わうことができないことの意。「人」は「仁」（おもいやり）、「山」は「真理」（おさとり）をあらわす。〔虚堂録巻上〕

七言

一條拄杖爲知己　〈一条の拄杖《しゅじょう》　知己《ちき》となり
擊碎千關與萬關　千関と万関とを撃砕す〉

一本の杖が、親しい友だちとなり、多くの難関を突破してきた。〔五灯会元　巻十五〕

一瓶一鉢隨緣住　〈一瓶一鉢《いちびょういっぱつ》　縁に随って住す
到處無心便是山　到る処　無心なれば　すなわちこれ山〉

雲水の持ち物は、瓶と鉢（応量器）、これをもって縁のある家で食べさせて貰い、止住することができる。どんな処でも、無心に坐る坐禅の組める場が、つまりは静かな山のような修行場なの

だ。〔大智偈頌〕

假鶏聲韻難謾我　〈仮鶏の声韻　我れを謾じがたし
未肯模糊放過關　　未だあえては模糊として関を放過せず〉

昔、斉の孟嘗君《もうしょうくん》は、食客をしていた馮諼《ひょうかん》の鶏鳴の仮声《こわいろ》で函谷関を通過できたが、ここ仏祖の第一関は、口先きだけでは誤魔化されはしない。うかうかと関門を開けて通過させるようなことはせぬ。仏祖の関門は冷厳で、尋常な言葉や分別では通用しはしない。〔従容録　第十九則〕

漢水今朝流北向　〈漢水　今朝　流れて北に向うも
依然面目見廬山　　依然たる面目　廬山を見る〉

たとえ俗眼で、漢水が北流するかのごとくに見てとったとしても、本来の面目を踏まえてみれば、北流、南流は待対《たいだい》の見《けん》にすぎない。かといって、本来の面目に映る相《すがた》は、依然として廬山の煙雨《えんう》、浙江《せっこう》の潮《うしお》である。〔漱石詩集〕

金鼇轉側夜潮落　〈金鼇《ごう》　転側すれば　夜潮落ち
玉馬嘶鳴春信還　　玉馬　嘶《いなな》き鳴けば　春信還る〉

仙山を背負っているという大きな海亀が、一たび寝返りをうつと、山は崩れ、潮は退いて平地になってしまうという。すばらしい玉馬が、一たびいななくと、季節が逆順して、たちまち春のおとずれとなるという。このようにしてこれからの貴殿の活躍が、金鼇、玉馬のように期待される。

〔宏智偈頌〕

苦吟又見二毛斑　〈苦吟　又見る　二毛の斑《まだら》なるを
愁殺愁人始破顔　愁人を愁殺《しゅうさい》して　始めて破顔す〉

快心の作が作れないでいると、黒白の二毛といった待対の見《けん》、つまり煩わしいはからい心、作意の心が起きてきてだめである。愁人、つまり仏祖のはからいをなくすことによって、始めて破顔《はがん》微笑《みしょう》。ここは釈尊と摩訶迦葉《まかかしょう》とが、顔を見合わせてにっこりとしておさとりを授受した故事が理解される。〔漱石詩集〕

題偈溪頭相揖立　〈偈《げ》を溪頭に題し　相揖《いっ》して立てば
君看流水我看山　君は流水を看　我れは山を看る〉

偈《うた》を渓川のほとりに書きつけ、お互いに別れの揖《いっ》礼を交わして立つと、送られる僧は流水をみ、送る衲僧は山をみる。あたりまえのこと。このあたりまえのことを自分のものにするのが、我が宗風であり、家風である。〔半仙遺稿〕

江上青山千萬疊　〈江上青山　千万畳
溪邊茆屋兩三間　渓辺茆屋《ぼうおく》　両三間〉
　江上に映る千万畳敷きもある青山も、谷川のほとりにしつらえられた両三間ほどのあばらやも、高下の差別もなく、ともに大自然の一環をなしている。〔五灯会元　巻二十〕

兀坐寥寥無待對　〈兀坐《ごつざ》寥《りょう》々　待対《たいだい》なし
青山深處白雲閑　青山深き処　白雲閑なり〉
　寥々として正身端坐《しょうしんたんざ》する姿は、待対《たいだい》を絶した三昧の世界をあらわす。それは、あたかも奥深い青山に白雲が、悠々として無心そのままである相にそっくりである。〔義雲語録　巻上〕

三尺鏌鎁横在手　〈三尺の鏌鎁《ばくや》　横ざまに手にあり
至今坐斷大雄山　今に至るまで大雄山を坐断す〉
　三尺の鏌鎁の名剣を腰に手《た》ばさみ、今に至るまで百丈の大雄山をいながらにして断ち切っている。百丈は、自分で自分の胸に剣をつきつけ、不退転の根性が、ゆるまぬようにと自己対決を決意している。〔禅林類聚　巻五〕

數片白雲籠古寺　〈数片の白雲　古寺を籠《こ》め

一條綠水繞青山　一条の緑水　青山を繞《めぐ》る〉
いく片かの白雲が、古寺のあたりを蓋《おお》い、清浄にしてくれる。また一すじの綺麗な流れが、青い山をめぐって流れ、清めてくれる。こうしたところで修行していれば、どんな人間でも清浄な心になりうる。〔普灯録　巻二〕

盛德果然照日月　〈盛徳　果然として日月よりも照《かがや》き
師恩應是重丘山　師恩　まさにこれ丘山よりも重かるべし〉
すばらしい徳の輝きは、はたして日月の光りよりも強く照り輝く。師の恩は、当然、丘や山よりも重いはずである。〔貞和集　巻五〕

石牛長吼眞空外　〈石牛　長《ちょう》吼す　真空の外
木馬嘶時月隱山　木馬嘶《いな》く時　月　山に隠る〉
石造の牛が、絶対界にむかって、いつまでも鳴いている。木製の馬が、いななくときは、月も山に隠れてしまう。常識的な現象観を絶した表現である。〔景徳伝灯録　巻四〕

世人休說路行難　〈世人　説くことをやめよ　路行難しと
鳥道羊腸咫尺間　鳥道　羊腸なれど　咫尺《しせき》の間〉

世人よ、足跡を残さない鳥道は、入り組んで長く続いているので跡を尋ねにくい、などといわないでほしい。鳥にとっては、あっという間に飛んでしまえるのである。〔五灯会元　巻八〕

雪上加霜難下觜　〈雪上に霜を加えて　觜《くちばし》を下すことかたし

梅邊重白不看顔　梅辺に白を重ねて　顔《かんばせ》を看ず〉

春立ち鶯がきても、木々の枝は雪一色になっているのでとまりようがない。梅の木には、真っ白い雪が、次から次と積り重なり、梅花をのぞきみることができない。白一色の雪景色をうたう。

〔永平広録　巻十〕

直饒便到獨脱處　〈たとい　すなわち独脱の処に到るも

未免萬里望郷關　未だ万里に郷関を望むことを免れず〉

よしんばおさとりの世界に到達しえたとしても、それに執着しているとしたならば、自分の生れた故郷、つまり本来の面目の世界は遠して遠しで、遥か遠くにこれを望まなければならない。〔碧巌録　第五十一則〕

縱遇鋒刀常坦坦　〈たとい鋒刀《ほうとう》に遇うも　常に坦《たん》々

假饒毒藥也閑閑　たとい毒薬もまた閑々〉

禅定と智慧によるさとりを身につければ、たとい鋒刀をつきつけられても平気だし、たとい毒薬をもられても、ゆったりとしてこれを仰ぐことができる。〔証道歌〕

道人未必居雲外　〈道人　いまだ必らずしも雲外に居せず
到處無心便是山　到る処　無心なれば　すなわちこれ山〉

禅の修行者は、静かな山中でばかり修行せねばならんということではあるまい。どんな処であろうが、坐禅を組めば、そこがつまり深山幽谷なのだ。〔大智偈頌〕

始悟眞源行不到　〈始めて悟る　真源は行きて到らず
倚筇隨處弄潺湲　筇《つえ》に倚《よ》って　随処に潺湲《せんかん》を弄するにあるを〉

真の源《さとり》というものは、修行の結果たどりつきうるものではなく、修行自体に、真源が現成《げんじょう》しているものである。つまり、杖をつき流れを遡《さかのぼ》りながら、渓声に耳を洗いつつ、一歩一歩たどるその姿が、さとりにほかならないということである。〔良寛詩集〕

春到石人視遠山　〈春到り　石人　遠山を視
鶯啼華木碧波間　鶯　華木に啼いて　碧波間《しずか》なり〉

春が到来し「石人」（おさとりを開いた人）が遠い山を望み見ると、そこには鶯が花の木のもと

で囀っているのがみえ、池んぼには青い波が立って静かなることがわかる。平常となんら変らない真実の情景である。〔投子語録〕

平生混跡樵漁裏　〈平生　跡を混ず　樵漁の裏《うち》
萬事忘機麋鹿間　万事　機を忘ず　麋鹿《びろく》の間〉

平常《ふだん》、木樵や漁夫たちに仲間入りして簡素な暮らしをなし、世間の万事、対人関係のことなどにもかかわりをもたず、大鹿小鹿たちと山住まいをしているだけである。〔蕉堅稿〕

夜聴水流庵後竹　〈夜は　水の庵後の竹に流るるを聴き
晝看雲起檻前山　昼は雲の檻前の山に起るを看る〉

山居の明け暮れは、夜ともなれば、庵の後の竹林のあたりを流れる沢の音をきき、昼は、ベランダの前の山に湧き起こる雲をみて楽しむことができる。〔五灯会元　巻十五〕

平聲（下平）韻

一先

四言

飢來喫飯　〈飢え来れば　飯を喫し
困來打眠　困《くるし》み来れば　打眠《だめん》す〉
本来の自己を自覚したとて、別に日常底《てい》に変りが生ずるものではない。お腹《なか》がひもじくなれば、御飯をいただき、くるしさにとりつかれたならば、眠りこけるだけ。〔如浄語録〕

應機接物　〈機に応じ物に接し

灌漑箇箇心田　〈箇々の心田に灌漑《かんがい》す〉

人に応じ場合にのぞんで、人々むきむきの「田」（人柄）にむいた「水」（手段方法）をそそいで本来の面目を自覚させる。〔半仙遺稿〕

霜迎月色　〈霜は月色を迎え

松鎖青煙　松は青煙を鎖《とざ》す〉

霜は月光に照らされて冴え、松は青いもやにとざされている。〔投子語録〕

千峯鎖翠　〈千峰　翠《みどり》を鎖《とざ》し

萬木含煙　万木　煙を含む〉

どの山々も翠《みどり》にとりまかれ、山のどの木々も、もやに埋れている。〔投子語録〕

無根満地　〈無根満地《むこんまんち》

無葉普天　無葉普天《むようふてん》〉

無根の根は地上いっぱいに張りめぐり、無葉の葉は、天上いっぱいに生いめぐる。絶対の世界は、広大無辺、古今に一貫していることをいう。〔槐安国語　巻四〕

蘆花覆雪　〈芦花　雪に覆《おお》われ

午夜月圓　午夜　月　円《まど》かなり〉
白い芦花が白雪に覆われ、真夜中の月は皎々として大団円を呈し、白一色の倶寂静《おさとり》の世界そのものの

ようである。〔三祖行業記〕

六十六年〈六十六年
罪犯彌天　罪を犯《おか》すこと弥天《みてん》〉
六十六年間に犯した罪のかずかずは、天《そら》いっぱいにわたるほど。地獄に堕ちること必定《ひつじょう》ぞ。〔如浄語録　遺偈〕

五言

一塵含萬象〈一塵　万象を含み
一念具三千　一念　三千を具《そな》う〉
一塵を離れて万《よろづ》の現象はない。一念を離れて三千大千世界もありようがない。まことに「一」と「多」とは、相即融通しているものである。〔従容録　第六十七則〕

饑飡松栢葉　〈饑えては　松栢の葉をくらい
渇飲澗中泉　渇しては　澗中の泉を飲む〉

山中の明け暮れなので、ひもじくなれば松栢の葉をかみ、喉がかわいては、谷の中の泉を汲んで飲む状態である。〔五灯会元　巻十六〕

衣穿瘦骨露　〈衣穿《えやぶ》れ　瘦骨《そうこつ》露《あらわ》る
屋破看星眠　屋破れ　星を看て眠る〉

沙門の尊さは、衲衣《のうえ》というつぎはぎだらけの袈裟《けさ》をかけ、筋《すじ》ばったすねが出るつんつるてんの着物をき、屋根は穴があき、星をながめながらねむるといった、簡素な明け暮れを楽しんでおられることにある。〔五灯会元　巻十六〕

上有千年松　〈上《かみ》に千年の松あり
清風竟日傳　清風　竟日伝わる〉

上手《かみて》には、千年も経《た》った老松がそびえており、永劫《とわ》かけての涼風が、ひねもすそこで吹いている。

〔良寛詩集〕

竟日無字經　〈竟日《きょうじつ》　無字の経

終夜不修禪　終夜　不修の禅〉
昼は、ひねもす不立文字《ふりゅうもじ》の禅籍を読み耽《ふけ》り、夜は、夜もすがら修証不二《しゅしょうふに》の坐禅に親しむ。〔良寛詩集〕

江南春信早　〈江南　春信早く
紫蕨已伸拳　紫蕨《しけつ》　すでに拳《こぶし》を伸ばす〉
揚子江南地方は、春の訪れが早く、わらびがもう拳《こぶし》を振りあげている。〔虚堂録　後録〕

枯木雲籠透　〈枯木　雲　籠《こ》めて透《とお》り
寒潭月夜圓　寒潭　月　夜円《まど》かなり〉
枯木に雲がたちこめているが、すけて見ることができ、淋しそうな深い淵に、まんまるい月が夜中に照っている。〔劫外録〕

猿聲知後夜　〈猿　声《な》いて後夜を知り
華發見流年　華　発《ひら》いて流年を見る〉
猿の啼き声で、はやくも後夜（夜半）になったことがわかり、山に春の花が咲いて、はじめて歳の移ろいを覚えた。龍山は、暦日がない天下の寂境なることをあらわしたもの。〔三体詩　劉長

卿〕

錫帯胡中雪　〈錫《しゃく》には　胡中の雪を帯び
瓶添漢地泉　　瓶《びょう》には　漢地の泉を添う〉

雲水僧の錫杖《しゃくじょう》の先きは、北方えびすの地に降った雪をとどめ、腰に下げた薬瓶《びん》には、中部漢水の泉の水を入れてあるように、東西南北と雲のように歩き、流れる水のように、一所にとどまらず行脚《あんぎゃ》の旅をつづける。〔景徳伝灯録　巻二十四〕

心心無異念　〈心心に異念なければ
端的不落正偏　端的にして正偏に落ちず〉

念々、吐く息、吸う息の間に正念をたやさなければ、つまり無心の持続であれば、いつもずばりそのものにぴったりとして、やれ平等だ差別だ、などというはからいに低迷することはない。

〔半仙遺稿〕

已甘休萬事　〈すでに万事を休するに甘んじて
采蕨度殘年　　蕨《わらび》をとり　残年をわたる〉

私はもう諸事万端をなげうって、悠々自適することに甘んじている。伯夷《はくい》、叔斉《しゅくせい》にあやかって、

蕨《わらび》を采《と》って食べ、余生を渡《おく》ることにした。〔寒山詩集〕

石人踏雪去　〈石人　雪を踏んで去り
木馬火中眠　木馬　火中に眠る〉

石でこしらえた人間が、雪の中を歩いて行き、木でこしらえた馬が火の中で眠りこけている。坐禅の世界は世間の常識を超脱した絶対の相にあることを示したもの。〔投子語録〕

長松何落落　〈長松　なんぞ落々たる
清風萬古傳　清風　万古に伝わる〉

高い松は、なんと目立つことよ。松籟が奏でる清風は、永劫《とわ》に変らずその響きを伝えている。〔良寛詩集〕

沓嶂恒凝雪　〈沓嶂《とうしょう》　つねに雪を凝《こ》らし
幽林毎吐烟　幽林　つねに烟《けむり》を吐く〉

重なり合う山なみは、年中雪をかぶり、静かな林は、一日中靄《もや》がたちこめている。〔寒山詩集〕

有名非大道　〈名あるは　大道にあらず
是非俱不禪　是非　ともに禅にあらず〉

有名ということは、絶対普遍の道から外れた現象である。正しいとか正しくないということも、ともに禅の真実の世界とは違って、俗の世界の低次元の概念にすぎないのである。〔景徳伝灯録巻二十九〕

晩接曠達士　〈晩に曠達の士に接し
慧命自茲傳　慧命《えみょう》　茲《ここ》より伝わる〉

達磨大師は、晩年に慧可という偉れた人物に出あうことができた。かくして、この弟子に仏祖の慧命、つまり正法を授けることができた。〔良寛詩集〕

法意休多問　〈法意　多く問うことをやめよ
無言卽是禪　無言　すなわち是れ禅なればなり〉

正法の真意をつべこべと尋ねることはやめなさい。真意というものは、言葉や文字では言いあらわせないもの。ただ、膚から膚へ、心から心へだけ伝えることができるもの。それが正法を師から弟子へと嫡《てき》々として単伝してきた禅なのである。〔高青邱詩集〕

水流元入海　〈水流れて　もと海に入り
月落不離天　月落ちて　天を離れず〉

天然、自然の面目は不変であるが、人間の眼にうつる現象は無常のようにみえる。天地同根にして万物一体、大自然には差別の相がないことを示す。〔五灯会元　巻十六〕

龍門無宿客　〈龍門に　宿客なく
龜鶴本來仙　亀鶴　本来仙なり〉

浪の千尺万丈と高い龍門には、二晩と泊る客もない。命の千年万年と長い鶴亀は、本来よりの仙で、ともに貴い境界《きょうがい》である。「無宿客」とは、とどこおることのない貴い境界をいう。〔永平広録　巻一〕

吾師來東土　〈吾が師　東土に来る
是非小小緣　これ小々の縁にあらず〉

吾が師ダルマは、インドから中国に来られた。これは浅からぬ縁《えにし》によるものであった。〔良寛詩集〕

六　言

可怜無位眞人　〈怜《あわれ》むべし　無位の真人
一向草宿露眠　一向《ひたすら》草に宿り露に眠る〉
はからいを絶した真実の人間は、あっぱれなものである。行脚《あんぎゃ》の途上では、露おく草をしとねとしても平然と一夜を明かしうるからである。〔続伝灯録　巻四〕

石蘊玉而山暉　〈石　玉を蘊《たくわ》えて　山　暉《ひか》り
水懐珠而川娟　水　珠を懐《いだ》いて　川　娟《うつく》し〉
石の山に、美しい玉（璞）が蔵《しま》ってあれば、山が自然と光り輝き、川の流れに珠が浮いてあれば、川は美しい。一顆《ひとつぶ》の「明珠」（おさとり）の現成《げんじょう》によって全世界が輝きわたる。〔楳仙遺稿〕

一切無非佛事　〈一切　仏事にあらざるなし
何須攝念坐禪　何んぞもちいん　念をおさめ坐禅することを〉
いっさい合切《がっさい》、仏道の行事《おつとめ》でないものはない。だから俗念をとりおさめる坐禅を組む必要はないではないかと反問する者がいる。そうではない、坐禅の裏うちがあってはじめて仏道の行事は成り立つのである。〔景徳伝灯録　巻二十九〕

行亦禪坐亦禪　〈行もまた禅　坐もまた禅

語默動靜體安然　語默動静　体　安然〉

一切のはからいごとを抜きにした行いならば、それもまた坐禅の世界である。そうした態度で行う「語」「黙」「動」「静」すべて一本筋が通っている。〔証道歌〕

近則不離方寸　〈近づけば　方寸を離れず
遠則十萬八千　遠ざかれば　十万八千〉

悟れば十方世界も心の中におさまり、迷えば、心が十万億土の外に出てしまう。〔続伝灯録　巻二の三十一〕

頓覺了如來禪　〈頓《とみ》に如来禅を覚了すれば
六度萬行體中圓　六度万行　体中に円《まど》かなり〉

仏さまの正法禅をたっぷり身につけて坐ると、おさとりを目ざしての菩薩の六つの修行も、数限りない万般の生活も、そのままが仏の実践活動となる。〔証道歌〕

極目千峯鎖翠　〈目《まなこ》を極むる千峰　翠を鎖《とざ》し
滿空柳絮飛緜　空に満つ柳絮《りゅうじょ》　緜《わた》を飛ばす〉

見わたしうるかぎりの山々は、緑一面である。空いっぱいに見える柳の絮《わた》は、綿《わた》をまき散らした

ように真っ白い。〔続伝灯録　巻四〕

木馬嘶泰山頂　〈木馬　泰山の頂《いただき》に嘶《いなな》き

泥牛耕海上田　　泥牛　海上の田を耕す〉

木製の馬が泰山の頂上に登っていななき、泥製の牛が、大海原《おおうなばら》の水田を耕している。ともに碍《さわり》のない絶対の境をいいあらわしたもの。〔義雲語録　巻上〕

七　言

雨蒸荷葉香浮屋　〈雨　荷葉を蒸《む》して　香　屋に浮び

風攪蘆花雪満船　　風　芦花を攪《みだ》して　雪　船に満つ〉

夏の日に、雨が蓮の葉をしとどに濡らすと、その香りが家中に漂うてくる。冬の日に、風が芦の花をかき乱すと、雪がしんしんと船にいっぱいに降りつもる。言葉をぬきにした時節の真実相である。〔中峰広録　巻二十九〕

雨晴花色明如錦　〈雨晴れて　花色　錦よりも明らかなり

風暖鶯聲滑如絃　風暖かに　鶯声　絃よりも滑らかなり〉

雨が上り空は晴れ、桃の花の色は、錦よりも美しく明らかである。春風は暖かく、鶯の啼く声は、管絃の音よりも流暢である。自然現象の真如実際は、人工の美の遠く及ばない世界である。〔宏智偈頌〕

休言破鏡無重照　〈言うことを休《や》めよ　破鏡重ねて照らすことなしと

月在中峯夜夜圓　月は中峰にありて　夜々円《まど》かなり〉

永明智覚の編纂した『宗鏡録《すぎょう》』一百巻が弄した幾万言の閑言語は、二度と引っこみがつかない。あたかも破鏡は、二度と人の姿を映さないように、どえらいことを犯してしまったなぞとはいうまいぞ。永明の塔のある大慈山霊隠《れいおん》の中峰には、千古不滅の皎々たる大団円の月が輝いているではないか。〔江湖風月集〕

一粒粟中藏世界　〈一粒《りゅう》の粟《ぞく》中に世界を蔵し

半升鐺裏煮山川　半升の鐺裏《とうり》に山川を煮《に》る〉

一粒《ひとつぶ》の粟の中に世界を包蔵してしまい、五合入れのなべの中で山川を煮てしまう。絶対の世界は、大小の差別を絶していることを述べたもの。〔五灯会元　巻八〕

圓覺曾參捧喝禪　〈円覚に曾て参じぬ　棒喝《ぼうかつ》の禅
瞎兒何處觸機縁　瞎児《かつじ》　何処《いずこ》にか　機縁に触《ふ》れん〉
〔漱石詩集〕

以前に鎌倉の円覚寺で、臨済や徳山がくらわしたような、手きびしい禅の指導を受けた。だが禅にはめくら同然のぼんくらのため、何処へ行っても、さとりの機縁にふれることができなかった。

遠壑移松憐晩翠　〈遠壑《えんがく》より松を移して　晩翠を憐み
小池通水愛幽潺　小池より水を通じて　幽潺《せん》を愛す〉

遠い谷から松を移植して冬の最中《さなか》の翠《みどり》をよしとし、小さい池から水をひいて、幽《かす》かなせせらぎの音を愛《め》づる。山居にも、冬といい夏といい、それぞれの趣きがあり、それを楽しんでおられる。

〔蕉堅稿〕

淤泥深淺人不識　〈淤泥《おでい》の深浅《しんせん》　人に識られず
出水方知是白蓮　水を出でて　はじめて知る　これ白蓮なりしことを〉

蓮が生えているところの泥水の深さは、人には分からない。が、その白蓮の花が、泥水から出て咲き匂うと、はじめて、花を咲かすだけの深さがあったことが分る。凡夫というものは、形而下の

現象をみて、その形而上の本体を知るといった浅はかなものである。〔趙州録　巻下〕

海底泥牛啣月走　〈海底の泥牛　月をくわえて走り

岩前石虎抱虎眠　岩前の石虎　虎を抱いて眠る〉

海底で、泥で作った牛が、海面に映った月をくわえて歩きまわり、大きな岩の前で石で作った虎が、生きた虎を抱いて眠っている。思慮を絶した世界を言葉で示したもの。〔続伝灯録　巻五〕

雲掃長空巣月鶴　〈雲　長空を掃いて　月に巣くう鶴

寒清入骨不成眠　寒清　骨に入り　眠りを成さず〉

長空にさえぎる空もなく、皎々たる月夜に松が枝に巣ごもりしている鶴。さはさりながら、しみ透る寒さのために安眠することができない。はりつめた一路向上の境地を示したもの。〔従容録第七則〕

古人問道復何言　〈古人道を問う　また何んと言わん

水在瓶中雲在天　水は瓶中に在り　雲は天に在り〉

李翺《りこう》が薬山《やくさん》に仏法の真意を問うたところ、「言葉などで言いあらわせるものではない」とは言ったものの、たとえとして、「水が瓶《びん》の中に入っており、雲が空に浮んでいるようなものだ」と。

つまり、「手を加えない、はからいを加えない、あるがままの姿が、仏法の真意だ」と答えた。〔聯頌集　巻中〕

猿抱子歸青嶂後　〈猿は子を抱いて青嶂の後に帰り

鳥啣華落碧嵓前　鳥は華を啣《ふく》んで碧嵓の前に落つ〉

夾山善会《かっさんぜんね》の境地は、船子徳誠《せんすとくじょう》和尚の法を嗣ぐことができたから、もうことさら力《りき》む必要もなくなった。いわば猿が、子を抱いて高い青山の後に帰るように、また鳥が花をくわえて苔むした巌の前にぱっと落ちるように、なんの変てつもない山中の状景にそっくりである。大自然の真如実際を引例して、さらりと本来の面目を述べ、あわせて参師聞法の師を他に求むべきでなく、自分が自分に求むべき向上心の持続であることをも述べたもの。夾山の言葉。〔投子語録〕

參禪不是小因緣　〈参禅は　これ小因縁にあらず

立志當如鐵石堅　志を立つるには　まさに鉄石の堅きがごとくなるべし〉

坐禅ができるということは、ただならない因縁の積み重なりの結果によるものである。だから参禅の意志をかためるには、鉄石のように堅固な身心を持ち合わさなければならない。〔貞和集　巻五〕

四海五湖明似鏡　〈四海五湖　似鏡《じきょう》よりも明らかなり
太平無象賀堯天　太平に象《すがた》なく　堯天を賀すのみ〉

満天下の大自然の清らかさというものは、人間が作った鏡よりすっきりとしている。太平の御時世というものには、これといった現象があるわけでもない。ただ、時をしろしめして下さる堯帝のようなお方を祝福してやまないだけである。〔如浄語録〕

朱門黄閣懶久住　〈朱門黄閣　久しく住むに懶《ものう》し
清風明月似有縁　清風明月　縁あるに似たり〉

粋をこらした多彩な御屋敷は、永居《ながい》には不向きで気重《きおも》なものである。風清く、月のさやかな自然を受けとめうる庵の方が、衲《わし》には似つかわしくあるらしい。〔良寛詩集〕

蕭然一衲與一鉢　〈蕭然《しょうぜん》たる一衲と一鉢と
西天風流實可憐　西天《さいてん》の風流　実《げ》に憐むべし〉

お袈裟《けさ》と鉢の子だけの生活は、まことにさっぱりしたもの。インドから伝わった風流な禅の生活は、ほんにすばらしいもの。〔良寛詩集〕

松風空響聾人耳　〈松風空しく響く　聾人《ろうじん》の耳

竹露屢零涼月邊　竹露しばしば零《お》つ　涼月の辺〉

つんぼの耳には、さわやかに吹く松風の響も、なんの手ごたえもない。それがまた松風の本来の姿なのだ。竹の葉の露に涼しい秋の月が宿っている。その月をこぼして、竹の葉が風に揺れる。ここにも本来の姿がある。〔永平広録　巻十〕

荷擔正法太密密　〈正法を荷担《かたん》すること　はなはだ密々

宣揚宗風轉綿綿　宗風を宣揚して　うたた綿々〉

正伝の仏法を身につけること、はなはだぴったり。その行持綿密《ぎょうじめんみつ》の宗風を広く世にあらわして、ずっと今日に至るまで綿々と続けられた。坐禅の功徳を賛《たた》えた。〔半仙遺稿〕

清風琢磨乾坤淨　〈清風琢磨《たくま》して　乾坤《けんこん》浄し

雪上加霜明月前　雪上に霜を加う　明月の前〉

清風が天地を磨《す》り琢《みが》いて清浄にし、明月の堂前では、雪の上にさらに霜が降りて清浄そのもの。これは、南岳懐譲《えじょう》禅師が、曹渓の六祖慧能に随侍すること十五年、さらに雲巌《うんがん》の天皇道悟と交わること二十年の修行をされたことをたとえたものである。〔義雲語録　巻下〕

雪後寒梅識時節　〈雪後の寒梅　時節を識り

送香暗和博山烟　香を送り暗に和す　博山の烟《けむり》〉

雪に埋もれた梅も春の時節を知り、香ぐわしの匂いをただよわせ、そのうえ名香炉《こうろ》博山にたく香《こう》の匂いに和してなんともいえない。〔半雲遺稿〕

千江有水千江月　〈千江　水あり　千江の月
萬里無雲萬里天　万里　雲なし　万里の天〉

どんな川でも、水の流れるところには、かならず月は映るものである。又、晴れ渡る見渡す限りの遠い空でも、雲が見えなければ、ずっと、限りなく空は続いているようにみとれる。「有」に徹すればすべてが「有」、「無」に徹すればすべてが「無」の世界なることをのべたもの。〔普灯録　巻十八〕

千林果熟携籃拾　〈千林果熟して籃《かご》を携《たずさ》えて拾う
食罷溪邊枕石眠　食し罷《おわ》って渓辺に石を枕として眠る〉

山々の果実が熟《う》れれば、籃を携えて行ってこれを拾い、それを食べおわれば石を枕として眠る。世間的な体裁とか、はからいにおかまいない山居を楽しんでいるさま。〔大智偈頌〕

磨塼作鏡掛天邊　〈塼《せん》を磨《ま》して鏡となし　天辺に掛く

人道中秋月一圓　〈人は道《い》う中秋　月一円と〉
塼《かわら》を磨《みが》いて鏡となし、それを天空にかける。すると、その鏡を見た人間が、誤って八月十五日の望月《もちづき》ではないかしら、という。さても困ったものだ。「塼」はどれほど磨いても「鏡」とはならない。だが「鏡」とすべく一生懸命に磨くいとなみは尊い。月も満月だけが尊いことはない。「月」を「月」と見る人の心が尊いのだ。〔永平広録　巻四〕

早朝喫粥午時飯　〈早朝に喫粥　午時に飯
健即經行困既眠　健《すこや》かなれば経行《きんひん》し　困《つか》れば眠る〉
禅門における一大事とは、別に生死《しょうじ》にかかわる奇特のことではない。「前後際断」といい、出る息、吸う息の瞬間瞬間にすべてをかけること。つまり早朝にお粥《かゆ》をいただき、午時に御飯をいただき、身心爽快にして坐禅をし、長きにわたれば経行《きんひん》（足ならし）を行い、夜に入っては、疲れをとるために睡眠するだけのことをいう。〔永平広録　巻三〕

滄溟幾度變桑田　〈滄溟幾度か　桑田と変ぜる
唯有虚空獨湛然　ただ虚空《こくう》のみありて　独り湛然《たんねん》〉
青海原《あおうなばら》は、歳月の移り変りで、いく度か桑田に変じたりすることはある。ただ大空のような形の

ない存在は、変化しようもないので、ひとり落ちついてゆったりとしている。〔五灯会元　巻四〕

朝打三千暮八百　〈朝打三千　暮れ八百

當機切忌錯流傳　機に当る　切に忌《い》む錯《あやま》って流伝《るでん》することを〉

禅林における雲水鍛錬の方法として暁天に三千、夜坐に八百回ほどなぐりとばす。それは雲水の機根に応じての手段である。ただし、この手段を一般化して、機根に応じないで流伝させ、套襲《とうしゅう》させることを忌み禁ずる。〔永平広録　巻三〕

長天夜夜清如鏡　〈長天　夜々　清《す》んで鏡の如し

萬里無雲孤月圓　万里　雲無く　孤月円《まど》かなり〉

高い空に毎晩、鏡のように澄んだ月が輝いている。目の及ぶかぎりのところには雲もなく、たった一輪のまんまるい月が美しい。〔丹霞頌古百則〕

如來禪與祖師禪　〈如来禅と祖師禅と

一手猶分掌與拳　一手の　なお掌と拳とを分つがごとし〉

釈迦如来から直伝した禅と、六祖慧能から伝えられた禅とは、たとえていえば一本の手の掌《たなごころ》と、にぎりこぶしのようなもので、実体そのものには変りがないのである。〔中峰広録　巻二十九〕

人間倖期南山壽　〈人間ひとしく期す　南山の寿
世上不免北邙烟　世上免《まぬが》れず　北邙《ぼう》の烟《けむり》〉

人間は、誰れしも一様に、終南山（陝西省西安府にある）のようにどっしりといつまでも長生きをしたいと心に期している。が、世間の常識として、誰れしも、荼毘《だび》に付《ふ》されて、北邙山（洛陽の北にある山で漢代このかた墓地となっている）の煙と消えてしまわないものはない、ということは分っている。〔半仙遺稿〕

白蘋風細秋江暮　〈白蘋《ひん》風細《こま》やかなり　秋江の暮れ
古岸舡歸一帶煙　古岸に舡《ふね》は帰る　一帯の煙〉

秋の川辺の夕暮れどき、水草のあたりに秋風がたつ。夕もやのたちこめる一帯の岸さして、船が帰ってくる。爽やかな秋の夕暮れどきには、いささかの私意もさしはさむべき余地がない。〔従容録　第九十八則〕

半夜白雲消散後　〈半夜白雲　消散の後
一輪明月到牀前　一輪の明月　牀前に到る〉

夜半に白雲が消えさってから、残った一輪の明月が、我が寝床《ねどこ》の前まで光りを投げかけている。

〔五灯会元　巻十五〕

翡翠踏飜荷葉雨　〈翡翠《ひすい》　踏飜《とうほん》す　荷葉《かよう》の雨
鷺鷥衝破竹林煙　鷺鷥《ろじ》　衝破す　竹林の煙〉

かわせみが荷葉《はすのは》の雨を蹴かえして、綺麗なはすの茎の露を散らしている。白鷺が、人里近い竹林にたちこめた炊煙の中に、まぎれこんでいる。ともに差別を絶した第一義諦《おさとり》の風光を示したもの。

〔義雲語録　巻上〕

日午烟凝山突兀　〈日　午にして烟凝《こ》り　山突兀《とつごつ》たり
夜央天淡月嬋娟　夜　央《なかば》にして天淡く　月嬋娟《せんけん》たり〉

太陽が南中すると、霞も寄ってしまって、突兀とした山容がそのままあらわれる。真夜中になると、淡く映る空に、月があでやかに輝く。「真午《まひる》」は「真午」で、「真夜中」は「真夜中」で、いっぱいの美しさが溢れる。これが同安道丕《どうひ》和尚の家風である。〔丹霞頌古百則〕

白衣居士深深説　〈白衣《びゃくえ》の居士《こじ》　深々と説き
青眼胡僧遠遠傳　青眼の胡僧　遠々より伝う〉

無位無官の居士が、仏法の真理を、意をつくして説きさり、碧眼の胡僧《えびす》が、西方からはるばると、

仏法を伝え来った。〔全唐詩　巻三十〕

歩随流水覓渓源　〈歩して流水に随い　渓源をもとむ
行到源頭却惘然　行きて源頭に到り　かえって惘然《ぼうぜん》たり〉

谷川に沿うて一歩一歩と「漸進《ぜんしん》」（修行）しつつ「水源」（さとり）を求める。幸いに進みえて「水源」に到達できたとするならば、恐らく、途端《とたん》に呆然自失《ぼうぜんじしつ》するに違いない。なぜならば、そこにはさとりへの執《と》らわれこそあれ、さとりそのものはないからである。〔良寛詩集〕

牧童却解忘功業　〈牧童かえって解す　功業を忘るるを
懶放牛兒不把鞭　牛児を放つに懶《ものう》く　鞭をとらず〉

牧童《うしかい》が分っておりながら、自分の仕事を忘れ牛を放って、鞭《むち》をもつことを面倒くさがって何もしないでいるように、禅というものも、世間的な気がかり、出世欲、名誉欲、金銭欲などの一切から手を引いたすがたを示す。〔丹霞頌古百則〕

途逢啐啄了機縁　〈途《みち》に啐啄《そったく》に逢うて機縁を了ず
殻外殻中孰後先　殻《かく》外殻中　孰《いず》れか後先〉

修行の途中で、師と弟子とが一枚になる次元に到達することができ、現象以前の「時空合一の世界」を徹見することができた。その際、師の呼びかけが先きだったのか、弟子の訴えが後だったのか、わからない。なぜならば、「啐啄同時」といって、機縁が熟せば以心伝心、電光石火、さとりの世界が展開されるからである。〔漱石詩集〕

無根栢樹大虚懸　〈無根の栢樹　大虚にかかる
祖意西來徹後先　祖意西来　後先に徹す〉

趙州《じょう》が、或る僧に答えた「庭前の栢樹子」なるものは、大空に懸かる無根の樹であった。僧が尋ねた「祖師西来《おさとり》の意」は、前古後今に徹した常住不変の真理にほかならない。〔永平広録　巻九〕

幽懷寫竹雲生硯　〈幽懐もて竹を写《か》けば　雲は硯に生じ
高興畫蘭香滿箋　高興もて蘭を画《え》がけば　香は箋に満つ〉

ほのかなおもいで竹をかくと、筆の先き、つまり硯の中に、雲が湧いてくるかのように思われてくる。ノーブルなおもいで蘭をかくと、筆を染める用箋に、香りが漂《ただよ》うてくるかのように思われてくる。〔漱石詩集〕

夜寒易亂鴈行列　〈夜　寒うして乱れ易し　鴈行の列
月暗難尋古渡船　月　暗うして尋ね難し　古渡の船〉

夜の寒さがはげしいと、かりがねの列も乱れやすくなり、月が暗いと、古い渡し場の船も尋ねにくい。「心月」が曇ると、此岸の「迷い」にくらまされて、彼岸の「さとり」の「船」を見失いがちとなる。〔永平広録　巻十〕

二　蕭

四　言

抗力霜雪　〈力を霜雪に抗《くら》べ

平歩雲霄　　歩みを雲霄に平《ひと》うす〉

時に利あらずして野に在る際には、よく霜雪の苦に耐えしのんで、一身を守るにいっぱい。が、時を得て高位高官に昇れば、天《あめ》が下の人々にも、恵みをめぐらすことができる。が、これも本来の実相からみれば、波の起伏にすぎず、もしも差別をたてたならば、「迷い」に沈むこととなる。

〔従容録　第五十六則〕

鐵樹開花　〈鉄樹　花を開き
石笋抽條　石笋《せきじゅん》　条《えだ》を抽《ひ》く〉

鉄の樹に花を咲かせ、石の筍《たけのこ》に枝が生えた。とは、人間のはからいでは、考えることのできない絶対の世界を示したことば。〔槐安国語　巻四〕

龍吟碧海　〈龍は碧海に吟じ
鳳舞丹霄　鳳は丹霄に舞う〉

龍は青海原《うなばら》でうそぶき、鳳は夕焼空で舞うている。平和であることの瑞祥を示した言葉。〔劫外録〕

五言

金烏藏海岸　〈金烏　海岸に蔵《かく》れ

玉兎離青霄　玉兎　青霄を離る〉
太陽が海岸に没し、月が青天に消えてゆく。あたりまえのことを述べたもの。これが真如実際である。〔禅林類聚　巻五〕

國清才子貴　〈国　清らして　才子貴ばれ
家富小兒嬌　家　富んで　小児嬌《おご》る〉
国が清く治まっていれば、才能のある者は貴ばれる。家が豊かになれば、小供はおごりたかぶることとなる。〔無門関　第十七則〕

清風拂白月　〈清風　白月を払い
流水匝山腰　流水　山腰をめぐる〉
清風が明かるい月を払い、流水が山の麓《ふもと》をめぐる。そのように自然のいとなみは、何れが「主」か「賓」か、といった差別もなく、ごく円融無碍《むげ》であることを示す。〔五灯会元　巻三〕

白雲留不住　〈白雲　留まるとも住《とど》まらず
依舊出青霄　旧に依って　青霄を出づ〉
白雲は一処に留まっているやにみえるが、去来してやまない。にもかかわらず、依然として、留

まっているかのように、青空にぽっかりと浮んでみえる。〔劫外録〕

當陽花易發　〈陽に当れば　花　ひらき易く
背日雪難消　日に背《そむ》けば　雪　消え難し〉

あたりまえの自然の摂理を述べたもの。これが本来の面目である。〔五灯会元　巻二〕

能爲萬象主　〈よく万象の主となり
不逐四時凋　四時を逐《お》いて凋《しぼ》まず〉

本来の面目というものは、森羅万象《しんらばんしょう》の現象発生以前の根元の「主」である。したがって現象として、四時の節季にふりまわされて凋《しぼ》むようなことはない。〔五灯会元　巻二〕

七　言

到得歸來無別事　〈到り得て帰り来れば別事なし
廬山烟雨浙江潮　廬山の烟雨　浙江の潮《うしお》〉

廬山や浙江を尋ねてきてみれば、別にこれといった感興も起こらない。尋ねる前には、あれやこれやと憶測もしてみたが、一度、足跡を印してみれば、ただありのままの風景を、ありのままに受けとめることができただけ。真実をそのままに受けとめることを「おさとり」という。〔伝東坡詩　首尾吟〕

花紅柳緑前縁盡　〈花紅柳緑に前縁尽き
鷺暗鴉明今意饒　　鷺暗鴉明に今意饒《ゆた》かなり〉

「花は紅《くれない》」、「柳は緑」と。これまでうけつがれてきた常識的な見解から解脱《げだつ》してみると、つまり「則天去私」の絶対的世界に立脚してみると、明暗の二見を絶するから、概念として「鷺は黒く」、「鴉《からす》は白い」といっても、実相として受けとめる側には矛盾は感じられない。なぜならば、紅緑暗明を絶した絶対界を踏まえることに、無限のゆたかな解釈をもつことができるからである。

〔漱石詩集〕

眼睛百轉無奇特　〈眼睛《がんぜい》百転するも　無奇特
鶏去鳳來我弄簫　　鶏《けい》去り鳳《ほう》来らば　我れ簫《しょう》を弄《もてあ》そばん〉

「則天去私の世界」などといえば、何か奇特の現象があるのかと、目だまをぎょろつかせて見るだろうが、何回みても、その実体というものは平常そのものである。たとえていえば、鶏があちらへゆき、かわって鳳凰が来儀、つまり飛んできたならば、簫を吹いて太平無事を寿《ことほ》ぎたくなるような平常底《てい》のことなのである。〔漱石詩集〕

千峰勢到嶽邊止　〈千峰の勢は　岳辺に到りて止《や》み
萬派聲歸海上消　万派の声は　海上に帰して消ゆ〉

多くの峰々の地勢は、とどのつまりは大岳のもとにいたって合一してしまい、多くの川々の流れのひびきも、大海のあたりへ行って消えてしまう。多くの現象は、結局は本体の現われである。

〔聯頌集　巻下〕

夜深雨絶松堂靜　〈夜深く雨絶《や》んで　松堂静かなり
一點山螢照寂寥　一点の山螢　寂寥を照らす〉

夜がふけ雨がやみ、坐禅をしている松堂は、いよいよ静まりかえっている。その時に、山の螢が、ぽち、ぽち、と坐禅をしている姿を照らすかのように飛んでいる。〔三体詩　鄭谷〕

三肴

五言

茅茨當大道
歷劫無人敲

〈茅茨《ぼうし》　大道に当るも
歴劫《りやくごう》　人の敲《たた》くなし〉

かやといばらが、大道にかぶさっているので、永劫《とわ》かけて人の訪れなど絶対にない。山居の平安無事をうたう。〔五灯会元　巻十四〕

七言

一片白雲横谷口 〈一片の白雲 谷口に横たわり
幾多帰鳥尽迷巣 幾多の帰鳥 ことごとく巣に迷《まよ》う〉
一《ひと》きれの白雲が、谷の入口に横たわっているので、多くのねぐらに帰る鳥が、帰る道に迷ってしまい、まごまごしている。〔禅林類聚 巻三〕

四豪

五言

海枯徹過底　〈海枯れて　底に徹過す
波浪拍天高　波浪　天を拍《う》ちて高し〉
海の潮が退《ひ》いて底まですけてみえる。が、そうした海に、波浪が高く起こって天までとどくようになる。常識の思量《はからい》を絶した世界を表現したもの。〔如浄語録〕
人生如朝露　〈人生　朝露のごとし
日夜火消膏　日夜　火　膏《あぶら》を消《な》くす〉
人生は、朝の露のようにはかないもの。夜ごとに、灯火がその油をなくしてゆくように、心もと

ないものである。〔東坡詩集　巻十六〕

雙鳳朝金闕　〈双鳳　金闕《けつ》に朝し

青松古韻高　青松　古韻高し〉

つがいの鳳凰が、皇居に参内《さんだい》し、青い松には、昔からの雅《みやび》やかな調《しらべ》が高くひびいている。〔五灯会元　巻十四〕

月籠丹桂遠　〈月　丹桂を籠《こ》めて遠く

星拱北辰高　星　北辰を拱《めぐ》りて高し〉

月は、赤い桂《かつら》をとじこめて遠くに冴《さ》えて輝き、星は北極星をめぐって高くきらめいている。聖寿の長久ならんことを祈り、いつまでも人民の上に、いまさんことをこい願うという意味の語。〔投子語録〕

七言

一葉扁舟一簑笠　〈一葉《いちよう》の扁舟《へんしゅう》　一簑笠《いっさりゅう》

閑眠閑座任風濤　〈閑眠閑座　風濤にまかす〉

簑笠《みのかさ》つけて、風まかせの小っ葉舟にゆられ、ねたければごろり、坐りたければきちんとしての風流暮し。〔禅林類聚　巻十二〕

岐分絲染太勞勞　〈岐《えだ》分れ糸染まりて　はなはだ労々

葉綴花聯敗祖曹　葉綴《つづ》り花聯《つらな》って　祖曹を敗《やぶ》る〉

知識欲、行動欲が多岐にわたり、世間の風当りが強くなるにつれて、苦労というものは増えるばかり。華やかに世間から注目をうけた生活におかれると、仏祖がたから伝わった、純一無雑の世界を台なしにしてしまうものである。〔従容録　第五十三則〕

四海浪平龍睡穩　〈四海　浪平らかにして龍の睡穏《ねむりおだや》かなり

九天雲靜鶴飛高　九天　雲静かにして鶴の飛ぶこと高し〉

四方の海の波が、おだやかにあれば、「龍」（天子）も静かにねむっていることができる。空高く、雲の去来も静かであれば、「鶴」も空高く飛ぶことができる。「四海」は平面的に広い世界。「九天」は立体的に高い天。つまりは天下泰平をめでたくいい現わしている。天下の平和を象徴した言葉。〔続伝灯録　巻二〕

四句百非皆杜絶　〈四句百非　皆杜絶《とぜつ》
陽春白雪唱彌高　陽春の白雪　唱《とな》えいよいよ高し〉

インドの論理学でいう「四句百句」も非実相にすぎないという。が、そのような論理をふりかざす一切の言語も、ものの真実を表現するためには絶句するよりすべがない。自然のささやきこそ、真実の叫びを高らかに表現しえて充分である。〔聯頌集　巻上〕

睡鶴何堪風月冷　〈睡鶴《すいかく》なんぞ堪えん　風月の冷たきを
踏翻桂露向天翺　桂《かつら》の露を踏翻《とうほん》して天に向って翺《と》ぶ〉

いねむりしていた鶴も、大気の冷《つめ》たさにいたたまれず、月の桂の露を踏んで天に向って飛び立った。〔半雲遺稿〕

白雲來往青山外　〈白雲来往す　青山の外
嶺上寒松帶月高　嶺上の寒松　月を帯びて高し〉

白雲が青山の外を去来し、峰の上のさびしそうな松に、月が映り高く聳えてみえる。〔投子語録〕

萬年松徑雪深處　〈万年の松径に　雪　深き処
一帶峯巒雲更高　一帯の峰巒《ほうらん》に　雲　更に高し〉

松林の古い古い小径《みち》に、雪がふかぶかと積っているあたり。そうした処の背景はどうかといえば、あたり一帯の峰々にたちこめる雲の往き交いは一段と高い処にある。箇なる現象にも、かならず全体とのかかわりがあるものである。〔投子語録〕

五歌

三言

孤迥迥　〈孤《こ》迥《けい》々《けい》〉
圓陀陀　〈円《えん》陀《だ》々《だ》〉

さとりのすがたは、けたはずれに遠く離れており、また、まんまるくつかまえどころがない。

〔従容録　第八十五則〕

四言

知恩者少　〈恩を知る者は少く
負恩者多　　恩に負《そむ》く者は多し〉
　恩を感じる人は少いが、恩を仇《あだ》でかえす者は多い。〔五灯会元　巻十二〕

因風吹火　〈風に因って火を吹かば
用力不多　　力を用いること多からず〉
　風向きを利用して火を吹くならば、力を使うことが少くても用が足りる。〔五灯会元　巻十一〕

五言

梅痩占春少　〈梅　痩《や》せて　春を占むること少く
庭寛得月多　　庭　寛《ひろ》うして　月を得ること多し〉

痩せこけた梅の木では折角の春に景を添えることが少い。庭が広いと月光をうけることが多く、秋の気分が濃く感じられる。この考え方は、極めて皮相的である。一輪の梅花が真冬に咲くことによって全世界が春になるという道元禅師の世界には遠して遠しだ。〔槐安国語　巻五　著語〕

魚行沙暗動　〈魚行は　沙暗に動き
終不犯清波　終《つい》に　清波を犯さず〉

魚の列は沙を濁《にご》して動くが、水面のきれいな波までは濁すことはない。濁《にご》りの世界と、清《す》んだ世界は二にして一である。〔劫外録〕

白雲高嵯峨　〈白雲　高く嵯峨《さが》たり
綠水蕩潭波　緑水　蕩《とう》として潭波〉

白雲は高く、峰にそびえ、紺碧の川には、波がゆらゆらとして深めに。〔寒山詩集〕

白頭蠶婦織　〈白頭の蚕婦《さんぷ》織る
歷歷夜鳴梭　歴々として　夜　梭《ひ》を鳴らす〉

蚕《かいこ》をかう白頭の女が機《はた》を織っている。夜目にもしるく見えるばかりでなく、その梭《ひ》を鳴らす音が、はっきりときこえる。〔劫外録〕

入林不動草　〈林に入って草を動ぜず
入水不立波　水に入って波を立てず〉
絶対の境《きょう》、三昧に入っていれば、俗界の現象にとらわれずに、現象を超越することができることを示した。〔普灯録　巻六〕

武陵春色早　〈武陵　春色早く
臺榭緑陰多　台榭　緑陰多し〉
武《ぶ》陵桃源《りょうとうげん》の仙境における春の様子は早くもきざし、高どののあたりは、樹が生い茂り緑陰が多くなっている。牛頭《ごず》法融《ほうゆう》が四祖道信に相見《しょうけん》しない前の心境を、未だ相対界に沈淪しているさまに表現したもの。〔虚堂録　巻上〕

六　言

不駕生死船筏　〈生死の船筏に駕せずんば
如何度得愛河　いかんぞ愛河を度《わた》しえん〉

「生死《まよい》」を乗せた船や筏《いかだ》に乗らなければ、どうして娑婆《しゃば》を渡りきることが出来ようか。「まよい」が「まよい」の娑婆を渡ることに意義を見出した者にして、はじめて「さとり」の意義が身につくわけである。〔景徳伝灯録　巻二十九〕

子夜雲収碧漢　〈子夜の雲　碧漢に収まり
中秋露混銀河　　中秋の露　銀河に混ず〉

真夜中の雲は、青空の天《あま》の河に吸収され、八月の朝露は、天の河に混入してしまう。〔劫外録〕

七言

偸果黄猿揺緑樹　〈果を偸《ぬす》む黄猿　緑樹を揺《うご》かし
啣華白鹿臥青莎　　華を啣《ふく》む白鹿　青莎《さ》に臥す〉

果実をぬすみとろうとしている黄《きいろ》い猿が、緑の樹を揺《ゆ》るがしており、華をくわえた白い鹿が、青いはますげのもとにねそべっている。山中のあるがままの実況を伝えたもの。なんのとらわれもない妙境にたとえた。〔中峰広録　巻二十九〕

屈原已化鯤鯨去　〈屈原《くつげん》すでに鯤鯨《こんげい》と化し去り
徒使龍舟競汨羅　いたずらに龍舟《りょうしゅう》をして汨羅《べきら》に競《きそ》わしむ〉

楚の屈原は、とっくに大きな魚の餌食《えじき》となって了ったのに、後人は、彼を救け出すべく龍頭《りょうとう》の舟を浮べ、これを競走させる風習を残している。が、これは、ただの慰めごとにすぎない。〔中峰広録　巻一　下〕

勿驚此地羊腸嶮　〈この地の羊腸の嶮《けん》に驚くことなかれ
世路羊腸嶮更多　世路の羊腸　嶮さらに多し〉

この地が、羊の腸《はらわた》のようにぐるぐると入り組んでいて嶮《けわ》しいことぐらいに驚いてはいけない。俗世間の世渡りの路は、こんなものではなく、もっともっと嶮しいものである。〔貞和集　巻六〕

枯木岩前差路多　〈枯木岩前　差路《しろ》多し
行人到此盡蹉跎　行人ここに到り　ことごとく蹉跎《さだ》す〉

枯木が横たわっている大きな巌のあたりは、路が入り乱れている。ために道ゆく人は、ここへ来てみんなまごついている。〔景徳伝灯録　巻二十九〕

今日鼇山成道也　〈今日　鼇山《ごうざん》　成道《じょうどう》せり

一枚魔死一枚魔　一枚の魔死　一枚の魔〉

今日、鼈山（湖南省常徳県の北に在る山）はおさとりを開くことができました。一人の「私」（煩悩、悪魔）が死んで、そして一つの「魔」（さとり）に会うことができ、成道することができたのです。〔永平広録　巻九〕

葫蘆藤種纒葫蘆　〈葫芦《ころ》藤種《とうしゅ》　葫芦をまとう
其波翻迴滔其波　其の波　翻迴《ほんかい》して　その波に滔《とう》たり〉

ひょうたんと藤づるが、ひょうたんにまきつき、波がさかまいて天にとどくばかりになるように、「主」と「客」、「師」と「弟子」とが、継ぎ目なく一つになることをさとしたもの。〔信心銘拈提〕

三寸不能齊鼓韻　〈三寸　鼓韻を斉《ひと》しうすることあたわず
啞人解唱木人歌　啞《あ》人　木人の歌を唱《うた》うことを解す〉

舌先き三寸で発する言葉と、鼓《つづみ》のひびきとを斉《ひとし》うすることはできない。が、啞《おし》人は木人が歌う唱《うた》がわかる。啞人、木人は絶対境の人の義。〔景徳伝灯録　巻二十三〕

眞金須是紅爐鍛　〈真金《しんきん》は　すべからくこれ紅炉に鍛《きた》うべし

白玉還他妙手磨　〈白玉は　他《か》の妙手の磨するに還えす〉

ほんものの金にするには、真っ赤な炉に入れてこれを鍛錬しなければならない。白玉に仕上げるためには、玉造りの妙手にゆだねて磨かせなければならない。真実の人間は、きびしい師匠の炉《ろ》鞴《べい》（鞴は吹子《ふいご》。転じて鍛える場所、室中のこと）に入ってでき上るものである。〔五灯会元　巻二十〕

石女舞成長壽曲　〈石女　舞い成す　長寿の曲

木人唱起太平歌　木人　唱い起こす　太平の歌〉

非情の石で作った女が、長寿の曲に合わせて舞いを舞い、同じく非情の木で作った人が、太平の歌を唱いはじめた。「石女」も「木人」も自己のはからいを絶した真如実際の相《すがた》。本来の面目の世界を示す。永遠の平和をたたえた句である。〔普灯録　巻五〕

對人不是揚家醜　〈人に対して　これ家醜を揚ぐるにあらず

只要添柴助熱鍋　ただ柴を添えて　熱鍋を助けんとほっするのみ〉

世間の人に対し、我が家風は、本来清浄の身でありながら沐浴して、さらに身を浄めるということを示すわけではない。ただ浴槽に焚く薪を仕入れて、熱い湯加減を保たせるための一助にしたいがために、化縁《けえん》（施物を喜捨の檀那よりいただくよるべ）を募《つの》るのである。つまり入浴することは、汚れを洗い落すためではなく、本来清浄の身を持続させてゆくいとなみのゆえに、そうするにすぎないのである。〔江湖風月集〕

道泰不傳天子令　〈道泰《みちやすら》かなれば　天子の令を伝えざれ

時清休唱太平歌　　時清らかなれば　太平の歌を唱うをやめよ〉

天下の政道が安泰であれば、ことさらに天子の威令を庶民に伝える必要がない。時世が清和であれば、ことさら太平を謳歌する歌なんか唱《うた》わないでもよい。無為の皇化が、絶対なすがたにほかならない。〔五灯会元　巻十三〕

鷺鷥立雪非同色　〈鷺鷥雪に立つも　同色にあらず

明月蘆花不似他　　明月芦花　他にも似ず〉

白さぎが雪の中に立っていても、同じ色だというわけには行かない。皎々たる明月と、白い芦花とは、お互いに似てはいない。「白い」という概念からいえば、みな同じ色ともいえるが、何れもみなそれぞれが、それぞれだけに持っている持ち合いの「白い」色があるので、比べるわけにはゆかないのである。〔景徳伝灯録　巻二十九〕

六麻

四言

眼中無翳　〈眼中に翳《かげり》なければ
空裏無花　空裏に花なし〉

眼の中に暈《かさ》がなければ、空からみだりに降ってくる華がない。当方に心のかげり（一物《いちもつ》）がなければ、そちらさまが、どのように振舞《ふるま》おうが、気にかかるものではない。〔槐安国語　巻六　著語〕

茱萸帶露　〈茱萸　露を帯び
金菊發花　金菊　花をひらく〉

赤いぐみに露が光り、黄色い菊の花が咲き出す。秋の風情のありのままを詠《うた》う。〔槐安国語　巻四〕

五言

魚躍無源水　〈魚は躍る　無源の水に

鸎啼枯木花　鸎《うぐいす》は啼く　枯木の花に〉

魚は「無源水」という永遠に流れる川で泳ぎまわり、鶯は、「枯木花」という永遠の春の木で啼いている。〔五灯会元　巻十四〕

雲收明月出　〈雲収まりて　明月出で

影映兩枝花　影は映る　両枝の花に〉

雲が霽《は》れて明月が顔を出した。月光が、両枝に咲き誇る花に映ってあやに美しい。〔良寛詩「題寒拾看月図」〕

多年尋劍客　〈多年　剣客を尋ねて

今日逢作家　今日　作家《さっけ》に逢う〉

長年、剣道の達人を尋ねて諸国を遍歴していたが、今日にいたり、ようやくのこと、尋ねるに値いした人物にめぐりあうことができた。〔五灯会元　巻十七〕

白雲覆青嶂　〈白雲　青嶂を覆い

蜂鳥歩庭花　蜂鳥　庭花に歩む〉

白い雲が、青いみねにかぶさり、蜂や鳥が、庭の花を尋ねて飛ぶ。〔五灯会元　巻二〕

花無心招蝶　〈花は無心にして蝶を招き

蝶無心尋花　蝶は無心にして花を尋ぬ〉

花は無心であるが蝶を寄せる。その蝶も無心に、花を尋ねて飛んでゆく。「無心」と「無心」の世界、それが真如実際《おさとり》である。〔良寛詩集〕

満船空載月　〈満船　空しく月を載せ

漁父宿蘆花　漁父　芦花に宿る〉

夜半が正明《あかる》く、天暁が不露《くらい》、という意味は、船いっぱいに月光を載せて、その皎々たる船を漁父が芦花の中に宿《とま》らすようなもの。世俗的なはからい、相対を絶した白一色の世界であることをい

う。〔五灯会元　巻十四〕

無念念即正　〈無念の念は　正に即《つ》き

有念念成邪　有念の念は　邪となる〉

念《おも》いなき念《おもい》、つまり非思量底《おさとり》の思量は正しきにつき、心ある念、つまり思量《はからい》ある思量はよこしまとなる。〔五灯会元　巻二〕

若論佛與祖　〈もし仏と祖とを論ぜば

特地隔天涯　特地に天涯を隔つのみ〉

もし仏陀と祖師との異同を論ずるならば、中味は違わない。ただ場所が、天のはてと、はてとにへだたっているだけの違いなのである。〔五灯会元　巻七〕

山峻水流急　〈山峻《けわ》しく　水流急に

三冬發異花　三冬　異花ひらく〉

山が高くけわしければ、谷川の流れも急《はや》い。冬の寒さに耐えて、梅は花をひらく。自然の真如実際をあらわに述べている。〔五灯会元　巻十三〕

陽春二三月　〈陽春　二三月

萬物盡生芽　万物　ことごとく芽を生ず〉

陽春の二三月ともなれば、よろずのものみな、ことごとく芽を出す。あたりまえの自然のことわりを述べたもの。〔五灯会元　巻十六〕

七言

一念不生全躰現　〈一念　不生ならば　全躰現ず

六根纔動被雲遮　六根　わずかに動かば　雲に遮《さ》えらる〉

観念に振りまわされない「空」の世界にあれば、ものの真実の全きすがたの現われをみとることができる。「念」に動かされて、眼耳鼻舌身意が、わずかでも始動したならば、たちまち迷雲に邪魔されて、真実の相《すがた》がくらまされてしまう。〔五灯会元　巻六〕

曉日爍開巌畔雪　〈暁日《ぎょうじつ》に爍開《しゃくかい》す　巌畔の雪

朔風吹綻臘梅花　朔風に吹き綻《ほころ》ぶ　臘梅花《ろうばいか》〉

朝日がさし出でて、大きな岩のほとりにある雪をとかし初め、北風が吹いてきて、臘梅の花を咲

かせる。〔五灯会元　巻十六〕

黄土千秋埋得失　〈黄土　千秋　得失を埋め

蒼天萬古照賢邪　　蒼天　万古　賢邪を照らす〉

冥途《めいど》は、長い長い年月の間、人間の是非、得失、といったものを葬り埋めてしまう。青い天は、万古にわたり、人間の賢邪、成敗といったものを公平に照らして余すところがない。人間のいとなみに対し、自然の偉大さを示す。〔漱石詩集〕

高翼會風霜雁苦　〈高翼　風に会《あ》いて　霜雁苦しみ

小心吠月老獒誇　　小心　月に吠《ほ》えて　老獒誇《ろうごうほこ》る〉

長い翼をもった冬の雁が、烈風に会って苦しみ、小心な老犬が、蒼い月を見て驚き吠えて満足している。すべて能力には、限界がある。それが現実の相である、ということ。〔漱石詩集〕

脫盡塵機眞出家　〈塵機を脱尽す　真の出家

平持心地是生涯　　心地を平持す　これ生涯〉

まよいが起こる段階の前で、身を転じてしまうのが真の出家である。だからいつも現象としてある世界《まよい》に動かされないですむので、平常心の持続を可能にできる。こうして平々淡々として、な

んの奇特もなく生涯をすごす。〔貞和集　巻五〕

石人貪語西峯事　〈石人　西峰の事を貪《むさぼ》り語り
不覚東嵓起霧遮　覚《おぼ》えず　東嵓《とうがん》に霧を起こして遮《さえぎ》る〉

石で造った人間が、西峰の事を貪欲《どんよく》なまでにしゃべり通した。ために覚えず東の巌が霧を起こしておしゃべりを遮断した。これは、ある僧が益州の崇福志和尚に、「あけっぴろげの言葉とはいかん」と問うたところ、「無舌人の言葉」と答えた語に対して、投子が偈《げ》としたものである。

〔投子語録〕

寂歴疎松欹晩照　〈寂歴たる疎松は　晩照に欹《そばだ》ち
伶俜寒蝶抱秋花　伶俜《れいへい》たる寒蝶は　秋花を抱く〉

ものさびしそうに見えるまばら松が、夕映えを受けて立っている。やつれ切った気の毒な蝶が、秋の草花にすがりついている。ここに世の自然界の無常のすがたをみせつけている。〔東坡詩集巻十〕

千年古曲松韻潔　〈千年の古曲　松韻に潔《きよ》く
萬里蒼穹鴈字斜　万里の蒼穹　鴈字斜《なな》めなり〉

千年このかたの「古曲」（洞山悟本大師）は、松の緑に吹き渡る松籟に和して清く、万里もつづく「青空」（中国、江西省洞山の上）にかりがねが、列をなして「宗風」（曹洞宗）を伝えてくれた。〔奕堂遺稿〕

竹院相逢無一事　〈竹院に相逢うて一事無し
大家同喫趙州茶　大家同じく喫す　趙州《じようしゆう》の茶〉

庭に竹の生えた書院で、お互いに会合して、無事息災を喜び合った。みんな一様に、趙州に因《ちな》んでお茶をいただいた。〔禅林類聚　巻七〕

重陽日近開金菊　〈重陽《ちようよう》の日近うして　金菊開き
深水魚行暗動沙　深水の魚行《ゆ》いて　暗に沙《すな》を動かす〉

雲門和尚に僧が、「いかなるかこれ超仏越祖」と尋ねたところ、「餬餅《こびん》（こなもち）」と答えた語を偈にしたもの。九月九日が近づくと、綺麗な菊が咲いてくるし、深い水底で魚がうごくと、暗がりでも沙がうごく、という。あたりまえのことを叙す。〔投子語録〕

白雲以山而爲父　〈白雲は　山をもって父となし
明月假水而爲家　明月は　水を仮りて家となす〉

白雲は、青山をもって父となし、明月は、水に姿を映して我が家となす。「白雲」は「山」と対してそのはたらきが出るわけではない。「雲」は「雲」、「山」は「山」ですべてであるが、両者相依ることによってまた自然の姿を露呈する。「明月」と「水」との関係も同じである。〔義雲語録　巻上〕

白鷺下田千點雪　〈白鷺　田に下る　千点の雪
黄鸎上樹一枝花　　黄鸎《こうおう》　樹に上る　一枝の花〉

白鷺が、たくさん田の中に舞い下りているさまは、雪をあちらこちらに撒《ま》き散らしたようにみえる。うぐいすが、樹にとまっているさまは、とある枝に花が咲いているかのようにみえる。〔五灯会元　巻十五〕

春入寒巖不可加　〈春は寒巌に入って　加うべからず
枯株朽幹盡萠芽　　枯株朽幹　ことごとく萠芽す〉

春は寒ざむとした巌《いわお》にまでしみ入っているので、このうえ春を推し及ぼさなくともよろしい。枯れた株、朽ちたようにみえる幹から、みんな、春を感じて芽生えがきざしている。〔中峰広録巻一〕

萬般草木根苗異　〈万般の草木　根苗異《こと》なる
一得春風便放花　一たび春風をうれば　すなわち花を放つ〉

いろいろさまざまの草木の根苗は、みんな違っている。が、一たび春風が吹いてくると、すぐさま花をひらくこととなる。「春風」こそ、まさに本来の面目のようなものである。〔五灯会元巻十六〕

斷除煩惱重增病　〈煩悩を断除して重ねて病《へい》を増す
趣向眞如亦是邪　真如に趣向するもまたこれ邪〉

「煩悩《まよい》」をとりのぞいたと意識する。つまりさとったことを鼻にかけると、もう、一つの病弊《まよい》を増したことになってしまう。また「真如《さとり》」を目がけて突進するのだと、歯をくいしばることも、やはり邪道となる。〔禅林類聚　巻二〕

無心常伴白雲坐　〈無心　常に白雲を伴って坐す
到處青山便是家　到る処の青山　すなわちこれ家〉

坐禅は、ちょうどあの無心に去来する白雲とともにするようなものである。雲の飛びゆく方の青山が、つまり帰家《きけ》穏坐《おんざ》できる大安息所である。〔大智偈頌〕

明月堂前無影木　〈明月堂前の無影木《むようぼく》
嚴凝雪夜忽開花　厳凝《げんぎょう》たる雪夜に　たちまち花を開く〉

明月が輝いているお堂の前に、枝葉もつけてない木がある。凍《い》てつくように寒い雪の夜に、たちまち花が咲いた。〔禅林類聚　巻六〕

夜水金波浮桂影　〈夜水　金波　桂影《けいえい》を浮べ
秋風雪陣擁蘆花　秋風　雪陣　芦花を擁す〉

夜の水に、桂影《つき》が浮べば、金波《つき》が動き、秋風が芦花をつつめば、雪陣《ゆき》かと疑うほどである。「月」も「芦花」も清浄そのものの姿をあらわした。〔従容録　第九十二則〕

幽芳松菊淵明徑　〈幽芳の松菊は　淵明《えんめい》が径《こみち》を
深秀溪山摩詰家　深秀の渓山は　摩詰《まきつ》が家を〉

奥ゆかしい松に芳ばしい菊は、晋の陶淵明の邸の径《こみち》を想わせる。深い渓と秀でたる山とは、唐の王摩詰（維）の別荘を想わせる。〔宏智偈頌〕

寥寥風月似烟霞　〈寥々たる風月　烟霞に似たり
百鳥從茲不獻花　百鳥これより　花を献ぜず〉

寥々とした淋しい秋の風月は、春がすみにも似た無情である。牛頭《ごず》法融が四祖道信に相見《しょうけん》してからは花をくわえて来なくなった。〔聯頌集　巻上〕

露出東君眞面目　〈露出す　東君の真面目
春風吹綻臘梅花　春風　吹きほころばす臘梅花〉

春元旦の真面目《しんめんもく》をお見せいたしましょうならば、春風が去年の梅に花を咲かせたようなもの。これが元旦の実の相《すがた》というもの。〔大智偈頌〕

七陽

四言

一輪皎潔　〈一輪　皎潔なれば

萬里騰光　万里　光りを騰《あ》ぐ〉

たった一輪の月も白く清くあればこそ、万里にわたって光りをあげることとなるのである。〔景徳伝灯録　巻十二〕

規圓矩方　〈規《き》は円《まろ》に　矩《く》は方なり

用行舎藏　用ゆれば行い　舎《お》けば蔵《かく》る〉

ブンマワシは円《まろ》く、サシガネは四角を画く道具である。用のあるときは、これを使い、用のないときは、すてておくだけのこと。柔軟《にゅうなん》心がなければ、これを適度に使いこなすことができない。〔従容録　第六十六則〕

雲騰致雨　〈雲騰《のぼ》りて雨をいたし

露結爲霜　露結びて霜となる〉

上の方で雲がのぼれば、下の方で雨となって大地がうるおう。露が結ばれて、目にみえる霜となるように、徳の功徳を積むことによってそれが現実の行為となって展開する。〔従容録　第六十六則〕

蹤跡不染　〈蹤跡《しょうせき》　染《とど》めず

皎月照霜　皎月《きょうげつ》霜を照らす〉
あし跡をとどめず、さらっとしている。皎々たる明月が、白い霜を照らしているように、待対を絶して一枚の世界に入っている。〔半仙遺稿〕

青天白日　〈青天　白日なれば
夜半濃霜　夜半　濃霜なり〉
日中、空は晴れ、太陽がよく照れば、真夜中になり深い霜が降りることとなる。天行のめぐりにはうそがない。〔景徳伝灯録　巻十六〕

竪窮三際　〈竪《たて》に三際を窮《きわ》め
横亘十方　横に十方に亘《わた》る〉
さとりの世界は、縦（時間的）に過去現在未来と通し、横（平面的）には十方の諸国に及んでいる。〔禅林類聚　巻一〕

白雲峯遠　〈白雲の峰遠く
綠水流長　緑水の流れ長し〉
白雲の去来する峰は遠くに連なり、緑水の流れゆく川は、延々と続いている。〔投子語録〕

蘋葉風涼　〈蘋葉《ひんよう》　風涼しく
桂花露香　桂花《けいか》　露香し〉
みるからに涼しそうな浮き草に風が吹けば、一層涼しく感じられる。匂いのよい木犀の花に露が宿ると、その露まで香しく感じられる。お互いの間に差別がなく一つに徹しているさま。〔槐安国語　巻四〕

源深流長　〈源　深ければ流れ長し
體明用光　体　明かるければ用光《ゆう》れり〉
源《みなもと》が奥深いと、その流れはずっと長くつづく。本体が明かるいと、作用《はたらき》が広く輝いてくる。〔貞和集　巻二〕

五言

池古魚龍戯　〈池　古《ふ》りて　魚龍戯《たわむ》れ
林靜春日長　林　静かにして　春日長し〉

庭の池は古びていて、龍魚でも悠々と棲み老ゆかと思われるようである。林は、森閑《しんかん》として、長々《なが》と春日がさしている。春日無心のさまを述べたもの。〔良寛詩集〕

一夜落花雨　〈一夜　落花の雨

満城流水香　満城　流水香し〉

ある夜、落花が、降る雨のように散った。ために城内いっぱい、香水を流したように芳《かん》しい匂《ば》いがただようた。〔禅林類聚　巻十一〕

遐懐寄何処　〈遐懐《かかい》　何処《いずこ》にか寄《よ》せん

緬邈白雲郷　緬邈《めんばく》たる白雲の郷〉

はるかなる我がおもいを、いずこに托したものであろうか。はるかかなたにある、白雲の去来する絶対郷に托しよう。〔漱石詩集〕

昨見垂楊緑　〈昨は垂楊の緑をみ

今看落葉黄　今は落葉の黄を看る〉

昨日、垂楊に芽がふき、緑になったかとばかり思っていたのに、はや秋もすぎて、落葉が黄ばんできたのに気がついた。だが、垂楊は緑がすべて、落葉は黄がすべてで、それぞれはそれぞれい

っぱいに生きているのである。〔槐安国語　巻一〕

春色無高下　〈春色　高下なく

花枝自短長　花枝　おのずから短長〉

春の気色《けしき》、風情《ふぜい》には高下の差別はないが、花をささえる枝には、自然と長短がある。平等の中に差別がおのずからにあってこそ、始めて「短」は「短」、「長」は「長」がすべてでこれが本来の面目である。〔普灯録　巻十一〕

井底生紅塵　〈井底に紅塵を生じ

高峰起白浪　高峰に白浪を起こす〉

井戸の底で紅塵が立ちのぼり、高い峰に白い浪がたち始める。人間の思慮分別を絶ち切った世界をいいあらわしたもの。〔五灯会元　巻十五〕

世尊有密語　〈世尊　密語あり

迦葉不覆蔵　迦葉《かしょう》　覆蔵《ふぞう》せず〉

釈尊が説法の座で、黙ったまま華をひねられた。すると迦葉が、微笑された。つまり、密語を迦葉がきいて言葉で答えず、態度で示され、釈尊と分けへだてのないからりとした境地になられた

ことをいう。〔五灯会元　巻十三〕

澗深華色遠　〈澗《たに》深くして　華色遠く

山高樹影長　山高くして　樹影長し〉

谷川が深いと、落花も遠いところへと落ちてゆき、山が高いと、樹の姿も長く目にうつる。真如《おさ》実際《とり》のすがたを具体的にいいあらわした語。〔投子語録〕

通身紅爛處　〈通身　紅爛の処

徧界不曾藏　偏界　曾《かつ》ては蔵《かく》さず〉

体中が真赤に燃えているところ、つまり坐禅の世界には、差別、しきりがないこと。その坐禅による智慧の光りは、くまなく輝いて無限であることを示す。〔刧外録〕

月到中秋滿　〈月は中秋に到って満ち

風從八月涼　風は八月より涼し〉

月は中秋八月十五日に望月《もちづき》となり、風は八月から涼しさをおぼえる。平常心これ道（仏道をさとった世界）自然の運行の真如実際を示した言葉。〔禅門拈頌集　巻十〕

鶴棲雲外樹　〈鶴は棲《す》む　雲外の樹

不倦苦風霜　にがき風霜にあかず〉
鶴は、風や霜によるにがい経験をものともせず、依然として高い雲のかなたに棲んでいる。〔景徳伝灯録　巻十六〕

南池綠錢生　〈南池に　緑銭生じ
北嶺紫筍長　北嶺に　紫筍長ず〉
南の池んぼには、緑の苔の芽が生え、北の方の峰には、紫のたけのこが伸びている。〔東坡詩集巻三十九〕

過橋村酒有　〈橋を過《よ》ぎりて　村酒あり
隔岸野花香　岸を隔てて　野花香《かお》る〉
村の居酒屋の匂いが、橋を渡りすぎてもまだ鼻先にただよっている。名もない野の花の香りが、こちらの岸にも漂うている。酒や花に情《こころ》はないが、さかしらな人間には、おもいおもいのはからいを起こさせるものである。〔槐安国語　巻一　著語〕

花落幽禽含　〈花落ちて　幽禽含み
林靜白日長　林静かにして　白日長し〉

花が散ってしまうと、山の小鳥は何処か声遠《とお》になり、林はただ静けさを深め、春の日中は、いよいよ長く思われる。〔良寛詩集〕

火不待日熱　〈火は　日を待たずして熱く

風不待月涼　風は　月を待たずして涼し〉

火の熱いのは日の作用によるものでなく、風が涼しいのは、月のはたらきによるものでもない。それぞれに独自性が備っているからである。〔普灯録　巻三〕

夜明簾外主　〈夜明簾外の主

不墮偏正方　偏正の方に堕《だ》せず〉

「夜明」は差別、「簾外の主」は無差別。「偏」は差別、「正」は無差別。つまり、差別にも無差別にもおちない、これが「日々これ好日」の実践である。〔雪竇頌古称提〕

山晩雲和雪　〈山　晩《く》れて　雲　雪に和し

天寒月照霜　天寒うして　月　霜を照らす〉

夕暮れて、山の雲が雪に映えてより美しく、空は寒く晴れて月光冴《さ》え、霜が白々と見える。清澄な晩景を画き、曾て屈原が纓《えい》（冠の紐）を洗うた由緒《ゆいしょ》ある地を髣髴せしめたもの。〔三体詩　皇

甫曾〕

山空茱萸赤　〈山　空しくして　茱萸《しゅゆ》赤く
江寒蒹葭黄　　江寒くして　蒹葭《けんか》黄なり〉

山は、もうすっかり葉が落ちつくし、グミの実だけがひときわ赤く冴えている。蕭々たる川岸には、黄色く枯れたヨシの葉が風のままに波うっている。秋から冬の自然のさまを直叙している。

〔良寛詩集〕

六言

提起向上宗乗　〈向上の宗乗を提起し
扶竪正法眼蔵　　正法眼蔵を扶竪《ふじゅ》す〉

各宗門の教えの基盤となる自利利他の教理と実践を盛んに世の中に弘め、釈尊が迦葉《かしょう》に伝えた仏法の真理であるおさとりを盛んに興隆させる。〔碧巌録　第九十一則〕

五欲貪瞋是佛　〈五欲貪瞋《とんじん》は　これ仏

地獄不異天堂　地獄は天堂に異ならず〉

人の欲をひき起こす「五境」、つまり色（眼）、声（耳）、香（鼻）、味（舌）、触（身）の欲から「三毒」つまり貪《とん》（むさぼり）、瞋《じん》（いかり）、癡《ち》（おろかさ）こそ「仏」（おさとり）につらなるものである。したがって「地獄」と意識するところこそ、「天堂極楽」にほかならない。「仏」、「天堂」は、まよいのるつぼともいうべきこの「娑婆《しゃば》」にこそ、あらねばならないものだ、ということ。〔景徳伝灯録　巻二十九〕

七言

秋光蘆華兩岸雪　〈秋は光《かがや》く　芦華と両岸の雪

夜寒桂月一船霜　夜は寒し　桂月と一船の霜〉

秋は、白い芦《あし》の花と両岸の雪あかりによって、白く輝いて美しい。秋の夜は、照る白い月光と船に降りた霜の白さで、寒さが感じられる。〔宏智偈頌〕

安禪不必須山水　〈安禅は必らずしも山水を須《もち》いず

滅却心頭火自涼　〈心頭を滅却すれば火も自《おのず》から涼し〉

坐禅を組むには、かならずしも山水の風光明媚なところを必要としない。まどいの心さえなくしてしまえば、あの熱い火でさえも自然と涼しく感じとることができると。〔碧巌録　第四十三則評唱〕

勿謂闡提無佛性　〈謂《い》うことなかれ　闡提《せんだい》に仏性《ぶっしょう》なしと
無明暗室發奇光　無《む》明《みょう》暗室に　奇光を発するを〉

不成仏、極悪の張本人といわれる闡提に仏性がないのだ、ときめつけてはいけない。「無明《まよい》」の真闇《まっくらやみ》の中にこそ、すばらしい光明がひらめき出すのだ。その手引は、坐禅がしてくれるのである。

〔楳仙遺稿〕

一車被打諸車快　〈一車　打たれて　諸車快《はや》し
一夜花開世界香　一夜　花開いて　世界香し〉

一車に鞭うつと、それにひかれて諸車も快足となる。そのように、たった一人の人が成仏《さと》れば、有情も非情も同時成道で、世界がその余沢を蒙ることとなる。〔永平広録　巻六〕

嵓高壁仭千峯雪　〈嵓《いわお》高く　壁仭《へきじん》　千峰の雪

石筍生條半夜霜　　石筍　条《えだ》を生ず　半夜の霜〉
千仭《ちひろ》もある高い岩壁の上に聳える山々に、降り積む雪の見える頃、石の筍《たけのこ》に、真夜中の霜が降りる頃に条《えだ》が生えて来た。人間の思慮を絶した世界を示した語。〔投子語録〕

梅須遜雪三分白　〈梅は　すべからく雪に三分の白をゆずるべし
雪亦輸梅一段香　　雪もまた梅に一段の香りを輸《ゆ》す〉
白梅とても雪の白さには及ばない。しかし、雪は梅の香りには敗けてしまう。「梅」にも「雪」にも、それぞれの長所と、風情《ふぜい》というものがあるので優劣はつけられない。〔槐安国語　巻六著語〕

海底珊瑚枝爛爛　〈海底の珊瑚《さんご》枝爛《らん》々
嶺頭無影樹蒼蒼　　嶺頭の無影樹《むようじゅ》蒼々〉
海底の珊瑚樹の枝は、きらきらと輝いている。峰の上の無影樹は、欝蒼と生い茂っている。〔貞和集　巻六〕

橘洲白鳥秋成伍　〈橘洲《きつしゅう》の白鳥　秋　伍を為す
漁火蓴羹蓬底香　　漁火の蓴羹《せんこう》　蓬底《ほうてい》に香ばし〉

これから貴下が出かけてゆく橘洲《す》の洲のあたりには、白鳥が隊伍をなして泳いでおる頃である。すなどりするまこもの舟の灯《あかり》のもとで、蓴《じゅんさい》のあつものを炊《た》く香りが漂うてくる好時節である。

〔宏智偈頌〕

胸中浩浩呑雲夢　〈胸中　浩《こう》々として雲夢《うんもう》を呑み
眉際津津秀太行　　眉際　津《しん》々として太行《たいこう》に秀づ〉

胸の中がひろびろとして、楚国の七沢の一つである雲夢を呑みこんでしまうほど。眉間《まなかい》がうるおい、つやつやとして、太行山も、くっきりと秀でているのが見える。人物が大そうすぐれていることをのべたもの。〔宏智偈頌〕

截瓊枝寸寸是寶　〈瓊枝《けいし》を截《き》るも寸々これ宝
折栴檀片片皆香　　栴檀を折るも片々みな香し〉

一切がっさい清浄なものといえば、玉の枝を短かく短かく切りこんでもみな重宝であり、栴檀をどんなに切りさいなんでも、何れも香りがあるようなものである。〔五灯会元　巻六〕

江湖猛客揚眉到　〈江湖《ごうこ》の猛客　眉を揚げて到り
爲設鉗鎚碎鐵膓　　為に鉗鎚《けんつい》を設け　鉄腸を砕く〉

天下の猛者連、つまり元気のよい雲水どもが、意気揚々として道場にやってくる。師家《しけ》のために、剃刀《かみそり》で髪をそり落され、鎚《つち》で体を打たれ、既成概念のいっぱいつまった固くなな腸づめを、ずたずたに切りさいなまれて、立派な人間に仕立てられる。相州早川の海蔵寺僧堂の開単にちなんで詠んだもの。〔半雲遺稿〕

不是一番寒徹骨　〈この一番　寒　骨に徹するにあらずんば
爭得梅花徧界香　　いかでか梅花の徧界に香しきをえん〉

この一つの寒さが、骨にしみ徹《とお》るほどに酷烈をきわめなければ、どうして梅花が、あのように、どこにもかしこにも、香しさを漂わすことができましょうか。〔中峰広録　巻五〕

託心雲水道機盡　〈心を雲水に託すれば　道機を尽くし
結夢風塵世味長　　夢を風塵に結べば　世味《せいみ》を長らす〉

心を雲や水のように、なにものにもとらわれず、あるがままに去来する世界に託すると、求道心(発菩提心《ほつぼだいしん》)を十分ならしめることができる。はかない夢を、八風六塵といった浮き世のまよいの世界に寄せると、いつまでも名利《みょうり》の念から離れることができない。〔漱石詩集〕

印破虛空千丈月　〈虚空《こくう》を印破す　千丈の月

洗清天地一林霜　天地を洗清す　一林の霜〉

虚空《おおぞら》を照らしつくす高くかかる月、天地を洗い清めるとある林に降る霜。言葉の説明ではいいあらわせない清浄の世界を具体的に示したもの。〔中峰広録　巻二十九〕

壺中天地乾坤外〈壺中の天地　乾坤の外

明月清風異陰陽　明月　清風　陰陽に異なる〉

仏法というものは、あたかも仙境のようなもので、乾坤《あめつち》のほか、つまり思慮とか分別といった、もののさかしらに右往左往している人間界だけに通ずる沙汰では、おしはかれぬものである。たとえば、明月が美しいとか、清風がさわやかとか、といって気分をよくしている天地間の人間界のはからいとは全く趣を異にした悠々たる世界だからである。〔信心銘拈提〕

不是息心除妄想〈これ　心をやめ妄想を除くにあらず

都緣無事可思量　すべて　事の思量すべきなきによる〉

坐禅することは、心のはたらきをやめ、よろしからぬ考えをとりさるというようないとなみではない。そういった、何なにをしようとか、してはいけないといったすべてのはからいから、無縁になるだけのことである。〔中峰広録　巻十二〕

三間茅屋既風涼　〈三間《さんげん》の茅屋　すでに風涼

鼻觀先參秋菊香　鼻観先づ参ず　秋菊の香〉

吉祥山中の三間《みま》ばかりの茅屋《あばらや》に山居しているが、もう秋風が立ち、冷《すず》しくなってきている。そうした明け暮れの中にあって、鼻がまっさきに観じて、秋菊の香に参じさせてくれる。昔、香厳童《きょうげん》子は、この鼻観によって悟りをえたといわれている。〔永平広録　巻十〕

三春果滿菩提樹　〈三春　果満つ菩提の樹

一夜花開世界香　一夜　花開いて世界香し〉

幾春秋かけて修行した結果がみのり、おさとりをひらくことができると、即心即仏の道理《ことわり》によって、因縁が熟して、一夜のうちに花開くとともに、世界中がその香気によって満たされる。〔永平広録　巻五〕

四海五湖龍世界　〈四海五湖は　龍の世界

高梧脩竹鳳雛鄉　高梧脩竹は　鳳雛の郷〉

四方の海、太湖付近の五つの湖は、いずれも龍の世界であり、高い青桐、長いまゝ竹の林は、鳳凰のひなたちの故郷である。〔聯頌集　巻上〕

枝枝染得珊瑚色　〈枝々　染め得たり　珊瑚の色
世界花開是帝郷　世界　花開く　これ帝郷〉

春になり、どの木の枝にも珊瑚の色のような花を咲かせ、世界中がぱっとして、まるで花の都のすがたのようだ。〔永平広録　巻一〕

終日寥寥坐石床　〈終日寥々《りょう》として石床に坐し
更無餘事可思量　さらに余事の思量すべきなし〉

ひねもす静かにかたい床の上で坐禅を組み、さらに世間的なかかわりと、はからいとを絶ちきって、のんびりとしている。〔貞和集　巻七〕

春信通和徧地芳　〈春信通和して　徧地芳《かんば》し
東君兀兀坐雲堂　東君兀《ごつ》々として　雲堂に坐す〉

春の訪れは上下に通じ、天地いっぱいに芳しさが溢れている。春を司る神々が、兀々として不動の姿勢で、僧堂の中で端坐している。〔永平広録　巻一〕

趙州喫去尙留香　〈趙州　喫し去るも　なお香りを留め
陸羽煎來不減量　陸羽　煎じ来るも　量《かさ》を減《へ》らさず〉

趙州《じようしゆう》はお茶を喫《の》みおわっても、その余香をいつまでもとどめている。『茶経』を著わした唐の陸《りく》羽《う》は、お茶をいくら煎《せん》じても、お茶の量が減ることがない。絶対境に徹すれば、不滅、不滅の行動が展開できる。〔半仙遺稿〕

少林不假東君力
五葉花開動地香

〈少林　東君の力を仮らずして
五葉　花開き地を動かして香し〉

ダルマは、春の女神の力をからないでも、五人の祖師を輩出し、世界を動かして、芳《かんば》しい正法の香りをまき散らしている。〔聯頌集　巻上〕

曙日初輝諸嶽頂
餘光漸漸遍扶桑

〈曙日《しよじつ》　初めて輝く諸嶽の頂《いただき》に
余光　漸《ぜん》々として扶桑《ふそう》に遍《あまね》し〉

旭日が能登の総持寺諸嶽山の頂上に輝き初めてから、その余光が次第々々に日本全土に輝きわたった。瑩山《けいざん》紹瑾《じようきん》禅師の遺徳をたたえたもの。〔半仙遺稿〕

盡界多時天欲曉
乾坤今日彩光彰

〈尽界多時　天　暁《あけ》なんとす
乾坤今日　彩光彰《あらわ》る〉

全宇宙、全歴史が、この四月八日の明けなんとする頃。この釈尊の降誕によって全世界に、さっ

とあでやかな光りがさし出たようだ。〔永平広録　巻一〕

眞實人居遍十方　〈真実人の居は　十方に遍《あまね》し
至遊處處露堂堂　　至り遊ぶ処々に　露堂《ろどう》々〉

真如実際、本来の面目を悟った人は、尽十方世界にあまねく存在している。この人がゆくところは何処《どこ》でも彼処《かしこ》でも、歴然としてかくすことなく堂々とその人柄が如実にあらわれている。〔宏智偈頌〕

長青松嶺白雲郷　〈長青松嶺　白雲の郷
吟鳥啼猿作道場　　吟鳥啼猿　道場をなす〉

高く青い松の生えている峰は、白雲の湧く故郷である。また囀《さえず》る鳥、啼く猿が成長する道場でもある。〔五灯会元　巻十六〕

常憶江南三月裏　〈常に憶《おも》う　江南三月のうち
鷓鴣啼處野花香　　鷓鴣啼く処　野花香し〉

私は、いつも江南地方の三月の頃のことを思う。そこは能（主観）と所（客観）を絶した永遠の春そのもののようであるからだ。つまり黙っている中に真実、天真が露呈されている。春が江南地方に訪れると、啼く鶺鴒に、また黙って野の花が香しく咲き匂うてくる。そこには、両者互いに相犯さぬ真実の顕現を見ることができるので。これは唐の風穴《ふけつ》和尚の句である。〔景徳伝灯録　巻十三〕

天曉報來山鳥語　〈天暁《あ》けては報じ来る　山鳥の語《ことば》
陽春消息早梅香　　陽春の消息　早梅香《かんば》し〉

山鳥の囀《さえず》りは、天があけたという報らせの言葉。陽春の便りは、早梅の香しく咲き匂うところにある。四季、自然の運行は、真実そのままを伝えていることを示す。〔永平広録　巻二〕

遠泛鯨濤入大梁　〈遠く鯨濤《げいとう》にうかびて大梁に入り
廓然無聖對君王　　廓然無聖　君王に対す〉

ダルマ大師は、インドから万里の大きな波濤を蹴って大梁国へやってきた。からりとして「聖」もなく「凡」もなきおさとりをもって梁の武帝に相見《しょうけん》した。〔聯頌集　巻二〕

南臺靜坐一爐香　〈南台　静坐《じょうざ》す　一炉の香
亙日凝然萬事忘　　亙日《こうじつ》　凝然《ぎょうねん》として万事忘ず〉

南台守安《しゅあん》和尚が香を焼《た》いて坐禅をしている。この日ながに、じっと万事を休息して、善悪も是非

も思わず、一切のはからいをやめて、ただ坐りに坐っている。〔景徳伝灯録　巻二十四〕

愧欠扶揺九萬翼　〈愧《は》づらくは　扶揺《ふよう》九万の翼を欠き
漫學鳴鳳在彼崗　鳴鳳の彼の崗《おか》に在るをみだりに学びしを〉

大鵬が一たび羽ばたけば、九万里も天翔《あまが》けることができるような性《さが》ももたないのに、かの高嶺《たかね》の鳳凰の鳴きまねに励《はげ》んだこと、その空しさにも似ていた若かりし頃の、あつたら出世学問欲に燃えた時間が、あじけなく感じられる。〔良寛詩集〕

水自竹邊流出綠　〈水は　竹辺より流れ出でて緑に
風從花裡過來香　風は　花裡より過ぎ来って香《かんば》し〉

水は、竹藪のあたりより流れ出て緑色に、風は、花園を吹き渡って来て香ぐわしい。〔義雲語録　巻上〕

明白家風月洗霜　〈明白の家風は　月　霜を洗う
道人寒夜坐繩床　道人《どうにん》　寒夜に繩床に坐す〉

般若（智慧）の仏法の本性が、清浄明白なること、あたかも白い月光が、霜を洗うようなものである。仏道を修行する人は、寒夜にさむしろの坐牀に端坐するように、きびしくあらねばならな

い。〔宏智偈頌〕

没蹤跡處露堂堂　〈没蹤跡《もっしょうせき》の処　露堂々《ろどうどう》
合浦珠還發耿光　合浦《がっぽ》の珠　還りて耿光《こうこう》を発す〉

あとかたを残さない絶対界《さとり》というものは、堂々として影も形もないあらわそのものである。合浦《がっぽ》の太守に清廉の士孟嘗《もうしょう》がなってから、再び珠が出るようになった。が、その合浦の珠の光りとても、限りあるもので、おさとりに比べたら物の数ではない。〔貞和集　巻六〕

桃紅李白菜華黄　〈桃は紅　李は白　菜華は黄
春色般般周草房　春色般々として　草房を周《めぐ》る〉

見渡せば、山辺には紅い桃、里辺には白い李、田畑には黄色い菜の花が咲き競《きそ》い、彩《いろどり》ある春景色は、賤《しず》が伏屋《ふせや》にいっぱいである。〔半雲遺稿〕

去時曉露消袢暑　〈去《ゆ》く時　暁露　袢暑《はんしょ》を消し
歸日秋聲滿夕陽　帰る日　秋声　夕陽に満つ〉

出て行く時は、明け方の露が、むさくるしい暑さをしのがせてくれる。帰ってくる日には、秋の気配《けはい》が、夕暮れ時にいっぱいとなっている。〔虚堂録　巻中〕

八言

風暖寒堤春囘草綠　〈風　寒堤に暖かにして　春回《めぐ》りて草緑に
雲迷古路家破人亡　雲　古路に迷うて　家破れ人亡《な》くなる〉

風が冬枯れの堤に吹き渡ると、春が回ってきて草も緑に生えてくる。雲は、もと通った路に迷うと、ために家も破産し、人も死んでしまう。「順」なれば「順」、「逆」なれば「逆」と、自然の摂理もこれに歩調を合わせることとなるという。〔劫外録〕

天得一淸地得一寧　〈天　一を得て清く　地　一を得て寧《やす》し
人得一安時得一陽　人　一を得て安く　時　一を得て陽なり〉

天も地も人も時も、仏祖の身心（大道《さとり》）を得て清浄に、安寧に、明かるくありうる。時節でいえば、一月一日、一陽来復のこと。なお前句は『老子』第三十九章にある。〔永平広録　巻一〕

若立一塵家國興盛　〈もし一塵を立すれば　家《か》国興盛《こくこうじょう》し
不立一塵家國喪亡　一塵を立せずんば　家《か》国喪亡《こくそうぼう》す〉

もし、たった一つの塵のような微かなことでも、建立しようと積極的に行動をとるならば、家も国もさかんになって発展しよう。が、わずかなことすら、建立すべく積極的に動かなかったならば、家も国も、衰亡の一路をたどることとはなる。〔碧巌録　第六十一則〕

九言

石女機停兮夜色向午　〈石女の機《はた》　停《や》んで　夜色　午に向い
木人路轉兮月影移央　木人の路　転じて　月影　央《なかば》を移す〉
石製の女の機《はた》織りがやみ、真夜中が日中になる。木ぼりの人形の路が転じて、月影が夜半にうつる。任運自在の境地は、世の常識を絶しているので、昼夜、方角、などにこだわらない行動が展開される。〔従容録　第六十九則〕
太虚有月兮老兎含霜　〈太虚　月有って　老兎　霜を含《ふく》む
大海無風兮華鯨吹浪　大海　風無うして　華鯨　浪を吹く〉
大空には一輪の月が霜に冴えて、いかにも清涼そのものである。大海原には風がなく、大きな鯨

が、汐を吹いて活動している。〔雪竇頌古称提〕

八庚

四言

才子筆耕　〈才子は　筆耕し
辯士舌耕　弁士は　舌耕す〉
才人は、文才によってくらしを立て、弁舌の達者なものは、談論によってくらしを立てている。くらしを立てることに汲々としている小才のきく人を軽蔑した言葉。〔従容録　第十二則〕
動則影現　〈動ずれば　すなわち影現じ
覺則冰生　覚すれば　すなわち冰《こおり》生ず〉

分別にわたる心で物ごとを考え、行動すれば、かならずそれが投影されて現われ、迷いに沈潜するだけである。おさとりを開けば、そのおさとりにこだわって氷のようなかたまりができ、水のような円融無礙《えんゆうむげ》さを失ってしまう。〔碧巌録　第三十一則〕

五　言

一華開五葉　〈一華《いっけ》　五葉を開き

結果自然成　　結果　自然成《じねんじょう》〉

印度から西来した達磨という花に五弁の花びらが咲き、正法の仏果《さとり》を坐《い》ながらにして伝えることができた。梅の花が五弁を開き、やがて自然に実を結ぶに至ることから、初祖達磨から五人の仏祖が聯芳をうけつぎ、心華《おさとり》が開かれ、仏果を結んで修行が成就することができたことをいう。

〔景徳伝灯録　巻三〕

無風荷葉動　〈風なきに　荷葉の動くは

決定有魚行　　決定《けつじょう》して　魚の行くことあらん〉

風が吹かないのに荷葉《はす》が動くのは、きっと魚が泳いでゆくためであろうぞ。〔景徳伝灯録　巻二十三〕

被他獅子皮　〈他《か》の獅子の皮を被《き》て
却作野干鳴　却《かえ》って野干《やかん》の鳴きかたをなす〉

獅子の皮をかぶっていながら、狐の鳴き声をする。主体性のない行動の非をなじった言葉。〔臨済録〕

諸佛出身處　〈諸仏出身の処
東山水上行　東山水上行〉

諸仏諸祖が身を転じて到達しえたところは、「東山水上行」という絶対の世界である。〔聯頌集　巻下〕

仁風行草偃　〈仁風　行われて草偃《ふ》し
德澤涌潮鳴　徳沢　涌いて潮《うしお》鳴る〉

仁慈の政《まつりごと》が徹底すれば、草木もなびき伏し、恵沢《めぐみ》がゆきわたれば、海水も鳴る。〔奕堂遺稿〕

心名大幻師　〈心を大幻師と名づけ

身爲大幻城　　身を大幻城となす

心を魔法使いと名づけ、身を蜃気楼と名づける。心身ともに常なく、あてにならない当体であることの意。〔景徳伝灯録　巻二十八〕

瑞艸連天秀　〈瑞草　天に連りて秀で
蘆華對月明　　芦華　月に対して明らかなり〉

めでたい草が、空いっぱいに目立って生え、芦華の白さが、明かるい月にうつって一段といちじるしい。心境が充実したことに対する賛辞。〔投子語録〕

居動而常寂　〈動に居して　常に寂《しずか》に
處暗而愈明　　暗に処して　いよいよ明かるし〉

動の状態にありながらも、いつも静かに、暗の状態にありながら、いよいよ明かるくある。つまり待対《たいだい》二辺にわたらない絶対の境地をいいあらわしたもの。〔劫外録〕

鉢香摩詰飯　〈鉢《はつ》は香ばし　摩詰《まきつ》の飯
意抛難陀榮　　意は抛《なげう》つ　難陀《なんだ》の栄〉

鉢の子の中なる喜《き》捨米《しやまい》が、維摩《ゆいま》居士《こじ》（維摩経の主人公）のような功徳主の尊い心ばえで香ってい

る。意《こころ》の中では、難陀尊者（釈尊の異母弟）が愛情と誘惑をしりぞけて悟りをえられたあの栄光を期待している。〔良寛詩集〕

花依愛惜落　〈花は愛惜に依って落《ち》り
草逐棄嫌生　草は棄嫌を逐うて生《お》う〉

花は惜しまれて散り、草は嫌われて生える。この「花」も「草」も、箇々に主体性が円成《じょう》しているので、人間のはからいで好ききらいを立てるべき性質のものではない。人がはからいをほしいままに立てるから、「もっと長く咲いてほしい」とか、「早く枯れてほしい」という欲望もでてくるわけである。〔永平広録　巻一〕

方外君莫羨　〈方外　君羨《うらや》むなかれ
知足心自平　足るを知れば　心おのずから平なり〉

僧侶であるこの衲《わし》を、君はそんなに羨《うらや》ましがるものではない。君も同じこと、すべてに足ることを知れば、心は自然と平らかとなるものである。〔良寛詩集〕

木雞啼子夜　〈木雞《もくけい》　子夜に啼き
芻狗吠天明　芻狗《すうく》　天明に吠《ほ》ゆ〉

木でこしらえた鶏が真夜中に啼き、わらでこしらえた狗《いぬ》が夜明けに吠える。常識、分別を絶した世界をいいあらわした語。風穴《ふけつ》和尚が「古曲に音韻のない時はいかん」と問われた時の答えである。木雞の故事は、『荘子』の達生篇に、芻狗の故事は、『老子』の五章に見えている。〔投子語録〕

野火燒不盡 〈野火 焼けどもつきず
春風吹又生 春風 吹いてまた生ず〉
つぎ目のない不断連続の世界を表現した言葉。〔白楽天詩集 巻十三〕

七言

一聲鷄唱五更月 〈一声 鶏唱う五更の月
枕上誰人夢未醒 枕上 たれ人か夢いまだ醒めざる〉
明け方の月を見て鶏が一声ときをつくる。その声を寝どこに聞けば、誰れだって目を覚ますであろうように、仏の大説法を聞けば、どんな人でも迷いから目覚めるであろう。〔大智偈頌〕

一刀兩斷南泉手 〈一刀両断 南泉の手

草鞋留著後人行　草鞋《そうあい》を留め著く　後人の行〉

南泉和尚は、一刀両断のもとに猫を斬り殺した。と、弟子の趙州《じょう》は、「衲《わし》ならば、師に両断させないで、このように答えます」といって、草鞋《わらじ》を頭に載せてすたこら歩いて行った。〔聯頌集巻上〕

閻浮八萬四千城　〈閻浮《えんぶ》　八万四千城
不動干戈致太平　干戈《かんか》を動ぜず　太平を致す〉

須弥《しゅみ》山《せん》の南にあるという閻浮《えんぶ》提洲《だいす》の八万四千城。つまり釈尊の説かれた八万四千巻のお経は、戦争を起こさず、太平をきたすことをお説きになったものである。〔大智偈頌〕

海底龍吟雲雨潤　〈海底に龍吟すれば　雲雨うるおい
林中虎嘯谷風清　林中に虎嘯《うそぶ》けば　谷風清《すず》し〉

海の底で龍が吟《くち》ずさめば、天上の雲雨も潤沢となり、林の中で虎が嘯《うそぶ》けば、谷わたる風もさやけくなる。個と全とは相即している、修と証も然りという。〔楳仙遺稿〕

寒猿夜哭巫山月　〈寒猿　夜哭《な》く　巫山《ふざん》の月に
客路元來不可行　客路　元来　行くべからず〉

巫峡《ふきょう》の空に照る月を見て、淋しそうな猿が大声で哭いている。旅行く人は、これを聞くと腸《はらわた》を断《た》つ想いがして淋しくなるという。とかく人は、環境によって心を左右されがちである。〔中峰広録　巻十二〕

喚取機關木人問　〈機関《きかん》木人を喚取《かんしゅ》して問え
求佛施功早晩成　仏を求めて功を施さば　いつか成《じょう》ぜん〉

もの真実を聞きたかったら、なんにももの言わぬからくり人形に尋ねてみるがよい。答えが返って来ぬから冷暖自知するより手がない。また、仏になりたい、悟りがえたいとそれを目的に、どんなに一生懸命修行しても、それでは、いつになっても仏になれるものではない。なぜならば、仏というものは、無為だから、求める心をなくしてみなければ到達できぬ世界である。〔証道歌〕

橋林寒月穿池冷　〈橋林の寒月　池に穿《うつ》りて冷やかなり
浦島春風對棹輕　浦島の春風　棹に対《こた》えて軽し〉

上州前橋の橋林寺の放生池に、寒月が、ひややかに映っている。だが池の中の浦島に、放生会《ほうしょうえ》という春風が吹いて、棹《さお》さす舟足《ふなあし》も軽い。放生会に列しての香語。〔楳仙遺稿〕

玉鞭金馬閑終日　〈玉鞭金馬　閑なること終日

明月清風富一生　明月清風　富めること一生〉

戦闘用の立派な鞭も馬も、太平にあれば、閑日月。そして夜は明月を、昼は清風を友として、生涯尽きせぬ富貴を享受してやまない。〔従容録　第六十則〕

玉輪轉去松無影　〈玉輪　転《めぐ》り去れば　松に影なし

白雲飛來竹有聲　白雲　飛び来れば　竹に声あり〉

月が傾いてしまうと、松の枝ごしに姿が見えなくなり、白雲が飛んでくると、竹の葉がさやさやと音《ひびき》を伝えてくる。〔楳仙遺稿〕

虛室夜寒秋月廻　〈虚室　夜寒うして　秋月廻《めぐ》り

雁回遙聽可三更　雁回《かえ》りて　遙かに聴く　三更なるべし〉

がらんとした部屋は、夜寒さがせまれば、秋の月はずっとめぐり傾き、雁の南をさして帰りゆくその鳴き声をきくことができるが、きっと真夜中のことであろう。これは、僧が天彭和尚に、「いかなるか是れ仏」と問うたのに答えた語を投子《とうす》が偈としたもの。〔投子語録〕

雲在嶺頭閑不徹　〈雲は嶺頭に在って　閑不徹

水流澗底太忙生　水は澗底に流れて　太忙生《たいぼうせい》〉

雲は嶺のほとりにあって雲になりきり、ふわりふわりと静けさそのものである。水は谷そこに流れて水になりきり、ただささらさらと音をたてているだけ。「雲」と「水」の在りのままのすがたを述べ、真如実際のありていを示したもの。〔虚堂録　巻上〕

安國安家不在兵　〈国を安んじ家を安んずるは　兵にあらず
魯連一箭又多情　　魯連が一箭　また多情〉

国を家を安泰にする道は、軍備の充実にあるのではない。戦国時代の魯仲連（史記巻八十三、魯仲連列伝）が放った箭が強かったから趙の国が安泰になったのではなく、彼の廉直さがそうさせたのである。（正法眼蔵随聞記）〔聯頌集　巻上〕

蕨薇夜雨萠寒麓　〈蕨薇《けつび》は夜雨に　寒麓に萠《きざ》し
桃李春風織錦城　　桃李は春風に　錦城を織る〉

わらびは夜雨にあい、まだ寒い山麓に若い芽を萠え出させる。桃李は春風にあい、錦の屏風《びょうぶ》を織りなすように美しい。〔宏智偈頌〕

絹黄婦幼鬼神驚　〈絹黄婦《けんこうふ》幼《よう》に鬼神驚く
饒舌何知遂八成　　饒舌《じょうぜつ》何んぞ知らん　八成《じょう》を遂《と》ぐるを〉

絶妙な詩文に対すれば、鬼神もあわれを催《もよ》おすと聞いている。俗人の浅はかなはからいによるおしゃべりでは、たとえどんなに十分にしゃべっても、ことの八分通りぐらいしかいいつくすことができない、ということを知らない。言葉とか、文字の表現には、限界があり、ものの真実を伝えるためには役立たない。〔漱石詩集〕

苔圍紫閣簾垂靜　〈苔《こけ》　紫閣を囲み　簾《すだれ》　垂れて静かなり
萬里無雲月色清　万里　雲なくして　月色清し〉

苔は、立派なたかどののまわりに生え、簾が垂れてひっそりとしている。見渡すかぎり雲もみえず、月光はさえて美しい。〔投子語録〕

五葉花開重一葉　〈五葉　花開き　一葉を重ぬ
風飄六出轉鮮明　風　六出を飄《ただよわ》さば　うたた鮮明〉

達磨大師が西天竺より中国に渡来して初祖となり、それから五祖に至り立派に花開き、さらに六祖に至って揺るぎない禅風をかためた。その禅風は、真っ白な雪片を空中に舞わして、ずっと純一の仏法を宣揚している。〔永平広録　巻十〕

是賓是主本閑名　〈これ賓これ主　もと閑名

退鼓鼕鼕撃則鳴　退鼓《たいく》　鼕々《とうとう》　撃《う》たばすなわち鳴る〉

やれ客（観）だ、主（観）だといったところで、もともと仮りの概念にすぎない。いま貴僧が、退院（下山）なさる時うつ太鼓も、入院晋山《しんさん》の時にうった太鼓と同じように打てば、どんどんと同じ音をたてて鳴るではないか。〔半仙遺稿〕

山上有柴渓有水　〈山上に柴あり　渓に水あり
林間最好養殘生　林間最もよし　残生を養うに〉

山の上には薪が、渓川には水があるように福分が備わっている。だから山居の明け暮れは、出家の身を養うには好適地である。〔大智偈頌〕

春潮帶雨晩來急　〈春潮　雨を帯びて　晩来急なり
野渡無人舟自横　野渡　人無くして　舟おのずから横たわる〉

春の潮が夕方近くになるにつれ雨をおびて激しく寄せてきた。野の渡し場では、このとき無人の舟が、ただ雨風に揺られて横たわっている。自然の吹き荒れるとき、人事の閑なるさまを対照的に描いたもの。〔三体詩　韋応物〕

生死可憐雲變更　〈生死あわれむべし　雲の変更

迷途覺路夢中行　迷途《めいと》覚路《かくろ》　夢中に行く〉

雲が無心に去来しているさまをみると、下界の人間が生死流転《しょうじるてん》のまよいに、じたばたしている有様は、あわれなことである。生死を解脱しえた人からみれば、迷いだ、悟りだと右往左往するすがたは、みな夢の中を歩いているようで笑止にたえない。〔永平広録　巻十〕

深谷留風終夜響　〈深谷　風を留めて　終夜響き
亂山銜月半床明　乱山　月を銜《ふく》んで　半床明らかなり〉

深い谷間には、風の音がたまっていて、夜もすがらひびきを奏でており、山の峰々には、月が没しかねて、わが寝どこの半分ほどを照らしている。〔東坡詩集　巻四〕

西風吹雨弄新晴　〈西風　雨を吹いて　新晴をもてあそび
雲拭青銅宇宙清　雲　青銅を拭《ぬぐ》うて　宇宙清し〉

秋風が雨を吹き去らして、雨後の晴天に興《きょう》じ、雲は月を拭い清めて、天地一ぱいがすがすがしくなる。〔大智偈頌〕

太平本是將軍致　〈太平もとこれ　将軍の致すもの
莫使將軍見太平　将軍をして太平を見せしむることなかれ〉

天下を泰平ならしめるのは、もともと将軍のいたすところのものである。が、その将軍に太平の安逸をむさぼらしめるようなことがあってはならない。おさとりというものは、修行者が自分のものにするものである。が、そのおさとりを得たものが、おさとりに執らわれるようなことがあってはならないと、述べたもの。〔五灯会元　巻八〕

唯留一事醒猶記　〈ただ一事を留めて　醒めてなお記す

深草閑居夜雨聲　深草の閑居　夜雨の声〉

ただ衲《わたくし》は、無常の世界の一瞬にこそ真実があるのだと気づいたことを記しておく。そして嘗《かつ》て深草の閑居で聞いた夜雨の声が、とりもなおさず無常の実相なのだ。〔永平広録　巻十〕

種田摶飯家常事　〈田《でん》を種《う》え　飯《はん》を摶《まろ》めるは　家常の事

明月清風富一生　明月清風　一生を富ましむ〉

田を耕やしたり、御飯を手でまるくかためて食べることは、無事な日常の在りてい。また明月を眺め、清風を涼しとしての明け暮れでしあわせの一生。まことに、さっぱりとした満ち足りたさまである。〔永平広録　巻四〕

道人硯海水盈盈　〈道人《どうにん》の硯海　水盈々《えいえい》

時起金波擧世驚　　時に金波を起こし　挙世《きょせい》驚く〉
　悟道を得た尊者の学問の造詣は、極めて深く、たまたま著わした書物で、世間の人々は、あげてあっと驚く。〔半雲遺稿〕

燈無焔兮爐無炭　〈灯《ともしび》に焔《ほのお》なく　炉に炭なし
只聞枕上夜雨聲　　ただ聞く　枕上　夜雨の声〉
　灯《あかり》には油が切れ、炉には炭火がなくなった。ただ、枕べに夜雨の音のみが、胸にこたえて聞こえてくるばかり。〔良寛詩集〕

如今洗耳滄浪在　〈如今《じょこん》　耳を洗うは滄浪《そうろう》にあり
誰肯臨流便濯纓　　誰かあえて流れに臨んで　すなわち纓《えい》を濯わん〉
　水が澄んでいるので滄浪の川で耳を洗うている。が、今どき誰れがいったい滄浪の川岸で、冠《かんむり》の紐《ひも》を洗うている者がおりましょうか。そのような高潔の士なんか、誰れ一人としていないではないか。〔聯頌集　巻下〕

白雲深處金龍躍　〈白雲深き処に　金龍躍り
碧波心裏玉兎驚　　碧波心裏に　玉兎驚く〉

白雲が深くたちこめるあたりで、素晴らしい龍が躍っているかのようにみられる。青い波がただよう川の中ほどで、綺麗な兎がびっくりしたように、空に川にそれぞれ趣きがある。〔碧巌録第二十四則　頌評〕

萬木隨時有凋變　〈万木《ばんぼく》時に随い　凋変《ちょうへん》あり
趙州庭栢鎭長榮　趙州の庭栢　とこしえに栄ゆ〉

よろずの木は、四季のうつり変りで凋落がある。が、「いかなるかこれ祖師西来《おさとり》の意」の問いに答えた趙州の「庭前の栢樹子」は、とこしえに有名な公案として伝えられてゆく。〔聯頌集　巻中〕

殺人流血三千里　〈人を殺して血を流す三千里
古樹枝頭一老僧　古樹枝頭の一老僧〉

鳥窠道林《ちょうかどうりん》は、詩人白楽天と侍者会通《えつう》を済度した。その時に、しのぎを削って流した血は、三千里にもおよんでいる。こうした殺人罪を犯した一人の老僧が、平然として古木の上で坐禅をしている。〔江湖風月集〕

百戰功成老太平　〈百戦　功成りて　太平に老ゆ

優柔誰肯苦爭衡　優柔　誰れかあえて苦《おお》いに衡《こう》を争わん〉
潙山《いさん》も鉄磨《てつま》も、心中去来の戦いに百戦苦闘した結果、今やその平静を楽しむことができるようになっている。両人とともにものやわらかにして、どうして天下の覇を争うなどという意識すら、毛頭ありえようはずがないではないか。〔従容録　第六十則〕

丙丁求火己躬明　〈丙丁火《ひょうじょう》を求め　己が躬《み》明らかなり
法眼青峯古路行　法眼青峰《ほうげんせいほう》　古路に行く〉
丙丁《ひのえひのと》のひをもって火を求めるとは、仏性をもった学人が、自己をもって自己を求めること。仏性の火をもってするから明らかなることはいうまでもない。「丙丁求火《ひょうじょうぐか》」とは、法眼の弟子玄則が青峰の処で得た言葉であった。又、「言葉上の理解では駄目だ」と法眼から活を入れられたときの言葉が、同じ「丙丁求火」であった。学人を導く路は同じである。〔聯頌集　巻下〕

飄飄黃葉墜幽庭　〈飄《ひょう》々たる黄葉　幽庭におち
萬里無雲宇宙清　万里雲なく　宇宙清し〉
ひらひらと黄葉《もみじ》が、静かな庭に散っている。見わたす限りの秋空には雲がなく、どこもかしこも澄みわたっている。〔貞和集　巻十〕

風月只須看直下　〈風月は　ただすべからく直下《じきげ》に看るべし

不依文字道初清　　文字に依らずして　道初めて清し〉

風月をはじめとして、もろもろの現象というものは、ただ看る本人がじかに膚身《はだみ》で看《み》とらなければならない。文字や言葉を媒介としなければ、現象それぞれの真実の道というものが、はじめてすっきりと分ってくる。〔漱石詩集〕

蒲團時倚無他事　〈蒲団《ふとん》　時に倚《よ》って　他事なし

永日寥寥謝太平　　永日　寥々《りょう》として　太平を謝す〉

坐蒲《ざふ》にいつもいつも腰を据えて坐禅するだけで、他事には何もあずからない。永い一日を坐禅三昧にひたることができ、太平無事に感謝しているばかりである。〔祖英集　巻上〕

船横野渡涵秋碧　〈船は　野渡の秋を涵《ひた》して碧《みどり》なるに横たえ

棹入蘆花照雪明　　棹《さお》は　芦花の雪を照して明なるに入る〉

船を秋も深くなり碧《みどり》をたたえた渡し場に横づけにし、ついで棹さして、芦花が雪に映って真っ白いただ中に漕《こ》ぎ入る。〔従容録　第十一則〕

木人把板雲中唱　〈木人板《ぼくじんはん》を把《と》りて　雲中に唱う

石女穿靴水上行　石女靴を穿《は》き　水上に行く〉

木で作った人が、拍板をとって雲の中で歌を唱い、石で作った女が、靴をはいて水の上を歩いてゆく。人間の思慮分別を絶した世界を文字であらわしたもの。〔聯頌集　巻中〕

水清徹底深沈處　〈水　清うして徹底　深沈たる処

不待琢磨自瑩明　琢磨を待たずして　おのずから瑩明《けいめい》〉

水がよく澄んで底まで徹《とお》ってみえるような奥深いところは、人工による琢磨など待つことなしに、本来自然に明らかに透っているのである。つまりこの清らかさは、もともとそなわっているもので、修証の力をかりてできあがるものではない。〔伝光録〕

損身棄世爲間者　〈身を損《す》て世を棄てて　間者となり

初月與花送餘生　初めて月と花とともに　余生を送る〉

煩わしい世俗の名聞利養といった欲得をすてて、静かな心にひたりうる者となることができた。この境界《きょうがい》に入り、初めて月と同化し、花と同化した世界に仲間入りができ、悠然と余生を送ることができた。〔良寛詩集〕

野桃含笑竹籬短　〈野桃　笑《えみ》を含みて　竹籬短かく

渓柳自揺沙水清

〈渓柳　自《おのず》から揺《ゆ》れて　沙水清し〉

野べの桃の蕾が、ほんのりと紅く、低い竹のまがきの上に咲き初め、谷間の柳が風もなくそっと揺れ、砂底《すなぞこ》の川の水に映えて、青く澄んでみえる。〔東坡詩集　巻九〕

雪覆孤峯峰不白
雨滴石笋笋須生

〈雪は孤峰を覆《おお》いて　峰　白からず
雨は石笋《じゅん》に滴《したた》りて　笋《じゅん》　生ずべし〉

雪が、ひとつ高くそびえた峰をすっぽりとつつんだが、峰は白くない。雨は石の筍の上に落ちて、ために本当の筍が生えてきた。仏法の大意とは、このようなもので、有為《うい》ならぬ無為《むい》、無造作《むぞうさ》、つまり人間のはからいを絶した世界を宗《むね》とするものである。〔五灯会元　巻六〕

龍得水時添意氣
虎靠山處長威獰

〈龍　水を得る時　意気を添え
虎　山に靠《よ》る処　威獰《いどう》を長ず〉

龍は水をえれば元気が出で、虎は山によれば、たけだけしさをいよいよ増す。人間も時と処とを得させれば、人物となってゆくものであることをいう。〔槐安国語　巻四　著語〕

八　言

鶴夢無依寒巣臥月
雲容不掛野渡澄明　〈鶴夢　寒巣に依るなく月に臥し　雲容　野渡に掛《か》からず澄明なり〉

鶴は哀れな巣にさえ宿ることができず、月を枕として眠り、雲のたたずまいは、野の渡し場に垂れこめず、すっきりとしている。それぞれには、それぞれにふさわしい趣があり、絶対的な趣というものはない。〔劫外録〕

九　青

五　言

兀然無事坐　〈兀《こつ》然たる無事の坐

春來草自青　春来らば　草おのずから青し〉
兀《ごつ》々として、一切のはからいをやめた無為《むい》、無作《むさ》の坐禅を組んでいる。坐禅に徹してみれば、別に他事なく、春がくれば、草が伸びて青々となるのが、ありのままに受けとれるだけのこと。
〔景徳伝灯録　巻三十〕

六　言

天有道以高清　〈天に道ありて　もって高く清《す》めり
地有道以厚寧　地に道ありて　もって厚く寧《やす》し〉
天に天道があってこそ、高く清《す》んでいるのである。地には人倫の道があってこそ、大いに安寧なのである。〔永平広録　巻二〕

無孔笛漫弄兮　〈無孔笛を漫《みだり》に弄するも
知音傾聴　知音《ちいん》　傾け聴く〉
孔《あな》なしの笛をむやみやたらに吹いても、笛の音を聴きわけうる耳をもっている親しい人は、ちゃ

んと耳をすましてくれる。〔平仙遺稿〕

七言

猿鳥自啼山自寂　〈猿鳥おのずから啼き　山おのずから寂《しずか》なり
水流岩下響冷冷　水流岩下に　響き冷々たり〉

猿や鳥が、啼きたければいつでも啼くといったぐあいで、山と猿鳥とが一つとなって静寂そのもの。水も岩ばしって流れ、そのひびきは、すがすがしさでいっぱい。〔聯頌集　巻下〕

雲開山色重重碧　〈雲　開《あ》けて山色　重々に碧《あお》く
日落天河處處青　日　落ちて天河　処々に青し〉

雲が払われて山のたたずまいは、深く深く碧《みどり》に。日が没して天の河は、処々に青くみえている。

〔投子語録〕

劒爲不平離寶匣　〈剣は不平のために　宝匣《ほうこう》を離れ
藥因救病出金瓶　薬は　病を救うに因って　金瓶を出づ〉

剣は平和を乱す者があるがために、伝家の鞘を払い、薬は病気を助けるがために、とっておきの瓶からとり出すのである。『五灯会元』では南泉斬猫の話をふまえて、次のごとく述べている。南泉和尚の剣は、雲水たちのわからずをたたきのめすために鞘をはらったものである。趙州和尚は、雲水のわからずに対して穿《は》いていた草履を頭の上にのせて歩いたというが、それは雲水の病気をなおしてあげるべく、薬瓶から薬をとり出してあげたようなものである。〔虚堂録　後録〕

三徑就荒歸便得　〈三径　荒《こう》に就いて　帰ることをすなわち得たり

舊時松菊尙芳馨　旧時の松菊　なお芳馨《かんばし》し〉

故郷を出て世の俗境に去来していたが、故郷の田園の荒れるにたえかねて、帰り来たることができた。自分の本来の在処《ありか》に来てみれば、旧時のままそのままに松は青く菊は香っている。「人間誰れしも、世俗への低迷徘徊はほどほどにして、本来の自分に早く帰りなされよ」とのことをいったもの。〔従容録　第六十四則〕

西山秀骨濯秋雨　〈西山の秀骨　秋雨に濯《あら》い

窻戶卷簾分遠靑　窓戸に簾を巻き　遠青を分けん〉

西山はすぐれた山膚をしている。その上に秋雨に洗われて、いよいよ美しくみえる。窓辺の簾を

まいて、遠い故郷の山々をはっきりと御覧。〔宏智偈頌〕

専精樹下何憎愛　〈専精《せんしょう》樹下　なんぞ憎愛せん
月色可看雨可聴　月色看るべく　雨　聴くべし〉

樹下で精いっぱいの坐禅に親しんでいれば、人間界の憎愛の念の起こる余地は少しもない。月光は、そのままに目にうつるし、降る雨の音は、そのままに聞こえてくるだけ。〔永平広録　巻十〕

源發靈山太悠久　〈源は霊山《りょうぜん》に発して　はなはだ悠久
流沿曹溪轉清冷　流れは曹渓に沿うて　うたた清冷〉

説法の起源は、霊鷲山《りょうじゅせん》に発して大そう久しきにわたってつづいておる。仏法の流れは、中国の曹渓に沿い、爾来ずっと今日にいたるまで、清冽の水を伝えている。〔平仙遺稿〕

老松掛月寒方夜　〈老松　月を掛け　寒うして夜にあたる
凍鶴巣雲夢未醒　凍鶴　雲に巣くうて　夢いまだ醒《さ》めず〉

寒夜に、老松越しに月が冴えているのがみえる。寒雲に冷鶴が巣ごもって、心地よさそうにぐっすりと夢の世界に入っている。厳寒、寂静《じゃくじょう》に徹しきった世界をのべたもの。〔宏智偈頌〕

我來問道無餘事　〈我れ来りて道を問うに　余事なし

雲在青天水在瓶　〈雲は青天にあり　水は瓶にあり〉

私は薬山禅師を訪れて、仏法の真意を尋ねた。と、その答えは「平常となんら変らないことにある」とのこと。つまりは「雲は青天に去来し、汲んだ水は、瓶の中にあるさまのようなものだ」とのことだった。〔聯頌集　巻中〕

十蒸

五言

盡地無外道　〈尽地に　外道《げどう》なく

古今無二乘　古今に　二乗なし〉

参禅に徹すると、世界中に外道《げどう》というものを意識しないようになる。そればかりか、昔から今に至るまでの声聞乗《しょうもんじょう》、縁覚乗《えんがくじょう》などと、目的的な修行を行う仏法をも意識しないですむようになる。
〔永平広録　巻一〕

鶴飛千尺雪　〈鶴は飛ぶ　千尺の雪に
龍起一潭冰　　龍は起《た》つ　一潭の冰に〉

鶴は雪天《ゆきぞら》高く舞い上り、龍は寒潭の冰のはりつめた潭瀬《ふちせ》から天に躍り上る。壮絶のさまを表現し、人の卓越した才能をたたえている。〔圜悟語録　巻二〕

七　言

衣盂不貴貴傳燈　〈衣盂を貴しとせず　伝灯を貴ぶ
超出曹溪六祖能　　曹渓六祖能を超出す〉

お袈裟と鉢盂《はう》（応量器）というものが貴いわけではなく、仏法の伝灯が貴いのである。さらに形式的な伝灯は貴くはなく、曹渓山の六祖慧能の宗風を解脱《げだつ》することが貴いのである。仏法は永遠の今として、清新の気を充満させておらねばならない。〔貞和集　巻一〕

鏡明而影像千差　〈鏡明らかにして影像千差《しや》たり
心浄而神通萬應　心　浄《きよ》らして神通万応す〉
鏡が澄んでいると、仏国を荘厳《しょうごん》するお飾りのすがたかたちがいろ〳〵さまざまに映る。心が澄んでいると、衆生を教化《け》するはたらきが、対象に随って千変万化と応ずる。〔景徳伝灯録　巻十三〕

華開五葉夜間錦　〈華　五葉を開く　夜間の錦
劫外春風暗裏與　劫外《こうがい》の春風　暗裏に興《おこ》る〉
梅華の五葉が開いたように、達磨以来伝えられた正法眼蔵《おさとり》を、師大満弘忍《たいまんこうにん》より六祖慧能が夜間に伝えられて、心華が咲いた。この華は無始無終、長い長い間にわたる春風にもよおされて、散ることなく、余人は見ることができない。が、永劫《えいごう》に咲きほこるものである。〔永平広録　巻一〕

三冬鐵樹滿林花　〈三冬の鉄樹　満林の花
六月黄河連底冰　六月の黄河　連底の冰〉
冬のさ中、鉄で作った樹に花が真っさかり、六月の黄河の底に冰が張りつめた。人間のはからいを絶した世界の消息を示した語。〔槐安国語　巻六　著語〕

残葉賦題紅片片　〈残葉に題を賦して紅《くれない》片々

遠山供望碧層層　遠山に望を供すれば碧《みどり》層々〉

紅葉した残んの葉に、詩を詠《よ》み書きつけてみれば、紅い詩篇がひらひらと。遠山の眺望をあかずに眺めあかせば、その碧が重なりながら連なっている。〔祖英集　巻下〕

子孫疊疊雪庭可　〈子孫疊《び》々たり　雪庭の可《か》
衣鉢縄縄春屋能　衣鉢縄《じょう》々たり　春《そう》屋の能《のう》〉

達磨の禅をいただく法孫が、うまずたゆまず修行して、法灯をかかげてきているのは、二祖慧可大師が達磨の門をたたいて、深雪の降りしきる庭で腰を没するまで立ちつくし、臂《ひじ》を断《た》ってその決意を示したことに起因している。また、大事な袈裟と鉢《ほ》盂《う》を綿々と授受してきたのは、五祖弘忍の会《え》下《か》で、米つき男をしていた慧能が、よく正法を嗣ぐことができたことによる。〔宏智偈頌〕

常愛暮天雲未合　〈常に愛す暮天　雲いまだ合わず
遠山無限碧層層　遠山無限　碧層々たるを〉

夕暮れどき雲が幾重にも棚引いているさまが、いつも愛《め》づるに値する光景である。また遠くの山々が、碧《あお》さの濃淡を刷《は》毛《け》でなすったように無限に見えるが、それは、山（平等）が濃淡によって差別の相を示しているのである。〔聯頌集　巻中〕

堪對暮雲歸未合　〈暮雲　帰《さ》って　いまだ合せざるに対するにたえたり
遠山無限碧層層　遠山　無限　碧層々〉

夕暮れどきの雲が去ってゆき、そのまま流れてしまうさまに向いあうように、雲に包まれない遠山は、どこまでもどこまでも碧《あお》さがつづいてみえる。あたかも、龍牙《りゅうげ》という人物の、とらまえどころがなく茫々としていて奥ゆかしいさまのようだ。〔碧巌録　第二十則〕

極目危巒今古秀　〈目をきわむ危巒《きらん》　今古に秀で
暮天斜照碧層層　暮天の斜照　碧《みどり》層々たり〉

見渡すかぎりの高い尖っている山は、昔から今にいたるまで秀でている。夕陽が、その幾重にも重なっている碧《みどり》の山々を、はすかいに照らしている。〔丹霞頌古百則〕

十言

環堵蕭條欣北牕之高興　〈環堵《かんと》　蕭条《しょうじょう》たるも　北牕の高興《こうきょう》を欣《よろこ》び
碓房辛苦詢南頓之宗乘　碓房《たいぼう》に辛苦すれど　南頓の宗乗を詢《と》う〉

吹きっさらしの茅屋《あばらや》に住んでいても、琴、詩、酒の三友との風流あるつきあいを欣《よろこ》び、米つき苦労の暮しをしていても、六祖慧能の禅風を、問い尋ねる信心を身につけている。〔平仙遺稿〕

十一尤

四言

岸眉横雪　〈岸眉　雪を横たえ
河目含秋　河目　秋を含む〉
趙州《じょうしゅう》の風貌は、両の眉は真っ白で、両岸に白雪が降り積っているようにみえ、眥《まなじり》が長く澄んでいる目は、秋霜を想わせるように凛《りん》としている。〔従容録　第四十七則〕

世事悠悠　〈世事に悠々たる

不如山丘　　山丘にしかず〉
世故《せこ》に超然として、悠々自適するに際しては、山や丘の大自然に混然一体となったような唐の懶《らん》残《ざん》和尚にこしたものはない。彼は、性ものぐさ、人の食べ残しを食べるのが好きでみずから懶残と号した。後、明瓚《みようさん》禅師の号をおくられた。曽つて宰相にその閑適ぶり（芋が大好きであり、たまたま宰相の命を受けて視察にきた役人の前で、彼は鼻水をたらしながら芋を焼きつつ食べていて、その芋を半分にして役人にも食べさせた）を認められ、食いぶちを贈られることになったが、固辞。そこで、宰相は庵の周囲に大好きであった芋の畑を作ってやったという。〔景徳伝灯録 巻三十〕

天上天下　〈天上　天下《てんげ》
雲自水由　雲より　水よる〉
天上界、地上界において自由無碍《げ》なることは、あたかも、雲が、天をなにものにも碍《さ》えられることなく流れ、また水が、地上のなにものにも、碍えられずに流れゆくようなものである。〔永平広録　巻十〕

五言

一鉢千家飯　〈一鉢　千家の飯
孤身萬里游　孤身　万里に游ぶ〉

ただ一椀の鉢（応量器）に多くの家々から頂いた御飯を盛り、ただ一人で多くの部落に托鉢して歩く。〔五灯会元　巻二〕

雁影沈寒水　〈雁影　寒水に沈み
蘆花隱白牛　芦花　白牛《びゃくごう》を隠《かく》す〉

かりがねのすがたが、寒い流れの彼方に没し、芦花の中に白牛がすがたを没してしまった。待対《たいだい》を絶した一色の世界を示す。〔劫外録〕

君看雙眼色　〈君看よ　双眼の色を
不語似無愁　語らざるは　愁《うれい》なきを似《しめ》す〉

私のこの両眼の色を、じっと見てごらん。黙っているのは、憂愁がないことを示したのであるが、

この語らざる私の心の中を知ってくれる人は、いないようだ。〔槐安国語　巻五　著語〕

江岸風濤急　〈江岸　風濤急に

蘆村景色幽　芦村　景色幽なり〉

川辺の岸では、荒き波風がしきりかと思えば、芦辺の里では、凪《な》いだ夕景が静かに暮れてゆこうとしている。まさに廬山の煙雨、浙江《せっこう》の潮《うしお》だ。〔劫外録〕

猿來樹嫋嫋　〈猿来って樹嫋々《じょう》

鳥入林啾啾　鳥入って林啾々《しゅう》〉

猿がやってくると、梢《こずえ》がゆらゆらと揺れ、鳥が入ってくると、林の中が囀りで賑やかとなる。

〔寒山詩集〕

洲白蘆花吐　〈洲《す》白くして　芦花吐き

園紅柿葉稀　園　紅《くれない》にして　柿葉稀れなり〉

芦花が乱れ飛んで洲崎が白くなり、柿の葉が散り敷いて庭園が紅く染まる。この状景を我がものとして、悦《えつ》に入っている自然児の風流を示す。〔槐安国語　巻七　著語〕

天共白雲曉　〈天は　白雲と共に曉《あ》け

水和明月流　〈水は　明月に和して流る〉
　大自然の運行は、少しも無理がなく行われていることを示した語。〔普灯録　巻二十八〕
鳥入雲無迹　〈鳥入りて　雲に迹《あと》なく
魚行水自流　魚行いて　水　自《おのず》と流る〉
　鳥は、高く雲の中に飛んでゆくが、そのあとかたを雲に残さない。魚は、深く水の中に泳いでゆくが、水を碍《さ》えることなく、水は自然と流れてゆく。「鳥」と「雲」、「魚」と「水」ともに二にして一の境。つまり相い犯すことなく、それぞれ自主独立の境を示していること。〔漱石詩集〕
人間固無事　〈人間　もとより無事
白雲自悠悠　白雲　おのずから悠々〉
　白雲は、誰れに命ぜられるわけではないが、悠々としているように、人間も、もとより本来のすがたは、無事の世界が最も貴いのである。「無事」とは未発の世界、行動以前の世界をいう。〔漱石詩集〕
人従橋上過　〈人　橋上より過ぐれば
橋流水不流　橋流れて　水　流れず〉

人が橋の上を通りすぎると、橋が流れて水が流れない、とは「流」と「不流」とを絶した絶対の世界。つまりおさとりの上からすれば人間のはからい、常識は、すべて御破算だ、ということ。人が橋を渡れば、橋が直接の対象となるので、仮りに動の世界とみなし、川の流れは間接的なものとなるので静とみなす。流、不流、動、静、いずれも対する人の側からみれば、相対的な現象にすぎない、ということを示した語。〔禅門拈頌集　巻三十〕

日日是好日　〈日日《にちにち》これ好日〉

風來樹點頭　風　来って　樹　点頭す〉

毎日毎日が、とりもなおさず好い日である。風が吹いてきたならば、樹の枝葉がなびきうなずくように、無理のない、とらわれのない心のゆとりと行動の展開が、日々を好日たらしめる。ここにこそ、仏法の大意が秘められているわけである。〔禅林類聚　巻十四〕

碧巘高沈月　〈碧巘《へきけん》　高うして月を沈め
寒雲靜鎖樓　　寒雲　静かにして楼を鎖《とざ》す〉

青い峰が高くそびえると、月を下界に見おろすこととなり、さびしい雲が、静かに蓋《おお》うて高殿をとざす。〔祖英集　巻上〕

樂山登萬仭　〈山を楽しんでは　万仭に登り
愛水汎千舟　水を愛しては　千舟に汎《うか》ぶ〉

山を楽しんでは、高い高いそそり立った山に登ったり、水あそびをいとおしんでは、何度も何度も舟を浮べて遊ぶ。〔寒山詩集〕

幽澗常瀝瀝　〈幽澗は　常に瀝《れき》々
高松風颼颼　高松に　風　颼《しゅう》々たり〉

奥深い谷川は、いつもさらさらとせせらぎの音がする。高い松に風があたると、さわさわと松籟《しょうらい》が奏でられる。〔寒山詩集〕

蘆花兩岸雪　〈芦花　両岸の雪
煙水一江秋　煙水　一江の秋〉

芦の花が両岸の雪に対し、白一色でけじめがない。秋の江村は澄み渡り、霞たつ水面と天とが一色の風光。これは弟子と師匠との差別がとれた一枚の世界を示したもの。〔従容録　第五十九則〕

七言

渭水蘆花嵩岳雪　〈渭《い》水の芦花　嵩岳《すうがく》の雪
誰怨長夜更悠悠　誰か怨まん　長夜　さらに悠々たることを〉

渭水のほとりの芦花も白く、崇山《すうざん》少林寺の雪も白い。ともに秋の月のように白い。その秋の夜の長さはいよいよ長く、誰れ一人としてその長きを怨むものはない。もしも区切り差別があったなら、人生も修行もあじけないものである。〔永平広録　巻十〕

一葉落時天下秋　〈一葉落つる時　天下秋なり
不風流處却風流　風流ならざる処　かえって風流〉

木の葉が落ちつくす時が、実りの秋である。実る世界は、風流とはいえない。が、不風流こそがかえって真実。そこに風流が感じられるわけである。〔宏智偈頌〕

風休波消海殊晏　〈風やみ波消えて　海ことに晏《やす》し
花散人去山更幽　花散り人去りて　山さらに幽《しずか》なり〉

風がなぎ、波がおさまった後の海は、ことさらおだやかである。このすがたこそが、坐禅の世界であり、本来の面目（仏道の極意にぴったりする）である。同じように、花が散り、花を見る人が去った後の春の山のたたずまいは、一層に寂静である。この開落、去来の世界を絶した幽玄なるところが、只管打坐《しかんたざ》に通ずるものである。〔信心銘拈提〕

歸去來兮楓菊老　〈帰りなんいざ　楓菊老《いた》めばなり
風殘雨敗不勝秋　風に残り雨に敗《たた》かれ　秋にたえず〉

さあ帰ろう、我が家の楓も菊もしおれかかってきたから。雨風にしとどたたかれ、爽秋錦綾の秋景色はどこへやら。自己の坐定《ざじょう》、つまり本来の面目を忘れ、世間のはからいに振りまわされていたことに気がついて、はっとしたこと。〔半仙遺稿〕

見說許由曾洗耳　〈きくならく　許由《きょゆう》が曾て耳を洗いしを
可憐巣父更鞭牛　あわれむべし　巣父《そうほ》が更に牛に鞭うちしを〉

堯帝が許由にわが位を譲ろうと語ったならば、許由は「けがらわしいことを聞いた」といって耳を清泉で洗ったという。そのさまを見ていた巣父《そうほ》が、許由から事の次第を聞くと、牽《ひ》いていた牛に水を飲ませようとしていたのだが、「そんなけがらわしいことを聞いて耳を洗った水は、飲ま

せられない」と牛を連れ去ったというが、あっぱれな話であるわい。〔虚堂録　巻下〕

忘機歸去同魚鳥　〈機を忘じ帰り去って　魚鳥に同じうす

濯足滄浪煙水秋　　足を濯《あら》う滄浪　煙水の秋〉

対機《ひと》であることも忘れて、本来の姿に立ち帰り、魚鳥を伴《とも》とするといった差別をとりはらい、滄浪の川が、濁《にご》ったなら足を洗うといったように、その場その場に応じて、本来の面目に徹すれば、それがとりもなおさず清涼の秋（さとり）のすがたである。〔従容録　第十二則〕

雲自高飛水自流　〈雲おのずから高く飛び　水おのずから流る

海天空濶漾虚舟　　海天　空濶《ひろ》く　虚舟を漾《ただよ》わす〉

自然は、人間界にはお構《かま》いなく、雲はただ高く飛び、水はさらさらと、ひくきに流れる。広々とした海の空に、一艘の無人の舟が、波のまにまに漂流している。〔丹霞頌古百則〕

雲封松柏池臺舊　〈雲は松柏を封じて　池台旧《ふ》りたり

雨滴梧桐山寺秋　　雨は梧桐に滴《したた》る　山寺の秋〉

秋の雲は、松や柏などの上に覆い、池のほとりの台《うてな》はもの古《ふ》りてみえる。秋雨は梧桐《あおぎり》にかかり、その葉も落ちつくし、山寺の秋の夕暮れは、ことさら淋しい。〔永平広録　巻十〕

紅雨幾番華事老〈紅雨幾番　華事老ゆ
黄雲萬頃麥家秋　黄雲万頃《ばんけい》　麦家の秋〉

紅い桃の花が、幾回か乱れ散ると、花の咲く春は、暮れようとしてくる。見渡すかぎりの広い田畑に、黄色い雲がたちこめるようになると、夏になって麦の穫《と》れ秋《どき》となってしまう。〔宏智偈頌〕

光明奪夜之謂月〈光明夜を奪う　これを月という
直造彼岸之謂舟　直《じき》に彼岸にいたる　これを舟という〉

夜の闇を破って光明を放つものを「月」という。まっしぐらにおさとりの岸に、煩悩具足のものを渡しこむものは、「舟」である。「月」といい、「舟」といい、ともによき衆生済度《しゅじょうさいど》者《しゃ》である。〔中峰広録　巻二十五〕

梧桐未報已仲秋〈梧桐　未だ報らせざるに　すでに仲秋
諸嶽風清鳳至樓　諸嶽　風清く　鳳《おおとり》　楼に至る〉

梧桐《あおぎり》が、まだ散り初めないのに、暦ではもう仲秋となっている。能登の諸嶽（総持寺）には、清風が吹きわたり、鳳凰が楼門に舞いおりてきた。〔楳仙遺稿〕

松風高韻夏宵秋〈松風高くひびく　夏宵《かしょう》の秋〉

竹露頻降暁涙流　竹露頻《しき》りに降《くだ》り　暁涙《ぎょうるい》流る〉

夏の宵が、涼しく感じ秋を想わせる頃。松風が高いところで清韻を響かせ、竹の葉に宿った露が、しきりにおちる暁け方。時の移ろいにしたがい、まじりけのない美しさを展開する状景をみると、涙を催《もよお》さんばかりの感激をおぼえることよ。〔永平広録　巻十〕

人生識字憂患始　〈人生　字を識るは　憂患の始め
姓名麤記可以休　姓名ほぼ記すれば　以てやむべし〉

人生の憂いとか迷いというものは、なまじっかの学問をすることに起因する。人は自分の姓名をどうやら書けるくらいでやめておくべきである。六祖慧能などは、目に一丁字もない文盲《あきめくら》であったではないか。〔東坡詩集　巻六〕

清興十分蓬上月　〈清興十分　蓬上の月
満船載入蘆華洲　満船に載せて入る　芦華の洲《す》に〉

さわやかな趣は十分、よもぎの上に出た月。その月を船いっぱいに載せて、真っ白い芦花が咲いている洲に分け入った。白い月を載せた船が、白い芦の洲に、白一色の世界を描いた。〔宏智偈頌〕

青山綠水草鞋底　〈青山緑水は　草鞋《そうあい》の底
明月清風拄杖頭　　明月清風は　拄杖《しゆじよう》の頭〉
　雲水僧が、行脚《あんぎや》生活の明け暮れの脱落《おさとり》ぶりを示したもの。〔槐安国語　巻二〕
青松不礙人來往　〈青松　人の来往を礙《さ》えず
野水無心自去留　　野水　無心にして　おのずから去留す〉
　青い松は、その下に人が往《ゆ》き来《き》することを邪魔だてしない。野の流れは、大自然の運行のさだめ通りに、無心に流れている。自然の摂理は無理がなく、調和がとれていることを述べたもの。
〔虚堂録　巻中〕
曹溪一滴異常流　〈曹渓の一滴　常流に異なる
流入滄溟貫九州　　流は滄溟に入って　九州を貫《つらぬ》く〉
　曹渓山から湧き出た一滴の水は、世の常の流れと違っている。あまねく天下四方を貫ぬき流れて、大海に入っているからである。六祖慧能の仏法は、強力で普遍的なものであることの意。〔聯頌集　巻下〕
大鵬展翅蓋十洲　〈大鵬　翅《つばさ》を展《の》べて　十洲を蓋《おお》い

籬邊燕雀空啾啾　　籬辺の燕雀　空しく啾々《しゅう》たり〉
大鵬《おおとり》が、一度はばたくと全世界を翼下におさめてしまう。垣根《まがき》のもとで飛びまわっている小鳥たちは、ただちゅちゅと空しく鳴いている。すべて、ものには差別はあるが、価値に高下はないことをあらわす。〔虚堂録　巻中〕

拾薪汲澗煎茶外　〈薪を拾い澗を汲み　茶を煎《い》るの外
倚杖閑看雲去留　杖に倚《よ》って　閑《しずか》に雲の去留するを看る〉
薪《たきぎ》を拾い谷川の水を汲み、お茶をいれての明け暮れの合間には、錫杖を頼りにして、静かに雲が去来するさまを眺めるだけのこと。自然に調和した生活である。〔虚堂録　巻中〕

忽怪空中躍百愁　〈たちまち怪しむ　空中に百愁おどるを
百愁躍處主人休　百愁おどる処　主人休す〉
世間はいざ知らず、私をとりまく人々の間には、人に起こりがちな、もろもろの煩悩《ぼんのう》で、右往左往することなどあるまいと思っていたのに。あにはからんや、世俗と変らない実態を見せつけられておどろいた。そのように煩悩が、のさばる処では、これをとりひしごうとしても手におえるものではない。そこで小手先きのはからいはやめ、我れと我が凡夫《ぼんぷ》のあさましさに徹し、煩悩の

ただ中に沈潜するより仕様がないとさとった。〔漱石詩集〕

誰道文章千古事　〈誰《たれ》か道《い》う　文章は　千古の事と
曾思質素百年謀　曾て思う　質素は　百年の謀《はかりごと》と〉

いったいどこの何者が、「文章は経国《けいこく》の大業にして不朽の盛事なり」（魏文帝『典論』）などと唱えたのであろう。とんでもないことである。文章の力などは、限界があることは見えすいたこと。以前から思っていること、つまり雲水の修行生活は、百年はおろか、千年も万年にわたって、変らぬ人間の生き方の根本をなしているおもんぱかりであるということだ。〔漱石詩集〕

誰知桂轂千年魄　〈誰か知らん　桂轂《けいこく》　千年の魄《はく》
妙作通明一點秋　妙に通明一点の秋とならんとは〉

たれだってこんな奇妙なことは知るまい、円かな月に、千年万年たっても光りを出さない死魄。つまり朔日《ついたち》の黒月があり、その黒月が望月ともなれば、月宮殿裡に皎々たる光りを放ち、光明一枚の秋となる道理を。明暗、修行と証悟は二にして一であることだ。〔従容録　第二十五則〕

遠望孤蟾明皎皎　〈遠く孤蟾《こせん》を望めば　明皎々
近聞群鳥語啾啾　近く群鳥を聞けば　語啾々〉

一輪の月を遠望してみると、皎々と明かるく輝いている。群れ鳥の囀りに近く耳をすましてみると、にぎやかに聞えている。〔寒山詩集〕

長磨一劒劒將盡　〈長く一剣を磨いて　剣まさにつきんとし
獨使龍鳴復入秋　ひとり龍鳴《りゆうめい》をして　復《ま》た秋に入らしむ〉

「則天去私」という理想をかかげ、長いこと煩悩を断ち斬るべく一剣を磨いてきたが、その剣も肉体の衰えとともに、ぽっきりと折れてしまいそうになってきた。この剣は、一たび鞘《さや》をはらえば、龍のような鳴き声を発する名剣なのだが、あったら鞘におさめることにした。つまり、剣を抜いて煩悩をたたき斬ろうとすることも、一つの煩悩のあらわれにすぎないことが、覚知されたからである。〔漱石詩集〕

白雲黃葉應時節　〈白雲　黄葉　時節に応ず
既抛捨來俗九流　すでに抛《なげう》ち捨て来る　俗の九流を〉

山中の日々は、白雲のたなびくをみ、秋には黄葉《もみじ》の移ろいの美しさを眺め、時節に応じ、世間とかかわりのない風流を楽しむことができる。というのも、世俗の九流（儒、道、陰陽、法、名、小説、縦横、雑、農）が標榜する名利《みようり》のはからいの世界を、とうの昔になげうち捨て去ってしま

っているから、少しも心が動じないのだ。〔漱石詩集〕

白蘋風作江頭秋　〈白蘋の風は　江頭の秋を作《おこ》し

青鳥夢隨沙水流　　青鳥の夢は　沙水の流れに随う〉

白い花の浮き草に風がたつと、江のほとりに秋が立ち初める。青い色の鳧《かもめ》が、みぎわの流れの上に、夢をみるかのように流れるにまかせている姿は、すがすがしい。〔宏智偈頌〕

翻思清白傳家客　〈翻《ひるがえ》って思う清白《せいびゃく》伝家の客

洗耳溪頭不飮牛　　耳を洗う渓頭　牛にみずのませず〉

護国の清廉潔白さは、後漢の楊震にも比べられる。楊震は役人となりよく勤めたので、褒賞をとるようにと、お上から沙汰されたが、何れも辞退。ただ後世の子孫に、清白の人だったと伝えてほしいとだけ言い遺した。また大昔、堯帝の時、許由という人物がいた。この許由、帝が位を譲りたいと申し出たら、とんでもないことを聞いた。汚《けが》らわしいから耳を洗う、といって、とある流れのほとりで耳を洗った。ところが、その所へ牛を牽いた巣父《そうは》がやって来、その耳を洗うわけを聞くや、そんなお高くとまっている男が、耳を洗うた水はさらに汚らわしいから、我が牛には飲ませられぬ、とさっさとどこへやら行って了った、という。護国はまた、こんな人々をも思わ

せる人物でもあった。〔従容録　第二十八則〕

碧落霧霾松嶺月　〈碧落　霧　霾《つちふ》る　松嶺の月

滄溟浪覆濟人舟　滄溟　浪覆《くつが》えす　済人の舟〉

高い天に霧が立ちこめて、松林の嶺の月がかくれ、青海原《あおうなばら》に浪が逆《さか》まいて、渡し舟が覆《くつが》えされた。嶺の月、衆生済度《しゅじょうさいど》の導師にもたとえられる趙州を失った悲しみを詠んだもの。〔趙州録　哭趙州和尚〕

放出溈山水牯牛　〈放出す　溈山《いさん》の水牯牛《すいこぎゅう》

無人緊把鼻繩頭　人の　緊《かた》く鼻繩頭《びじょうとう》をとるなし〉

溈山《いさん》の水牯牛《すいこぎゅう》を放し飼いにしてしまって、これをつよく引っぱっておる者がだれもおらない。自由の世界をうたったもの。〔大智偈頌〕

骨痩稜層老比丘　〈骨痩せて稜層たり　老比丘《びく》

岩間宴坐冷飈飈　岩間に宴坐して　冷《れい》　飈々《ひょう》たり〉

痩せてぎすぎすと角ばったお年寄り僧。その老僧が岩間で坐禅しているさまは、冷々たる風が吹き通しているようなものである。〔貞和集　巻二〕

濛濛空翠沾經案　〈濛《もう》々たる空翠　経案を沾《うるお》し
漠漠寒雲滿石樓　漠《ばく》々たる寒雲　石楼に満つ〉

小雨にけぶる聳《そび》えたつ木立の緑は、経机をしっとりとさせ、広々とした空に漂う寒雲が、しっかりとした楼台にいっぱいとなっている。〔蕉堅稿〕

楊柳垂絲水不流　〈楊柳糸を垂れ　水流れず
受風隻燕語無休　風を受けたる隻燕　語りて休《や》むことなし〉

楊柳が枝垂《しだ》れて流れに臨んでいるが、流れの水は、じっと静止しているかのようにみえる。が風をまともに受けてとまっている一羽の燕の囀りは、いっこうにやもうともしない。声のない楊柳の糸と、声のある燕の動きとを対比させて美しい。〔良寛詩「題柳燕下有流図」〕

琉璃殿上騎金馬　〈琉璃《るり》殿上に　金馬に騎《の》り
明月堂前輥繡毬　明月堂前に　繡毬《しゅうきゅう》をすみやかにす〉

立派な宮殿で立派な馬に乗り、明月皎々たるお堂の前で、綺麗な毬《まり》をころがして娯しむ。祖師西来の意とは、このように「美」は「美」のほかになにもない（醜なし）世界にほかならない、と説きあかすもの。〔丹霞頌古百則〕

我愛山時山愛主　〈我れ山を愛する時　山も主を愛す
石頭大小道何休　　石頭の大小　道　なんぞ休せん〉
山居している私が山を愛《め》づれば、山もまた山居の主人を愛でてくれて、その間に隔たりがない。山中に居たからといって、仏法修行ができぬわけではない。石ころの大きなものは大きななりに、小さなものは小さいなりに、それぞれ仏法があって、片時も小止みなく修行は行われているぞ。
〔永平広録　巻十〕
我亦従來忘機者　〈我れもまた従来　機を忘ずる者
惱亂風光殊未休　　風光に悩乱せられて　殊にいまだ休せず〉
衲《わし》もまた過去の仏祖がたのように、機智分別《はからい》を超越しようと希《ねが》い求める者であるのに、この美しい春の風光にすっかり心奪われ、未だ悟境のすがすがしさにたどりつけそうにもない。〔良寛詩集〕

十二侵

四言

荊珍抵鵲　〈荊珍《けいちん》　鵲《しやく》を抵《う》ち
老鼠啣金　老鼠　金を　啣《ふく》む〉
荊山から出た和《か》氏の珍璧《ちんぺき》も、土地の人々は鵲《かささぎ》を打つ礫《こいし》代わりに使っている。鼠が口にくわえた餅に、金がついていてもなんの貴さも感じないようなものである。人間というものは、自分の宝〈本来の面目〉に気がつかないで、うかうかと世を渡ってゆくものが多い。〔従容録　第九十三則〕

還丹一粒　〈還丹《げんたん》の一粒

点鐵成金　〈鉄を点じて金と成す〉

神仙の術によって作った霊薬を一粒、鉄に点《つ》けると、鉄がすぐさま金となると伝えられている。が、禅では、鉄と金とに差別をつけ、鉄は鉄きりで絶対、金は金きりで絶対と説くので、道教とは相容れない。別に『五灯会元』では次のようにも説く。一粒の起死回生の妙薬を服めば、たとえ凡夫でも、これを転じて仏となしうる。すなわちここでは『五灯会元』と異なり、仏道の大事、禅についてのことに即して述べているのである。〔従容録　第四十三則〕

雪腰刃臂　〈腰を雪に　臂《ひじ》を刃《やいば》にす〉

忘己安心　〈己れを忘じ　心を安らかにす〉

二祖となった慧可が、初めてダルマの門をたたいた時、容易に許されぬままに、降る雪に腰のあたりまでうづめ、さらに片臂《ひじ》を切断してまで決意を示された。それは、私心を去り、大きな仏心になりえたからにほかならない。つまり慧可は、菩提心《ぼだいしん》を発した時すでに悟っていたのである。

〔中峰広録　巻八〕

二施功徳　〈二施の功徳《くどく》〉

山高海深　〈山よりも高く　海よりも深し〉

財施をほどこし、法施（仏法を説き明かしてあげること）をつんだ功徳は、山よりも高く、海よりも深いように、無量なものがあった。〔平仙遺稿〕

白雲爲蓋　〈白雲を蓋《かさ》となし

流泉爲琴　流泉を琴となす〉

空を流れる白い雲を天蓋《がい》となし、流泉のせせらぎのひびきを琴の調べと聴く。大自然のすがたに無限の恩恵を感じながらに、自由無礙《むげ》の境界にある姿を示したもの。〔雪竇頌古称提〕

水不洗水　〈水　水を洗わず

金不博金　金　金に博《か》えず〉

清《す》みきった水と水とならば洗う必要もない。本金と本金ならば、金にかえるには及ばない。師と弟子とが、一枚になりきったさまを云い現わしたもの。〔従容録　第五十一則〕

五　言

氤氳出石罅　〈氤氳《いんうん》　石罅《せきこ》より出で

幽氣逼禪心　幽気　禅心に逼《せま》る〉

ふしぎな、めでたい雰囲気が石の割れ目から出で、ほのかな気分は、無為《むい》寂静《じゃくじょう》の三昧《ざんまい》に近づこうとしているかのようである。〔漱石詩集〕

志密行亦密　〈志　密なれば　行もまた密なり
功深悟亦深　　功《こう》　深ければ　悟もまた深し〉

道心が綿密であれば、行いもやはり綿密である。かんがえが深くあれば、悟りもしっかりとする。
〔中峰広録　巻十七〕

酒逢知己飲　〈酒は知己に逢うて飲み
詩向會人吟　　詩は会《え》する人に向って吟ず〉

酒は気心の知れた人に逢うた時に飲むと美味しく、詩は詩心、風流を理会しうる人に向ってのみ吟ずべきである。〔虚堂録　後録〕

樹密猿聲響　〈樹　密にして　猿声響き
波澄雁影深　　波　澄んで　雁影深し〉

樹が茂ると、音がこもって、猿の啼き声も響いて人の心をうごかす。波がしずまると、飛びゆく

雁の影もよく映る。すべてものごとは、お互いに相いたすけ合って味わいが出てくる。〔三体詩　許渾〕

夜静溪聲近　〈夜　静かにして　渓声近く
庭寒月色深　庭　寒うして　月色深し〉

夜が静まりかえると、渓川のひびきが手にとるようにすぐそこに聞こえ、夜が更けて寒さが身にしみるにつけ、月光がいよいよ冴えてくる。俗界を離れた禅院の描写である。〔三体詩　厳維〕

嶺梅先破玉　〈嶺梅　先づ玉を破れど
江柳未揺金　江柳　いまだ金をうごかさず〉

春は一足先きに、嶺の梅の蕾《つぼみ》を開かしめるが、川辺の柳のわたは、まだ固くて春の訪れが遅い。〔虚堂録　続輯〕

少者可努力　〈少《わか》くして努力すべし
老者可歇心　老いて心を歇《やす》むべし〉

わかいときは、何事もしっかりとつとめなさい。老いては、ものごとに気をまわさないようにしなさい。〔自得暉録　巻三〕

七言

一曲兩曲無人會　〈一曲両曲　人の会《え》するなし

雨過夜塘秋水深　雨過ぎて夜塘　秋水深し〉

大自然の音楽の妙味などというものは、世俗の慾の皮のつっぱった者には理会できない。が理会できないからといって、別にむずかしいことでもない。いうならば、秋になり雨が降った後、夜の池んぼの水かさが、増したようなものである。〔碧巌録　第三十七則〕

雲蘿秀處青陰合　〈雲蘿《うんら》秀づる処　青陰合し

岩樹高時翠鎖深　岩樹高き時　翠鎖深し〉

高く伸びたつたかづらが生い茂る処に青さが濃くなり、わだかまった樹が高く聳える時に、翠《みどり》が深くとじこめる。あたりまえの本来のすがたを露呈したもの。〔劫外録〕

檻外桃花春蝶舞　〈檻《かん》外の桃花に　春蝶舞い

門前楊柳曉鶯吟　門前の楊柳に　暁鶯吟ず〉

手すりの外に見える桃の花に、春の蝶が舞い、門前の楊柳に、朝まだきの鶯が啼いている。このように、蝶の舞い鶯の囀るをそのままにみてとることができるのを「三界唯心」という。つまり、我が心があってはじめて、そこに万象が存在し意識される、というのである。〔丹霞頌古百則〕

溪聲入耳月到眼　〈渓声耳に入り　月　眼に到る
此外更須何用心　このほかにさらに　いかなる用心をかもちいん〉

山居してあれば、谷川のせせらぎが耳に入り、照る月光のみが目にうつる。いったい修行といっても、このせせらぎの声と照る月の影とを、さながらに身につけることができるかどうかということだけで、このほかに修行の用心とて何もない。〔永平広録　巻十〕

眼耳雙忘身亦失　〈眼耳《げんに》双《ふた》つながら忘じ　身もまた失《しっ》す
空中獨唱白雲吟　空中に独り唱《とな》う　白雲の吟〉

凡夫のはからいにすぎない眼見、耳見という待対《たいだい》の見《けん》を、ともに忘却（脱却）し、そのうえ見解《けんげ》（はからい）をめぐらす当体の主人公さえも、また一しよに脱却してしまう。そこには自もなく、他もなき絶対自己のみがあって、なんの障碍《しょうがい》も、はからいもない空中で、ひとり「白雲の吟」を高らかに唱《うた》っているようなものである。〔漱石詩集〕

蛟龍窟宅初無底　〈蛟龍の窟宅　初より底なし
神禹難窮淺與深　神禹《う》も窮め難し　浅と深とを〉
蛟龍《みづち》の棲《す》み処《か》は、もともと底のない深いところである。あの神のごとき治水の名人であった禹王ですら、棲み処の深浅は、究明しにくいところなのである。〔虚堂録　巻下〕

不是風幡不是心　〈これ風幡にあらず　これ心にあらず
幾人求劒刻舟尋　幾人　剣を求むるに　舟に刻して尋ねんや〉
風が吹いて幡《はた》が動くのでもなければ、心がうごくのでもない。なんだって、なん人もこんな馬鹿な議論をたたかわしていい気になっているのだろう。「求剣刻舟」とは、舟に乗っていて剣を水の中に落したところ、舟ばたにしるしをつけてここに落したといった馬鹿者がいたという故事。
〔聯頌集　巻上〕

不是風幡是汝心　〈これ風幡にあらず　これ汝が心
人傳此語偏叢林　人この語を伝え　叢林にあまねし〉
風に吹かれて幡《はた》がうごくのではない、そなたの心がうごくからそう見えるのだ。という話題は、代々伝えられて、雲水修行場ではあまねく知られている。〔聯頌集　巻上〕

摧殘枯木倚寒林　〈摧残せる枯木　寒林に倚る
幾度逢春不變心　　幾度か春に逢えども　心を変ぜず〉
衲僧《わし》（大梅山の法常禅師）は、腐れ残りの枯木が、淋しい人っけのない山に横倒しになっている
ようなものである。枯れ木同然のこととて、何回春がめぐってきても芽を出さない。大工やきこ
りには縁がないが、目ざわりになるので、もっと山奥へ引越すことにする。〔景徳伝灯録　巻七〕

山村風雪夜沈沈　〈山村　風雪　夜沈々《しん》
酹酒高歌梁父吟　　酒を酹んで高歌す　梁父《りようほ》の吟〉
山村の宿に一夜を明かすその晩に、風雪は激しく、夜はしんしんと更けてゆく。その昔、曾子が
泰山の麓で耕作していたところ大雪に遭い、とざされて旬日の間、家に帰れず、ために父母の安
否を案じて詠んだという この吟《うた》。私はいま、東都に残してきた老母を気にかけながら、旅の宿で
酒を飲み、高らかにこの歌、「梁父の吟」を吟ずる。風雪のお蔭で、しみじみとした思いにふけ
ることができた。〔平仙遺稿〕

不消三拜勘破了　〈三拝を消《す》まざるに　勘破し了《おわ》んぬ
鶴唳空山竹滿林　　鶴　空山になき　竹　林に満つ〉

鶴林の塔を拝するに際し、まだ三拝もすまないうちに、この寺の家風を見抜くことができた。その素晴らしさは、たとえていうなら、鶴が淋しい山に啼き、また竹が林にびっしりつまっているように、幽玄な趣がただようていることだ。〔江湖風月集〕

斜陽満徑照僧遠　〈斜陽　径《みち》に満ち　僧を照らして遠し
黄葉一村藏寺深　　黄葉の一村　寺を蔵《かく》して深し〉

夕陽が斜《はす》に小径《こみち》一面に射《さ》しこみ、遠くすぎ行く僧を照らしている。僧の行く手には、また燃えるような紅葉の一村がみえる。紅葉は、そしてまた寺のお堂をすっぽりと紅く埋めつくしている。とかく沈みがちとなる秋のたそがれ時、ぱっと赤く燃えさかった刹那に、躍動をはらみつつも、赤一色の世界に陶然としているさまがうかがえてくる。〔漱石詩集〕

終宵孤坐幽窗下　〈終宵孤坐す　幽窓《ゆうそう》の下《もと》
疎雨蕭蕭苦竹林　　疎雨蕭《しょう》々たり　苦竹林〉

夜もすがら、ひっそりとしたお堂で、坐禅を組んでいると、時折り真竹《まだけ》の藪に、パラパラと降りかかる雨音が、さびしくも聞こえてくる。〔良寛詩集〕

衆星羅列禿樹花　〈衆星羅列し　禿樹《とくじゅ》花さき

遠溪流落無絃琴　遠渓　流れ落ち　無絃の琴なる〉

空には満天に、星がきらきらと輝き、枯れ木の枝に花が咲いているようである。遠い谷川のせせらぎの声は、無絃琴が奏でる音を想わせる。〔良寛詩集〕

樵客遇之猶不顧　〈樵客《しょうかく》　これに遇うも　なお顧みず

郢人那得苦追尋　郢人《えいじん》　なんぞはなはだ追尋することをえんや〉

きこりが衲僧《わし》（大梅山の法常禅師）に遇うことはあるが、一向みむきもしない。だから木匠《だいく》が、目をつけてどうしてあれこれとうるさく詮索するようなことをしましょうぞ。そんなぐあいに、衲僧の存在というものは、価値のないものとされている。〔景徳伝灯録　巻七〕

趙州庭下栢森森　〈趙州の庭下　栢森《しん》々

摘葉尋枝古到今　葉を摘み枝を尋ね　古より今に到る〉

趙州《じょうしゅう》従諗《じゅうしん》和尚の庭先きの栢樹は、よく生い茂っている。ところが、昔から今に至るまで、趙州の真髄を受けとめることをようしないで、ただ言葉の末梢のみを追い求めて、あれやこれやと詮《せん》索《さく》してきている。〔聯頌集　巻中〕

眞蹤寂寞杳難尋　〈真蹤《しんしょう》は寂寞《せきばく》　杳《よう》として尋ねがたし

欲抱虚懐歩古今　〈虚懐を抱かんと欲して　古今を歩めり〉

本来の面目は、没蹤跡《もつしようせき》で寂静《じやくじよう》であるがため、五官では、遠くへだたっているゆえ認知できない世界である。その世界に通ずる「則天去私」のおもいを自分のものにしようとして、東西古今に遍歴をこころみてきた。〔漱石詩集〕

放下身心如弊箒　〈身心《しんじん》を放下して　弊箒《へいそう》のごとし
拈來瓦礫是黄金　拈じ来れば瓦礫《がりやく》　これ黄金〉

香厳《きようげん》が潙山《いさん》を辞して南陽に至り、慧忠国師の遺跡を訪《とぶろ》うた折、全身心を破れ箒《ほうき》のように放下して、身を粉にして修行した。と、たまたま、掃いていた箒を動かしていると、瓦かけが箒の先から竹藪の竹に当って、カチンと音をたてた。香厳はその音を聞いて、迷妄が一瞬に晴れて悟ることができた。よって香厳にとっては、この瓦礫が、黄金に値したわけである。〔江湖風月集〕

雪後始知松柏操　〈雪後に始めて知る　松柏の操を
事難方見丈夫心　事難《かた》うして　はじめて見《あらわ》る丈夫の心〉

雪が降った後に、始めて変らない松柏の節操の強さがわかる。人は艱難に直面して、はじめてしっかりした人であるかどうかがわかる。〔虚堂録　後録〕

扶植栴檀馥郁林　〈栴檀の馥郁《ふくいく》たる林を扶《たす》け植《う》え
逢春鬱密轉深沈　春に逢えば欝密として　うたた深沈たらん〉
香ぐわしい栴檀《せんだん》の林を大事に植えこんで成長をまつ。幾春秋を経て成長したあかつきには、こんもりと生い茂り、ずっといつまでも、おも重しくおちついた姿を呈するだろう。半仙和尚（佐田仙馨）が栴檀林（曹洞宗中学林）の教師に赴任したときのはなむけの言葉。〔半雲遺稿〕

千峰頂上白蓮社　〈千峰頂上の白蓮社
十里松門入更深　十里の松門　入りて更に深し〉
廬山の多くの峰々を望みうる頂上にある慧遠《えおん》の白蓮社、そこは十里（日本の六町が中国の一里）もつづく松並木をくぐり抜けた奥深いところ。〔大智偈頌〕

僧舎不留塵世客　〈僧舎にはとどめず　塵世の客
一輪明月照禪心　一輪の明月　禅心を照らす〉
廬山の白蓮社の僧舎には、俗人は住みこめない。それは一輪の明月が、清浄な菩提心《おさとり》を照らすように、一塵をもとどめないから。〔大智偈頌〕

縦見海枯寒徹底　〈たとい海枯れ　寒　底に徹するを見るとも

莫教身死不留心　〈身　死して　心を留めざらしむるなかれ〉

「よしんば海の水が乾いてしまい、底の底まで見透せるようになっても」とは身心が脱落してさらりとすること。「肉体がなくなれば心も喪失してしまうのであるが、そうさせてはならない」とは、「箇の不思量底を思量せよ」つまり「坐って坐って坐りぬけ」ということで、身心脱落の影（脱落身心）もとどめてはいけないということである。〔永平広録　巻九〕

月沈野水光明蔵　〈月は野水に沈む　光明蔵
蘭吐春山古佛心　蘭は春山に吐く　古仏心〉

橘州《きつしゅう》は、明月が野水に没するかのように、そして光明をかくしてしまうように遷化《せんげ》してしまった。が、仏祖の伝灯を記した『大光明蔵』の業績は、蘭が春山に馥郁《ふくいく》たる香りをただよわすように、橘州古仏の老婆親切心が、読む人に、脈々として伝えられる。〔江湖風月集〕

天蒼蒼兮白鳥没　〈天は蒼々として　白鳥没し
水深深兮紅鱗沈　水は深々として　紅鱗沈む〉

天は蒼《あお》々として白鳥が飛びさって見えなくなり、水は深《ふか》ぶかとして赤い魚が泳いでゆく。〔貞和集　巻二〕

二祖當年立少林　〈二祖　当年　少林に立ち
滿庭積雪到腰深　滿庭の積雪　腰に到りて深し〉

慧可が、はじめてダルマ大師に相見《しょうけん》すべく少林寺に立ったとき、庭いっぱいに降り積った雪は、慧可の腰を没するほどであった。〔聯頌集　巻上〕

白玉琢成西子骨　〈白玉　琢《みが》き成す　西子が骨《ほね》
黄金鑄就伍員心　黄金　鋳《い》就《な》す　伍員が心〉

白玉をみがきあげたように、美しい西施《せいし》の肉体、黄金を鋳《い》あげたように、しっかりと美しい伍子《ごし》胥《しょ》の忠義だて。これらは、仏性がそれぞれに現成《げんじょう》しているすがたそのものだ。〔槐安国語　巻四著語〕

要開萬世無窮業　〈万世無窮の業を開かんとほっさば
只在堅持一寸心　ただ　堅く一寸の心を持するに在り〉

よろず世にわたって、つきることのない仕事を創《はじ》めようとするならば、ただ、一つの道心を堅く守ってゆくことだ。〔貞和集　巻七〕

萬籟夜吹無孔笛　〈万籟《ばんらい》　夜吹く　無孔笛を

兩溪朝奏沒絃琴　両渓　朝に奏す　没絃琴を〉
多くのひびきが、夜、孔《あな》のない笛から響いてくる。二つの渓川のせせらぎが、明け方、絃のない琴から奏でられている。心の澄んだ真実人となれば、声《ひびき》を発することのない楽器の音をも聞きとることができる。つまり声なき心音《しんいん》をきくことができる、ということ。〔中峰広録　巻五下〕

有人問著西來意　〈人あり　西来の意を問著すれば
木杓柄長溪轉深　木杓柄《え》長うして　渓うたた深し〉
ある僧が、雪峰山のほとりに住んだ菴主に「いかなるかこれ祖師《おさとり》西来の意」と尋ねた。すると菴主は、「渓が深かければ、柄杓《ひしゃく》の柄《え》は長くなければならぬ」と答えた。そこで、長い柄《え》の柄杓《ひしゃく》を使うのならば、渓はずっと深いはずだ、と道元禅師はいう。〔永平広録　巻九〕

三過門間老病死　〈三たび門を過ぐる間に　老病死
一彈指頃去來今　一たび指を弾《はじ》く頃《あいだ》に　去来今〉
三回ほど訪問する間に、老、病、死の相《すがた》を現じられたが、仏説では、一度爪はじきする間に過去、現在、未来の相を現ずるという。まことに人の世ははかないものだ。〔東坡詩集　巻十一〕

夜坐更闌眠未熟　〈夜坐　更《こう》たけて　眠り未だ熟せず

情知辨道可山林　　まことに知る　弁道は　山林なるべし〉

徹夜の坐禅がはじまり、夜はしんしんとふけてゆくが不眠のまま。それにつけても、坐禅弁道をするには、もの静かな山深いところにかぎる、ということが分る。〔永平広録　巻十〕

八言

天不言者日往月運　〈天　言《い》わずして　日往《ゆ》き月運《めぐ》り

地不言而山高海深　　地　言わずして　山高く海深し〉

天や地は、何もものいわない。が、天地によってその所を得させてもらっている日月や山海というものは、その本来の面目を充分に発揮している。〔義雲語録　巻上〕

十三章

四言

月朗高天　〈月は高天に朗かに

水寒暁潭　水は暁潭に寒し〉

月は真夜中の天高くに冴《さ》えわたり、水は明け方の淵瀬にさむざむと透《す》けてみえる。〔自得暉録巻四〕

五言

旭日銜青嶂　〈旭日《きよくじつ》　青嶂に銜《ふく》まれ
晴雲洗緑潭　晴雲　緑潭に洗わる〉

朝日が青い山脈から吐き出されようとし、うららかな雲が、紺碧《こんぺき》の淵《ふち》に洗われている。〔寒山詩集〕

山花開似錦　〈山花　開いて錦に似たり
澗水湛如藍　澗水　湛《たた》えて藍《あい》のごとし〉

山の花が咲いて、まるで錦のように美しく、谷川の水が、いっぱいたまって、藍を流したように清い。仏法の真理を体得し、これを堅固に、生活に実践している者の姿の美しさをたたえた言葉。

〔虚堂録　巻上〕

幽州猶自可　〈幽州は　なおおのずから可なり
最苦是江南　最も苦しきは　これ江南〉

幽州は寒い国だから、寒を避けるには一段とよろしい。が寒を避けるのに最もいけないのは、暖い国の江南にゆくことだ。なぜならば、寒を避けるには、寒に徹するよりほかないからなのだ。

〔五灯会元　巻十三〕

七言

折蘆渡江江上水　〈芦を折り江を渡る　江上の水
滔滔今古色如藍　　滔々として今古　色藍《あい》の如し〉

ダルマを載せた芦の舟が、芦を押し分けながら江上を渡る。その江上の水は、昔から今に至るまで盛んに流れ、その色は藍《あい》のように青々として絶えることがない。そのようにダルマ禅は、隆盛を極めている。〔聯頌集　巻上〕

十四鹽

七言

湖上清風侵竹院　〈湖上の清風　竹院を侵《おか》し
天邊明月滿蘆簾　天辺の明月　芦簾《ろれん》に満つ〉

湖上を渡る清風が、竹林の中にある清楚な書院にまで吹き通って、すがすがしさでいっぱい。空わたる満月《もちづき》が、芦がすだれを立てかけたように、一面に白く生えているところに、皎々と射しこんで白一色。〔半仙遺稿〕

壺中風景兼四時　〈壺《こ》中《ちゅう》の風景　四時を兼ぬ
山色溪光共一簾　山色渓光　共に一簾〉

山居は、まさに「壺の中の天地」のように狭いが、四時の移り変りを一つの窓で眺めることができる。一つの簾をかかげてみれば、山の景色、渓川のせせらぎも、ほしいままにすることができて何よりだ。〔蕉堅稿〕

井底蝦蟆呑却月
〈井底《せいてい》の蝦蟆《がま》　月を呑却《どんきゃく》し

三更不借夜明簾
三更　借らず　夜明簾を〉

井戸の中のがま蛙が、月を呑みこんでしまう。真夜中が明かるいので、夜も煌《こう》々として明かるいという簾《すだれ》を借りる必要がない。蝦蟆は、身心脱落した光明の全自己。つまりその明かるさで月をも包みこんでしまう。夜明簾も同じ。この二句は、仏祖の光明が、天を蓋《おお》い地を蓋《おお》うてあますところがないことを示したもの。〔五灯会元　巻十四〕

幽鳥有期春已晩
〈幽鳥期あり　春すでに晩れぬ

半巖細雨草繊繊
半巌の細雨　草繊《せん》々〉

静かな所に棲む鳥は、春がもう過ぎようとしているのを惜しむがごとく鳴いている。大きな巌に降りそそぐ小雨、そのあたりに細かい草が、すいすいと生い茂っている。〔蕉堅稿〕

十五咸

五言

山果獼猴摘　〈山果を獼猴《みこう》摘み
池魚白鷺銜　池魚を白鷺銜《くわ》う〉
山の果実《このみ》を猿んぼがとって食べ、池んぼの魚を白鷺がくわえている。〔寒山詩集〕

青松生古韻　〈青松　古韻を生じ
白髪咲寒巖　白髪　寒巖に咲く〉
深みどりの松には、さびた韻《ひびき》を伝えるように松籟が奏でられる。白髪の老人が、冷徹な巖のそばに立つことによって、うるおいが生じてくる。そのように物が物を生ずるので、絶対なものそれ

自体というものは存在しない。〔劫外録〕

月來明湛水　〈月来りて　湛《たん》水を明らかにし

雲退露寒巖　　雲退いて　寒巌を露《あらわ》す〉

月光がさしこんできて、いっぱいたたえられた水があることがわかり、雲が消えてきびしい巌が現われた。〔聯頌集　巻中〕

七言

欲求蕭散口須緘　〈蕭散を求めんと欲すれば　口すべからく緘《つぐ》むべし

爲愛曠夷脱舊衫　　曠夷を愛するがためには　旧衫を脱すべし〉

からりとした「則天去私」の世界を求めようとするならば、かならず正身端坐《しょうしんたんざ》の坐禅をなされよ。のびのびとした平らかな世界を愛《いとお》しむためには、古羽織、つまり世俗的な煩悩をはらいのけ、真《ま》っ裸《ばだか》にならなければならない。〔漱石詩集〕

蹈斷石橋無罣礙　〈石橋《しゃくきょう》を蹈断《とうだん》すれば　罣礙《けいげ》なし

一溪流水遶松杉　〈一渓の流水　松杉を遶《めぐ》る〉

石橋を踏み破ると、障礙《さわり》となるものがとれた。谷川の流水が、さらさらと松や杉の木のまわりを流れているのを、そのままにみることができて。〔貞和集　巻六〕

大道誰言絶聖凡　〈大道　誰か言う　聖凡《しょうぼん》を絶つと
覺醒始恐石人讒　覚醒して始めて恐る　石人の讒《そしり》を〉

大道《さとり》というものは、聖とか凡とかといった待対《たいだい》の二見を絶ち切った世界だ。と、誰が言ったのか、うまいことを言ったものだ。聖と凡の二見に低迷していたまよいから醒《さ》めて、始めて言葉を話せない石人のそしりの恐ろしさがわかった。「石人」とは人間のはからいを絶した則天去私の人をいう。〔漱石詩集〕

日下孤燈光失照　〈日下《にっか》の孤灯　光り照《かがやき》を失す
壺中日月未曾咸　壺《こ》中の日月　いまだ曾ては咸《おなじ》からず〉

日中の太陽のもとでは、一つの灯の光りなど、輝きを失ってしまうものだ。雲巌（曇成）なども、ちょうどそのようなもので、その師薬山（惟儼）の偉大な人格、人柄のもとには影もうすれてしまうのである。「壺中の日月」のような脱落底《おさとり》の別世界は、まだこれまで、人間界と同じで

あったことはない。雲巌と薬山の世界は、まだまだへだたりがあることだ。〔永平広録　巻九〕

上聲韻

一　董

七　言

高名四海復誰同　〈高名四海　また誰れか同じうせん

介立八風不吹動　介《ひと》り立って　八風吹けども動ぜず〉

雪峰（義存）の高徳名望は、世界中誰れ一人として比べられるものはいない。そのさまは、独り毅《き》然として高く聳え、八つもあるという功名利欲の風が吹き荒《すさ》んでも、動かざること泰山のごと

くである。〔従容録　第三十三則〕

桃李不言春色紅　〈桃李もの言わざれども　春色くれないに

松琴不慮秋聲動　　松琴おもんぱからざれども　秋声動く〉

桃や李《すもも》は、なんにも言わなくとも、春景色は百花紅《くれない》に染めてくれる。松風は、ことさらに配慮しなくとも、秋の気《け》はいは兆《きざ》しはじめる。言葉をかわさなくとも、心耳をすませば、相応じてくるものである。〔信心銘拈提〕

四紙

五言

諦観法王法　〈諦《あきら》かに法王の法を観るに

法王法如是　　法王の法は如是《にょぜ》〉

仏法の真髄をありのままによく観察してみるに、仏法の真髄とは、おさとりのことなのだ。〔碧巌録　第九十二則〕

今日歸寒山　〈今日　寒山に帰り
枕流兼洗耳　流れに枕し　兼ねて耳を洗わん〉

今日、寒山に帰り、流水のほとりで暮し、あわせて俗世間のいまいましいことどもを耳にしたことを川の流れで洗い清めよう。〔寒山詩集〕

心月自精明　〈心月　おのずから精明
萬象何能比　万象　何んぞ能く比《くら》べん〉

心に澄む月、つまり仏性《さとり》というものは、もともと明かるく透《とお》っている。現象としてあるありとあらゆるもの、何ひとつとしてこれに比べられるものはない。〔寒山詩集〕

水結即成氷　〈水　結《こ》れば　すなわち氷となり
氷消返成水　氷消《と》くれば　返《また》　水となる〉

水がかたまれば氷となり、氷がとければふたたび水となる。このように、生と死とのうつり代わりも同じである。〔寒山詩集〕

因指見其月　〈指《ゆび》に因って　その月を見

因月辨其指　月に因って　その指を弁ず〉

指さして、月はあそこ、と告げるとき、指こそ、月によって指さされているのである。〔良寛詩集〕

良匠無棄材　〈良匠は　材を棄つるなく

明君無棄士　明君は　士を棄つるなし〉

立派な大工は、逸材を見のがすことがなく、立派な君主は、野に遺賢なからしむ。〔槐安国語巻五　著語〕

六　言

一塵擧大地収　〈一塵挙《あが》りて　大地収まり

一花開世界起　一花開いて　世界起こる〉

微かな塵が舞いあがると、広大な大地がその中にすっぽりと入ってしまう。一輪の梅花が、冬のさ中に咲けば全世界が春になる。といったように、倶胝《ぐてい》和尚が立てた一本の指の中に、全仏法の真髄が露呈されている。〔碧巌録　第十九則〕

幾回生幾回死　〈いくたびか生じ　いくたびか死す
生死悠悠無定止　生死《しょうじ》　悠々として定止《じょうし》なし〉

人のためにつくしたいという悲願をもって、幾度となく生まれかわり死にかわる。人間にとって、生死は、好むべきものでもなく、嫌うべきものでもない。ただあるがまま、ゆったりと、よどみなくおしうつってゆくだけである。〔証道歌〕

無處有月波澄　〈無処《むしょ》には月ありて　波　澄み
有處無風浪起　有処《うしょ》には風無きに　浪　起こる〉

龍の棲《す》んでいない止水《たまり》には、月影は映るが波は立たず、澄みわたっている。龍の棲《す》んでいる活水には、風は起こらなくとも浪が立っている。〔碧巌録　第九十五則〕

七言

三級浪高魚化龍　〈三級浪高うして　魚　龍と化《け》す
癡人猶戽夜塘水　　癡人《ちじん》なお戽《く》む　夜塘の水〉

昔、龍門（山西省、黄河の上流）の高い高い段丘の波頭を越えて、鯉が滝のぼりを成しとげると、龍と化して昇天できた、と伝えられている。が、慧超《えちょう》という人物は、まさにこの龍にたとえられる。慧超はもう大悟徹底した人物なのだ。が、どうか、愚かな者どもは龍と化した鯉、すなわち慧超の真面目を知らずに、まだ龍門の淵（迷いの泥溝）にまごまごしているのかと思って、暗夜にごそごそと探しまわっている。いたずらに文字言語の詮索にかかづらって、真の修行を忘れている者をけなした句。〔碧巌録　第七則〕

千尺鯨噴洪浪飛　〈千尺　鯨噴《げいふ》いて　洪浪飛び
一聲雷震清飇起　　一声　雷震《らいふる》うて　清飇《せいひょう》起こる〉

鯨が千尺も高く潮を吹いて、山のような浪が起こる。夕立の雷鳴がとどろいた後に、涼しいさわやかな風が吹いて天気が晴れる。「洪浪」、「清飈」とは煩悩をとりのぞいた無心の世界をいう。

〔碧巌録　第四十九則〕

八月十五中夜涼　〈八月十五　中夜涼し
一輪月照西湖水　一輪の月　西湖の水を照らす〉

中秋八月十五夜は、爽涼たるものがある。一輪の明月が、美しい西湖の水を照らしてくれる。布《ほ》袋《てい》和尚のお像《すがた》を、もし画に描いたら、さわやかな美しさは、このようになるであろう。〔如浄語録〕

一口吸盡西江水　〈一口に吸尽くす　西江の水を
洛陽牡丹新吐蘂　洛陽の牡丹《ぼたん》　新たに蘂《ずい》を吐く〉

一口で西江の水を吸いこんでしまうと、洛陽の牡丹が新たに美しい花を開く。転じて、多くの煩悩を腹の中に吸いこんでしまうと、はじめてさとりの花が美しく匂うてくる、ということを示す。

〔槐安国語　巻六　著語〕

碧雲高鎖於長松　〈碧雲　高く長松を鎖《とざ》し
皎月普臨於衆水　皎月《きょう》　普く衆水《しゅうすい》に臨む〉

青い雲は、高く高い松をおおい、白い月は、あまねく多くの川に映っている。〔投子語録〕

碧煙流水古碧高　〈碧煙流水　古碧高く
月照青山松韻起　月は青山を照らし　松韻起こる〉

青いもや、流れる川、青空は高い。月は青山を照らし、松籟の音が響く。自然の情景が、メロディを奏でて調和していることをいいあらわしたもの。〔投子語録〕

兩兩三三舊路行　〈両々三々　旧路に行く
大雄山下空彈指　大雄山下　空しく弾指す〉

雲巌は二度も三度も、もとの路ばかりを往き来《き》して斬新さがなく、せっかく百丈山で修行していながら、もう一つ警策《きょうさく》を身にしみ入らせることができず、悟ることができなかった。そこで雲巌は、百丈を去って薬山いたり、悟ることができた。〔碧巌録　第七十二則〕

擊碎驪龍頷下毬　〈驪《り》龍頷下《りょうがんか》の毬を撃砕して
敲出鳳凰五色髓　鳳凰五色の髄を敲《たた》き出す〉

黒い龍のあごの下の珠をたたきくだき、鳳凰の五色の髄をたたき出す。うちくだき、たたき出して、はじめておさとりというものがえられる。だが真の悟りは、この五色の髄までもうちくだかなければならないのだ。〔全唐詩　巻三十〕

九言

十分爽氣兮淸磨暑秋　〈十分の爽気　清く暑秋を磨し
一片閑雲兮遠天分水　一片の閑雲　遠く天水を分つ〉

馬祖の弟子魯祖（宝雲）の世界は、秋のさっぱりした気分まるだしと同じである。また、一片の閑雲が天と水とを、分けるかのように見える無心の姿に、さも似ていることをも示した句。

〔従容録　第二十三則〕

斷金之義兮誰與相同　〈断金の義　誰とともにか相同じからん
匪石之心兮獨能如此　匪石の心　独りよくかくの如し〉

雪峰の弟子雲門（文偃）は天下に知己を求めている。が、その心は非常に堅く、また融通《ゆうづう》無礙《むげ》のゆとりがあるので、どんな人とも仲よくできるし、またいつまでもつき合ってゆけるであろう。

〔従容録　第九十九則〕

暖信破梅兮春到寒枝　〈暖信　梅を破りて　春　寒枝に到り

涼颸脱葉兮秋澄潦水　涼颸《りょうひょう》　葉を脱して　秋　潦水《ろうすい》を澄ましむ〉

春風が一たび吹けば、寒さに耐えてきた梅が枝《え》に花がほころぶ。あたかも大死のうちに大活が現《げん》成《じょう》するかのように。また秋風が一たび梧葉に吹けば、秋の気《け》はいが、たまり水を綺麗に澄ませる。あたかも、生動の中に、寂静《じゃくじょう》をただよわすかのように。〔従容録　第二十六則〕

六語

五言

参禪絶能所　〈参禅は能所を絶す

獨行無伴侶　独行して伴侶なし〉

坐禅をすることは、能、所の待対《たいだい》の相を絶することである。また道を行くのに、つれを伴わない

でただ一人で行くようなもので、不二の世界に遊化《げ》するのである。〔中峰広録　巻十七〕

七言

永夜無風月獨清　〈永夜　風無くして　月ひとり清し
圓與未圓人未語　　円と未円と　人いまだ語らず〉

秋の夜の月は風がなくとも、月は月なりで清《す》んでいる。そして、十五夜の月だとか、十三夜の月だとか、人間のさかしらな戯論《けろん》を超越して月は在る。だからこそ、清浄なのである。〔信心銘拈提〕

七甕

四言

潜行密用　〈潜行密用《せんこう》〉

如愚如魯　愚のごとく魯のごとし〉

只管打坐《しかんたざ》の洞山（良价）の仏法は、人間でいえば、愚魯《おろかもの》のようにみえ、すべてのはからいを絶している。〔洞山録（宝鏡三昧）〕

南山起雲　〈南山に　雲起これば

北山下雨　北山に　雨ふる〉

雲の湧くところには、かならず雨がある。差別のある中に、無差別があることをいう。〔碧巌録第八十三則〕

木人方歌　〈木人《ぼくじん》　まさに歌い
石女起舞　石女　起《た》って舞う〉
からくり人形が歌をうたい、石女《うまずめ》が起ち上って舞を舞う。ということは、人間の情識の及ばないところをいう。これが宝鏡《おさとり》の世界である。〔洞山録（宝鏡三昧）〕

爲人度生　〈人のために　生《しょう》を度《ど》す
傾倒陣陣慈雨　陣々たる慈雨を傾倒す〉
人を済度《さいど》してあげるために、ざあざあと惜しみなく慈《めぐみ》の雨を降りかける。〔半仙遺稿〕

五言

深追雪嶺蹤　〈深く雪嶺の蹤《あと》を追い
遠接少林武　遠く少林の武《あと》を接《つ》ぐ〉

雪山《せっせん》で釈尊が初めて説法された、そのあとかたを深く追究し、少林山で面壁した、ダルマ大師のあとかたをついでつとめる。〔中峰広録　巻十七〕

六　言

豁然寶鏡當臺　〈豁然として宝鏡　台に当り
無限清光滿戸　無限の清光　戸に満つ〉
からりとした大空に、まんまるい月が台に映《は》えてかかっている。その月は、無限の美しい光りを輝かして、どの家々をも照らしている。菩薩《おさとり》清涼の月を詠《よ》んだ。〔劫外録〕

朝朝日出東方　〈朝々　日は東方に出で
夜夜月落西戸　夜々　月は西戸に落つ〉
真如実際、本来の面目、つまり仏道の極意にぴったりとした自然のすがたを表現した言葉。〔五灯会元　巻十四〕

不萠枝上花開　〈不萠《ふほうし》枝上《じょう》に　花開き

無影樹頭鳳舞　〈無影樹頭《むようじゅとう》に　鳳《おおとり》舞う〉

極楽にあるという不萠枝に無影樹。その、芽が出ない枝に花が咲き、幹のない樹の上に鳳凰が舞う。人間の思慮を絶した真実の世界を文字に現わしたもの。〔中峰広録　巻四〕

七言

一日鉢盂兩度濕　〈一日に鉢盂《ほう》　両度湿《うるお》う
冬至寒食百單五　冬至より寒食は　百単五〉

一日に応量器（食器）の鉢盂《はちのこ》は二度使い、冬至より百五日目を寒食という。本来の面目、真如実際のありていをいゝあらわしたもの。〔中峰広録　巻一〕

珊瑚樹頭月徘徊　〈珊瑚樹頭に　月徘徊し
水晶簾外蛟龍舞　水晶簾外に　蛟龍舞う〉

珊瑚の枝の上空に月がとわたり、水晶の簾《すだれ》の外で、蛟龍《みずち》が遊弋《ゆうよく》している。〔中峰広録　巻二十四〕

白猿啼處月當軒　〈白猿啼く処　月　軒に当る

玉兎眠時日輪午　〈玉兎眠る時　日輪午なり〉

白い猿が啼いている処に、月は軒端の上にさしかかっている。綺麗な兎（月）が眠りについている時、太陽は正に午を指している。〔投子語録〕

十晡

五言

日月鎮長靈　〈日月　とこしえに霊なり〉
古今常不改　〈古今　常に改まらず〉

日月というものは、永久にわたり霊妙不可思議なもので、古今にわたりいつも一貫している。

〔劫外録〕

任運遯林泉　〈任運《にんぬん》に　林泉にのがれ

棲遅観自在　棲遅《せいち》して　観自在《かんじざい》〉
思いのままに、山間の地にのがれてきて暮し、ゆっくりとやすろうて、無礙《むげ》自在の境に悠々としている。〔寒山詩集〕

七言

嘶風木馬解棲山　〈風に嘶《いなな》く木馬は　山に棲むことを解し
吼月泥牛能入海　月に吼《ほ》ゆる泥牛は　海に入ることを能くす〉
風に向っていななく無心の木馬（絶対）は、じっとしているどころでなく、山に棲むこともできる。月に向ってほえる無心の泥牛（絶対）も、歩き出しては、海に入ることもできる。〔永平広録　巻四〕

松聲與翠竹交音　〈松声と翠竹と　音《ひびき》を交え
流水共山雲合彩　流水と山雲と　彩《いろどり》を合す〉
松渡る風と翠の竹とが、音を協和させ、流れる水の音と山の雲とが、彩色を調合させる。「松声」

と「流水の音」、「翠竹」と「山雲」とが、人間の分別による交合の世界である。が、その分別を絶してみれば「松声」と「翠竹」とがぴったりとする。仏道の極意も同じである。〔投子語録〕

十一軫

五言

直鈎釣驪龍　〈直鈎は　驪《り》龍を釣り
曲鈎釣蝦蟇蚯蚓　曲鈎は　蝦蟇《がま》蚯蚓《きゅういん》を釣る〉

直っすぐな鈎《はり》は、黒い龍、つまり乾坤《けんこん》ただ一人という本来の面目人を釣るものである。曲った鈎は、ひきがえるとかみみずといった類、つまりつまらない凡俗の人間を釣りあげるものである。

〔槐安国語　巻三　著語〕

七言

抛却瞿曇經律論　〈瞿曇《くどん》の経律論を抛却《ほうきゃく》して
横吹鐵笛奏梅引　横に鉄笛を吹き　梅引《うめのうた》を奏す〉

釈尊の遺《のこ》された経、律、論の三蔵一切経をなげうってしまい、鉄の横笛を吹いて「落梅の曲」を奏でる。この「抛却」といい、「吹鉄笛」というからくりを会得《えとく》することが、仏法の真髄をさとるちかみちである。〔永平広録　巻四〕

八言

千峯雨色枯木抽條　〈千峰の雨色に　枯木　条《えだ》を抽《ひ》き
萬谷流煙石苔生筍　万谷の流煙に　石苔　筍を生ず〉

多くの峰々の雨模様に、枯木が枝をのばし、多くの谷川のもやに、苔むした岩が筍《たけのこ》を生やした。

大自然のはかりしれぬ恵みは、人間の思慮を絶した功徳《はたらき》を呈する。〔投子語録〕

萬言萬當不如一默　〈万言万当も　一黙にはしかず

百戰百勝不如一忍　百戦百勝も　一忍にはしかず〉

たとい万言が万言道理にかなっていても、ただの一黙には及ばない。たとい百戦して百勝しても、一忍のこらえには及ばない。「黙」と「忍」の美徳は、正当とか勝利の功の及ぶところでないことを示した語。〔槐安国語　巻六　著語〕

十二吻

七　言

千峯秀處鶴難栖　〈千峰の秀づるところに　鶴は栖《す》みがたく

萬水澄時魚自隠　〈万水の澄める時　魚はおのずからかくる〉

多くの峰々の高く目立つ処には、鶴は栖みにくく、多くの川の流れが澄む時には、魚は自然と姿をかくしてしまう。〔劫外録〕

十三阮

七言

春拆百花兮一吹　〈春　百花を拆《ひら》かしめて　一吹《いっすい》し

力廻九牛兮一挽　力　九牛を廻らして　一挽《いちばん》す〉

春風が一吹き吹けば、百花を燎乱たらしめうる。時節が熟せば、労せずして花が咲く。ところが、力が強く九牛の尾を一人で引っぱりうるほどでも、因縁が熟さないと、充分な指導を施して、さ

とりの岸に到達せしめえない。〔従容録　第三十八則〕

八　言

煙雲擁翠鸞鳳迷踪　〈煙雲翠《みどり》を擁して　鸞鳳　踪《しょう》に迷い

寒雨銜山樵人帰晩　　寒雨山を銜いて　樵人　帰ること晩《おそ》し〉

霞や雲が、青い山を蔽うため、鸞鳳は行くえに迷うてしまう。寒い雨が、山に降りしきり、ために樵人《きこり》は、家に帰ることがおそくなる。〔投子語録〕

十四　早

四言

松直棘曲　〈松は直く　棘《いばら》は曲り
鶴長鳧短　鶴は長く　鳧《かも》は短し〉

松の木は、真っ直ぐに伸び、棘はくねって生える。鶴の脚は長く、鳧の脚は短い。みんな、それはそっくりそのままが、本来のすがたにほかならない。〔従容録　第二十七則〕

五言

一點鍾愛心　〈一点　鍾《しょう》愛の心
業風吹不斷　業風《ごうふう》　吹けども断《た》たれず〉
一点に集注する慈愛の心は、地獄で吹くという猛風をもってしても、断ちきることはできない。
〔虚堂録　巻下〕

嶽高雪釋遲　〈嶽《たけ》　高くして　雪の釈《と》くること遅く
木老春來緩　木　老《ふ》りて　春の来ること緩《おそ》し〉
嶽《やま》が高いと、雪どけもおそく、老木になると、花の咲きようもおそくなる。大自然の摂理こそ真如実際の在りていであることを示す。〔永平広録　巻三〕

水和明月流　〈水は　明月に和して流れ
雲伴清風散　雲は　清風に伴《ともの》うて散ず〉
水は、明月の光を和《あ》えて、一体となって流れ、雲は、清風につれて、それとなく消えてゆく。なに一つこだわりなく、他とともに融合してゆくさまは、正しく、日常生活の在りようである。また仏道修行者の無心、無事であるべき姿と同じである。〔信心銘拈提〕

七言

風過大虚雲出岫　〈風は大虚を過ぎ　雲は岫《しゅう》を出づ
道情世事都無管　道情世事　すべて管するなし〉
風は大空を吹きわたり、雲は山と山との間から湧き出でる。そのように修行者も、世間的なかかわりとか、事情などには、とんちゃくなく、超然として修行にはげむべきである。〔伝光録〕

月中玉兎夜懐胎　〈月中の玉兎　夜に懐胎《かいたい》し
日裏金烏朝抱卵　日裏の金烏　朝《あした》に卵を抱く〉
月の中の兎が、夜みごもり、太陽の中の烏が、朝、卵を抱いてあたためる。人間のはからいを絶した世界を示す。〔丹霞頌古百則〕

十六銑

四言

格外之機　〈格外《かくげ》の機〉

作家方辨　作家《さつけ》　まさに弁ず〉

師家《しけ》の規格を超越したすばらしいはたらき。学人はそれをまさしく受けとって、これをわきまえることができる。〔碧巌録　第八十二則〕

日面月面　〈日面月面《にちめんがちめん》〉

星流電巻　星流れ電《いなづま》巻く〉

馬祖の「日面仏月面仏」〈本来の面目〉はそのままが光明遍照で、人間の分別でこれをはからえ

ば、流れ星、閃《ひらめ》く電《いなずま》のようにすっと消えさって、その光明をみることができない。〔従容録　第三十六則〕

六　言

鏡對像而無私　〈鏡は像に対して　私なし

珠在盤而自轉　珠は盤に在りて　おのずから転ず〉

馬祖道一のお人柄のすばらしさは、たとえていうならば、鏡が像《すがた》に対して私なく、なんでも照らし出し、珠が盤上にあって取捨選択することなく自在に転ずるように、融通無礙《むげ》である。〔従容録　第三十六則〕

十七篠

五言

盛哉普通載　〈盛んなるかな　普通の載《とし》
是非通小小　　是非　小々に通ぜり〉
　ダルマ大師が渡来した梁の普通年間は、なんと劃期的な年であったことぞ。ために辺地の小邦の我が国にまで、真個の仏法が伝えられたからである。〔良寛詩集〕
提持佛心印　〈仏心印を提持して
直下令人了　　直下《じきげ》に人をして了《さと》らしむ〉
　ダルマ大師は、仏陀が行《ぎょう》じられた、そのままの行持《ぎょうじ》、つまり坐禅を将来した。そして人々に、直《じ》

かに本来の面目を悟らしめた。〔良寛詩集〕

七言

碧海丹山多入暮　〈碧海丹山　多く暮に入る
湘雲楚水同遊少　湘雲楚水　同遊少《まれ》なり〉

山居に在っても、碧い海、赤い珊瑚の山、それが暮景を映しているさまを夢みることができる。また、湘水、楚水のほとりに、ただ一人で遊ぶことも想いにえがくことができる。〔蕉堅稿〕

落葉不禁霜後風　〈落葉はたえず　霜後の風
獼猴怕寒永夜叫　獼猴は寒をおそれて　永夜に叫ぶ〉

霜の降りる冬の寒い風にさそわれて、落葉はたえず散る。毛深い猿んぼですら、寒さにたえかねて長い冬の夜をなき通す。これこそが真実の相だ。〔大智偈頌〕

靈苗秀而氣未萠　〈霊苗秀でて　気いまだ萠えず
瑞彩分而天欲曉　瑞彩分れて　天　暁ならんとす〉

霊妙なる苗が、ぐんぐんとのびて、霊気がまだきざしはじめない。瑞祥のいろどりが分かれて、空は曙ならんとしている。待対未分の根原的境界を示したもの。〔劫外録〕

八言

不萠枝上金鳳翺翔　〈不萠枝上に　金鳳翺翔《こうしょう》たり
無影樹邊玉象圍繞　無影樹辺に　玉象囲《い》繞《じょう》せり〉

枯れ木の枝の上でおめでたい鳳がかけめぐり、枝のない樹のあたりで、綺麗な象がぐるぐると巡っている。〔中峰広録　巻十二〕

九言

水清徹地兮魚行似魚　〈水　清《す》んで地に徹《とお》り　魚行いて魚に似たり
空闊透天兮鳥飛如鳥　空　闊《ひろ》うして天に透《とお》り　鳥飛んで鳥のごとし〉

水が清《す》んで底まですけてみえる。その底ははてしなく続いている。そのはてしない底を魚が、徹底してはてしなく泳ぐ。空はひろく蒼天にとおる。そのはてしない天を鳥がただ飛びに飛んでいる。動かない天地と、動く魚鳥。魚は泳ぎ鳥は飛ぶ。その刹那《せつな》、刹那に、地と天とは魚と鳥と、互いに一枚となって兀々《ごつ》然としている。移りゆく時間と、空間の中において、常なき人間が坐禅する。非連続の連続。これを「兀々地」ともいい、「非思量」ともいい、「坐禅」ともいう。天地、鳥魚のそれのごとく、瞬時に真如を現成《げんじょう》させるのがこれである。〔永平広録　巻七〕

十九　皓

四言

白雲重重　〈白雲重々《はくうんじゅう》
紅日杲杲　　紅日杲々《こうじつこう》〉

仰山《ぎょうざん》（慧寂）という人物の人柄は、白い雲が、幾重にも重なり合うているように奥ゆかしい。また、朝日が高い木の梢をあかあかと照らすように、光りをうけて輝いている。〔碧巌録　第三十四則〕

五言

一念未生時　〈一念　いまだ生ぜざる時
萬里無寸草　万里　無寸草〉

意識発生以前、つまりおさとりの世界においては、すべて迷いというものがなく、からりとしている。〔劫外録〕

寒巖深更好　〈寒巌　深くしてさらに好《よ》し
無人行此道　人のこの道を行くものなし〉

きびしくきり立つ巌のわだかまるあたりの状景は、奥ゆかしく一段とよろしい。だが寒山のこの永遠の道をたどって上りゆくものはたえてない。〔寒山詩集〕

形容寒暑遷　〈形容　寒暑に遷《うつ》れども
心珠甚可保　心珠　甚だ保つべし〉

もののすがたかたちは、寒暑につれて変遷してゆくものだ。が、心珠《さとり》の実相《すがた》というものは、永遠

に保ちつづけることができる。〔寒山詩集〕

不如百不解　〈しかず　百不解

靜坐絶憂惱　　靜坐して　憂惱《うのう》を絶《た》たんには〉

とんでもない分らずやを相手にするよりは、静かに坐って、去来する憂い悩みをなくすにこしたことはない。〔寒山詩集〕

道無心合人　〈道は無心なれば　人に合《かな》い

人無心合道　　人は無心なれば　道に合《かな》う〉

通達無碍《むげ》の大道（理）は分別心がなく、ものごとにぴったりとしていて、人法（智）にもかなう。人法（智）は、その知識、分別心を無にすることによって大道（理）にかなう。〔洞山録〕

六　言

門風歷劫綿綿　〈門風歷劫《りゃくごう》　綿《めん》々たり

父子聲光浩浩　　父子の声光　浩《こう》々たり〉

洞上の門風は、いつまでもいつまでも綿々として相続し断えない。それは雲巌曇成《うんがんどんじょう》と洞山良价との徳光が、広大ではかりしれないからである。〔永平広録　巻七〕

七言

脚跟踏著趙州關　〈脚跟《きゃくこん》に踏著す　趙州の関
丈六金身一莖草　丈六の金身《こんじん》　一茎草《いっきょうそう》〉

足もとに趙州和尚が難関とした石橋をふみこえることができると、一本の茎を拈《と》って、それを一丈六尺の金色の仏像とみなすことができるようになる。〔宏智偈頌〕

十洲春盡花凋殘　〈十洲春尽きて　花凋残《ちょうざん》
珊瑚樹林日杲杲　珊瑚《さんご》樹林　日杲《こう》々〉

聖天子のしろしめす国々における春でも、春が終りとなれば、花がしぼんであわれを残す。だが、この娑婆《しゃば》でも、煩悩を転じてさとりを得た人の世界では、龍宮城に生えている珊瑚の林に朝日がさしても、いつまでもいつまでも、その日が輝いて変ることがないようなものである。〔碧巌録

第七十則〕
青山白雲一徑通　〈青山　白雲　一径に通ず
行行鳥道誰尋討　　行き行く鳥道　誰にか尋討せん〉
白雲の父である青山には、一筋の小径《こみち》が通じているからたどりつくことができる。だが没蹤跡《もっしょうせき》の鳥の行くえは、いったい誰に尋ねたら分ることであろう。ほかでもない、その道しるべは坐禅である。〔宏智偈頌〕
智者離路而得道　〈智者は路を離れて　道をえ
愚者守路而失道　　愚者は路を守りて　道を失う〉
智者は、ものごとにとらわれないで無碍《むげ》自在ゆえ大道、真理を体得できる。愚者は、ものごとにとらわれるが故に、大道から踏みはずしてしまう。〔槐安国語　巻五　著語〕

八　言

井蛙不可以語於海　〈井蛙《せいあ》には以て海を語るべからず

曲士不可以語於道　〈曲士には以て道を語るべからず〉
井戸の中の蛙に、大海の話をしても分らない。道を求めようとする心のないくせ者に仏道の話をしても分らない。だから語らないのがよろしい。〔槐安国語　巻六　著語〕

九　言

門風大振兮規矩綿綿　〈門風大いに振いて　規矩綿々たり
父子變通兮聲光浩浩　　父子変通して　声光浩々たり〉
洞山の綿密な宗風は、大いに天下にとどろき、その規矩は綿々として守られ続いている。雲巌曇《うんがんどん》成《じょう》の父と洞山良价の子と、向上向下に変通して、その名声徳光は、広々として天下におし及ぼされている。〔従容録　第四十九則〕

二十㝵

四言

見兎放鷹　〈兎を見て　鷹を放ち
因風吹火　　風に因って　火を吹く〉
「つう」と云えば「かぁ」。相手に応じて間《かん》、髪《はつ》をいれずに、ことを処すること。〔碧巌録　第二十七則〕

二十一 馬

五言

窮谷有佳人
容姿閑且雅

〈窮谷に　佳人あり
容姿　閑《しずか》にして　かつ雅《みやびやか》なり〉

深い谷間に、美しい蘭が咲きほこっていた。その姿は、しとやかに気《け》高く気品を漂《ただよ》わせていた。

〔良寛詩集〕

六言

入深山住蘭若　〈深山に入り　蘭若《らんにゃ》に住す
岑崟幽邃長松下　岑崟《しんきん》　幽邃《ゆうすい》たり　長松の下《もと》〉

誰れも見ていない静かなところに、たった一人で暮らしてみる。それができる人は、高い山のような気《け》高さと、谷深い奥ゆかしさを身につけ、しかも高い松の下でゆったりとしている。これが仏道を心得た仏者のあり方である。〔証道歌〕

七言

飽飯放痾何快活　〈飯《はん》に飽き痾《あ》を放つ　何ぞ快活なる
四七二三在脚下　四七　二三　脚下にあり〉

がつがつしなくとも、体調は良く気分もさわやかである。曾て高く仰いだ初祖達磨も、六祖慧能

も、今や吾が身中に脈うっていると知ることができた。〔良寛詩集〕

歸馬于華山之陽　〈馬を華山の陽《みなみ》に帰し
放牛于桃林之野　　牛を桃林の野に放つ〉

周の武王が、殷の紂王を亡《ほろ》ぼしてから、馬を華山の南側にかえし、牛を桃林の野に放ってやり、再び戦争を行わないことを天下に示した。「馬」や「牛」を、しばらないで自由に振舞わせる平和のすがたを述べたもの。〔槐安国語　巻六　著語〕

往來跡幽深夜雪　〈往来　跡は幽《かす》かなり　深夜の雪
一炷線香古窗下　　一炷《いっちゅう》の線香　古窗《こそう》の下《もと》〉

夜も更け、雪は降りつもり、往来の足跡《あしあと》も薄れてゆきつつある。この一瞬のしじまに、古窓のもとで線香一本の坐禅中に、その燃えさしが「ぼそり」と。〔良寛詩集〕

歸來一句作麼生　〈帰来の一句　そもさん
杖頭掛月輕脚下　　杖頭に月を掛けて　脚下軽し〉

「行脚《あんぎゃ》から帰庵しての感想を一句でどうぞ」とお尋ねなさるならば、次のようにお答えしましょう。「出かける時は、まだ鼻先にぶらさげていた真如《さとり》の月を求める重々しい心でありましたが、

今やそんなものは錫杖《しやくじよう》の尖《さき》っぽにぶらさげて用なしにしましたので、足どりは、まことに軽くなりました」と。〔良寛詩集〕

帝業堪爲萬世師　〈帝業は　万世の師となるにたえたり
金輪景耀四天下　　金輪《こんりん》の景は　四天下を耀《かがや》かす〉

天子が天下を治めるよい方法は、万世にわたって模範となるに値する。が金輪聖王《こんりんじようおう》（無限の時間と空間とを統治する王者）の宝の光りは、尽天尽地、つまり全宇宙を輝かしてやまない。

〔従容録　第九十七則〕

二十二　養

四　言

心月孤圓　〈心月　孤円
光呑萬象　光り　万象を呑む〉
分別もなければ増減もない、まんまるい一円相の月。万象がとりもなおさず月光。つまり月が月を呑み、光りが光りを呑み、差別を絶した世界。〔景徳伝灯録　巻七〕

五　言

松竹有節操　〈松竹に　節操あり
雪霜無伎倆　雪霜に　伎倆なし〉
いつも緑をたたえている松や竹には、みさおがある。が、すぐ消えてしまう雪や霜には腕まえがない。〔祖英集　巻下〕

七言

五葉花開劫外春　〈五葉花開く　劫《こう》外の春
一輪月白暁天上　一輪の月白し　暁天の上〉

梅の花（身心脱落の自己）が咲くと、無限の時と処に、春がいっぱいとなる。また一輪の明月が、明け方の空にさえざえとしているさまは、満天の明け方そのものである。〔永平広録　巻四〕

二十三　梗

四言

山高水深　〈山高く　水深く
雲閑風靜　雲　閑にして　風静かなり〉
大自然が中和を得ているさま。仏法の至妙もこれと同じことを示す。〔虚堂録　巻中〕

二十五　有

四　言

一心不生　〈一心　不生ならば
萬法無咎　万法　咎《とが》なし〉
唯一の心が不生不滅の絶対相であるならば、その不生の状態から万法が生起する。したがって、そこから生起したもろもろの現象は、とがなく円満である。〔信心銘〕

心安如海　〈心を安《お》くこと海の如く
膽量如斗　胆《たん》の量《かさ》　斗《と》の如し〉

心は百川が注ぎこむあの海のように広く深い。また胆玉《きもたま》の量は、あたかも斗升《とます》のように大きくあるべきである。〔従容録　第九十則〕

百匝千重　〈百匝《ひやくそう》　千重《せんじゆう》
瞻前顧後　前を瞻《み》　後《しりへ》を顧《かえりみ》る〉

十重《とえ》二十重《はたえ》に城を守って、水も洩らさぬ守備ぶり。その上、前後左右に気をくばって厳重に看視しているさまを示す。〔碧巌録　第四十九則〕

五言

明鏡忽臨臺　〈明鏡　忽《たちま》ち台に臨めば
當下分妍醜　当下《とうげ》に　妍醜を分つ〉

明かるく澄み渡った鏡に、台をすえつけて姿をうつしてみれば、すぐさま美、醜をさながらにうつし出す。明鏡、つまりさとりすました世界には私心がない。明師につけば、たちまち修行僧の素性《すじょう》の良し悪しが判定される。〔碧巌録　第六十五則〕

七　言

把定則黄絹幼婦　〈把定《はじょう》するときは　すなわち黄絹幼婦《こうけんようふ》
放行則外孫齏臼　放行《ほうぎょう》するときは　すなわち外孫齏臼《さいきゅう》〉

黄絹とは、色の糸のことで合わせて「絶」字。幼婦とは女の少《わか》いことで合わせて「妙」字。外孫とは、よそまごで可愛いゆえ「好」字。齏は塩漬の菜で塩辛いから「辛」字。臼は物を受ける意で「受」字。辛と受を合わせて「辤（辭）」字。そこで黄絹幼婦は絶妙、外孫齏臼とは、好辤となる。把定、つまり奪う段となれば、塵一つもないほど嘗《な》めつくして絶妙。放行、つまり与うる段となれば、便所の蛆虫《うじむし》までも光明を放つという好辤。文字による言葉の判じものである。〔槐安国語　巻四　著語〕

九言

深思彼伐木丁丁之聲　〈深く思え　彼の伐木丁々《とう》たる声《ひびき》を
照古照今兮宜善求友　　古を照らし今を照らして　宜しく善く友を求むべし〉

これから行脚《あんぎゃ》に出かけるに際し、彼の『詩経』に「伐木丁々《とう》」とあるように、よき道友を思いなされ、そして昔から今に至るまで、よき鑑《かがみ》となるような、善き友をえらんで道しるべとして、修行して来なされ。〔祖英集　巻上〕

去聲韻

三 絳

七 言

縱名鐵漢豈塼鏡　〈たとい鉄漢と名づくとも　あに塼鏡《せんきょう》ならんや
殺佛未生坐佛降　　殺仏いまだ生ぜざるに　坐仏降る〉

よしんば大丈夫といわれるような人物でも、塼《かわら》を磨いて鏡としようとするようなことは、許すことができない。仏となるには、坐仏が現前してから殺仏となるだけのこと。「坐仏」とは坐禅弁道（修）のこと。この修がつまり証（殺仏）となるわけである。坐仏といい殺仏というも、只管《しかん》

打坐《たざ》の別名にすぎない。〔永平広録　巻九〕

四寅

四言

一翳在眼　〈一翳《いちえい》　眼《まなこ》に在れば
空華亂墜　空華《くうげ》　乱墜す〉

迷悟、凡聖の二見が眼（一念）にあると、空にある美しい花も乱れ散ってしまう。これは、心にかげりの迷いがあればこそ、諸仏の法を聞くきっかけとなり、引いては済度されることにもなる。また一切の仏祖（空華）がたが諸所を遍歴して、乱墜と迷える衆生に手をさしのべ、これを仏祖に現成《げんじょう》させてくれるのである、ということを述べ示している。〔景徳伝灯録　巻十〕

大地鋪祥　〈大地に　祥を鋪《し》き
長空布瑞　長空に　瑞を布《し》く〉

天地いっぱいに瑞祥がみちあふれていることを示したもの。〔劫外録〕

大道體寛　〈大道は　体寛なり
無難無易　難なく　易なし〉

仏道は、ひろくゆったりとしている。だから難易などという差別はない。人間のはからいを持ちこむと、難、易ができてくる。その人間のはからい以前の道が、仏道なのである。〔信心銘〕

白日青天　〈白日　青天に
開眼瞌睡　眼を開いて　瞌睡《かっすい》す〉

まっ昼間《ひるま》に眼を開けたまま、めくらが睡っている。ものごとに執らわれていることを示す。〔碧巌録　第六則〕

五言

一撃忘所知　〈一撃　所知を忘ず
更不假修治　さらに修治を仮《か》らず〉

香厳《きょうげん》が潙山《いさん》の会下《えか》にいたとき、箒の先きに、ころがされた瓦かけが、竹藪の竹にかちんと当った。香厳はその時、はっと本来の自己に目覚めた。これはその際の言葉である。かちん、と瓦かけが竹に当ったとみるまに、頭の中で、ああだ、こうだと詮索していたつくりごと、はからいが、みんなまがいものだと分った。そしてその上に、この境地を体得し、意識するためには、手でこねたり、治したりする一切のはからいというものが無用であることが分ったのだ。〔景徳伝灯録　巻十一〕

過河須用筏　〈河を過《よぎ》るには　すべからく筏《いかだ》を用うべく
學道須立志　道を学ぶには　すべからく志を立つべし〉

河を渡るには、筏を使うのがよろしかるべく、道を学ぶには、志を立てることが大事なことである。〔中峰広録　巻一〕

泥佛不渡水　〈泥仏《でいぶつ》　水を渡らず
神光照天地　神光《じんこう》　天地を照らす〉

泥で作った仏は、川を渡ればくずれてしまうが、天地いっぱいに充満している仏性の泥仏は、能と所との二見にわたることはない。達磨の弟子神光（二祖慧可）は泥仏のように、二見にわたることなく天地に充満しているおさとりを身につけたがゆえに、天地いっぱいを照らす光明となることができたのである。〔碧巌録　第九十六則〕

不讀東魯書　〈東魯の書を読まずんば

爭會西來意　いかでか西来の意を会《え》せん〉

孔子の書物を読まなければ、どうして遠磨の正法眼蔵《おさとり》を理会できましょうか。〔碧巌録　後序〕

六言

江月照松風吹　〈江月照らし　松風吹く

永夜清宵何所爲　永夜の清宵　なんの所為ぞ〉

何もかも人のための利他生活をする人には、自ら求めずして、江月は明かるい光りを与え、松風は爽《さわ》やかに吹き渡り、永き秋の夜もさわやかにすごせるものだ。これというのも利他行《ぎょう》の結果にほかならない。〔証道歌〕

明明杲日麗天　〈明々たる杲日《こうじつ》　天に麗《かがや》き

颯颯清風匝地　〈颯《さつ》々たる清風　地を匝《めぐ》る〉

夜が明けると、朝日がきらきらと天に昇ってかがやき、さわやかな風がさらさらと大地に吹きわたる。大自然の本来の面目をいいあらわしたもの。〔碧巌録　第四十二則〕

出爐鞴而放光　〈炉《ろ》鞴《べい》を出でて　光りを放ち
入鉗鎚而成器　鉗鎚《けんつい》に入りて　器《うつわ》となる〉

厳格な師匠の門で鍛《きた》えられて、人間の輝きが出で、手きびしい指導を待って、立派な人間となる。

〔景徳伝灯録　巻三十〕

七言

春前得雨花開早　〈春前に雨を得て　花の開《さ》くこと早く
秋後無霜葉落遅　秋後に霜なくして　葉の落つること遅し〉

春さきに雨があったので花が早く咲き、晩秋に至るまで霜がおりないので、落葉がおそい。自然の摂理と現象は正直であることを示したもの。〔普灯録　巻十六〕

任人放兮任人笑　〈人の放つに任《まか》せ　人の笑うに任す
更無一物當心地　さらに　一物の心地に当るなし〉
起きあがりこぼし（不倒翁）は、人が投げようが、笑おうが、あなたまかせである。そのうえ、自分の心に、こうときめてかかるものがなに一つない。〔良寛詩集〕

風月寒清古渡頭　〈風月　寒清たり　古渡の頭《あたり》
夜船撥轉瑠璃地　夜船　撥転す　瑠璃の地〉
風寒く月清き昔からの渡し場のあたり、とは、身心脱落してさっぱりとした境界である坐禅のさまを示している。夜船が棹をまわして野水に月光が映るあたりに漕ぎ出した、というのも、只管《しかん》打坐《たざ》のさっぱりとした境界を示している。〔永平広録　巻四〕

五末

六言

明白露而堂堂〈明白　露《あらわ》れて堂々たり
光明豁而巍巍　光明　豁《あきら》かにして巍々たり〉
朝の雪景色は真っ白に映って明らかである。雪の輝きは、ぱっと目にうつり堆《うずた》かく美しい。〔永平広録　巻一〕

七言

綿綿若存兮象先〈綿《めん》々として存するがごとくにして　象の先きなり

兀兀如愚兮道貴　兀《ごつ》々として愚の如くにして　道　貴《たっと》し〉

魯祖の境界《きょうがい》は、綿々と続いているようであるが、現象界に堕《お》ちず、意識以前の世界に悠々としている。まさしく兀々として不動、愚者のごときさま、これぞ値《ね》ぶみのできない最も貴き坐禅の世界である。〔従容録　第二十三則〕

六御

七言

楖栗横擔不顧人　〈楖栗《しつりつ》を　横に担《にな》うて顧《かえりみ》ざる人
直入千峰萬峰去　直《じき》に千峰万峰に入りて去る〉

楖栗は天台山に生ずる拄杖となる木。縦《たて》につくべき拄杖を横ざまにかついで、わきめもふらない人が、いちもくさんに深い山の中へ行ってしまって跡方をたってしまった。修行も証悟も絶しきった真実人のことを示す。〔碧巌録　第二十五則〕

九言

大丈夫之子須有志氣　〈大丈夫の子　すべからく志気《しいき》あるべし
何必怨人咎天傚兒女　何ぞ必ずしも人を怨み　天を咎《とが》めて児女にならわん〉

男の中の男たる者は、よろしく毅《き》然《ぜん》として身を処すべきである。ことさらなる天への恨みや人への怨みやら、まるで女子供の心情にも似た志などゆめゆめ思い抱くべきではないぞ。〔良寛詩集〕

七遇

四言

曲説易會　〈曲説は会《え》しやすく
一手分付　一手に分付す〉

委曲《くわし》く説く法は理会しやすいが、片手で物を貰ったと同じように全部わがものとならない。不充分である。〔従容録　第六十一則〕

銀盌盛雪

〈銀盌《ぎんわん》に雪を盛り　明月に鷺を蔵《かく》す〉

明月蔵鷺

宝鏡《おさとり》の世界は、銀の盌《わん》に盛られた白い雪、明月の皎々たるもとにその在所がわからない白鷺のようなもの。白黒の待対《たいだい》を絶した白一色の世界だ、ということ。〔洞山録（宝鏡三昧）〕

坐断乾坤

〈乾坤を坐断して　全身　独露す〉

全身獨露

天地という枠《わく》を外《はず》して、如浄自身、その身そのままがすべてである。この語は如浄の絵像に対する自賛である。〔如浄語録〕

日暖銷霜

〈日　暖かにして　霜を銷《け》し　月　冷《ひ》ややかにして　露を結ぶ〉

月冷結露

真如実際の風光を示した言葉。〔義雲語録　巻上〕

偏界不藏

〈偏界　蔵《かく》さず

全機獨露　〈全機　独露す〉

宇宙全体はあけっ放しで、いかなるはたらきもめいめい出しつくしている。この有様こそが真実で、このはからいのない世界をおさとりという。〔碧巌録　第五十三則〕

迷生寂亂　〈迷えば　寂乱を生じ
悟無好惡　悟れば　好悪《こうお》なし〉

人間は迷えば寂《さとり》と乱《まよい》との待対《たいだい》の二見にふりまわされて生き、悟れば、好きだとか、きらいだとかという二見にこだわらずに無造作《むぞうさ》、つまり造作（人間のはからい）なしに生きてゆける。〔信心銘〕

夜半正明　〈夜《や》半正明《はんしょうめい》
天曉不露　天暁不《てんぎょうふ》露《ろ》〉

宝鏡《おさとり》の世界は、真夜中には明かるく輝き、夜明けがたには明かるさが薄れて輝きがなくなってしまう。人間のはからいを絶している。〔洞山録（宝鏡三昧）〕

五言

寒汀水淺邊　〈寒汀　水浅き辺《あたり》
白帆伴白鷺　白帆　白鷺を伴《ともな》う〉
浅いひっそりとした汀《みぎわ》のあたりに、白い帆船が白鷺を連れて走っている。寒中の夕暮れどきの一瞬一色の状景を描いたもの。〔半仙遺稿〕

月來松色寒　〈月　来りて　松色寒く
雲去青山露　雲　去りて　青山露《あらわ》る〉
月光が射《さ》してきて松の色がきびしく映り、雲がとり払われて、青山がくっきりとしてくる。〔投子語録〕

謹白參玄人　〈謹しんで参玄の人に白《もう》す
光陰莫空度　光陰　空しく度《わた》ることなかれ〉
謹しんで仏道修行にしたがう者に申し上げる、貴重な時を空しくすごしてはならない、と。〔参

同契〕

縦入乳虎隊　〈たとい乳虎の隊に入るとも
勿踐名利路　　名利の路を践《ふ》むことなかれ〉
　よしんば子持ち虎が群れているような危険な場所に足を踏み入れるようなことがあっても、名聞《みようもん》や利養《りよう》の悪路に、足を踏み入れてはならぬ。〔良寛詩集〕

六　言

進則落於天魔　〈進めばすなわち天魔に落ち
退則沈於鬼趣　　退けばすなわち鬼趣に沈む〉
　進退きわまったときに、生きんがためにただ進めば仏道を邪魔する天魔の界に落ち、同じく退けば鬼神の趣《おもむ》くところに沈んでしまい浮ぶ瀬がなくなってしまう。〔投子語録〕

七言

學者恒沙無一悟
過在尋他舌頭路
〈学者　恒沙《ごうしゃ》のごとくあるも　一に悟るものなし
過《とが》は　他の舌頭路を尋ぬるにあり〉
今どきの学人は、ガンジス河の沙《いさご》の数ほど多くいるが、たった一人の悟るものも出てこない。その過《とが》は、指導者の言葉じりを尋ねて究めるだけに追われているからである。〔洞山録〕

白雲半夜覆青山
天曉峯巒猶不露
〈白雲半夜に　青山を覆《おお》い
天暁に峰巒　なお露《あらわ》れず〉
真夜中に、白い雲が青い山を覆い、夜明けになったが山の峰々は、なおまだ、くっきりと姿をあらわさないでいる。〔投子語録〕

萬年松老古嵓青
一月流空山岳露
〈万年の松老い　古嵓青し
一月　空に流れて山岳露《あらわ》る〉
古い古い老松の下の古巌は、苔むして青く、一輪の月が空に渡って、山岳のすがたがくっきりと

あらわれた。〔投子語録〕

九言

披毛遊火聚焔裏蔵身
戴角混塵泥光中轉歩

〈披毛　火聚《かじゅ》に遊んで　焔裏に身を蔵し
戴角　塵泥に混じて　光中に歩を転ず〉

けだものが炉中に遊んで火焔（坐禅）の中に身をかくし、牛がどろんこの中にはまりこんで空中（坐禅）に歩を進める。これは人間のはからいを絶した坐禅の世界を言葉にあらわしたものである。〔劫外録〕

八䨮

四言

日面月面
疾病裏閑活計

〈日面《にちめん》　月面《がちめん》
疾病裏《しっぺいり》には閑活計なれ〉

仏祖の慈悲の光明は、日面、月面のように遍ねく照らしている。病気になったら世間的なはからいを一切やめて病気になりきればよい。〔半仙遺稿〕

八言

山陵險阻人多負氣　〈山陵　険阻なれば　人　多く気を負う
江河清潔女多佳麗　　江河　清潔なれば　女　佳麗多く〉

山や丘がけわしければ、その地方には気骨の強い人が出る。川の水が澄んでいると、その地方の婦人には綺麗どころが多い。〔槐安国語　巻七　著語〕

白雲巖下古佛家風　〈白雲巌下に古仏の家風あり
碧嶂峯前道人活計　　碧璋峰前に道人の活計あり〉

白雲の去来する大きな岩のほとりに、おさとりを身につけた仏祖の宗風が現成しておる。青く高い山の峰の前に、求道者の修行の日程が立てられてある。ともに、人間の分別を絶した絶対境にこそ則《のっと》るべき環境が求められる、ということを述べたもの。〔投子語録〕

九泰

五言

古月照林端　〈古月　林端を照らし
高風吹嶺外　　高風　嶺外を吹く〉

太古より空にかかっている月が林のはずれを照らし、空高く吹き渡る風が、山の峰の頂をかすめている。この相《すがた》が参禅の本義を示したものである。〔中峰広録　巻十七〕

十卦

四言

不履高名　〈高名を履《ふ》まず

不求垢壊　垢壊《くえ》を求めず〉

俗人があくことなく求める高い評判を、自分も博してみたいと思うようなこともせず、また俗人が貪欲に求める財宝なども求めようともしないのが、出家のすがたである。〔趙州録　巻上〕

不朝天子　〈天子に朝せず

父母返拝　父母　返拝す〉

出家というものは、天子の政所《まんどころ》にも出入せず（天子の威令の埒外《らちがい》にいる）、父母が逆に出家児に拝礼する。〔趙州録　巻中〕

七言

十洲三島鶴乾坤　〈十洲三島は　鶴の乾坤
四海五湖龍世界　四海五湖は　龍の世界〉

宇宙はすべて鶴、龍の世界だ。つまり本来の面目を自覚した人の世界にすぎない。めでたし、めでたし、という祝語。〔槐安国語　巻四〕

十一隊

五言

手把白玉鞭　〈手に白玉の鞭をとり
驪珠盡擊碎　驪珠《りじゅ》　ことごとく擊砕す〉

白玉の鞭をとって、黒い龍のあごの下にあるという大事な珠を粉微《こなみ》塵《じん》にうちくだく、ということは、修行者が龍の珠のように大事にしているかたくなな見解《けんげ》を、師家《しけ》が容赦なしにうちくだくことを示す。〔槐安国語　巻六　著語〕

路逢達道人　〈路に達道の人に逢わば

不將語默對　語　黙をもって対せざれ〉

路で悟道に達した人に逢うたならば、言葉とか沈黙でもって応対してはならない。〔無門関　第三十六則〕

十二震

六言

人人坐斷要津　〈人々　要津《ようしん》を坐断すれば
箇箇壁立千仭　　箇々　壁立千仭《へきりゅうせんじん》ならん〉

誰れも彼れもの彼岸に渡る大事な渡し場を断絶してしまえば、頼るべき何ものもないので、自分の足で、自分の力で彼岸に渡らなければならない。そこで、千尋《ちひろ》と切り立った絶壁のように、それぞれがそれぞれに独立し、しっかりと、その中に主体性を確立して振舞うであろう。〔碧巌録第二十二則〕

十三問

四言

郢人無汚
徒労運斤

〈郢人《えいじん》　汚《けが》れなし
いたずらに　運斤に労す〉

大工に心の汚れ、腕のにぶりがない。つまり本来の面目そのままなのに、御苦労様にも斤《おの》をふるって汚れを削りとろうとしているがお気の毒なことだ、ということ。〔洞山録〕

十四願

七言

休問崑岡兼合浦　〈問うを休《や》めよ　崑岡《こんこう》と合浦《がっぽ》とを
明珠唯在吾方寸　　明珠は　ただ吾が方寸に在り〉
「評判の明珠は崑岡、それとも合浦から掘り出したものですか」などという愚問はやめにしていただきい。いうところの明珠《おさとり》の出処を言って聞かせようならば、それは各人の心の中にだけあるものだ。〔良寛詩集〕

十七　霰

四　言

掘地覓天　〈地を掘って天をもとむ
日面月面　　日面《にちめん》　月面《がちめん》〉

大地を掘り起こして水をたたえ、日や月を映そうとする。日や月は、水の宿るところは、たとえ草の葉であれ、盃の中であろうが、在る。そこで修行者は、悟り（日や月）を求めんがために、いたずらに大地を掘りおこすようなことをしなくともよい。悟りは、坐作《さ》進退、出息入息の中にある。故に当面のことごとに全力を傾けつくすことの中に、悟りは現成しているのである。〔永平広録　巻三〕

五　言

水清澄澄瑩　〈水清く　澄々として瑩《あきら》かに
徹底自然見　　底に徹《とお》りて自然《じねん》に見《あらわ》る〉

水は清く、澄みに澄んで玉のように透《とお》っている。底まで、透《す》け通してあらわれている。〔寒山詩集〕

七　言

金屋簾垂人寂寂　〈金屋に簾垂れて　人寂々《せき》
玉階日暖艸茜茜　玉階に日暖かに　艸　茜々《せん》〉

立派な御殿に簾《すだれ》がたれさがったまま、人のけはいがなく静まりかえっている。立派な階段に、日が射してぽかぽかとして、艸があかね色を呈している。〔投子語録〕

十八嘯

五言

羊便乾處臥　〈羊はすなわち乾処に臥し
驢便濕處尿　驢はすなわち湿処に尿《にょう》す〉

釈尊の説法された真理を、抽象的に法身と称しているが、その法身を具体例をあげていえば、羊

は乾いたところに横になりたがり、驢馬は湿《しめ》っているようなところへ尿をたれたがるものであることだ。〔丹霞頌古百則〕

七言

古渡風清一片秋　〈古渡　風清し一片の秋

月色江光冷相照　月色江光　冷《ひやや》かにして相照らす〉

さびしい渡し場に、すずしい秋風がたっている。月光は水面に照り映えて、ぞっとするばかりに澄んでいる。〔義雲語録　巻上〕

水聲松韻一溪深　〈水声　松韻　一渓深し

月色波光全體妙　月色　波光　全体妙なり〉

せせらぎ、松が音《ね》が谷深いところにひびきわたる。月光が波の上に映り、全体の景色はえもいわれない。〔劫外録〕

清風偃艸而不搖　〈清風　艸を偃《ふ》せども揺れず

皓月普天而非照　皓月　天に普《あまね》かれども照らすにあらず〉

清風は、迷悟とか凡聖の待対《たいだい》の世界に混迷している凡俗ともいうべき草をなびき伏させるが、清風という絶対者には草をうごかしてやろうなどという意志はなく、それ自体は揺れないのである。皎《こう》々たる月は、あまねく天空にとわたるが、皓月という絶対者には、もともと下界を照らしてやろうなどという意志はない。清風も皓月も、無為、無造作である。〔洞山録〕

二十一箇

四言

水長船高　〈水　長《ま》せば　船　高く
泥多佛大　泥　多ければ　仏　大なり〉

水が増せば吃水が浅く船体が高く見える。煩悩の泥が多ければ多いほど、さとりも充実して大きく感じられる。〔投子語録〕

七言

優曇華向火中開
無角石牛眠室臥

〈優曇華《うどんげ》　火中に向って開き
無角の石牛　室に眠って臥す〉

三千年に一度咲くという優曇華《うどんげ》が火の中に入って咲き、石でつくった角のない牛が部屋の中で横になって眠っている。思慮を絶した絶対界をあらわした句。〔投子語録〕

二十二禡

七言

西山猿叫正三更　〈西山に猿叫《な》いて　正に三更
東嶺雲歸仍半夜　東嶺に雲帰りて　なお半夜〉

西の山で猿が真夜中に啼き、東の嶺には雲が夜半にたちこめている。自然のありのままの情景を詠《よ》んだもの。〔投子語録〕

二十三　漾

四　言

有心已謝　〈有心　すでに謝す
無心未様　　無心　いまだ様ならず〉

有心でも有心ということをとうの昔に忘れさってしまえば、それが非思量《さとり》の世界である。無心でも無心にとらわれていては、いまだ法様、つまり非思量《さとり》とはならない。〔永平広録　巻五〕

七　言

金雞銜鳳子歸巣　〈金雞　鳳子を銜《ふく》みて巣に帰り
玉兎渡天河起浪　　玉兎　天河を渡り浪を起こす〉

金雞が鳳凰の雛をくわえて巣に帰り、玉兎が天の河を渡って浪をたてる。人間の思慮を絶した世界をあらわしたもの。〔投子語録〕

二十四　敬

四　言

至理一言　〈至理《しいり》の一言〉

轉凡成聖　凡を転じて聖となす〉

真人が語る最高の真理を蔵した言葉は、凡夫を転じて聖人となさしめる。禅では、凡も聖も一如ゆえ、言葉だけでは役をなさぬ。凡でも聖の行ずる「行《ぎょう》」を修することによって、その身そのままで聖に通ずるだけだ。〔従容録　第四十三則〕

五言

澄潭浸夜月　〈澄潭に夜月を浸《ひた》し
太虚懸古鏡　　太虚に古鏡を懸く〉

澄み透った深い淵に夜半の月を宿し、高い大空に、まんまるい明月をかけたように、清明な心をもつべきである。〔中峰広録　巻十七〕

六言

秋清月轉霜輪　〈秋　清うして　月　霜輪を転じ
河淡斗垂夜柄　　河　淡《あお》うして　斗　夜柄《やへい》を垂る〉

秋の夜の気は清《す》み、冴えた月は、おのずからに移り動いてゆく。空を見上げれば、天の河が白く浮き出て、北斗星は、柄杓《ひしゃく》の柄《え》のように剣先きを垂れている。〔従容録　第二則〕

寥寥冷坐少林　〈寥《りょう》々として少林に冷坐し
默默全提正令　　默々として正令を全提す〉
達磨大師が、寂静《じゃくじょう》そのままの姿で少林寺で坐り、默々として仏法のありのままをぶちまけている。坐禅三昧になつている相《すがた》を示す。〔従容録　第二則〕

七　言

漁翁睡重春潭濶　〈漁翁　睡り重くして　春潭濶《ひろ》く
白鳥不飛舟自横　　白鳥　飛ばずして　舟おのずから横たわる〉
老いた漁師がぐっすりと寝こんでいるところ、春の淵瀬はひろびろとしている。白鳥もじっとしているし、舟もただ浮かんでいるだけ。何れも私を絶した天真らんまんの世界。〔槐安国語　巻四　著語〕

二十五　徑

六　言

法中王最高勝　〈法中の王　最も高勝

河沙如來同共證　河沙《がしゃ》の如来　同じく共に証す〉

何が最も尊く勝《すぐ》れているかといっても、仏法になりきっている姿くらい尊いものはない。たとえば、ガンジス河の沙の数ほど多い如来があって、それがみな、めいめいゆきつくところまでゆきつくことができている。〔証道歌〕

二十六　宥

五　言

一粒在荒田　〈一粒　荒田に在り
不耘苗自秀　　耘《くさぎ》らざるに　苗おのずから秀《ひい》づ〉

たった一粒の種が荒れ田にあったとする。不思議なことに、その種が成長するに際し、草を除いてやったりしなくとも、その苗は自然とのびてゆく。要は、数の多少ではなく質の良否にある。

〔義雲語録　巻上〕

七言

四海娟娟洗玉魂　〈四海　娟々として　玉魂を洗い
九野茫茫白兎走　九野　茫々として　白兎走る〉

四方の海は、美しく波立ち月を洗い、天《あま》つ御《み》空《そら》は、遠くひろびろとして月を渡らせる。〔虚堂録巻中〕

木雞啼斷海雲昏　〈木雞　啼きやんで　海雲昏《くら》く
石虎嘯開山色秀　石虎　嘯《うそぶ》きはじめて　山色秀《ひい》づ〉

非情の木雞が啼きやむと、海を覆う雲が暗くみえ、非情の石虎がうそぶき始めると、山の気色が秀《すぐ》れてみえてくる。主観と客観との織りなすところに現象がいろいろと現ぜられることを示す。

〔劫外録〕

二十九　豔

七言

文殊提起殺人刀
浄名抽出活人劍

〈文殊《もんじゅ》　提起《ていき》す　殺人刀
浄名《じょうみょう》　抽出《ちゅうしゅつ》す　活人剣〉

文殊菩薩が殺人刀をふりかざせば、維摩《ゆいま》居士《こじ》は活人剣の鞘を払う。「文殊」は「文殊」、「維摩」は「維摩」で真実の人間を打出するために全力をつくすことを示したもの。〔槐安国語　巻四著語〕

入聲韻

一屋

四言

石本落落　〈石　もと落々たり
玉自琭琭　　玉　おのずから　琭《ろく》々たり〉

石ころはもともとごろごろとしてとるにたらぬもの。玉は自然と貴くしてうるわしいもの。この玉と石とを混淆せぬように、その本分をよくよく明らめよ、とのこと。〔祖英集　巻上〕

六言

師子不咬麒麟　〈師子　麒麟を咬《か》まず

猛虎不食伏肉　猛虎　伏肉を食わず〉

ライオンは麒麟を相手にせず、猛虎は死肉を食わない。ライバルにあたいせぬものは意に介しないことをいう。〔祖英集　巻上〕

出格機擒虎兒　〈出格の機　虎児を擒《いけどり》にす

老大風像西竺　老大の風　西竺に像《かたど》る〉

悟られた道元禅師の機鋒は、よく虎を生けどりにするほどである。またそのどっしりとした風貌は、釈尊そっくりとみなしうる。〔良寛詩集〕

七言

欲致魚者先通水　〈魚を致さんと欲する者は先づ水を通じ
欲致鳥者先樹木　　鳥を致さんと欲する者は先づ木を樹《う》ゆ〉

魚を棲ませようとするには、先づ流れを通すことである。鳥を寄せようとするには、先ず木を樹《う》えなければならない。魚や鳥と同じように、「人」を寄せて人を作るためにも、先づ環境（設備ではない）を設定しなければならないことを示す。〔槐安国語　巻六　著語〕

昨夜花開世界香　〈昨夜　花開き　世界香し
今朝果滿菩提熟　　今朝　果満ち　菩提熟す〉

昨夜、心の華が咲き、世界中が香しくなった。今朝、菩提《さとり》の果が菩提樹下に結ばれて熟した。〔永平広録　巻上〕

珊瑚枝上玉華開　〈珊瑚枝上に玉華開き
薝蔔林中金果熟　　薝蔔《せんぷく》林中に金果熟す〉

美しい珊瑚の枝上に、綺麗な花が咲き、香気のただよう林中に、立派な果実が熟す。このように雲門文偃《うんもんぶんえん》は、睦州に参じて花を咲かせて頂き、雪峰義存によって実を結ばせて貰い、投子義青《とうすぎせい》は、浮山円鑒《えんかん》によって花を開かせてもらい、大陽警玄《きょうげん》により実を結ばせて貰ったのである。〔従容録　第六十四則〕

眞龍本來無面目　〈真竜は本来面目なし
雨黑風白臥空谷　雨黒く風白くして空谷に臥す〉

真竜というものはもともと一定の形はそなえていない。が、雨が陰欝に降り、風がさわやかに吹きわたるような人っ気《け》のない谷に、横たわっているものである。〔漱石詩集〕

清風月下守株人　〈清風月下　株《くいぜ》を守るの人
涼兎漸遙春艸綠　涼兎漸《ようや》く遥かにして　春艸緑なり〉

心外に仏法を求めようとする「待悟禅」のやからは、あたかも清風に吹かれ、明月のもとで、今度こそは、と、ひたすらに株《くいぜ》を見つめて棚牡丹《たなぼた》の兎（悟り）を待つ、あの愚かな農夫にも似ている。これでは清涼の月（おさとり）は、我らから遠くへへだたり、地上にはただ春草の緑だけが貪欲《どんよく》に生い茂るばかりである。〔洞山録（新豊吟）〕

長天月兮偏谿谷　〈長天の月　谿谷に偏《あまね》く
不斷風兮偃松竹　不断の風　松竹を偃《ふ》す〉

　第一義天（絶対の理想界）にかかる月は、どんな谷底にでもあまねく照りわたる。また三世常住（絶対界）の清風は、松が枝《え》、竹の梢《うら》をなびき伏せて本地の風光まるだしである。〔洞山録（新豊吟）〕

亭堂雖有到人稀　〈亭堂ありといえども　到る人稀れなり
林泉不長尋常木　林泉長ぜず　尋常の木を〉

　新豊山には亭や堂といった層楼もあるにはあるけれども、物見遊山《ものみゆさん》に訪れる人はまれである。美しい林泉にも世の常の凡桃俗李など生長せず、ただ生えているものは、無風流、不染汚《ふぜんな》の菩提樹《おさとり》ばかりである。〔洞山録（新豊吟）〕

二沃

四言

野菊含金　〈野菊　金を含み
山川漱玉　山川　玉に漱《くちすす》ぐ〉
野菊であるが黄金を添えたように美しく咲き、また山川のたたずまいが、玉に口すすぐがごとくに爽やかにすっきりとしている。〔劫外録〕

六言

松不直棘不曲　〈松　直からず　棘《おどろ》曲らず
誰笑卞和三獻玉　誰か笑わん　卞和《べんか》　三たび玉を献ぜしを〉

松が曲り、棘《おどろ》が真っすぐであるといって笑うわけにはゆかない。松にも棘にも曲直はある。あたかも、楚の和氏《かし》が山からきり出した璞《あらたま》を、何度も何度も玉の鑑定師が、ただの石だといっていたようなもの。真実というものは、世間の思慮分別を絶しているものなのだ。〔祖英集　巻上〕

七　言

身心脱落只貞實　〈身心脱落は　ただ貞実あるのみ
千態萬狀龍弄玉　　千態万状　竜　玉を弄《もてあそ》ぶ〉

「身心脱落」という御言葉は、要するに「まことの自己を知る」ということなのだ。竜が宝珠をもてあそぶように、道元禅師は、色々な角度から親切に正法を説いておられる。〔良寛詩集〕

新豐路兮峻仍巇　〈新豊の路　峻にしてなお巇《なめら》かなり
新豐洞兮湛然沃　　新豊の洞　湛然《たんねん》として沃《そそ》ぐ〉

新豊の奥深い玄路は、嶮峻であって、凡聖迷悟のまよいの世界に低迷している者には、足をすべらせて踏みこたえることができない。新豊山の洞水は、まんまんとたたえられ注がれ、凡聖迷悟

のまよいにかかずらわないので、少しの濁《にご》りもみせていない。〔洞山録（新豊吟）〕

八言

九龍吐水灌沐金軀　〈九竜　水を吐いて　金軀《こんく》を灌沐《かんもく》することを

紫毫相光無幽不燭　紫毫の相光　幽として燭《てら》さざることなし〉

天竜が水を吐き、誕生仏の像に甘露のようにそそぎかける。白毫相と同じ紫毫相が放つ光りは、いかなるところでも照らしてやまない。〔虚堂録　巻上〕

三覺

四言

圓珠不穴　〈円珠《えんじゅ》　穴あらず

大璞不琢　〈大璞《はく》　琢《みが》かず〉

隋侯の珠は円くして玨《きず》がなく、立派なあらたまは、琢《みが》かないでも光りを放っている。本来のすがたは分別を超越しているものである。〔従容録　第七十五則〕

七言

烜爀紅輪照萬方　〈烜爀《けんかく》たる紅輪　万方を照らし

草木叢林成正覺　草木叢林　正覚を成《じょう》ず〉

光り輝く真っ赤な太陽はありとあらゆる方角を照らし、草木や草むらは、それはそのままでさとりを現成しているのである。〔如浄語録〕

五物

七言

三千世界海中漚　〈三千世界　海中の漚《あわ》

一切賢聖如電拂　一切の賢聖　電《いなずま》の払うがごとし〉

全世界に起きるさまざまの事件などは、まるで海の中の泡のように消えてなくなり、あらゆる聖人賢人といわれる人々も、電がさっと流れるように、はかなく亡くなってゆくものである。〔槐安国語　巻五　著語〕

六月

四言

渇鹿馳焔　〈渇鹿《かつろく》　焔《ほのお》に馳せ

癡猿捉月　　癡猿《ちえん》　月を捉《とら》う〉

のどの渇いた鹿が陽炎《かげろう》のゆらぎを水と思ってかけてゆき、愚かな猿が水に映った月をつかまえようとして死んでしまう。あさましさをたとえた句。〔槐安国語　巻四　著語〕

蜀犬恠日　〈蜀犬　日をあやしみ

呉牛恐月　　呉牛　月を恐る〉

蜀（四川省）の地方は曇りがちであまり日がささず、たまたま日が照ると犬があやしんで吠える。呉（浙江省）の地方は、南国で暑いゆえ水牛は熱さを恐れる。ところが月をみて日とまちがえ、これを恐れてしまう。転じて主体性のない、自信のない人をいう。〔槐安国語　巻二　著語〕

五言

一句合頭語　〈一句合頭《がっとう》の語〉

萬劫繫驢橛　万劫《まんごう》の繫驢橛《けろけつ》〉

ものの道理にかなった好い一句の言葉でも、これに執らわれて融通がきかなくなると、永劫の長きにわたってなくもがなの無用の長物となる。〔景徳伝灯録　巻十四〕

六言

豹披霧而變文　〈豹は霧を披《き》て文《もん》を変じ

龍乘雷而換骨　竜は雷に乗じて骨を換《か》う〉

豹は霧に隠れてその斑文を変え、竜は雷雨に乗じてその骨を換えて昇天したという。このようにして皮毛、骨格、つまりそのものの主体性を脱却しなければ、本ものになれはしないのだ。〔従

容録　第四十三則〕

七　言

藕絲孔裏騎大鵬　〈藕系孔裏に大鵬に騎り
等閑挨落天邊月　等閑《なおざり》に挨《お》し落す　天辺の月を〉

はすの孔《あな》の中で大鵬に乗り、なにげなしに空わたる月をおしおとしてしまう。世間の常識、比較を絶した力量の世界を示したもの。〔虚堂録　巻中〕

搬得晴天染白雲　〈晴天を搬《はこ》びえて白雲を染め
運來溪水濯明月　渓水を運《はこ》び来りて明月を濯《あら》う〉

今まで曇っていた空に白雲を染めて青空とし、渓川の水をもってきて明月を洗う。体（晴天、明月）と用（染白雲、運来渓水）の不分にして相互の必然的在り方を示したもの。〔永平広録　巻二〕

窗前潛綻含春梅　〈窓前潜《ひそ》かに綻《ほころ》ぶ　春を含むの梅

撮得劫壺空裡月　〈撮《つま》みえたり劫壺《ごうこ》　空裡の月〉

我が永平の長処をつまびらかに説明してみるならば、あたかも窓の前にそっと春を告げて咲いた梅の花に似ている。この梅花を手にしてみれば、その香りといい、色さしといい、いってみれば空劫以前の大昔から空に輝いており、壺という小天地にも輝き映る、あの月にも似ている。梅が咲くときは天地が春、月が輝くときは天地が明かるくなるようなもの。個が全に通ずる世界である。

〔永平広録　巻三〕

長歌吹起棹頭風　〈長歌吹起《すいき》す　棹頭《とうとう》の風

永夜恣眠篷底月　　永夜ほしいままに眠る　篷底の月〉

吟ずる長い歌が、棹《さお》の上に風を吹き起こし、永い夜に、小舟の底に映る月を見て充分にねむる。

〔劫外録〕

八　言

一牛飲水密混渓雲　〈一牛　水を飲んで　ひそかに渓雲に混じ

五馬不嘶暗彰風骨　　五馬　嘶《いな》かずして　暗に風骨を彰《あら》わす〉

牛が水を飲み、そっと水蒸気と化して渓間の雲と融合し、姿をくらましてしまい、五頭の馬が、いななかなくとも、暗がりの中でその姿をあらわすことができる。〔劫外録〕

大徹底人無徹可徹　〈大徹底の人は　徹《てつ》して徹すべきなく
大歇底人無歇可歇　　大歇底の人は　歇《けつ》して歇すべきなし〉

大いに徹底した人は、そのうえに徹すべきなにものもなく、大いに歇《つく》した人は、さらにつくすべきなにものもない。待対《たいだい》を絶している人を言いあらわしたもの。〔劫外録〕

葉零零兮秋暮半凋　〈葉　零々たり　秋暮れて半ばしぼむ
花片片兮春暖齊發　　花　片々たり　春暖かにして斉《ひと》しくひらく〉

落葉がひらひらと落ち、老いぼれた衲《わし》（雪竇和尚）にみられるように秋も暮れて半ばしぼみかけている。これにくらべあなた（善暹首座《しゅそ》）は若い。一輪一輪と花ひらく春が暖かくなり一様に咲きほこるように、若さを充分に発揮して仏法を興隆させてほしい。〔祖英集　巻上〕

九屑

四言

露柱懐胎　〈露柱　懐胎し
忽然爆裂　忽然として爆裂す〉
大黒柱《だいこくばしら》がみごもり、ふいに破裂してしまう。常識、思慮を絶した境を示したもの。〔如浄語録〕

五言

碧落無片雲　〈碧落に　片雲なく

虚庭積深雪　虚庭に　深雪を積む〉
天に一片の雲もないのに、がらんとした庭に深雪《みゆき》がしんしんと積っている。碧落をダルマ大師に擬し、虚庭を二祖慧可に擬して詠んでいる。〔祖英集　巻下〕

毎日只面壁　〈毎日　ただ面壁
時聞灑窗雪　時に聞く　窓に灑ぐの雪を〉
毎日ただ一人坐禅三昧の明け暮れ、時には窓べをたたく吹雪の訪れに耳をすますこともある。〔良寛詩集〕

松無古今色　〈松に古今の色なく
竹有上下節　竹に上下の節あり〉
松の色には古今の別なく、いつも緑。竹には上下の節があってこそ、強靱さをほこることができる。松も竹も、この特色があって本来の面目をあらわしているのである。〔五灯会元　巻二〕

七　言

透荊棘林衲僧家　〈荊棘林を透《とお》る衲僧家《のうそうけ》
如紅爐上一點雪　　紅炉上一点の雪の如し〉

煩悩の荊棘《いばら》の林を自由自在に通りぬけることのできるしがない僧侶。その僧侶の生き方は、まるで真っ赤な炉の上にぽっかりと降ちた雪がしゅっと融けて跡かたのないように、さらりとしている。〔碧巌録　第六十九則〕

青原白家三盞酒　〈青原　白家　三盞《さんせん》の酒
石頭紅爐一點雪　　石頭　紅炉　一点の雪〉

青原和尚は白家の酒を前にしても盃をとろうとしない。石頭和尚は、赤々とした炉に一点の雪が舞いこんでも、その跡方が残らないで消えてゆくように、坦々としている。〔永平広録　巻七〕

南北東西歸去來　〈南北東西　帰りなんいざ
夜深同看千巖雪　　夜深《ふ》けて同じく看る　千巌の雪を〉

東西南北何処へ行って迷っても、結局帰るところは決まっている。それは自己の本家郷、つまり本来の面目へである。ちょうど、真夜中に多くの巌の上に降りつもった一面の白一色の雪を見るようなものである。〔碧巌録　第五十則〕

令人轉憶謝三郎　〈人をしてうたた謝三郎を憶《おも》わしむ

一絲獨釣寒江雪　一糸もて　独り釣る　寒江の雪を〉

世の人々にずっと謝三郎こと玄砂宗一大師を追想させる。宗一が出家後に垂れた一本の糸は雪峰義存を釣りあげることができた。もっといえば、寒江の雪、つまりおさとりを、現成《じょう》することができたわけなのである。〔普灯録　巻十〕

十薬

四言

將心用心　〈心《しん》を将《も》って心を用う

豈非大錯　あに大錯《しゃく》にあらざらんや〉

本来、仏性《ぶっしょう》をもっている人間が、さらに菩提《さとり》を得ようとか、迷いを転じて悟りを開こうとかする

こと自体、おかしいではないか、ということ。〔信心銘〕

凡有施爲　〈すべて施為《せい》あらば
盡落糟粕　　ことごとく糟粕に落つ〉

すべて、はからいごとがあれば、みんなかすになってしまう。〔趙州録　巻中〕

六言

木鐸以聲自毀　〈木鐸は声《ひびき》をもって自らを毀《やぶ》り
膏燭以明自鑠　　膏燭は明をもって自らを鑠《とか》す〉

木でつくった鈴は声を伝えることによって自分をいためてゆき、ともしびはあたりを明かるくすることによって自分の命をちぢめてゆく。世のため、人のために奉仕したり、指導したりしてゆく人たちも同じこと、我が身をすりへらし、使いはたして、寿命をちぢめてゆくものである。

〔槐安国語　巻六　著語〕

十一陌

四言

神通無方
〈神通　方なし

蝶随花雲随石
蝶は花に随い雲は石に随う〉

神通力とか天の摂理などというものには一定の方式というものはない。それは、蝶が花を尋ね、雲が石を覆《おお》い抱くようなごくありふれたことの中に、見出されるだけである。〔楳仙遺稿〕

五言

春山疊亂青　〈春山　乱青《らんじょう》をたたみ
春水漾虛碧　　春水　虚碧をただよわす〉

春山はいりみだれた青さの重なりを示し、春水はすき透るような碧《みどり》をただよわせている。青春のぬくもり、萌え出るさまの美しさを述べたもの。〔虚堂録　巻上〕

眉毛春山低　〈眉毛は春山に低《た》れ
眼睛秋海碧　　眼睛《がんぜい》は秋海に碧なり〉

眉毛は春の山を想わせるようにおっとりと垂れさがり、眼睛は秋の海を想わせるように、一点の曇りもなく、紺碧を呈している。〔永平広録　巻三〕

八言

道無揀擇水深山嶷　〈道は揀択《けんじゃく》なく　水深く山嶷《たか》し
祖無出沒月寒天碧　　祖は出没なく　月寒く天碧《みどり》なり〉

正伝の仏法は、揀《えら》び択《えら》ぶというはからいがあってはならない。たとえば、水は深く山は高いという現象のごとくで、それが絶対平等の姿にほかならぬように、はからいをさしはさむ余地のないものなのである。仏祖がた、たとえば三祖鑑智僧璨《そうさん》のごときも、不生不滅の存在であって、厳冬ともなれば寒月が碧天に輝きわたるようなものである。〔宏智偈頌〕

十三職

四言

虚明自照　〈虚《こ》明《みょう》自《じ》照《しょう》〉

不労心力　〈心力《しんりき》を労せず〉

なんのために照らすのでもないすかっとした月光は、なんの心くばりようも、力のいれようもしないで、輝いている。坐禅の功徳も然りであることをいう。〔信心銘〕

十語九中　〈十語九中も
不如一黙　一黙にしかず〉
どんなにおしゃべりしても真理というものは伝えられない。しかしこれを伝えるには、ただ黙るにこしたことはない。〔劫外録〕
麁心是失　〈麁心《そしん》これ失
細膽是得　細胆これ得〉
そそっかしい修行では仏道は求められない。綿密な修行を重ねれば、仏道は会得《えとく》できる。〔永平広録　巻二〕

五言

澗水湛如藍　〈澗水　たたえて藍のごとく
野花開似織　野花　開いて織るに似たり〉
「三界唯心」つまり「世界の存在は我が心があるからだ」という意味の具体例を挙げるならば、谷川の水がたたえて藍《あい》のような青さを呈したり、野の花がいっぱい咲いて錦《にしき》を織っているように見えるようなことだ。藍のように、また錦を織りなすように見えるというのは、実に、みな、こちらにその心があるからそう見とれるというわけなのだ。〔丹霞頌古百則〕

六言

面上夾竹桃花　〈面上は夾竹桃《きょうちくとう》の花
肚裏参天荊棘　肚裏《づり》は参天《しんてん》の荊棘《けいきょく》〉

外面は笑《え》みを浮かべ、心の中は天にまじわるいばらのごとくとげとげしい。「油断大敵」の隠語。

〔槐安国語　巻四〕

七言

紫羅帳裏有眞珠　〈紫羅帳裏に真珠あり

曹溪路上生荊棘　　曹渓路上に荊棘を生ず〉

紫の帳《とばり》のめぐらされた帝王の御座所のあたりに真珠がまき散らされてあるように、待対のなくなった一色の絶対境。曹渓山への参道にいばらが生えてきた、とは六祖慧能の仏法にかげりが出てきたことをいう。待対の世界を示したものである。〔祖英集　巻下〕

兩個泥牛鬪入海　〈両個の泥牛　闘って海に入り
直至今而無消息　　直《じき》に今に至って　消息なし〉

「両個の泥牛」とは、好き嫌いとか、愛憎とか、主観客観といった人間のはからい。その二つが組《く》んず、ほぐれつしているのが憂《う》き世の種々相である。ところが、その「相対する二見の行く方《へ》が絶えてわからなくなった」という。これは二見のとらわれから超越することができたということで、坐禅三昧に入っていることを示した言葉である。〔洞山録〕

八　言

劒輪飛處日月沈輝　〈剣輪飛ぶ処　日月輝きを沈め

寶杖敲時乾坤失色　　宝杖敲《たた》く時　乾坤《けんこん》色を失す〉

剣の輪（本来の面目）が飛ぶところは、それがために日月も輝きをなくしてしまい、宝の杖（本来の面目）がたたくと、天地は色を失ってしまうほどである。絶対者の前には、天地、自然《しぜん》の相対は影をひそめざるをえないことをいい、師家《しけ》たる者は、剣輪、宝杖の立場を踏まえて、雲水を手きびしく導かねばならぬことにたとえている。〔槐安国語　巻六　著語〕

十四緝

四言

水灑不着　〈水　そそげども着かず
風吹不入　　風　吹けども　入らず〉

おさとりの世界は、乾湿精粗を絶しているので水をかけてもぬれず、風が吹いても吹き通らない。このように趙州和尚はさとりに徹している。〔碧巌録　第五十九則〕

五言

聖僧堂裏坐　〈聖僧《しょうそう》は堂裏に坐し
金剛門外立　　金剛は門外に立つ〉

聖僧様は僧堂の真ん中に安置され、金剛力士の仁王様は寺門の両側に立っている。真如実際、ともに在るべき様を言いあらわした句。〔劫外録〕

六言

松凌霜兮韻清　〈松は霜を凌いで　韻《ひびき》清く
水帯巌兮流急　　水は巌を帯びて　流れ急なり〉

松は霜おく寒さを経て、その奏でる松籟の韻の清らかさを増し、水は巌のあるところに出れば、流れが急となる。〔祖英集　巻下〕

八　言

一雙孤雁搏地高飛　〈一双の孤雁　地を搏《はう》って高く飛び
一對鴛鴦池邊獨立　　一対の鴛鴦　池辺に独立す〉

つがいの孤雁が大地を低く羽うって次第に高く空中に飛び上り、一対の鴛鴦《おしどり》が池のほとりにしょんぼりと立つ。人間のはからいを絶した、縫い目（差別）のない世界を言葉で表現している。

〔従容録　第十七則〕

十五合

七言

毘藍園裏石筍生　〈毘藍園裏《びらんえんり》に　石筍生じ
五臺山上風颯颯　　五台山上に　風颯《そう》々たり〉

インドのルンビニー園に釈迦がお生れになり、文殊菩薩が示現されたと伝えられる山西省の五台山の霊地に風がはげしく吹きさらしているという直叙。〔投子語録〕

十六葉

五言

凋梅雪作花　〈凋梅《ちょうばい》は雪を花となし

杌木雲充葉　杌木《こつぼく》は雲を葉と充《み》たす〉

花の散った梅の木は、代わりに雪化粧で花にしつらえ、兀々《こつ》たる木の切り株は、雲をたちこめて葉にみせかけている。〔寒山詩集〕

十七洽

八言

鑊湯爐炭劍樹刀山
發大悲光演微妙法

〈鑊湯炉《かくとうろ》炭剣樹刀山《たんけんじゅとうざん》　大悲光を発し　微《み》妙の法を演《の》ぶ〉

地獄にあるという恐ろしいことども（煮え湯のたぎっている釜、火が起きている炉、剣《つるぎ》の乱立している山）は、大慈大悲の光りを放ち、甚深微妙の仏法を敷演している。〔劫外録〕

禅林名句辞典

索引

〔ア〕

阿僧祇劫夜窗雨　二一八
唖人解唱木人歌　三九七
愛君脩竹為尊者　二一三
愛向江辺弄釣糸　二〇七
愛水汎千舟　四七二
安国安家不在兵　四四五
安禅制毒竜　一二六
安禅不必須山水　四三一

〔イ〕

為愛曠夷脱旧衫　五〇九
依依半月沈寒水　三三一
已甘休万事　三五九
依旧出青霄　三八一
依空又落空　七六
渭水蘆花嵩岳雪　四七三
為設鉗鎚砕鉄腸　四二四
依然面目見廬山　三四七
一葦江頭楊柳春　二七〇
一翳在眼　五六〇
一牛飲水密混渓雲　六二一
一牛纔飲水　七五
一撃声中忘所知　一五三
一撃忘所知　五六一
一月流空山岳露　五七三
一毫頭上現乾坤　三三〇
一時分付丙丁童　一一六
一重山隠一重人　二八六
一重山尽又一重　四九
一樹春風有両般　三三一
一条古路長荒草　一七九
一条拄杖為知己　三四六
一条緑水繞青山　三五〇
一塵含万象　三五六
一塵挙大地収　五一四
一陣賊軍倶粉砕　一八〇
一大蔵経拭糞紙　九二
一弾指頃去来今　五〇一
一日朝昏十二時　一六九
一日鉢盂両度湿　五三五
一如々外更何如　二〇〇
一任時人笑不才　二四八
一人伝虚万人伝実　五九
一人独擅太平基　三一七
一念具三千　三五六
一念不生全躰現　四〇四
一念未生時　五四三
一馬生雙駒　二一一
一瓶一鉢随縁住　三四六
一枚魔死一枚魔　三九七
一抹軽煙遠近山　三三一
一脈曹渓濫觴水　一五三
一毛頭上現全身　二八七
一夜花開世界香　四三三
一夜花開世界香　四二七
一夜落花雨　四一五
一葉扁舟一簑笠　三八八
一葉扁舟戴大唐　四九
一葉落時天下秋　四七三
一粒在荒田　五九五
一粒粟中蔵世界　三六六
一龍八馬各逢春　二七八

一輪皎潔　四一一
一輪月照西湖水　五一七
一輪月白暁天上　五五四
一輪明月映清暉　一九一
一輪明月照禅心　四九八
一輪明月即心池　一七〇
一輪明月到牀前　三七五
一老不一老　三四
一路涅槃門　三一四
一攪滄溟徹底渾　三三〇
一舸春風殊快尓　二〇〇
一顆如来蔵裡珠　一五三
一竅虚通　一七〇
一茎草立十方刹　二四一
一曲離騒帰去後　二一〇
一曲両曲無人会　四九一
一句合頭語　六〇九
一口吸尽西江水　五一七
一句曲寒千古調　二〇一
一花一国一如来　二四六
一渓流水遶松杉　五一〇
一華開五葉　四三七
一花開世界起　五一四
一橛子　一
一剣倚天寒　三一九
一向草宿露眠　三六三
一箇自由身　二六五
一根清浄諸根浄　九三
一切賢聖如電払　六〇七
一切無非仏事　三六三
一枝秀出老梅樹　二四一
一枝瑞草乱峯垂　一五八
一枝独向雪中開　二四七
一絲独釣寒江雪　六一六
一勺亦天賜　三三五
一車被打諸車快　四三三
一手分付　五六八
一手猶分掌与拳　三七四
一生無智恰如愚　二一七
一心不生　五五五
一心有滞　七一
一声鶏唱五更月　四四一
一声黄鳥青山外　二七一
一声清響忽驚飛　一八〇
一声長笛人何去　九二
一声鳴歴々　七五
一声雷震清飈起　五一六
一双孤雁搏地高飛　六二六
一尊木仏劈為薪　二九八
一帯峯巒雲更高　三九〇
一炷線香古窓下　五五一
一超直入如来地　四九
一対鴛鴦池辺独立　六二六
一滴何曽湿口唇　二八三
一転語　一
一点山蛍照寂寥　三八四
一点鍾愛心　五三四
一刀一断　一五
一棹清風明月下　九三
一東二冬　一三
一等与渠談般若　九三
一刀両断南泉手　四四一
一等玲瓏談己語　九三
一得春風便放花　四〇九
一鉢千家飯　四六八
一片閑雲兮遠天分水　五一九
一片白雲横谷口　三八六
一歩為初　一九五

一法円融万法融　九二
一法元無万法空　九三
一法諸法宗　七五
為人度生　五三三
囲棋消永日　六六
威風凛々逼人寒　三三七
為報四方禅客道　二八八
意抛難陀栄　四三九
已無銜華鳥　三三七
為妄所蒙　七三
氤氳出石罅　四八八
慇懃為説西来意　三一七
印空印水印泥　三一七
因月弁其指　五一四
因指見其月　五一四
印前恢廓兮元無鳥篆虫文
　三一一
引喙醴泉期後会　三一九
印破虚空千丈月　四三五
因風吹火　三九二
因風吹火　五四八
韻冷出水姿　一四一

〔ウ〕

雨過四山低　三一四
雨過夜塘秋水深　四九一
雨黒風白臥空谷　六〇一
有時定起下双澗　一七九
有時独坐孤峯頂　二九一
雨蒸荷葉香浮屋　三六五
有諍則生死　三一五
有処無風浪起　五一五
有心已謝　五九〇
雨晴花色明如錦　三六五
宇宙無双日　二五五
雨滴巌花万国春　二九〇
雨滴梧桐山寺秋　四七五
雨滴石笋々須生　四五五
雨滴蘚紋斑　三四三
烏兎任従更互照　三三三
優曇華向火中開　五八八
有念々成邪　四〇三
烏律々　二
雨笠烟蓑一釣蓬　一二八
胡乱塩醬兮図箇料理　三一
雲暗獼猴来近嶺　一五六
雲開五老峯頭月　一三九
雲開山色重々碧　四五八
雲閑風静　五五五
雲去青山露　五七一
雲月落銀籠　六八
雲向眼前飛　一七七
雲犀玩月璨含輝　一五三
雲在青天水在瓶　五〇
雲在青天水在瓶　四六一
雲在嶺頭閑不徹　四四四
雲散水流去　七七
雲自高飛水自流　四七五
雲駛月運　一三七
雲自水由　四六七
雲収山骨露　三一四
雲収明月出　四〇一
雲従竜風従虎　四六
運出自己家珍　二六七
雲生山有衣　一七七
雲生洞口　三一三

雲拭青銅宇宙清　四四八
運水搬柴不見塵　二九六
雲水不期得得来　二四一
雲掃長空巣月鶴　三六八
雲退露寒巌　五〇九
雲断青天鶴意閑　三三三
雲中石女舞三台　二四六
雲中木馬驟清風　一〇四
雲騰鴬飛　一七
雲堂大会不来人　三〇一
雲騰致雨　四一二
雲磴履高低　三一六
雲吐波中月　三四四
雲破月来池　一四八
雲伴清風散　五三四
雲封松柏池台旧　四七五
雲迷古路家破人亡　四三四
雲門透法身　二五五
雲門老子　二五一
雲容不掛野渡澄明　四五六
運来渓水濯明月　六一〇
雲蘿秀処青陰合　四九一
雲籠無縫襖　一四三

〔エ〕

影映両枝花　四〇一
郢人那得苦追尋　四九六
郢人無汚　五八二
永日寥々謝太平　四五三
永平半杓得便宜　一三
永夜恣眠篷底月　六二一
永夜清宵何所為　一五六
永夜清宵何所為　五六三
永夜無風月独清　五八
永夜無風月独清　五二一
影揺千尺竜蛇動　三三三
衣盂不貴貴伝燈　四六三
慧眼直縁空　八六
慧剣単提日用中　九四
回互不回互　三四
衣穿痩骨露　三五七
越山日暮少林客　三一八
衣伝南嶺人将去　二四三
慧日能消除　一九八
衣鉢繩々春屋能　四六四
慧命自玆伝　三六一
煙雲擁翠鸞鳳迷踪　五三三
遠壑移松憐晩翠　三六七
円覚曽参棒喝禅　三六七
烟霞鎖翠微　一七七
遠近高低各不同　一一六
遠渓流落無絃琴　四九六
園紅柿葉稀　四六九
遠山供望碧層々　四六四
遠山無限碧層々　四九
遠山無限碧層々　四六四
遠山無限碧層々　四六五
円珠不穴　六〇五
煙水一江秋　四七二
猿声知後夜　三五八
遠接少林武　五三三
遠則十万八千　三六四
煙村三月雨　二五六
円陀々　三九一
焉知沙塵寒　三一六
猿鳥自啼山自寂　四五八

猿鳥未相棄　三三四
円同太虚　一九五
鴛鴦愛暖浴春渠　二〇三
烟波渺々正愁余　二〇五
遠泛鯨濤入大梁　四三一
閻浮八万四千城　四四二
延平劔已成龍去　二七一
遠望孤蟾明皎々　四八〇
猿抱子帰青嶂後　三六九
烟迷柳眼　二五三
縁与物共新　二〇〇
円与未円人未語　五三一
猿来樹嫋々　四六九

〔オ〕

横看成嶺側成峯　一一六
応機接物　三五四
横亘十方　四一三
黄金鋳就伍員心　五〇〇
王三昧　二
鴬待晴光来柳栢　三一七
横吹鉄笛奏梅引　五二九
応聴子規深夜啼　三一八
鴬啼華木碧波間　三五三
鸎啼枯木花　四〇一
鴬囀暁風花笑日　九四
鴬囀垂楊岸　三一三
黄梅東皐　三三四
鴬逢春暖歌声滑　二四二
往来跡幽深夜雪　五五一
浥露秋蘭香満室　一六六
屋破看星眠　三五七
淤泥深浅人不識　三六七
淤泥不染緑依々　一五四
隠々青山展画図　二二四
飲茶作別出蘿門　三三一

〔カ〕

我愛山時山愛主　四八五
花依愛惜落　四四〇
凱歌斉和太平帰　一八〇
開函万国春　二五九
駭雞犀　一〇
海月霊犀夜魄通　九八
開眼瞎睡　五六一
海枯徹過底　三八七
回首為千古　三四四
回首転脳　一八
回首独倚枯藤立　二七六
快人一言　三三三
晦跡国上不記春　三〇一
解打鼓　二
開池不待月　三三六
海底珊瑚枝爛々　四三三
海底泥牛啣月走　三六八
海底竜吟雲雨潤　四四二
海天空濶漾虚舟　四七五
灰頭土面　二五一
快馬一鞭　三三三
海分千派浪　三四三
会有幽人客寓公　一一八
介立八風吹不動　五一一
可意嶺上松　一一七
花開花落緑何事　九四

遐懐寄何処　四一五
華開五葉夜間錦　四六三
花開時蝶来　二三九
花開必結真実　八九
花開不仮栽培力　一六八
花開満樹紅　八六
花開両様一春風　一一七
過河須用筏　五六二
華々葉々発霊根　三一九
河漢月中　七二
家寒故是無偸鼠　一五三
花還世上塵　二六〇
可貴天然無価宝　二一七
過橋村酒有　四一八
何経不度生　二五四
殻外殻中孰後先　三七七
郭外小児　一三九
隔岸野花香　四一八
歌鼓驚山草木動　二七三
攫金者不見人　三四五
革故鼎新　二五四
格外之機　五三六
嶽高雪积遅　五三四
学者恒沙無一悟　五七三
覚性円明無相身　二七一
瓠子曲彎々　三四五
鶴棲雲外樹　四一七
覚醒始恐石人讒　五一〇
覚則氷生　四三六
鶴長鳧短　五三三
学道須立志　五六二
学道先須学貧　二六八
鑊湯炉炭剣樹刀山　六二九
鑊湯炉炭吹教滅　二四三
廓然無聖　一五
廓然無聖対君王　五三一
鶴飛千尺雪　四六二
鶴飛千尺冲天去　三三七
学貧後道方親　二六八
鶴夢無依寒巣臥月　四五六
鶴有九皐難翥翼　一〇九
鶴林空変色　一七六
鶴林月落暁何暁　二七三
鶴唳空山竹満林　四九四
客路元来不可行　四四三
仮鶏声難謾我　三四七
花高不隠春　二六四
花紅柳緑前縁尽　三八三
我今不是渠　一九六
過在尋他舌頭路　五七三
何在穿通　七二
花散人去山更幽　四七三
花枝自短長　四一六
何似生　二
何枝不帯春　二五四
花自不分長短枝　一七〇
可惜許　二
河沙如来同共証　五九四
何須摂念坐禅　三六三
火就燥水就湿　四八
火種那能到老盧　二一九
謌須揺頭　一三七
可笑寒山道　一一七
仮饒千載又奚為　一六三
迦葉擡頭不識人　二九二
仮饒毒薬也閑々　三五一
迦葉不覆蔵　四一六
花笑不萠枝　一四三

花咲不萠枝　一五〇
迦葉不聞々　三〇六
荷葉満地無線補　一八〇
架上有書樽有酒　二四三
何処有塵埃　二四〇
荷尽已無擎雨蓋　一六八
我是西天老僧伽　三〇一
荷担正法太密々　三七一
河淡斗垂夜柄　五九二
可中石火電光遅　一六六
歌長三世引　一四一
渇飲澗中泉　三五七
豁開胸襟宝蔵　二六六
豁開自己光明蔵　一五九
刮骨禅　三
瞎児何処触機縁　三六七
活人全在死人中　一〇二
豁然宝鏡当台　五一四
合浦珠還発耿光　五三三
豁落亡依　一三七
渇鹿馳焔　六〇八
華発見流年　三五八
花発無根樹　二二六
家破人亡何処帰　一八〇
何必咎人咎天傚児女　五六八
家貧未是貧　二五五
河浜無洗耳之叟　二七二
家富小児嬌　三八一
火不待日熱　四一九
何物尤幽奇　一四六
花片々兮春暖斉発　六一二
花蜂採春兮不萠枝　一七五
花無心招蝶　四〇二
河目含秋　四六六
可聞秋雨送梧桐　一〇七
臥聞百舌呼春風　九五
我亦従来忘機者　四八五
何有当鏡台　二三七
我来問道無余事　四六〇
花落万枝空　八六
花落幽禽含　四一八
花裏繫花驄　八三
臥竜不鑒止水　四五
可憐只見蘆花色　九一
可怜生　三
可憐巣父更鞭牛　四七四
可怜無位真人　三六三
殻漏子　三
敢以耳目煩神工　一〇三
寒雨衝山樵人帰晩　五三三
寒雲静鎖楼　四七一
寒雲伴来閑不徹　二四四
閑雲抱幽石　七六
寒雲抱幽石　一四一
雁影沈寒水　四六八
寒猿夜哭巫山月　四四二
灌漑箇々心田　三五五
檻外桃花春蝶舞　四九一
雁回遙聴可三更　四四四
頷下有鬚　二〇九
巌下白雲常作伴　二七三
啣華白鹿臥青莎　三九五
澗濶草濛々　八二
看花歎老憶年少　一一三
看花聞鳥風情少　二四八
岩間宴坐冷颼々　四八三
含翰思万端　三一八
寒巌深更好　五四三

澗曲水流遅　一四九
看月終夜嘯　一七八
巌高獅豸希　一七七
嵓高壁仞千峯雪　四二一
寒山睡重拾得起遅　六〇
寒山撫掌豊干笑　九六
寒山忘却来時路　一八一
寒時寒殺闍梨　一五一
乾屎橛　三
看時不見暗昏々　三二
喚取機関木人問　五〇
喚取機関木人問　四四三
岩樹高時翠鎖深　四九一
寒松一色千年別　二七三
元正啓祚　二五二
堪笑江南三月裏　三一八
堪笑少林胡達磨　三四一
澗松千載鶴来聚　一八一
澗深華色遠　四一七
勧人除却是非難　三三七
閑吹一笛渡頭風　一〇〇
澗水隔時人失便　一八三
漢水今朝流北向　三四七
澗水湛如藍　六三一
澗水湛如藍　五〇四
寒清入骨不成眠　三六八
眼睛秋海碧　六一九
眼睛百転無奇特　三八三
頑石住山豈遂風　一〇六
檻前山深水寒　三三〇
岩前石虎抱虎眠　三六八
堪対暮雲帰未台　四六五
菡萏花開紅一朶　一八三
寒潭月夜円　三五八
寰中天子塞外将軍　六〇
眼中無翳　四〇〇
寒汀水浅辺　五七一
環堵蕭条欣北牕之高興　四六五
寒梅籬落春能早　三一八
勘破了也　一六
岸眉横雪　四六六
罕逢穿耳客　二六三
閑眠閑座任風濤　三八九
間擁衲衣倚虚窗　一三六
関捩子　四

〔キ〕

規円矩方　四一三
幾回生幾回死　五一五
葵藿之心尚傾西　三三三
亀鶴本来仙　三六二
葵花向日　七一
巍巍実相　七三
倚筇随処弄潺湲　三五二
帰去来兮楓菊老　四七四
菊残猶有傲霜枝　一六八
菊蕋黄金質　一四一
掬水客擎双手月　二九六
掬水月在手　一七八
魏闕酔春風　八一
愧欠扶揺九万翼　四二一
帰日秋声満夕陽　四三一
機絲不掛梭頭事　二一三
倚杖閑看雲去留　四七九
起尋花柳村々同　九五

巍然独坐大雄峯　一三
欺霜晩菊吐盈籬　一六六
饑飡松栢葉　三五七
幾多帰鳥尽迷巣　三八六
猪猲不会別伝衣　一八八
喫後猶道未沾脣　二八五
喫茶去　四
橘洲白鳥秋成伍　四三
喫飽粥飯兮洗箇鉢盂　三一
吉峰松奏曲　三〇五
機底聯綿兮自有金針玉線　三一
幾度逢春不変心　四九四
幾人於此便心灰　二四九
幾人求剣刻舟尋　四九三
帰馬于華山之陽　五五一
豈非大錯　六六
岐分絲染太労労　三八九
既抛捨来俗九流　四八一
脚下須知滞半途　二三三
脚跟踏著趙州関　五四五
却作野干鳴　四三八
却笑寒松作大夫　二二四
脚尖築着石頭時　一五四
脚痩草鞋寛　三二八
却伝衣鉢振真風　九一
休於言下覓疎親　二八七
唸々如律令　三二四
窮鬼子　四
休言破鏡無重照　三六六
九皐鶴舞威音外　二〇一
窮谷有佳人　五四九
久在人間無愛惜　二四八
鳩尸花枯春不春　二七二
旧時松菊尚芳馨　四五九
窮者詩乃工　八一
九旬禁足魚投網　九六
九霄絶翳　七三
急水上打毬子　四五
窮赤骨　四
牛胎生象子　二五七
九天雲浄鶴摩空　一〇〇
九天雲静鶴飛高　三八九
牛頭戴角　二三三
牛頭没兮馬頭回　二四五
九年面壁太無端　三四一
九包之雛　二〇八
休問崑岡兼合浦　五八三
九野縦歩兮汀草如茵　三〇二
九野茫々白兎走　五九六
窮来窮去到無窮　一〇一
九龍吐水灌沐軀　六〇五
休弄一張弓　七九
泣露千般草　一二五
杏苑金鶯候蝶　一九九
狂猿嘯古台　二四一
暁月上寒松　一二四
皎月照霜　四一三
皎月普臨於衆水　五一七
教外別伝事最奇　一五五
暁日爍開巌畔雪　四〇四
竟日無字経　三五七
暁天依旧一輪紅　九九
行持道環　一六
行時無説路　三四
鏡像虚融方寸中　九五
行則不無　二二三
鏡対像而無私　五三七

胸中浩々呑雲夢　四二四
暁風摩洗昏煙浄　二二四
行棒下喝乱世英雄　一一九
鏡明而影像千差　四六三
行亦禅坐亦禅　三六三
橋流水不流　四一
橋流水不流　四七〇
橋林寒月穿池冷　四四三
喬林産英翰偉材　五〇
漁翁挙棹撥烟帰　一九三
漁翁翁睡重春潭潤　五九三
漁歌驚起汀州鷺　一二三
漁火蕁羹蓬底香　四一三
魚驚水渾　三一二
去去来来山是身　二六〇
玉階日暖艸茜茜　五八五
玉階蘭種　三一三
玉華啣処天容暁　三二九
玉花晩後鳳衘帰　一八三
玉狗吠時天未暁　二〇二
曲鈎釣蝦蟆蚯蚓　五二八
曲肱有余歓　三三六
旭日銜青嶂　五〇四
曲士不可以語於道　五四七
玉樹鎖千山　三四四
玉女喚回三界夢　一八三
玉自琭々　五九八
曲説易会　五六八
玉兎挨開碧落門　三一八
玉兎懐児向紫微　一八四
玉兎渡天河起浪　五九〇
玉兎眠時日輪午　五三六
玉兎離青霄　三八一
玉馬嘶鳴春信還　三四七
玉鞭金馬閑終日　四四三
玉鳳啣華春不老　二四四
玉峯路嶮巌肩曽看栽松客　三〇三
極目危巒今古秀　四六五
極目千峯鎖翠　三六四
玉立莫非龍鳳児　一六一
玉輪転去松無影　四四四
玉輪転処不当風　九七
玉露滴岩叢　七六
魚行沙暗動　三九三
魚行水自流　四七〇
渠今正是我　一九六
去時暁露消袢暑　四三三
去死十分　一六
虚室夜寒何所有　二七四
虚室夜寒秋月廻　四四四
挙世難尋閑道人　二九五
魚跳万仞峯　一二六
虚庭積深雪　六一四
虚堂迎昼永　七七
居動而常寂　四三九
虚堂寂々夜深寒　三三二
去凡却通途　二〇九
漁父宿蘆花　四〇二
魚躍千江水　三〇五
去亦任従伊　一五〇
魚躍無源水　四〇一
帰来一句作麼生　五五一
飢来喫飯　三五四
帰来試把梅梢看　三〇八
金印未開沙界静　九六
金烏急玉兎速　四五
金烏玉兎両交輝　一五五

金烏随鳳過天輪　二七八
金烏蔵海岸　三六〇
金烏沈処玉輪舒　五〇
金烏沈処玉輪舒　二〇七
金屋簾垂人寂々　五八五
金鵜口々啼南枝　一七三
金果朝来猨摘去　一八三
金菊発花　四〇〇
金鶏喚月夢初回　二四四
金鶏銜鳳子帰巣　五九〇
金鶏対日啼　二三四
金鶏啄破瑠璃卵　三一八
金鶏啼後五更初　二〇二
金鶏抱子帰霄漢　一八三
金鷲転側夜潮落　三四七
銀山鉄壁風吹即倒　六一
錦上鋪花　一六
金屑雖貴落眼成翳　六〇
金粟曾為居士身　二八八
近則不離方寸　三六四
吟鳥啼猿作道場　四三〇
禽鳥不鳴天地春　二九三
謹白参玄人　五七一
吟風一様松　一二五
金不博金　四八八
近聞群鳥語啾々　四八〇
銀盌盛雪　五六九
銀椀裡盛雪　三五

〔ク〕

空闊透天兮鳥飛如鳥　五四〇
空華乱墜　五六〇
空使閑人説是非　一八九
藕絲孔裏騎大鵬　六二〇
空中独唱白雲吟　四九二
空裏無花　四〇〇
苦吟又見二毛斑　三四八
愚者守路而失道　五四六
虞舜自重瞳　八四
屈原已化鯤鯨去　三九六
掘地覓天　五八三
求得心安却苦身　二八四
瞿曇眼睛打失時　一五五
求仏施功早晩成　四四三
愚人喚南作北　八九
君看鶴樹泥洹月　二七三
君看双眼色　四六八
君看流水我看山　三四八
君今幸未成老翁　一〇二
君子可八　一七
君若要見我鞭影　九六

〔ケ〕

渓花含玉露　二三六
谿澗本蔵魚　一九九
桂花露香　四一四
谿寒上樹鴨寒下水　六四
荊棘与時築著来　二四一
荊棘林中下脚易　三三三
荊棘林中栴檀樹　一五六
鶏去鳳来我弄簫　三八三
渓深杓柄長　三七
渓深水声遠　一四六
渓声便是広長舌　二七五

渓声入耳月到眼　四九二
渓長石磊々　八二
荊珍抵鵲　四八六
傾倒陣陣慈雨　五三三
携得瑶琴月下弾　三三三
携嚢行歩春　二六一
谿辺魚躍桃華浪　九七
渓辺茆屋両三間　三四九
形容寒暑遷　五四三
渓柳自揺沙水清　四五五
撃砕千関与万関　三四六
撃砕驪龍頷下毬　五一八
月暗難尋古渡船　三七八
結果自然成　四三七
月現海潮頻　二五七
月高松影細　三三五
月在中峯夜々円　三六六
月鎖蒼梧鳳不栖　二三〇
月照珊瑚一両枝　一五七
月上青山玉一団　三三三
月照青山松韻起　五一八
月照前谿　三三三
決定有魚行　四三七
月色可看雨可聴　四六〇
月色江光冷相照　五八六
月色波光全体妙　五八六
月色和雲白　三三六
月穿潭底水無痕　三三一
月巣鶴作千古夢　一〇八
月巣鶴作千年夢　九七
月中玉兎夜懐胎　五三五
月中香桂鳳凰帰　一八一
月沈碧海竜非隠　一六五
月沈野水光明蔵　四九九
月到中秋満　四一七
月白風清　二六
蕨薇夜雨萠寒麓　四四五
結夢風塵世味長　四二五
月満旧巣風露寒　三三七
月明林下美人来　二四九
月来松色寒　五七一
月来明湛水　五〇九
月落潭無影　一七七
月落不離天　三六一
月裏姮娥不画眉　一八四
月臨渓水寒　三三九
月冷結露　五六九
月朗高天　五〇三
月籠丹桂遠　三八八
月和流水過橋来　二四四
外道潜窺無門　三一五
繫驢橛　四
繫驢橛上生芝草　二三九
剣為不平離宝匣　四五八
遣有没有　七一
懸崖撒手弁魚龍　一一三
烜爀紅輪照万方　六〇六
懸河之弁　一七
蒹葭風静　七三
厳凝雪夜忽開花　四一〇
褰脛閒渉水　二六一
幻化空身即法身　二九七
玄黄莫染我明珠　二一四
絹黄婦幻鬼神驚　四四五
乾坤贏得一閑人　二七八
乾坤今日彩光彰　四二九
乾坤祇一人　二五五
元字脚　五

元是一家春　二五六
剣樹刀山喝使摧　二四三
現成公案　一七
現成公案　一三七
現成公案絶安排　二四五
見成公案百千枚　二四九
見性不留仏　一四二
眼処聞時方可知　一七二
眼処聞声方始親　二九七
源深流長　四一四
見説許由曾洗耳　四七四
健即経行困既眠　三七三
還丹一粒　四八六
言談宇宙空　八四
玄中玄　五
玄中又玄　一七
見兎放鷹　五四八
眼耳雙忘身亦失　四九二
眼若不睡　一九五
眼横鼻直　一八
犬吠夜月村　三一三
源発霊山太悠久　四四〇
権柄在手　一三八
玄妙証去更差池　一六一
見聞不昧　二五二
剣輪飛処日月沈輝　六二三

〔コ〕

光陰莫空度　五七一
項羽過江東　八三
紅雨幾番華事老　四七六
行雨斜吹雲一抹　二二〇
耕雲種月自由人　二七五
黄雲万頃麦家秋　四七六
黄鸝上樹一枝花　四〇八
黄鶯啼処金蔵柳　一一九
黄鶯啼処緑楊春　二七九
更於何処覓真如　三〇六
劫外春風暗裏興　四六三
黄花為般若　一九六
黄花応笑白頭翁　一一五
向钁頭辺自策切　一〇七
高可射兮深可釣　五四
江河清潔女多佳麗　五七六
黄河点魚　一八
劫火洞然毫末尽　九八
紅霞碧靄籠高低　二七五
鴻雁回林鴬出　四六
江寒蒹葭黄　四二〇
江岸風濤急　四六九
高閑不羈　一三七
高興画蘭香満箋　三七八
光境共忘復是誰　一五七
光境倶忘復是痕　三三三
皓玉無瑕彫文喪徳　六一
江月照兮松風吹　一五六
江月照松風吹　五六三
吼月泥牛能入海　五二七
皓月普天而非照　五八七
好堅樹　五
光元不存境亦然　一五七
耿々三星碧落攢　三三一
好向枝頭採春色　一一七
行々鳥道誰尋討　五四六
曠劫無明当下灰　二四七
江国春風吹不起　一五六

高梧帰竹鳳雛郷　四三七
江湖猛客揚眉到　四二四
幸作福田衣下身　二七八
好生観　五
高山虎嘯生風　八九
紅日杲々　五四二
亙日凝然万事忘　四三一
蔵出鳳凰五色髄　五一八
向上一路千聖不伝　六一
江上青山千万畳　三四九
敲唱調古神清古風　六一
高松風颸々　四七二
膏燭以明自鑠　六一七
行人何必歴艱難　三三九
功深悟亦深　四八九
行人到此尽蹉跎　三九六
肯信人間有是非　一九二
江心波浩蕩　二三六
香清払檻風　一四一
黄泉激水碧楼竜　一三〇
蒿草栴檀多少要　二七八
高祖殿前樊噲怒　二七六
江村風月夕　三一四
行到源頭卻惘然　三七七
黄土千秋埋得失　四〇五
光呑万象　五五三
江南春信早　三六八
江南春早鷓鴣啼　五一
江南啼鷓鴣　二一一
吼破寒潭月一輪　二九〇
肯把幻縁滋幻影　一五三
光非照境々非存　三三三
業風吹不断　五三四
高風吹嶺外　五七七
香風万里襲人衣　一八二
更不仮修治　五六一
高峰起白浪　四一六
耕鑿烟雨叢　八六
光明豁而巍巍　五六六
光明奪夜之謂月　四七六
更無一物当心地　五六五
更無余事可思量　四二八
高名四海復誰同　五一一
黄面皮　五
更有尋芳拾翠人　三〇〇
黄葉一村蔵寺深　四九五
紅葉告秋黄閣下　一三〇
紅葉秋霜染　一四三
紅葉落時山寂々　三三四
黄葉落時聞擣衣　一九〇
高翼会風霜雁苦　四〇五
江柳未揺金　四九〇
蛟竜窟宅初無底　四九三
抗力霜雪　三七九
黄蘆渡口奏陽春　三〇二
胡笳曲子不堕五音　六二
古岸紅帰一帝煙　三七五
枯河無水月無来　五一
呉牛恐月　六〇八
悟去皆如鶴出籠　一一五
胡琴抱明月　七八
虚空無面目　一四三
虚空歴々現賢愚　二一六
谷含応声之響　二六八
黒漆崑崙把釣竿　三三四
哭須皺眉　一三七
国清才子貴　三八一
黒漫々　六

孤迥々　三九一
虎渓千古祇三人　二八四
古月照林端　五七七
虎靠山処長威獰　四五五
悟後還同睡起夫　二三〇
悟後還家我累渠　二〇〇
箇々壁立千仞　五八一
古今玄達者　一九七
古今常不改　五三六
古今無二乗　四六一
五山高鎮地　一二四
孤山孤絶誰肯廬　二二五
孤山呑却西湖水　一五七
枯枝頭上雪　二六八
孤錫静叩門　三一四
枯株朽幹尽萠芽　四〇八
古樹枝頭一老僧　四五一
吾常于此切　四四
孤杖吟詩渡虎渓　二二三
虎嘯蕭々巖吹作　三三一
孤松声任四時風　一一四
湖上清風侵竹院　五〇六
古松談般若　一九七
吾師来東土　三六三
語尽山雲海月情　五〇
孤身万里游　四六八
古人問道復何言　三六八
箇是雄々大丈夫　二二五
悟即以色為空　九〇
五台山上風颯々　六〇七
箇中已是渉多岐　一七一
壺中日月未曾咸　五一〇
箇中消息子　一四三
箇中誰是出頭人　二七七
壺中天地乾坤外　四二六
箇中那許悟円通　九四
壺中風景兼四時　五〇六
忽怪空中躍百愁　四七九
兀々思量道豈疎　二〇一
兀々如愚兮道貴　五六七
兀坐寥々無待対　三四九
忽然爆裂　六一三
骨痩稜層老比丘　四八三
忽地一声轟霹靂　九八
兀然無事坐　四五六
牛頭峯頂鎖重雲　二七七
杌木雲充葉　六〇八
枯椿花爛熳　七九
孤桐秘虚鳴　二六八
梧桐未報已仲秋　四七六
虎得風則威　一七八
古渡風清一片秋　五八六
五派帰根絶躍同　一一一
五馬不嘶暗彰風骨　六一三
五馬不嘶風　七五
其波翻廻滔其波　三九七
古帆高挂下鷲湍　三二四
古帆不掛洞水逆流　三〇二
古仏心　六
孤峯終不露崔嵬　二四八
枯木雲籠透　三五八
枯木花開　一九
枯木巌前兮花卉常春　三〇三
枯木岩前差路多　三九六
枯木龍吟銷未乾　三三八
枯木裏龍吟　三五
虚明自照　一九
虚明自照　六二〇

虚明自照靡心識　九八
悟無好悪　五七〇
語黙動静体安然　三六四
午夜月円　三五六
五葉花開　二三四
五葉花開劫外春　五五四
五葉花開重一葉　四四六
五葉花開動地香　四二九
五欲貪瞋是仏　四三〇
胡来胡現漢来漢　二四三
葫蘆藤種纏葫蘆　五一
葫蘆藤種纏葫蘆　三九七
今看落葉黄　四一五
痕垢尽除光始現　二七七
崑岡含玉山先潤　一五八
金剛門外立　六三五
言語道断　一九
金翅鳥王当宇宙　二七七
今晨欲別奈鞋重　二〇三
今朝果満菩提熟　六〇〇
今日帰寒山　五一三
今日鼇山成道也　三九六
今日分明験過渠　二〇三
今日逢作家　四〇二
今年茘支熟南風　九九
困来打眠　三五四
金輪景耀四天下　五五二

〔サ〕

塞外馬嘶風　八二
歳寒只有長松在　一三〇
最苦是江南　五〇四
采蕨度残年　三五九
才高胆気雄　八四
摧残枯木倚寒林　四九四
再三撈漉始可知　一六九
才子筆耕　四三六
細胆是得　六三一
纔投祖室便知非　一八〇
西天風流実可憐　三七〇
罪犯弥天　三五六
坐臥経行非我事　一五八
坐久成労　一九
作家方弁　五三六
昨見垂楊緑　四一五
策杖探梅雪点身　二七四
作丈六金身　二五五
朔風吹綻臘梅花　四〇四
昨夜花開世界香　六〇〇
昨夜金烏飛入海　九九
昨夜三更牀頭失却三文銭　六九
昨夜星河転南斗　二七八
昨夜長鯨吸海尽　三三四
昨夜東君潜布令　二七九
坐断乾坤　五六九
坐断乾坤日見真　二八六
座中亦有江南客　二一五
作家相見　一三八
颯々清風匝地　五六四
殺人可恕　一三
殺人流血三千里　四五一
撮得劫壺空裡月　六一一
殺仏未生坐仏降　五五九
坐亡立脱知多少　二七九
三界絶行蹤　一一五

山花開似錦　五〇四
三月桃花紅似錦　三〇八
山果猕猴摘　五〇八
三過門間老病死　五〇一
山含不動雲　三〇六
慚愧如今羽翼斉　二三一
三脚霊亀荒逕走　一五八
三級浪高魚化龍　五一六
山居何似我鄰居　二〇二
山近寒雲入戸低　二三一
山空茱萸赤　四二〇
攙鼓奪旗　一二八
三軍威似虎　七九
三径就荒帰便得　四五九
山家錦上添春花　五一
三月安居鳥入籠　九六
三下板鳴生死断　一〇〇
三賢固未明斯旨　一三〇
三間茅屋既風涼　四二七
山高海深　四八七
山高月上遅　四
山高月色遅　一四六
山高樹影長　四一七
山高水深　三
山高水深　五五五
山好千々万々重　一三三
山高那阻野雲飛　一八八
三更不借夜明簾　五〇七
珊瑚枝枝撑著月　五三
珊瑚枝上玉華開　六〇〇
珊瑚枝上月団々　三三四
珊瑚樹頭月徘徊　五二五
珊瑚樹林日杲々　五四五
三尺雪深曾立処　二七九
三尺鏌鋣横在手　三四九
三十山藤且軽恕　一五九
三春果満菩提樹　四二七
山峻水流急　四〇三
山上有柴渓有水　四四七
山色豈非清浄身　二七五
山色渓光共一簾　五〇六
山深無過客　三二六
三寸不能斉鼓韻　三九七
三隻襪　六
山是山水是水　四八
三千世界海中漚　六〇七
三千世界出弾指　二八〇
山川雪一枚　二三七
参禅納能所　五二〇
山川漱玉　六〇三
三千大千事　八〇
参禅非戯論　一四三
参禅不是小因縁　三六九
山川磨破草鞋底　三三五
山屈愛寂之人　二六八
山村風雪夜沈々　四九四
斬蛇須是斬蛇手　二九五
山竹引清風　三五
山中人可愛山人　二八〇
三嶋花敷大塊初　二〇一
三冬鉄樹満林花　四六三
三冬発異花　四〇三
三冬嶺上火雲飛　一九四
山晩雲和雪　四一九
三黙堂　六
残葉賦題紅片片　四六三
山陵険阻人多負気　五七六
山嶺石崔嵬　二三六

〔シ〕

至理一言　五九一
時引清風吹万松　一三三
只縁身在此山中　一一八
師恩応是重丘山　三五〇
四海烟塵已晏然　三三五
四海娟々洗玉魂　五九六
此外更須何用心　四九二
四海五湖皇化裏　三三五
四海五湖明似鏡　三七〇
四海五湖龍世界　四二七
四海五湖龍世界　五七九
四海浪平龍睡穏　一〇〇
四海浪平龍睡穏　三八九
時起金波挙世驚　四五〇
色空究竟還同　九〇
色空明暗遮双眼　二八〇
直下令人了　五三八
直至今而無消息　六〇三
直指単伝暁寺鐘　一一八
直説難会　三三五
直造彼岸之謂舟　四七六
子規啼血染華枝　一六三
直入千峰石峰去　五六七
識馬易奔心猿難制　六三
直欲契霊知　一四
四句百非皆杜絶　三九〇
紫蕨已伸拳　三五八
自家宝蔵　一九
只見空林拾葉人　二八二
詩向会人吟　四八九
紫毫相光無幽不燭　六〇五
地獄不異天堂　四二一
似虎靠山　三四二
自己漆桶　一九
始悟真源行不到　三五三
至今坐断大雄山　三四九
紫金光聚照山河　五三
紫金蓮捧千輪足　二八一
只在堅持一寸心　五〇〇
時々勤払拭　三三七
枝々染得珊瑚色　四二八
四七二三在脚下　五五〇
師子不咬麒麟　五九九
枝々葉々尽皆同　一〇五
四衆雲集　一三三
只将雲霧作羅衣　一八四
四序循環暖復寒　三一九
詩書半揭是厳師　一六九
思人山河遠　三一八
詩人夜泛月中湖　二一八
死水不蔵龍　三六
始随芳草去　二三九
時清休唱太平歌　三九九
自是一色春　二六四
絲線収来獲錦鱗　二八九
時遷物換　二五三
自然無争無喧　三一六
子孫疊々雪庭可　四六四
祇待鳳凰来宿時　一六八
始知沙界一微塵　三〇〇
七穿八穴　一三八
執有実不有　七六
日月鎮長霊　五二六
十指起清風　七五

十洲三島鶴乾坤　五七九
十洲春色是東蹊　一六〇
十洲春尽花凋残　五四五
蟋蟀畏寒吟夜壁　二〇三
十聖那能達此宗　一三〇
十声仏唱古今通　一〇〇
室中仰毒真人死　一六〇
漆桶不会　二一〇
拾得相将携手帰　一八一
疾病裏閑活計　五七五
十方諸仏屎中虫　九二
十方世界現全身　二九三
十方世界全身　二六九
十方薄伽梵　三一四
十方無影像　一三五
榔㮽横担不顧人　五六七
啣嚠漢　六
止啼銭　六
事難方見丈夫心　四九七
紫鳳堦前舞　三一四
四方歓世泰　一一四
志密行亦密　四八九
而無車馬蹤　一一七
時聞灑窓雪　六一四
只聞枕上夜雨声　四五〇
子夜雲収碧漢　三九五
謝客睡惺孤月白　一〇〇
且喜曹源一脉通　一〇七
錯時直須徹底錯　二八一
酌酒高歌梁父吟　四九四
錫帯胡中雪　三五九
寂然天地空　七八
爍破瞿曇鉄面皮　一五九
錯来行脚渠因我　二〇〇
鵲来頭上話　一七
鷓鴣啼在深花裡　一五七
鷓鴣啼在百花村　三一八
鷓鴣啼処野花香　四二〇
鷓鴣柳上啼　三三五
叉手当胸　三
且道威音已前事　三九
斜陽万里孤鳥没　一〇一
斜陽満径照僧遠　四九五
思惟得便宜　一四六
此有一顆珠　一四三
秋雁排空　七四
従空背空　七一
縦遇鋒刀常坦坦　三五一
縦見海枯寒徹底　四九八
収功較易　三一四
舟行岸移　一三七
秋光蘆華両岸雪　四二一
十語九中　六二一
終古無人委　一四三
秋後無霜葉落遅　五六四
愁殺愁人始破顔　三四八
住山頑石　二五二
住山自効古人風　一〇五
十字街頭等箇人　三〇一
十字打開　二二五
執事逐影々弥遠　三三六
終日尋春不得春　三〇九
終日聴猿啼　二三六
終日搬柴運水中　一〇一
終日杳相同　八二
終日冥々坐石床　四二八
終始覓心不可得　二八一
重々無尽処　八〇

自有春風管対伊　一六八
終宵孤坐幽窓下　四九五
拾薪汲澗煎茶外　四七九
愁人莫向愁人説　二八一
秋清月転霜輪　五九二
衆星朝北斗　一四四
衆星羅列禿樹花　四九五
従他世人讃　一四三
従他謗任他非　一五一
袖中蔵日月　三一四
秋天月色正　二五九
十二時中莫住工　一〇一
十二時中不依倚一物　六八
縦入乳虎隊　五七二
終年不遇穿耳客　二八二
洲白蘆花吐　四六九
秋風生古韻　一二四
秋風簫瑟鴈南飛　一八四
秋風吹渭水　三二六
秋風雪陣擁蘆花　四一〇
宗風千古播嘉声　五三
秋風臨古渡　三〇五
終不犯清波　三九三
十分爽気兮清磨暑秋　五一九
縦名鉄漢豈塼鏡　五五九
終夜不修禅　三六八
縦有百花紅　二六四
従来大道透長安　三三六
従来断思量　二五九
十里松門入更深　四九八
竪窮三際　四一三
熟果落地　一三八
趣向真如亦是邪　四〇九
衆罪如霜露　一九八
珠在盤而自転　五三七
珠樹棲時月影低　三一九
手親眼親　二五一
手垂過膝坐巍々　一九三
入水不立波　三九四
出格機擒虎児　五九九
出水方知是白蓮　三六七
出本無心帰亦好　二八三
出門春色共依々　一八六
出炉鞴而放光　五六四
須知此道非伝授　一六二
須知万里絶烟塵　二七六
主中主　七
種田摶飯家常事　四四九
手把白玉鞭　五七九
受風隻燕語無休　四四四
酒逢知己飲　四八九
朱門黄閣懶久住　三七〇
須弥頂上無根艸　二四五
樹密猿声響　四八九
茱萸帯露　四〇〇
樹揺鳥散　三一二
樹老五株松　一二六
春江水暖鴨先知　一六五
春在枝頭已十分　三〇八
春山畳乱青　六一九
春日融和鴬北転　一八四
春色依々襲尓原草　一三四
春色般々周草房　四三三
春色百花紅　三三五
春色無高下　四一六
春信通和偏地芳　四二八
春尽苗葉老　八六
春水漾虚碧　六一九

春前得雨花開早　五六四
順俗則違真　二六一
春拆百花兮一吹　五三一
春暖山桃次第紅　一〇一
春潮帯雨晩来急　四四七
春到石人視遠山　三五二
春到洞庭南壁岸　一一三
春入寒巌不可加　四〇八
春風依旧寒　三三七
春風一夜生頭角　一六〇
春風撼動玉欄干　三二八
春風浩々払我窓墉　一三四
春風吹綻臘梅花　四二一
春風吹又生　四四一
春風逼戸寒　三三〇
春服已成去浴沂　一八五
瞬目揚眉第二機　一八五
春来花開　二三五
春来草自青　四五七
春蘭秋菊　一二〇
処暗而愈明　四三九
常愛暮天雲未台　四六四
湘雲楚水同遊少　五三九
祥雲籠紫閣　二二〇
聖王如天万物春　二八三
常憶江南三月裏　四三〇
生涯自是春　二六二
衝開碧落松千尺　三二一
樵客遇之猶不顧　四九六
正覚無覚　七二
照我復照誰　一五〇
笑看潘閬倒騎驢　二〇五
浄鏡何夢好与嫫　二二四
渉境難教絶順違　一八八
浄極光通達　八〇
松琴不慮秋声動　五一三
笑擎一鉢和羅飯　三〇一
嘯月吟風　二六
照顧脚下　一六
照古照今兮宜善求友　五五八
松鎖青煙　三五五
静坐絶憂悩　五四四
生死可憐雲変更　四四七
少者可努力　四九〇
静者襟懐久曠夷　一六一
将錯就錯　二〇
焼畬須是焼畬人　二九五
趙州喫去尚留香　四二八
趙州庭下栢森々　四九六
趙州庭栢鎮長栄　四五一
趙州道箇喫茶去　二八三
繞樹風前収堕枝　一七三
松生嵓畔鶴停穏　三一〇
簫韶九成鳳凰来儀　六三
条々照出珊瑚枝　一六五
清浄深探得　二六〇
請見因縁到　三三七
霄壌相去　二〇
生死悠々無定止　五一五
松子落山風　八四
升子裏跨跳　二五九
生死路頭君自看　一〇三
小臣愚暗自亡身　二八三
少神底人　一二
小心吠月老獒誇　四〇五
将心用心　六一六
漿水価　七
松声空払夜巣寒　三四一

松声帯露寒　三六
松声与翠竹交音　五二七
定石集鳴蛩　一二五
蹤跡不染　四一三
饒舌何知遂八成　四四五
蕭然一衲与一鉢　三七〇
聖僧堂裏坐　六二五
松窓来月影遅々　一六五
聖諦不為階級無　二一六
湘潭雲尽暮山出　二四六
松竹乍栽山影緑　一〇二
松竹有節操　五五三
小池通水愛幽潺　三六七
松直棘曲　五三三
情知弁道可山林　五〇二
只要添柴助熱鍋　三九八
杖頭掛月軽脚下　五五一
将頭臨白刃　七八
掌内握乾坤　三一四
城内君子　一三九
照破威音未兆時　一五五
松晩静聞風　八七
松風空響聾人耳　三七〇
松風高韻夏宵秋　四七六
丈夫蓋棺事始定　一〇二
松不直棘不曲　六〇三
少売弄　七
浄名抽出活人剣　五九七
松無古今色　六一四
松鳴不仮風　七八
聖亦不能知　一四五
常遊好閲書　一九六
上有千年松　三五七
松有操則歳寒不凋　六六
遶籬閑看菊離々　一七四
情量尽時総無跡　一八五
松凌霜兮韻清　六二五
少林久坐未帰客　一〇三
少林不仮東君力　四一九
少林謾自立疎親　二八四
少林面壁坐　二六〇
杖藜穿破幾重雲　三〇九
松老西山我再来　二四二
丈六金身一茎草　五四五
諸嶽月成紋　三〇五
諸嶽風清鳳至楼　四七六
如何度得愛河　三九四
蜀犬怕日　六〇八
食罷渓辺枕石眠　三七二
初月与花送余生　四五四
曙日初輝諸嶽頂　四二九
処々全真　二
諸天捧花無路　三一五
諸人被十二時使　一六一
諸仏出身処　四三八
諸夢自除　一九五
諸法不通　七一
紫羅帳裡撤真珠　二〇三
紫羅帳裏有真珠　六二三
事理将来没交渉　一六一
紫栗一尋青山万朶　六二三
思量何用覓安心　二八四
思量不覚涙沾巾　二八八
鷲盧都　七
心安如海　五五六
身為大幻城　四三九
神禹難窮浅与深　四九三
尽界多時天欲暁　四二九

人家売酒旗　一四八
人閑翡翠下清池　一五六
真帰無所帰　一七一
真金須是紅炉鍛　三九七
岑崟幽邃長松下　五五〇
真空不空　七三
心月孤円　五五三
心月自精明　五一三
真化無跡　一二
尋言何処真　二五七
親言無味外人疑　一五七
神光照天地　三二六
神光照天地　五六二
真光不耀　二〇八
深谷留風終夜響　四四八
深山雪夜草庵中　一〇五
親時更要徹底親　二八一
心似松椿　二五四
尽日尋春不見春　三〇九
真実人居遍十方　四三〇
真実人体　一二
尽十方世界　二一〇
深思彼伐木丁々之声　五五八
身似浮雲　七四
深秀渓山摩詰家　四一〇
心珠甚可保　五四三
信手拈起一茎草　一八九
信手拈来用得親　二九四
心浄而神通万応　四六三
真蹤寂寞杳難尋　四九六
塵々具覚知　一四五
塵々三昧　一二
身心脱落只貞実　六〇三
侵晨舞白雲　三〇七
心々無異念　三五九
心水何澄々　三二七
深水魚行暗動沙　四〇七
心随前縁移　二六〇
人生識字憂患始　四七七
人生倏忽暫須臾　二〇三
塵世難逢開口笑　二八四
人生如朝露　三八七
人生非金石　一四四
心是根法是塵　三一六
身是菩提樹　二四〇
深草閑居夜雨声　四四九
尽属無私造化中　九四
進則落於天魔　五七二
神通無方　六一八
深追雪嶺蹤　五三三
心知所見皆幻影　一〇三
尽地無外道　四六一
心若不異　一九四
深入髑髏三日聾　一一三
心如清風　七四
心如明鏡台　二四〇
身如冷水　二五四
秦王相如尽喪身　二九二
仁風行草偃　四三八
新豊一曲唱家風　一〇三
心法双亡性則真　二七七
新豊洞兮湛然沃　六〇四
新豊路兮峻仍巘　六〇四
心名大幻師　四三八
森羅鏡像同　八六
尽落糟粕　六一七
森羅万象古仏家風　六三
真竜本来無面目　六〇一

秦楼歌夜月　八一

〔ス〕

誰怨長夜更悠々　四七三
水懐珠而川媚　三〇三
睡鶴何堪風月冷　三五〇
西瓜止渇　一三九
水寒暁潭　五〇三
水寒深見石　八七
水結即成氷　五一三
誰言在俗妨修道　二八八
誰肯臨流便濯纓　四五〇
水牯牛生児　三六
酔後郎当愁殺人　五三
水在瓶中雲在天　三六八
水灑不着　六〇四
瑞彩分而天欲暁　五三九
水自竹辺流出緑　四三三
水出高源　三一三
水出崑崙山起雲　二九五
水出崑崙浪接連　三三九
誰将真智起真規　一五二
誰笑卞和三献玉　六〇三
水晶簾外蛟竜舞　五三五
随処作主　一二
水深魚穏　一九五
水深々兮紅鱗沈　四九九
水清出石魚可数　三三〇
水声松韻一渓深　五八六
水清澄々瑩　五八四
水清徹地兮魚行似魚　五四〇
水清徹底深沈処　四五四
瑞雪点紅炉　二一〇
誰是当年微笑人　三〇〇
誰是立雪人　二六〇
水浅紅難泊　四三三
瑞艸連天秀　四三九
水帯巌兮流急　六三五
水堆無人浩々風　一〇四
翠竹為真如　一九六
誰知桂轂千年魄　四八〇
誰知白石夜生児　一六四
水中捉月　一三
水長船高　五八七
水底蝦蟆呑却月　五三
水底泥牛耕白月　一〇四
水底木人吹鉄笛　二四六
水到渠成　三一〇
誰道胡来便現胡　二一七
睡到三竿紅日上　二〇五
誰道出家憎愛断　二八八
誰道文章千古事　四八〇
水入火時君不会　二〇六
随波逐浪　三一
雖美不充飢　一四五
水不洗水　四八八
誰不歎猗歟　一九七
随物意自移　一四四
水流岩下響冷々　四五八
水流澗底太忙生　四四四
水流元入海　三六一
水流穿過院庭中　一〇三
水和明月流　四七〇
水和明月流　五三四
鎦狗吠時天地台　一八六
鎦狗吠天明　四四〇

数片白雲籠古寺　三四九
寸草不生千万里　一八六

〔セ〕

井蛙不可以語於海　五四六
静依熊耳一叢叢　一〇三
晴雲洗緑潭　五〇四
青於藍寒於氷　四五
清可人意風吟松　一二四
青眼胡僧遠々伝　三七六
声撼半天風雨寒　三三二
清興十分蓬上月　四七七
星拱北辰高　三八八
清磬一声斉側耳　一六二
青原白家三盞酒　六一五
清光自照本来虚　二〇七
西巷桃花相映紅　一一〇
盛哉普通載　五三八
声在天涯杳靄中　一一四
青山依旧白雲中　九八
西山猿叫正三更　五八九
青山元不動　二三八
青山自青山　三〇六
西山秀骨濯秋雨　四五九
青山深処白雲閑　三四九
青山青靄々　一四四
青山白雲一径通　五四六
青山白雲父　一四四
青山無適莫　一九八
青山緑水草鞋底　四七八
星従北斗日東昇　五七
世事悠々　四六六
青松古韻高　三八八
青松遮皎月　八一
青松生古韻　五〇八
青松百尺依巌秀　二〇四
青松不礙人来往　四七八
声色関中欲透身　二九一
声色純真　二五三
盛饌供鶢鴣　一四五
西川鳴杜宇　二二一
青艸渡頭空　七九
是則名為大丈夫　三三一
西祖不伝唐土信　二八四
清潭似鏡魚無去　一八七
棲遅観自在　五二七
青鳥夢随沙水流　四八二
井底蝦蟆呑却月　三〇九
井底蝦蟆呑却月　五〇七
井底生紅塵　四一六
是一顆明珠　二一〇
青天月一輪　二六五
青天白日　四一三
盛徳果然照日月　三五〇
清白家風梅雪月　五三
青苗春雨滋　一四三
清風偃艸而不揺　五八六
清風竟日伝　三五七
清風月下守株人　六〇一
西風吹雨弄新晴　四四八
清風琢磨乾坤浄　三七一
清風万古伝　三六〇
清風払白月　三六
清風払白月　三八一
清風払明月　八一
清風明月似有縁　三七〇

清風明月自相宜　一五八
嘶風木馬解棲山　五三七
清風与明月　二六一
姓名麤記可以休　四七七
清夜道心真　二五九
青葉逢秋即紅　八九
西来祖道我伝東　一〇四
西落金烏　二〇九
星流電巻　五三六
世路羊腸嶮更多　三九六
清和普応大千機　一九二
世界花開是帝郷　四二八
石圧筍斜出　三三
石蘊玉而山暉　三六三
石火光中分勝負　一六三
石火莫及　七三
石牛喫尽三春艸　三一〇
石牛長吼真空外　三五〇
石牛頻吐三春霧　二一六
石牛攔古路　二一一
石虎嘯開山色　五九六
石虎撞頭驚倒人　二九〇
石虎呑却木羊児　五三
石筍生条半夜霜　四三三
石筍抽条　三八〇
寂照含虚空　八〇
石上栽花　三三
石上栽花後　二六三
石上題詩掃緑苔　二五〇
石上無根樹　三〇六
石女機停兮夜色向午　四三五
石女起舞　五三三
石女穿靴水上行　四五四
石女天明戴帽帰　一九二
石女舞成長寿曲　三九八
石女夜生児　一四九
石人踏雪去　三六〇
石人貪語西峯事　四〇六
淅々霜林起晩風　一〇五
寂々猶聞落葉頻　二九一
石窓欹枕疎々雨　一〇四
石頭紅炉一点雪　六一五
石頭大小道何休　四八五
石本落々　五九八
石羊水上行　二一一
夕陽影裏風濤急　三一九
夕陽落処遠山飛　一八九
寂歴疎松欹晩照　四〇六
世上不免北邙烟　三七五
世人休説路行難　三五〇
世俗紅塵飛不到　一〇四
世尊黄金相　二六三
世尊不説々　三〇六
世尊有密語　四一六
雪圧難摧磵底松　一三八
雪羽九皐鶴　二一一
雪屋人迷一色功　九七
雪屋人迷一色功　一〇八
殺活臨時　一三八
雪寒北嶺　一三九
切忌従他覓　一九八
折脚鐺児煎野菜　一〇五
截瓊枝寸々是宝　四二四
雪傲孤松韻転青　五八
説向愁人愁殺人　二八二
雪後寒梅識時節　三七一
雪後始知松柏操　四九七
絶言絶慮　七三

雪山香艸秀　一二五
説似一物即不中　五三
説取行不得底行取説
不得底　六九
雪上加霜　三
雪上加霜難下觜　三五一
雪上加霜明月前　三七一
雪消寒谷暖　一五〇
雪晴天地春　二五六
刹々現形儀　一四五
刹々塵々成浄土　三一九
折梅檀片々皆香　四二四
雪霜無伎倆　五五三
截断紅塵水一渓　三三一
截断人間是与非　一八九
折東籬補西壁　四七
説得一丈不如行取一
尺　六八
雪覆孤峯不白　四五五
雪満山中高士臥　二四九
説妙談玄太平姦賊　一一九
雪亦輪梅一段香　四三三
雪擁巌扉凍不春　二九八
雪腰刄臂　四八七
雪裡梅花只一枝　一五五
雪裡梅花只一枝　一七一
雪裡梅花春信息　二八五
折蘆渡江々上水　五〇五
是非遺処却是非　一八六
是非海裏横身　二六九
是非倶不禅　三六〇
是非交結処　一四五
是非小々縁　三六二
是非通小々　五三八
是賓是主本閑名　四四六
洗開碧落看真碑　一七〇
山河及大地　二六二
穿花蛺蝶深々見　一九〇
山河不見漢君臣　二九〇
全機独露　五七〇
蝉琴噪夏風　八三
千江同一月　二六二
潜行密用　五三三
千江有水千江月　二八五
千江有水千江月　三七二
千古松声来有韻　一三〇
千載難逢　三一
千歳老児顔似玉　一六三
前三々後三々　四六
千尺鯨噴洪浪飛　五一六
閃爍烏飛急　二六三
千錯万錯　二三
泉州白家酒三盞　二八五
専精樹下何憎愛　四六〇
洗清天地一林霜　四二六
全身独露　五六九
瞻雲作比隣　二六五
瞻前顧後　五五六
漸々出海衢　三三
千態万状龍弄玉　六〇四
占断風光作主人　二七一
閃電猶遅　一三八
染得一渓流水紅　一〇九
洗耳嵓下水　一三七
洗耳渓頭不飲牛　四八二
千年古曲松韻潔　四〇六
千年竹也万年松　一〇五
千年桃核　二三

船横野渡涵秋碧　四五三
薝蔔林中金果熟　六〇〇
選仏若無如是眼　一六三
千兵易得一将難求　六三
千峯雨色枯木抽条　五二九
千峯寒色正愁余　二〇一
千峰鎖翠　三五五
千峰瀉翠　二五三
千峰秀処鶴難栖　五三〇
千峰秋色染時雨　一〇六
千峰勢到嶽辺止　三八四
千峰頂上白蓮社　四九八
千峰万壑只夕照　一八七
千門万戸対春蹊　二三〇
宣揚宗風転綿々　三七一
千里月光本一同　二一四
千里之駒　二〇八
千里路行千里馬　二八六
千林果熟携籃拾　三七二
全露法王身　二六二

〔ソ〕

祖意西来徹後先　三七八
草鞋留著後人行　四四二
霜葦岸頭双属玉　一八七
争会西来意　五六三
早起不審　一三
曽挙双趺示衆人　二七四
曹渓一滴異常流　四七八
曹渓鏡裡絶塵埃　二四五
霜迎月色　三五五
曹渓路上生荊棘　六六三
霜月照清池　一四一
曹源一滴是曹源　三三〇
争見弄潮人　二五八
送香暗和博山烟　三七二
相好巍々大丈夫　二一七
僧敲月下門　三一五
曽向滄溟下浮木　一五四
崢嶸如鬼工　八五
草荒人変色　七
窓戸巻簾分遠青　四五九
蒼梧不棲於丹鳳　二八六
相識満天下　二六三
曽思質素百年謀　四八〇
僧舎不疏塵世客　四九八
疎雨蕭々苦竹林　四九五
疎雨蕭々草庵夜　一三六
争如仏是無疑士　九一
争似老盧無用処　九一
蔵身処没蹤跡　二六七
草深多野鹿　一七七
草深門外懶耨鋤　二〇六
総是金毛獅子威　一八九
窓前潜綻含春梅　六一〇
漱泉流落葉　一一五
層々山水秀　一七七
相送猶懐握手温　三二一
草賊大敗　一三
草遂棄嫌生　四四〇
早朝喫粥午時飯　三七三
霜蹄千里駒　二一一
蒼天万古照賢邪　四〇五
霜刀纔動斗牛寒　三四一
掃蕩二三直指之流蓬一一九
遭毒通身死　四〇

争得梅花偏界香　四二五
早梅建刹夜光台　二五〇
双忘取舎思傄然　五三
相逢相揖眼如眉　一七九
双鳳朝金闕　三八八
滄溟幾度変桑田　三七三
滄溟浪覆済人舟　四八三
霜毛四皓鬢　三二三
草木叢林成正覚　六〇六
草門今始為君開　二四七
霜落東林寺裡鐘　一二八
草緑霜已白　七
双林示寂趣泥洹　三三四
叢林宗尚黙無機　一九一
双林孰謂帰円寂　二八六
叢林陳人　二五三
霜冷菊幾輪　二五六
即心即仏大家知　一八七
麁心是失　六三一
作賊人心虚　三六
啐啄之機類不同　一〇六
啐啄同時　二四
疎田不貯水　三六
素粉難沈跡　二七
祖無出没月寒天碧　六二九
鼠無大小皆称老　一〇七
作麼生　八
存機猶滞迹　二〇九
損身棄世為間者　四五四

〔タ〕

苔囲紫閣簾垂静　四四六
大海不宿死屍　四六
大海無風兮華鯨吹浪　四三五
大海龍吟雲起　八九
戴角混塵泥光中転歩　五七四
苔滑非関雨　七八
大家同喫趙州茶　四〇七
大家普請去栽松　一〇七
諦観法王法　五三三
対鏡無心体自如　二〇二
太虚懸古鏡　五九二
太虚有月兮老兎含霜　四三五
大義由来不可陳　二八七
大空雲不動　八二
大区々生　二四
退鼓鼕々撃則鳴　四四七
題偈渓頭相揖立　三四八
大歇底人無歇可歇　六一三
大湖一夜都乾尽　一〇七
大江日夜流天東　九六
大悟不存師　一四三
帝釈鼻孔長三尺　五四
台榭緑陰多　三九四
対酒思家愁老翁　一二三
殆将新語濯塵泥　三一九
大丈夫之子須有志気　五六八
対人不是揚家醜　三九八
帯水拖泥　三三三
大千沙界著毛端　三四〇
大闡提人　二四
大闡洞宗　一三三
退則沈於鬼趣　五七三
太尊貴生　二四
堆々地　八
大地撮来粟米粒　三三〇

大地撮来如粟米　二八七
大地衆生泥多仏大　八三
太遅生　八
大地雪漫々　三一七
大地山河血一池　一五四
大智若愚　二〇八
大地鋪祥　五六〇
大徹底人無徹可徹　六三
大道元来没程途　一六三
待洞水逆流　二九
大道誰言絶聖凡　五一〇
大道体寛　三三五
大道体寛　五六一
大道通長安　二七
大道本来無程途　三三六
大道無根　二五
大梅生涯喪一句　一八八
大璞不琢　六〇六
苔封古殿無人侍　三三〇
太平治業無象　二六七
太平本是将軍致　四四八
太平無象賀堯天　三七〇
太平無象有来端　三三五
碓房辛苦詢南頓之宗乗　四六五
大鵬展翅蓋十洲　四七八
大鵬展翅取龍呑　三三〇
体明用光　四一四
帝網重々華蔵界　二四六
大雄山下空弾指　四一八
体露金風　二五
大路打毬百花春　二九八
多遇刻舟人　二六三
託心雲水道機尽　四二五
濯足滄浪煙水秋　四七五
沢中魚戯月　八二
打殺神人亡影処　二一六
他日如何挙似人　二九七
多愁定損人　二六六
打成一片　二五
奪境不奪人　二五七
脱巾掛樹風吹髪　二七四
脱尽塵機真出家　二三四
脱尽塵機真出家　四〇五
達人大観本無差　五四
拖泥帯水　二六
蛇入竹筒　二九
多年尋剣客　四〇一
断金之義兮誰与相同　五一九
丹穴不帰金鸑鷟　二〇四
但見青山常運歩　一六四
但見碧海磨青銅　一〇一
端坐諦思惟　一四六
端坐諦思惟　一四六
端坐無心只麼通　九一
丹山鳳窟冷相依　三三一
弾指入円融　八〇
断除煩悩重増病　四〇九
譚真則逆俗　二六一
暖信破梅兮春到寒枝　五一九
担水河頭売　四三
担泉帯月帰　三四
単提独弄　二六
単提独弄　三三三
団々転作大円鏡　一六四
団々離海嶠　三三三
丹頂西施頬　三三三

端的不落正偏　三五九
担板漢　八
摶飯栽田楽有余　二〇四
簞瓢散野烏鳶馴　二七二
胆量如斗　五五六

〔チ〕

知音傾聴　四五七
知音才側耳　八二
癡猿捉月　六〇八
知恩者少　三九二
池魚白鷺銜　五〇八
竹院相逢無一事　四〇七
竹影掃階塵不動　三三一
竹外桃花三両枝　一六五
竹間騎竹馬　八三
竹篦引泉声滴々　一六五
知愚之依因　一四六
竹密能通水　二六四
竹密不妨流水過　一八八
竹有上下節　六一四
竹籬茅舎安無尽　二〇四
逐鹿者不見山　三四五
竹露屢零凉月辺　三七一
竹露頻降暁涙流　四七七
値勲華政化　三五
池古魚龍戯　四一四
知識難逢　一三三
智者達無西東　八九
智者無心可得　三一六
智者離路而得道　五四六
治生不求富　三一七
知心能幾人　二六三
癡人猶戽夜塘水　五一六
癡人猶自憶霊雲　三〇八
地水火風周一身　二八〇
池成月自来　三三六
知足心自平　四四〇
池中月色夜精神　二八五
滴丁東了滴丁東　九三
滴丁東了滴丁東　九三
凋梅雪作花　六〇八
地抜万里山　三四三
地不言而山高海深　五〇二
着衣喫飯随豊倹　二八九
昼看雲起檻前山　三五三
中秋露混銀河　三九五
至遊処々露堂々　四三〇
地有道以厚寧　四五七
長歌吹起棹頭風　六一一
朝看雲片々　三四三
鳥啣華落雪岩前　三六九
鳥寒玉樹暁風凄　三一八
長竿放去随波浪　一八九
釣魚船上謝三郎　五四
長空布瑞　五六〇
長剣倚天光照胆　三三七
釣月耕雲慕古風　一〇四
鳥宿池中樹　三一五
超出曹渓六祖能　四六二
跳出当人智鑑中　一一三
地涌祥雲　三〇四
長松何落々　三六〇
重畳渓山隠故廬　二〇〇
頂上鉄枷重脱下　一〇七
頂上毘盧脚下随　一六六

頂上無骨　二〇九
釣人樵父昧来因　二九五
長伸両脚睡　二六五
蝶随花雲随石　六一八
蝶随春色到花園　三一七
長青松嶺白雲郷　四三〇
鳥棲林麓易　三一八
長泉源邃渓頭豈有尋菜人　三〇三
朝打三千暮打八百　五九
朝打三千暮八百　三七四
激潭豈墜於紅輪　二八六
澄潭浸夜月　五九二
聴鳥充絃歌　二六五
朝々日出東方　五二四
朝々日東出　三三五
迢々与我疎　一九八
鳥啼西嶺月生東　一一三
長堤十里咏而帰　一八五
長天月兮徧谿谷　六〇二
長天夜々清如鏡　三七四
鳥道羊腸咫尺間　三五〇
鳥入雲無迹　四七〇
鳥入林啾々　四六九
蝶拍翻春日　八三
長磨一剣々将尽　四八一
蝶無心尋花　四〇二
朝霧薄時尚湿衣　一八八
長養枝々葉々春　二六九
重陽日近開金菊　四〇七
蝶来時花開　三三九
長連床上鴬廬都　三三〇
長老不帰予又去　一〇八
直鈎釣驪竜　五二八
直饒玄路無消息　二八七
直饒便到独脱処　三五一
枕上誰人夢未醒　四四一
枕石嗽洗自在身　二七〇
枕流兼洗耳　五一三

〔ツ〕

通身紅爛処　四一七
頭上有星皆拱北　一〇八
杜禅和　八
塗毒鼓　九
肚裏参天荊棘　六一三

〔テ〕

庭果落金台　二三六
庭寒月色深　四九〇
庭寛得月多　三九二
提起向上宗乗　四二〇
泥牛耕海上田　三六五
泥牛吼水月　八三
泥牛吼水面　三三五
泥牛春種白雲区　二三〇
泥牛触破嶺頭雲　三一〇
帝業堪為万世師　五五二
帝郷春色杏花紅　九八
低声万福売柴翁　九四
庭前栢樹子　三八
泥多仏大　五八七
提持仏心印　五三八
啼鳥如砕花狼藉　二四七
亭堂雖有到人稀　六〇二

泥仏不渡水　五六二
堤辺烟罩柳　二三八
庭幽寂々深々処　一三三
的々意　九
覿面来時作者知　一六六
摘楊花　九
摘葉尋枝古到今　四九六
鉄丸無縫罅　三八
鉄牛鎖断天河水　一六六
鋉牛捽翅快於鶻　二九〇
鉄牛帯子蹈滄海　二八九
鉄牛不喫三春草　二九〇
鉄狗吠開岩上月　三一〇
鉄蒺藜　九
鉄樹開花　三八〇
鉄樹花開二月春　二九九
鉄樹花開別是春　二七九
徹底自然見　五八四
徹底通紅　七四
鉄壁銀山作麼通　二一
天横雨外山　三四四
天闊過鴻遅　一四七
天寒月照霜　四一九
天共白雲暁　四六九
天暁不露　五七〇
天暁報来山鳥語　四三一
天暁峰巒猶不露　五七三
鮎魚上竹竿　三九
天月零洋流水滴　一七四
天高群星近　三九
天高地屋秀林巒　三三九
天荒地老無青眼　三一〇
電光罔通　七三
天際日上月下　四七
天際日上月下　三三〇
展軸光千界　二五九
田庫奴　一〇
展手不展脚　三八
天上星地下木　四七
天上天下　四六七
天上天下当処永平　六四
天上人間唯我知　一六〇
天垂玉露　三〇四
点水蜻蜓款々飛　一九〇
展成淡墨画図看　三三一
天蒼々兮白鳥没　四九九
転蛇成竜　一三三
天地尚空秦日月　二九〇
田地分明契券真　二七五
点鉄為金　一三三
点鉄化成金玉易　三三七
点鉄成金　四八七
天得一清地得一寧　四三四
転入梅花爛熳看　三三七
天然元不犯磨礲　九四
天飄砕玉千峰雪　二九〇
天不言者日往月運　五〇二
天辺玉兎自眠雲　三〇九
天辺明月満蘆簾　五〇六
転凡成聖　五九一
天明啞子抱頭帰　一九〇
天明金鳳過西峰　一三三
天明霜満谿　三二六
天有道以高清　四五七
伝与子孫読活書　二〇五

〔ト〕

東街柳色和煙翠　一一〇
桃花雨後已零落　一〇九
桃花映水紅　八八
凍鶴巣雲夢未醒　四六〇
偸果黄猿揺緑樹　三九五
洞家黄石曾投履　二〇五
冬瓜直儱侗　三四五
道合平常絶異端　三三九
桃花漂澗水　八四
等閑挨落天辺月　六一〇
等閑莫作守株人　二八八
当機切忌錯流伝　三七四
倒騎鉄馬上須弥　一六三
当機如電払　二一〇
唐堯眉八彩　八四
東君兀々坐雲堂　四一八
透荆棘林衲僧家　六一五
撞月石亀長羽鱗　二八九
当下分妍醜　五五六
当軒皎月照人寒　三三五
当軒栽竹別無意　一六八
動絃別曲　一三一
桃紅李白菜華黄　四三三
桃紅李白薔薇紫　一七三
東西南北無門入　二四七
東山水上行　三九
東山水上行　四三八
冬至寒食百単五　五三五
童子念経深竹裏　一一〇
動止万福　二六
動著無非是禍門　三三三
到者方知触処通　一一一
噇酒糟漢　一一〇
沓嶂恒凝雪　三六〇
動静悉円通　八〇
道情世事都無管　五三五
洞簫声断月明中　一一〇
道情人情世豈知　一六七
東生明月　二〇九
到処青山便是家　四〇九
到処無心便是山　三三二
到処無心便是山　三四六
洞深雲出晩　一四九
動則影現　四三六
踏碓思老盧　一九七
道大心胸濶　八四
道泰不伝天子令　三九九
当台明鏡絶精粗　二一七
蹈断石橋無罣礙　五〇九
頭長三尺頸短二寸　六三
燈伝三世火　一三六
滔々今古色如藍　五〇五
頭々全現法王身　二九六
鼕々打鼓祭江神　二九八
逗到年窮歳尽　一九九
到得帰来無別事　三八二
道得八成　二一七
道得八九成　四一
棹入蘆花照雪明　四五三
道人有道山不孤　二一五
道人活計　二六
道人寒夜坐縄床　四三三
道人硯海水盈々　四四九
同人撥草訪岩叢　一〇五

道人未必居雲外 三五二
洞然明白 二五三
道莫求悟本無迷 三二八
東坡居士太饒舌 二九一
踏破草鞋跟子断 一三
東坡遊赤壁 一三五
蹈氷岩下拾枯薪 二九三
道貧愁殺人 二五五
踏翻桂露向天翺 三九〇
燈無焰兮炉無炭 四五〇
道無揀択水深山嶷 六一九
道無心合人 五四四
道亦非有為 一四九
当陽花易発 三八二
冬来縦撤珍珠雪 二〇六
到来無不竪降旗 一六四
東籬菊綻黄金色 一三三
桃李自成蹊 三九
桃李春風織錦城 四四五
桃李不言春色紅 五一二
到了方知被眼瞞 三三五
東嶺雲帰仍半夜 五八九
燈籠上作舞 二六四
燈籠跳入露柱 三一六
都縁無事可思量 四二六
渡河用筏尋常事 九五
独行無伴侶 五二〇
独坐時聞落葉頻 二六八
独坐大雄峰 四〇
独坐大雄峰 八四
独坐寥々寄此身 二七七
毒蛇臥竜酒盃中 九九
読書不求官 三一七
独使竜鳴復入秋 四八一
徳沢涌潮鳴 四三八
特地隔天涯 四〇三
得便宜是落便宜 五六
得便宜是落便宜 一五九
髑髏識尽喜何立 三三八
髑髏裏眼睛 四〇
杜鵑声裏春光老 二一
杜鵑啼枝 一二八
杜鵑啼処花狼藉 五五
兎子懐胎産太虫 一一四
斗子内転身 二六〇
徒使竜舟競汨羅 三九六
抖擻破活計 四〇
突兀圧神州 八五
途逢啐啄了機縁 三七七
徒労運斤 五八二
兎老氷盤秋露泣 三三八
兜羅綿手挙花時 一五五
頓覚了如来禅 三六四
曇花易見 一三三
曇華再発一枝春 五五

〔ナ〕

南山起雲 五三二
南山起雲北山下雨 六四
南山焼炭北山紅 九五
南山松北嶺雪 四七
南枝向暖北枝寒 三三一
南泉一去無消息 一八九
南泉一隻箭 四一
南泉向上路難到 二一
南台静坐一炉香 四三一

南池緑銭生　四一八
南北東西帰去来　六二五
南北東西信脚帰　一八一

〔ニ〕

二月桃花爛熳時　一六七
二宗得旨非南北　一一一
二施功徳　四八七
二相本来同　八五
二祖当年立少林　五〇〇
日移花上石　一四八
日高花影重　一三
日午烟凝山突兀　三七六
日暖銷霜　五六九
日々是好日　四一
日々是好日　四七一
日没虞淵　三三
日面月面　五三六
日面月面　五七五
日面月面　五八三
日面仏月面仏　四〇七
日夜火消膏　三八七
日落天河処々青　四五八
日裏華山仙掌露　三三
日裏金烏朝抱卵　五三五
入海算沙徒自労　一八〇
日下孤燈　二七
日下孤燈光央照　五一〇
日出乾坤輝　四三
日出東方夜沈西　三一八
日照孤峰翠　三一九
日西月復東　七七
入草伝風　一六
日中拾穂童　八五
入唐学歩失邯鄲　三一八
若将耳聴応難会　二九七
若将耳聴終難会　一七二
若無个我念　八七
若立一塵家国興盛　四三四
蓊笠蓑衣宿葦叢　九二
若論仏与祖　四〇三
入鉗鎚而成器　五六四
入深山住蘭若　五五〇
入仏界易入魔界難　六五
入夜歌明月　三〇七
入林不動草　三九四
如愚如魯　五一三
如紅炉上一点雪　六一五
如今洗耳滄浪在　四五〇
如今奪得連城壁　二九一
如来禅与祖師禅　三七四
如竜得水　三四二
認境趁境々愈遠　一八二
人遇時平笑臉開　二四二
人空法亦空　八五
人間固無事　四七〇
人見山兮山見人　二七六
人間佯期南山寿　三七五
任你世人嗤　一四三
人従橋上過　四七〇
人出是非難　三一八
人情濃厚道情微　一六七
任是通身鋒刃者　一六四
人伝此語徧叢林　四九二
人道中秋月一円　三七三
人得一安時得一陽　四三四

人々坐断要津　五八一
人々自有光明在　三三三
人々尽懐刀斧意　一一三
任人放兮任人笑　五六五
任運騰々　二七
任運遜林泉　五三七
人無遠慮必有近憂　六四
人無心合道　四三
人無心合道　五四四

〔ネ〕

熱時熱殺闍梨　一五一
拈起一茎草　二五五
拈槌竪払渉多岐　一八五
拈来瓦礫是黄金　四九七

〔ノ〕

能為万象主　三八二
脳後見腮莫与往来　六四
能有幾人知　一四三
悩乱風光殊未休　四八五
衲子晩帰雲外路　二一七

〔ハ〕

梅花新発旧年枝　五五
売花人負一肩春　二九六
梅花白玉肌　一四一
梅香南枝　一三九
背日雪難消　三八三
梅須遜雪三分白　四三三
買石得雲饒　三三
梅痩占春少　三九二
梅辺重白不看顔　三五一
破家散宅　二七
把火焼天徒自疲　一五一
馬脚踏蹄　三三三
破鏡不重照　一四七
白雲為蓋　四八八
白雲為我坐禅衣　一八
白雲以山而為父　四〇七
白雲巌下古仏家風　五七六
白雲還似望雲人　二八三
白雲高嵯峨　三九三
白雲黄葉応時節　四八一
白雲自白雲　三〇六
白雲重々　五四二
白雲自悠々　四七〇
白雲深処掩柴扉　一八九
白雲深処金龍躍　五五
白雲深処金龍躍　四五〇
白雲青山児　一四四
白雲断処見明月　一九〇
白雲断処旧山寒　三四〇
白雲任巻舒　一九八
白雲半夜覆青山　五七三
白雲飛来竹有声　四四四
白雲覆青嶂　四〇二
白雲覆万里　三四四
白雲峰遠　四一三
白雲無心青山寿　五五
白雲来往青山外　三九〇
白雲留不住　三八一

白猿啼処月当軒　五三五
莫教惹塵埃　二三七
莫教身死不留心　四九九
白玉還他妙手磨　三九八
白玉毫輝万徳身　二六一
白玉琢成西子骨　五〇〇
莫眼華　四
莫向洞庭歌楚曲　二〇五
莫向人前唱鷓鴣　二三五
縛茨枯坐九江東　九五
莫使将軍見太平　四四八
白日青天　五六一
白日挑燈　二七
白日無営貧道者　二〇五
莫愁留滞太史公　九九
莫将狂見遂多途　二一九
莫将情解謗宗風　一一五
莫将知見強疎親　二七一
陌上攀花女　八五
莫将凡界眼　二六六
莫是渓雲縛客裾　二〇二
白雪陽春調不同　一〇三
縛脱両忘　二七
白鳥不飛舟自横　五九三
白頭蚕婦織　三九三
莫道草庵無一物　三〇七
白頭嬾剃雪垂々　一六一
漠々寒雲満石楼　四四四
白髪咲寒巌　五〇八
白馬入蘆花　四一
白帆伴白鷺　五七一
白蘋紅蓼粧秋色　一三三
白蘋風細秋江暮　三七五
白蘋風作江頭秋　四八二
莫謗如来正法輪　二九六
薄暮空潭曲　一一六
薄霧依依籠古径　二四八
白鷺下田千点雪　四〇八
白鷺沙汀立　二三八
巴山夜雨青燈下　二一八
馬師一喝大雄峰　一一三
馬事到来　二三五
波旬拊掌呵々笑　二九二
把定則黄絹幼婦　五五七
巴蜀雪消春水来　二四六
波心不見昔時人　二七〇
破草鞋　一〇
八月十五中夜涼　五一七
八面櫺櫳　七〇
波澄雁影深　四八九
白鶴皈巣雪点松　一三九
白菊乍開重日暖　二九二
八紘極目兮春山若黛　三〇二
鉢香摩詰飯　四三九
撥草瞻風　一八
八通九達　一一三
撥波求火　七四
破衲襤衫斲断雲　二九二
馬無千里漫追風　一〇九
破木杓　一〇
波浪拍天高　三八七
半巌細雨草纖々　五〇七
伴帰無月村　三一四
磻谿絶垂釣之人　二七三
万国度時雍　一三四
万谷流煙石苔生筍　五一九
万谷流春　二五三
万戸尽逢春　二六二

万古碧潭空界月　五六
万古碧潭空海月　一六九
返魂香　一〇
般柴憶龐公　一九七
万指生涯一鉢帰　一九一
板歯生毛　一八
万事忘機麋鹿間　三五三
万象何能比　五一三
万象之中独露身　五六
万象之中独露身　二九三
半升鐺裏煮山川　三六六
万丈竜門勢倚空　一一三
万仭竜門鎖黒雲　三一〇
万水澄時魚自隠　五三一
晩接曠達士　三六一
万重青碧月来初　二〇一
万重雪色雖相異　一一四
半同含笑半同嗔　二九一
搬得晴天染白雲　六一〇
伴人煙樹棲　三三四
万派声帰海上消　三八四
万派滔々向海門　三三〇
万般草木根苗異　四〇九
万物咸新　二五三
万物尽生芽　四〇四
万法一如　一九四
万法一法通　七五
万法何曾異　一四八
万法無咎　五五五
万木含煙　三五五
万木随時有凋変　四五一
半夜烏児頭戴雪　一九〇
半夜雲横嶺　三三六
半夜白雲消散後　三七五
半夜白猿啼落月　一三三
万籟夜吹無孔笛　五〇〇
万里一条鉄　四三
万里鴻講属沛公　九六
万里孤舟万里身　二八五
万里蒼穹鴈字斜　四〇六
万里長空雨霽時　一九一
万里騰光　四一三
万里無雲宇宙清　四五三
万里無雲月色清　四四六
万里無雲孤月円　三七四
万里無雲万里天　三七二
万里無寸草　五四三
万里無寸草処　四七
蟠竜何処安　三一九

〔ヒ〕

鼻観先参秋菊香　四二七
鼻孔長三尺　三〇七
眉際津々秀太行　四二四
彼此如空鳥独飛　一八七
非詩能窮人　八〇
飛出蘆花不見蹤　一一三
翡翠踏翻荷葉雨　三七六
飛星撒火髑髏空　一〇六
匪石之心兮独能如此　五一九
被他獅子皮　四三八
鼻直眼横無両般　三三八
逼塞虚空　七三
罷拈三尺剣　七九

飛瀑従他起忽雷　三四四
眉毛春山低　六一九
披毛戴角　一八
披毛遊火聚焔裏蔵身　五七四
白衣居士深々説　三七六
百億荘厳集化身　二八〇
白牛魅尽寒岩雪　二九三
百谷遠朝宗　一二四
百殺百愁亡了期　一六九
百雑砕　一一
百尺竿頭須進歩　二九三
百尺竿頭進歩　二六九
百尺竿頭弄険　二六九
百愁躍処主人休　四七九
百将猛如熊　七九
百戦功成老太平　四五一
百戦百勝不如一忍　五三〇
百匝千重　五五六
百草頭上無辺春　二九四
百鳥銜花尚未帰　一七九
百鳥従玆不献花　四一〇
百鳥不来春已過　二九四
百鳥不来春已老　三一三
百年功過有吾知　一六九
百年公子不逢春　二九二
百年三万六千日　一六九
白拈賊　一一
瓶汲五更残月帰　一七九
丙丁求火已躬明　四五二
丙丁童子来求火　五六
氷消返成水　五一三
瓶添漢地泉　三五九
飄然来又去　二六五
豹披霧而変文　六〇九
飄々黄葉墜幽庭　四五二
猫有雌雄総呼児　一六七
毘藍園裏石筍生　六〇七
麋鹿群中麝香児　一五六
毘盧向上事　四三
賓主歴然　一八
蘋葉風涼　四一四

〔フ〕

不為氷霜改舊客　一三〇
不因斫倒菩提樹　二一九
不因洗耳池辺過　一九二
風攪蘆花雪満船　三六五
風過大虚雲出岫　五三五
不雨花猶落　一七六
風急鴈行低　三二五
風休波消海殊晏　四七三
風月一庭為益友　一六九
風月一清古渡頭　五六五
風月只須看直下　四五三
風高月白乾坤濶　一八一
風高松千丈　三五六
風行艸偃水到渠成　六〇
風残雨敗不勝秋　四七四
風従花裡過来香　四三三
風従八月涼　四一七
風生古嶺　三一三
風吹寒露湿禅衣　一四四
風吹樹動　三三五
風吹不動天辺月　一一九
風吹不入　六二四
風吹不入水洒不著　六〇

風吹碧落浮雲尽　三三二
風吹峰外葉中蜂　一三
風吹緑竹韻　三四三
風静日月正　二五六
風送断雲帰嶺去　二四四
風暖寒堤春回草緑　四三四
風暖鶯声滑如絃　三六六
風暖鳥声砕　一三三
風顚漢　一一
風飄六出転鮮明　四四六
風不待月涼　四一九
風揺松竹韻　二五七
風来樹点頭　四七一
風冷弊衣両袖風　一〇九
浮雲散尽月当空　一一四
浮雲任去来　二三八
不耘苗自秀　五九五
不依文字道初清　四五三
負恩者多　三九二
不覚移舟古渡昏　三一九
不覚東嵓起霧遮　四〇六
不覚涙沾巾　二五九
不駕生死船筏　三九四
不仮施為　一三七
扶過断橋水　三一四
不求垢壊　五七八
不遇詩人莫献詩　一七一
不倦苦風霜　四一八
不見山花映水紅　一一三
不見白牛蹤　一三五
不見蘆花対蓼紅　九一
不語似無愁　四六八
無事旧時人　四三
不識廬山真面目　一一八
父子声光浩々　五四四
父子変通兮声光浩々　五四七
不喞溜　一一
不受春風華自開　二四五
扶竪正法眼蔵　四二〇
不将語黙対　五八〇
不消三拝勘破了　四九四
扶植栴檀馥郁林　四九八
浮世何能得久居　二〇三
不是一番寒徹骨　四二五
不是雲靄香炉峰　一二九
不是息心除妄想　四二六
不是幡兮不是風　九九
不是風幡是汝心　四九三
不是風幡不是心　四九三
不帯烟霞花自開　二五〇
不待太陽春　二五八
不待琢碧自瑩明　四五四
不堕偏正方　四一九
不断風兮偃松竹　六〇二
不知何処是本期　一六四
不知何処問心安　三三六
不逐四時凋　三八二
不知春色在籃中　一一七
不知身在水晶宮　九三
不知誰是住庵人　二九四
不知誰是雪中人　二七九
不朝天子　五七八
物我元無異　八六
仏向上事　二八
払散四七単伝之落葉　一一九
仏寺焼香鼎　一四八
仏性戒珠心地印　一九一
払拭本無塵　二六五

払塵見仏　二五三
仏是自心作　一四八
仏祖翻身五万回　二四九
仏殿走出山門　三一六
物々頭々用最親　二八九
物々本来無処所　一七〇
仏法南方一点無　二一八
払妄求真々為瘢　三三六
仏亦是塵　二五三
不動干戈致太平　四四二
不覩雲中鴈　三一六
不読東魯書　五六三
蒲団時倚無他事　四五三
無難無易　五六一
不如一黙　六三一
不如山丘　四六七
不如百不解　五四四
不入洪波裏　二五八
不風流処却風流　四七三
不萠枝上花開　五三四
不萠枝上金鳳翱翔　五四〇
不萠枝上吹春風　一一六
不昧因果　二九
舞妙三界姿　一四一
父母返拝　五七八
不用巧粧眉　一四三
不用刻舟徒記剣　三一八
不要白眼接世人　二七〇
不落因果　二九
不履高名　五七八
不離叢林　三三
不立一塵家国喪亡　四三四
武陵春色早　三九四
無礼難容　一三
不労心力　六二〇
不露針鋒　一三
焚香独坐長松下　一八四
文章筆硯既抛来　二四八
蚊子咬鉄牛　四三
紛々白髪連頭雪　五六
分明顕露主人公　一〇一
分明語露親　二五六
分明更不仮修持　一五二

【へ】

平持心地是生涯　三二四
平持心地是生涯　四〇五
平常心是道　四三
平生混跡樵漁裏　三五三
平歩雲霄　三七九
閉門雨後掃秋葉　一七三
碧雲高鎖於長松　五一七
碧煙流水古碧高　五一八
碧海起紅塵　二五七
碧海丹山多入暮　五三九
碧巘高沈月　四七一
碧梧枝上集彩鸞　三四一
碧霄雲外不相干　三三三
碧嶂峰前道人活計　五七六
碧潭空侵玉蟾蜍　二〇四
碧潭深処有嘉魚　二〇七
碧潭清似鏡　三三九
臂長衫袖短　三一八
碧天明月頗為隣　二七四
碧波心裏玉兎驚　四五〇
劈腹剜心　二九

劈面来時飛電急　二一八
碧落青霄道人活計　六二五
碧落霧靈松嶺月　四八三
碧落無片雲　六一三
汨羅江上独醒人　二七〇
片雲偏向故山帰　一九二
偏界不蔵　五六九
遍界不曽蔵　四三
偏界不曽蔵　四一七
偏中有正　二九
片月影分千澗水　二一四
弁士舌耕　四三六
便是々非人　二五七
片帆已過洞庭湖　二一八
卞璧燕金　三〇
翩々蝴蝶闘芳叢　一〇二

〔ホ〕

芒鞵蹈遍隴頭雲　三〇九
法意休多問　三六一
放牛于桃林之野　五五一
鳳凰池上玉簫奏　一一四
法王法如是　五一三
方外君莫羨　四四〇
忘機帰去同魚鳥　四七五
抛却瞿曇経律論　五二九
放行則外孫齏臼　五五七
放行把住合清規　一七四
放下著　一
放下身心如弊箒　四九七
法眼青峰古路行　四五二
法眼唯観俗　八六六
忘己安心　四八七
法候動止万福　四八
茅茨当大道　三八五
宝瑟陳帰鴻　七八
望之不見端　三一七
放出溈山水牯牛　四八三
鳳出丹山鸞并群　三一一
逢春欝密転深沈　四九八
宝杖敲時乾坤失色　六二四
鳳生鳳児　一四〇
鳳児孕鳳白雲中　二一八
抛絶紅塵境　一九六
忘前失後　三〇
峰前碧嶂以為隣　二七三
芳草野華一様春　二七五
方知是主公　八〇七
蜂鳥歩庭花　四〇二
飽飯放痾何快活　五五〇
鳳舞丹霄　三八〇
逢仏殺仏逢祖殺祖　六二五
茫々急水打毬子　三三九
茫々是尽覓仏漢　二九五
鳳離金網鶴脱籠　五七
方免病棲蘆　二一〇
補過較難　三一四
北山下雨　五一三
木人昨夜離魂去　三一三
木人坐断六門機　一八三
木人唱起太平歌　三九八
木人把板雲中唱　四五三
木人方歌　五一三
木人夜半穿靴去　一九二
木人路転兮月影移央　四三五

北粢充飢　一三九
朴素伝幽真　二五八
木鐸以声自毀　六一七
牧童却解忘功業　三七七
北嶺紫筍長　四一八
北嶺梅開白玉容　一三三
歩随流水覓渓源　三七七
菩提本無樹　二三九
暮聴水潺々　三四三
発大悲光演微妙法　六二九
法中王最高勝　五九四
暮天斜照碧層々　四六五
浦島春風対棹軽　四四三
歩々応須著眼看　三三六
暮楼鐘鼓月黄昏　三一七
翻巾斗　一三
本色初非巧出搋　一五四
翻思清白伝家客　四八二
翻成縁木求魚　一九九
凡聖従来無二路　二一九
凡聖両斉空　七七
本地風光　三〇
奔騰兎走頻　二六三
凡有施為　六一七
本来無一物　四三
本来無一物　二三九
本来無物那劫逢　一三三

〔マ〕

埋在五陰溺身軀　二一七
毎日只面壁　六一四
驀直去　一三
麻三斤　三
磨塼作鏡掛天辺　三七二
磨磚作鏡藉功夫　二一三
磨塼作鏡是功夫　二〇一
漫学鳴鳳在彼嵓　四三二
満空柳絮飛緜　三六四
万言万当不如一黙　五三〇
万劫繋驢橛　六〇九
万山竹裂杜鵑啼　二三九
満城流水香　四一五
満船空載月　四〇三
満船空載月明帰　一九三
満船載入蘆華洲　四七七
満窓涼気分与君　三〇八
満庭積雪到腰深　五〇〇
万年谿水去無蹤　一三一
万年松径雪深処　三九〇
万年松老古嵓青　五七三
万年童子髪如絲　一六三
孟八郎　三
万本蒼松千丈雪　一七〇
満目黄花并翠竹　二〇六

〔ミ〕

獼猴拾蝨夕陽中　一一〇
猕猴深恋六花村　三一九
猕猴怕寒永夜叫　五三九
未肯模糊放過関　三四七
密々住其中　八七
密々潜行世莫知　一七一
未免家中喪二親　二八七
未免万里望郷関　三五一

妙作通明一点秋　四八〇
明星正現仏成道　一七一
未容俗客叩門来　二四三

〔ム〕

無為寂静底人　五七
無為真人赤肉団　三四〇
無位真人笑満腮　二四五
無易無難　三三五
無角石牛眠室臥　五八八
無角鉄牛　三〇
無偽亦無真　二六五
無孔笛漫弄兮　四五七
無欠無余　一九五
夢眼華枝蝴蝶春　二七六
無絃琴韻流沙界　一九二
無限月光随水去　一九二
無限清光十五枚　二四三
無限清光満戸　五二四
無根樹　一三
無言即是禅　三六一
無言桃李成蹊　三一七
無根栢樹大虚懸　三七八
無根満地　三五五
霧鎖蒼梧鳳不知　一六五
無字印　一三
無諍則涅槃　三三五
無処不通　七三
無処有月波澄　五一五
無心合祖師　一四〇
無人緊把鼻縄頭　四八三
無人行此道　五四三
無心孰可攀　三四五
無心常伴白雲坐　四〇九
無心道者何多事　一七一
無心未様　五九〇
無心盌子貯清風　一〇六
無舌人解語　四四
無念々即正　四〇三
無風荷葉動　四三七
無風絮自飛　一七六
無柄钁頭何処着　一一五
無明暗室発奇光　四一三
無明実性即仏性　二九六
無影樹下永劫清涼　六六
無影樹頭懸日月　二四九
無影樹頭撑夜月　一一六
無影樹頭鳳舞　五一五
無影樹辺玉象囲繞　五四〇
無葉普天　三五五
無欲一切足　八八
霧露雲霞体上衣　一九一

〔メ〕

明暗尽時倶不照　五七
明暗双々　三一
明暗不相離　一四九
迷雲破処太陽孤　二一九
迷花言不帰　一七八
滅却心頭火自涼　四一三
明鏡忽臨台　五五六
明鏡亦非台　二三九
明君無棄士　五一八
明月仮水而為家　四〇七

明月在中峰　一二七
明月清風異陰陽　四三六
明月清風拄杖頭　四七八
明月清風富一生　四四四
明月清風富一生　四四九
明月蔵鷺　五六九
明月堂前輥繡毬　四八四
明月堂前無影木　四一〇
明月払清風　八一
明月蘆花不似他　三九九
明月蘆華未得如　二〇七
明見秋容山洗雨　一三四
迷悟互相為　一四六
迷悟如隠顕　一四九
迷悟不到未生地　一三三
迷悟本無差別　九〇
迷時以空為色　九〇
明珠唯在吾方寸　五八三
迷生寂乱　五七〇
迷心覓心々却非　一八二
盟心蘆笋白鷗社　二七六
迷途覚路夢中行　四四八
明白家風月洗霜　四三三
明白露而堂々　五八六
明々杲日麗天　五六三
明々只在鼻孔下　三三三
迷来尽似蛾投焔　一一五
面上夾竹桃花　六三三
面前無水不朝東　一〇八
緬邈白雲郷　四一五
綿々若存兮象先　五八六
面目重半斤　三〇七

〔モ〕

猛虎画蛾眉　四四
猛虎不食伏肉　五九九
濛々空翠沾経案　四八四
木鶏啼暁戸　一四九
木鶏啼後祖燈輝　一八六
木鶏啼子夜　四四〇
木雞啼断海雲昏　五九六
木杓柄長渓転深　五〇一
木馬火中眠　三六〇
木馬寒嘶青草塢　二三〇
木馬嘶時何人道聴　六六
木馬嘶時月隠山　三五〇
木馬嘶春風　八三
木馬声々嘶北風　一七二
木馬嘶声満道途　二一六
木馬嘶泰山頂　三六五
木馬嘶風泥牛吼月　六六
木馬逐風嘶　二三六
木馬蹈開万古墳　三一〇
木馬無條動地嘶　五七
木馬夜翻駒　二一一
木馬游春駿不羈　一五三
默々全提正令　五九三
目有重瞳光燦々　一九三
木老春来緩　五三四
勿謂闡提無仏性　四二三
勿驚此地羊腸嶮　三九六
没可把　一三
莫怪今顴頷　二六六
没蹤迹　一三

没蹤跡処莫蔵身　二六七
没蹤跡処露堂々　四三三
勿践名利路　五七二
没底籃児盛白月　一〇六
没量大人　三一
門外追仇賊子飢　一六〇
文彩縦横意自殊　二二三
文殊提起殺人刀　五九七
問処分明答処親　二九一
門前楊柳暁鶯吟　四九一
問着春風総不知　一七三
門風大振兮規歩綿々　五四七
門風歴劫綿々　五四四
問来答去無偏党　一二

〔ヤ〕

野雲収半夜　一一七
夜央天淡月嬋娟　三七六
野花開似織　六二一
夜鶴穿潭底　八七
野火焼不尽　四四一
野花露脆枝頭低　二三〇
夜寒易乱鴈行列　三七八
夜寒桂月一船霜　四三一
夜間珍重　三一
夜間背手摸枕子　五八
野菊含金　六〇三
薬因救病出金瓶　四五八
夜犬吠月　七四
野狐精　一三
野狐禅　一三
夜坐更闌眠未熟　五〇一
爺将活計沈湘水　一五九
夜深雨絶松堂静　三八四
夜深猿叫月当軒　三三二
夜深皎月臨窓照　二三一
夜深同看千巌雪　六一五
夜水金波浮桂影　四一〇
野水痩時秋潦退　三四〇
野水無心自去留　四七八
夜静渓声近　四九〇
夜静水清魚不食　一九三
野雪櫺窓夜不昏　三一八
夜船撥転瑠璃地　五六五
也太奇　一四
也知春色無高下　一七〇
夜聴水流庵後竹　三五三
夜伝衣鉢曹渓去　二九九
野桃含笑竹籬短　四五四
夜濤相共接盲亀　一五四
野渡求舟謁釣翁　一一七
野渡無人舟自横　四四七
野梅先発向南枝　五八
夜半正明　五七〇
夜半濃霜　四一三
夜明簾外兮風月如昼　三〇三
夜明簾外古鏡徒耀　六六
夜明簾外主　四一九
夜明簾外転身難　三三三
夜々月沈西　二二五
夜々月落西戸　五二四
也要消閑十二時　一七二
夜来八万四千偈　二九七

野老家風至淳　二六七
野老笑相親　二六一
野老拈花万々春　二七三
野老不知堯舜力　二九八

〔ユ〕

唯見山家桃李発　三三〇
唯雀噪勿人親　二六八
惟真常在　七三
唯人自肯乃方親　二九三
唯有虚空独湛然　三七三
惟憂月落酒杯空　一一〇
唯有嶺梅先漏泄　二四七
唯留一事醒猶記　四四九
唯留蘿月与松風　一〇八
幽懐写竹雲生硯　三七八
有覚即乖　三三三
有眼挂空壁　一四〇
幽澗常瀝々　四七三
憂喜迭相攻　八八
幽気逼禅心　四八九
有求万事窮　八八
右軍墨池月　一五〇
猶似斬春風　七八
幽時恰是夢中事　三三〇
優柔誰肯苦争衡　四五三
幽州猶自可　五〇四
猶勝楊岐索莫居　二〇六
有人問著西来意　五〇一
幽蘚翠成堆　二四〇
幽窓聴雨草菴夜　二九八
又逐落花回　二三九
幽鳥有期春已晩　五〇七
幽鳥弄真如　一九七
幽芳松菊淵明径　四一〇
雄峰常独坐　三一三
有名非大道　三六〇
猶有刻舟求剣人　二七一
猶落法塵　二五三
幽林毎吐烟　三六〇
有路不通世　三四五

〔ヨ〕

要開万世無窮業　五〇〇
楊花愁殺渡頭人　二九九
用行舎蔵　四二二
要見飜身上樹時　一五三
要見本来真面目　二一九
容姿閑且雅　五四九
養子方知在上慈　一五七
養子方知父慈　四六
瑤樹鳳雛　三一三
陽春消息早梅香　四三一
陽春二三月　四〇三
陽春白雪唱弥高　三九〇
揚子江頭楊柳春　二九九
揺扇引清風　七六
要知万巻書来処　一一三
葉綴花聯敗祖曹　三八九
甕頭酒熟人皆酔　一一六
楊梅桃李無根樹　二四九
揚眉瞬目　三三
用不著　一四
羊便乾処臥　五八五

葉落巣疎 一九六
用力不多 三九二
楊柳青々渡水人 二九九
楊柳垂絲水不流 四八四
葉零々兮秋暮半凋 六二三
欲致魚者先通水 六〇〇
欲致鳥者先樹木 六〇〇
欲得不招無間業 一一五
欲得不招無間業 二九六
弋不射宿 三
欲抱虚懐歩古今 四九七
余光漸漸遍扶桑 四二九
欲行千里 一九五
欲求蕭散口須緘 五〇九

〔ラ〕

来翫覚園春 二六六
来時無一物 一五〇
来尋恵遠旧幽楼 三三
来説是非者 二五七
落日寒林暮烏啼 二三三
落日不堪聞 三〇五
落処不停誰解看 三三九
楽山登万仭 四七二
楽天自得道中術 一三三
落葉不禁霜後風 五三九
洛陽牡丹新吐蘂 五一七
落葉満長安 三三六
羅公照鏡 三
落花只為随流去 三〇〇
落華寂々啼山鳥 二九九
落花難上枝 一四七
落花流水遶江村 三三三
捋虎鬚見也無也 二一五
蘿門窺窈窕 三三六
藍関風雪径難通 一一七
乱山銜月半床明 四四八
蘭吐春山古仏心 四九九
懶放牛児不把鞭 三七七
鸞鳳不栖荊棘 四八

〔リ〕

力廻九牛兮一挽 五三二
陸羽煎来不減量 四二八
利剣払開天地静 三四一
離合既循環 八八
驪珠尽撃砕 五七九
驪珠独耀桂輪孤朗 六〇七
六国自清紛擾事 一七三
立志当如鉄石堅 三六九
籬辺燕雀空啾々 四七九
歴劫無人蔵 三八五
柳暗花明二月春 三二四
流沿曹渓転清冷 四六〇
竜起一潭水 四六二
竜吟冉々洞雲昏 三三一
竜吟碧海 三八〇
竜子生竜涯水月 二一七
柳絮随風 七一
柳絮鋪堤白 八八
竜乗雷而換骨 六〇九

竜生竜子　一四〇
流水共山雲合彩　五二七
流水去潺湲　三四四
流水匝山腰　三八一
流水出門空　七七
立雪神光已強為　一六二
流泉為琴　四八八
竜騰万里雲　三〇五
竜得雲則霊　一七八
竜得水時添意気　四五五
流入滄溟貫九州　四七八
竜門無宴客　三六二
竜離潭水鳳蒼梧　二一六
柳緑花紅　三三
両岸蘆華映白鷺　五八
両岸蘆華映白鷺　一九三
両渓朝奏没絃琴　五〇一
両個泥牛闘入海　六二三
了事底人　三三
両種猶如鏡上痕　三一六
良匠無棄材　五一四
霊山住致依然在　三〇〇
了即毛端呑巨海　三〇〇
両頭倶截断　三一九
涼兎懐胎月未知　一五八
涼兎漸遙春艸緑　六〇一
涼颸脱葉兮秋澄潦水　五二〇
両々三々旧路行　五一八
寥々鎮八隅　三一三
寥々風月似烟霞　四一〇
寥々不見少林人　二八一
寥々冷坐少林　五九三
緑岩雲抱処　二四〇
緑水蕩潭波　三九三
緑水流長　四一三
緑水緑漪々　一四四
緑竹引清風　八一
緑竹青松壮臘容　一三三
緑竹千竿夾路容　二〇四
緑竹叢中栖彩鳳　三四一
呂望釣蒼江　一三五
梨李白兮桃杏紅　一一七
林下烟濃花正紅　一一六
林下鶯穿柳絮風　七九
林下老僧頭雪白　一七四
林間最好養残生　四四七
林間煖酒焼紅葉　三五〇
林深無人鳥相呼　三一〇
林静春日長　四一四
林静白日長　四一八
林泉不長尋常木　六〇二
林中虎嘯谷風清　四四二
林幽偏聚鳥　一九八

〔ル〕

羸鶴翹寒木　二四〇
累汝街頭売笊籬　一五九
琉璃殿上騎金馬　四八四
瑠璃殿上無知識　五八
瑠璃鉢盛無米飯　三〇一

〔レ〕

霊雲一見更無疑　一六七
霊光爍破衆人疑　一五三

霊光洞徹河沙界　三一
嶺上寒松帯月高　三九〇
嶺松高処鶴忘機　一八二
嶺上雪封梅　二二八
嶺松老帯歳寒色　一七四
令人転憶謝三郎　六一六
霊然空不空　八七
嶺頭無影樹蒼々　四三三
嶺南万戸皆春色　一一八
嶺梅先破玉　四九〇
伶俜寒蝶抱秋花　四〇六
霊苗秀而気未萠　五三九
霊苗無根　三
零落桃花満地紅　一一一
歴々夜鳴梭　三九三
列宿伴南箕　一四四
裂破古今　一八
蓮池玉鷺窺魚　一九九

〔ロ〕

鷺暗鴉明今意饒　三八三
驢鞍橋　一四
浪開遊象急　一四七
老鶴夢月兮無影樹　一七五
老鶴夢醒排月枕　三四一
弄花香満衣　一七八
弄仮像真　三五一
老者可歓心　四九〇
老樹優曇花自開　三五〇
老松掛月寒方夜　四六〇
労生自着疑　一四八
浪説閑居愛重九　一一五
臘雪連天白　三三〇
老僧使得十二時　一六一
老僧紫磨身　二六二
老僧収鉢傍渓帰　一八七
老鼠唧金　四八六
老大風像西竺　五九九
朧頭梅綻不萠枝　五九
老倒文殊遭擯出　一七四
老兎巣寒鶴夢覚　五九
老梅樹老梅樹　二六九
浪連古岸魚行漫　三三三
蘆花隠白牛　四六八
蘆花深処月団々　三三四
蘆花深処得従容　一三八
蘆花相対開　二三八
蘆華対月明　四三九
蘆花覆雪　三五五
蘆花両岸雪　四七二
六月黄河連底氷　四六三
六月長天降大雪　一九三
六十六年　三五六
六度万行体中円　三六四
六不収　一四
露迥々　一五
露結為霜　四二三
盧山烟雨浙江潮　三八二
盧山無可同三笑　三三三
鷺鷥衝破竹林煙　三七六
露地白牛　三三
露地白牛牧人懶放　六〇七
驢事未去　三二五
露湿花唇　二五二
露湿草鞋重　三七
露出東君真面目　四二一

鷺鷥立雪非同色　三九九
露清緑竹千枝露　一〇九
驢前馬後　三三
驢村景色幽　四六九
驢胎与馬胎　四四
露柱懐胎　六一三
露柱燈籠恋旧恩　三三三
露柱裏蔵身　二六四
六根纔動被雲遮　四〇四
露滴路辺蘆裡鷺　一三一
露堂々　一五
驢便湿処尿　五八五
路逢剣客須呈剣　一七一
路逢達道人　五八〇
蘆葉風涼江波月寒　六七
魯連一箭又多情　四四五

新装版　禅林名句辞典

ISBN978-4-336-05745-7

平成25年10月15日　新装版初版第１刷発行

編著者　飯　田　利　行
発行者　佐　藤　今朝夫

〒174-0056　東京都板橋区志村1－13－15
発行所　株式会社　国　書　刊　行　会
電話 03(5970)7421 代表　FAX 03(5970)7427
E-mail：sales@kokusho.co.jp　URL：http://www.kokusho.co.jp

装幀　MIKAN－DESIGN
印刷　㈱エーヴィスシステムズ　製本　㈱ブックアート

仏教珍説・愚説辞典

松本慈恵監修　仏教に関する俗説をふくむ珍奇な説、思わず笑ってしまうような愚かな説、辛口トークやブラックユーモア、下ネタ、奇談など二〇〇〇数項目を収録。いま求められる法話のヒントがてんこ盛り！

Ａ５判・上製函入　五八〇頁　本体五八〇〇〇円＋税

スピリチュアリティにめざめる仏教生活　瞑想技術としての現代仏教

影山教俊　心身分離から生じるストレスを解消する技術として世界的に評価される瞑想技術。心身統合法としての人間行動科学の知見で瞑想を再評価し実習する、心身分離社会に生きる現代人がストレスを受け流し健やかに生きるための一冊。

四六判・上製　三二〇頁　本体三〇〇〇円＋税

人間に魂はあるか？　本山博の学問と実践

樫尾直樹・本山一博編著　稲盛和夫、村上和雄と親交があるスピリチュアリティの巨人にして稀代の科学者・本山博の研究と実践を多角的に検証。氏の仕事を通して、スピリチュアリティと宗教のあり方やありうべき研究の展望について、根本的に検討する。

四六判・上製　四〇四頁　本体三六〇〇円＋税

新たなる葬式の波　家族葬

牛込覚心　新たな葬式の形態「家族葬」を従来の葬法と対比して位置づけ、その会場のレイアウト案や、僧侶の独行のための法式・次第を示し、家族葬のあるべき姿を提言。

四六判・上製　二五七頁　本体二三〇〇円＋税

寺と仏教の大改革

影山教俊　まず日本仏教がその本質を失った歴史を明かす。そして真の宗教性を取り戻し蘇るためには大改革が必要だが、葬儀法要への住職の心がけ、養生医療など伝統的な寺院仏教の機能回復が急務と力説。

四六判・上製　一八二頁　本体一八〇〇円＋税

寺からの手紙　元気をもらう九八章

影山妙慧　普通の家から寺に嫁いで二〇余年、住職はじめ家族一同、日常茶飯の中に仏教徒らしい在り方を求めて奮闘する。そこには、ゆったりし、楽しくなれるヒントがいっぱい！《寺の奥さん》のエッセー集。

四六判・並製　一九一頁　本体一六〇〇円＋税